AF238369

ACCESO GRATIS *a la Lectura en la Nube*

Para visualizar el libro electrónico en la nube de lectura envíe junto a su nombre y apellidos una fotografía del código de barras situado en la contraportada del libro y otra del ticket de compra a la dirección:

ebooktirant@tirant.com

En un máximo de 72 horas laborales le enviaremos el código de acceso con sus instrucciones.

DERECHO DE LA BIODIVERSIDAD Y LOS RECURSOS NATURALES

DERECHO DE LA BIODIVERSIDAD Y LOS RECURSOS NATURALES

2ª Edición

Actualizado a la Ley 21.600 que crea el Servicio de Biodiversidad y Áreas Protegidas y el Sistema Nacional de Áreas Protegidas

LORENZO SOTO OYARZÚN

tirant lo blanch

Valencia, 2024

© Lorenzo Soto Oyarzún

© TIRANT LO BLANCH
EDITA: TIRANT LO BLANCH
C/ Artes Gráficas, 14 - 46010 - Valencia
TELFS.: 96/361 00 48 - 50
FAX: 96/369 41 51
Email: tlb@tirant.com
www.tirant.com
Librería virtual: https://editorial.tirant.com/cl
ISBN: 978-84-1197-354-0
MAQUETA: Tink Factoría de Color

Si tiene alguna queja o sugerencia, envíenos un mail a: *atencioncliente@tirant.com*. En caso de
no ser atendida su sugerencia, por favor, lea en *www.tirant.net/ index.php/empresa/politicas-de-
empresa* nuestro procedimiento de quejas.

Responsabilidad Social Corporativa: http://www.tirant.net/Docs/RSCTirant.pdf

A Elisa y Mariano.

Índice

Capítulo I
DERECHO DE LA CONSERVACIÓN AMBIENTAL

Capítulo II
MARCO INTERNACIONAL DE LA BIODIVERSIDAD

Capítulo III
SISTEMA NACIONAL DE ÁREAS PROTEGIDAS. RÉGIMEN GENERAL

Capítulo IV
RÉGIMEN JURÍDICO ESPECIAL DE
LAS ÁREAS PROTEGIDAS

Capítulo V
PROTECCIÓN DE ECOSISTEMAS, ESPECIES Y
GENES FUERA DE ÁREAS PROTEGIDAS

Capítulo VI
LA BIODIVERSIDAD COMO COMPONENTE
AMBIENTAL AUTÓNOMO

Capítulo VII
CONCLUSIONES Y RECOMENDACIONES PARA UNA PROTECCIÓN EFECTIVA DE LA BIODIVERSIDAD

Abreviaturas

AAA	Área apta para la acuicultura
ADI	Área de desarrollo indígena
AMP	Área marina protegida
AP	Área protegida
APP	Áreas protegidas privadas
ASP	Áreas silvestres protegidas
ABS	Acceso de recursos genéticos
Art(s)	Artículo (s)
Código	C°
CODEFF	Comité pro defensa de la fauna y flora
CONAMA	Comisión Nacional del Medio Ambiente
CMS	Consejo de Ministros para la Sustentabilidad
CBI	Comisión Ballenera Internacional
CDB	Convenio Diversidad Biológica
CMN	Consejo de Monumentos Nacionales
Constitución	Constitución Política de la República
CONAF	Corporación Nacional Forestal
Contraloría	Contraloría General de la República
DD.HH.	Derechos Humanos
DGA	Dirección General de Aguas
DIA	Declaración de Impacto Ambiental
DFL	Decreto con Fuerza de Ley
DL	Decreto Ley
D.O.	Diario Oficial
D.S.	Decreto Supremo

ENCB	Estrategia Nacional de Conservación de la Biodiversidad
ENP	Espacios naturales protegidos
EIA	Estudio de Impacto Ambiental
EAE	Evaluación Ambiental Estratégica
FF.AA.	Fuerzas Armadas
IOT	Instrumento de Ordenamiento Territorial
IPT	Instrumento de Planificación Territorial
Ley Ambiental o de Medio Ambiente	Ley N° 19.300 de Bases Generales del Medio Ambiente.
Ley DEA	Ley N° 21.595 de Delitos Económicos y Ambientales.
Ley MCC	Ley N° 21.455 Marco de Cambio Climático.
Ley SBAP	Ley N° 21.600 que crea el Servicio de Biodiversidad y Áreas Protegidas y el Sistema Nacional de Áreas Protegidas.
Ley de Pesca	Ley N° 18.892 de Pesca y Acuicultura
Ley del SNASPE	Ley N° 18.632 que crea un Sistema Nacional de Áreas Silvestres Protegidas.
Ley de Bosques	Decreto con Fuerza de Ley N° 265, de 1931.
Ley de Bosque Nativo	Ley N° 20.283 sobre Recuperación del Bosque nativo y Fomento Forestal.
Ley de Turismo	Ley 20.423 del Sistema Institucional para el desarrollo del Turismo.
MINSEGPRES	Ministerio Secretaria General de la Presidencia
MINAGRI	Ministerio de Agricultura
MINBNAC	Ministerio de Bienes Nacionales
MINECON	Ministerio de Economía

MMA	Ministerio del Medio Ambiente
MOP	Ministerio de Obras Públicas
OGUC	Ordenanza General de Urbanismo y Construcciones
Pág. (s)	Página (s)
PAS	Permiso Ambiental Sectorial
PSA	Pago por servicios ambientales
PERH	Plan Estratégico de Recursos Hídricos en Cuencas
RR.NN.	Recursos Naturales
RCA	Resolución de Calificación Ambiental
SAG	Servicio Agrícola y Ganadero
SEA	Servicio de Evaluación Ambiental
SBAP	Servicio de Biodiversidad y Áreas Protegidas
SERNAPESCA	Servicio Nacional de Pesca
SEIA	Sistema de evaluación de impacto ambiental
Sgte. (s)	Siguiente (s)
SNAP	Sistema nacional de áreas protegidas
SNASPE	Sistema nacional de áreas silvestres protegidas del Estado.
SMA	Superintendencia del Medio Ambiente
TA	Tribunal Ambiental
UE	Unión Europea
UICN	Unión Internacional para la Conservación de la Naturaleza
UTM	Unidad Tributaria Mensual
ZOIT	Zona de Interés turístico

Presentación

El libro que tengo el agrado de presentarles por medio de la presente publicación corresponde a la segunda edición actualizada del que tuvo su origen en los estudios y en la tesis doctoral que realizara, hace ya un par de décadas, en el Programa Internacional de Doctorado de Derecho Ambiental de la Facultad de Derecho de la Universidad de Alicante, creado por el catedrático y fundador del Derecho Ambiental español e hispanoamericano Dr. Ramón Martín Mateo.

Luego de largos años interrumpidos por diversos devenires propios de la vida, aunque sin desligarme nunca de las preocupaciones que demanda el estudio del derecho ambiental, logré concluir el desafío doctoral, con la asistencia académica anónima de mis directores de tesis los doctores españoles de dicha casa de estudios Gabriel Real Ferrer y Germán Valencia Martín, concluyendo con su lectura, exitosa defensa y máximas calificaciones, el 7 de marzo de 2014, en Alicante, ante el honorable Tribunal presidido por el catedrático de la Universidad de Zaragoza Doctor Fernando López Ramón, e integrado por los doctores Mercedes Ortiz García, de la Universidad de Alicante y el doctor Santiago Álvarez Carreño, de la Universidad de Murcia.

La publicación que hoy da la luz, es fruto de ese largo y extenuante peregrinar intelectual durante el cual el mundo, la sociedad y también el Derecho, particularmente el relativo al Medio Ambiente que he abrazado, han sufrido transformaciones insólitas que ponen en cuestión y amenazan las condiciones más básicas que la Naturaleza ha puesto a nuestra disposición poniendo, incluso, un signo de interrogación sobre el diseño y destino de nuestros sistemas de convivencia, y el destino de nuestra generaciones futuras, lo que me ha motivado a actualizar esta obra, a fin de que pueda ser de utilidad para todos aquellos que se relacionan, trabajan u operan con alguna parte del sistema ambiental o que simplemente tengan interés en sus regulaciones, como una aportación a las reflexiones y transformaciones que demanda el Derecho Ambiental.

Sin duda que este no es sólo el producto de un esfuerzo personal. En el camino debo reconocer en muchos sus aportes, motivaciones y críticas. Desde luego, en primer lugar, a la notable pléyade de profesores del Programa de Doctorado de Derecho Ambiental de la Universidad de Alicante, al también profesor y doctor de ella Eduardo Astorga, quien me motivo a cursar estos estudios. A los expertos, colegas y amigos de la UICN que encabezados por el profesor y secretario ejecutivo de su Centro de Derecho Ambiental en Bonn, Alejandro Iza, me abrieron las puertas de dicha institución hacia el derecho de la conservación ambiental. Por supuesto, a mis maestros españoles que he mencionado y a los colegas chilenos que desde distintas miradas, lugares y funciones en torno al derecho ambiental me han ayudado a forjarme profesionalmente, como Fernando Dougnac, Alex Quevedo, Marcelo Castillo, Enrique Gallardo y tantos otros pioneros del derecho ambiental chileno.

Chiloé, invierno de 2023.

Prólogo

La conservación de la biodiversidad se ha enfocado de maneras diferentes a lo largo de una evolución normativa, que formalmente se inicia con la declaración del parque nacional de Yellowstone (1872) y llega hasta la aprobación del Convenio de la Biodiversidad y la puesta en marcha de la red europea Natura 2000 (1992). Más de doscientos años de intervención en la materia han dado de sí efectivamente para generar diversas perspectivas y técnicas de actuación, mediante las que se ha pretendido asegurar la protección del medio ambiente natural.

Inicialmente, el objetivo consistió en conservar la belleza natural a través de la figura señera de los parques nacionales, cuya utilización hubo de oscilar entre su empleo como enseña del turismo nacionalista estadounidense y los planteamientos más estéticos del español marqués de Villaviciosa de Asturias, que pretendía consagrar "santuarios para la madre naturaleza" con el apoyo, tanto de ilustres cultivadores de las ciencias naturales, como de esforzados miembros de las sociedades excursionistas. Estas posturas pioneras conllevaban un destacado elitismo en las declaraciones protectoras, que fueron más bien escasas en su número y normalmente referidas a paisajes agrestes de montaña, de manera que si la institución no hubiera avanzado hoy nos encontraríamos ante una suerte de museos de la naturaleza.

En distintas experiencias, el carácter predominantemente forestal de los espacios protegidos había de conducir, especialmente tras la Segunda Guerra Mundial, a la inclusión de los nacientes sistemas de tutela de la naturaleza dentro de las estructuras de gestión forestal. En ellas mismas habían ido surgiendo también las primeras técnicas de tutela de la fauna cinegética y piscícola (de las vedas a las reservas de caza y pesca), y de defensa de los montes mediante los instrumentos de la llamada hidrología forestal. Este dominio burocrático sirvió sin duda para mantener las declaraciones protectoras, aunque conllevó también el apartamiento de las líneas de colaboración social que cabía haber propiciado conforme a planteamientos más participativos. Terminó dominando esa visión productiva de los bosques que —a través de roturaciones, talas abusivas, repoblaciones agresivas e incendios de origen antrópico— imposibilitó vincular la gestión de todos ellos a pautas de aprovechamiento racional. Finalmente, conviene considerar que esta visión de la conservación de la naturaleza, por su propia esencia burocrática, limitaba el ámbito de actuación a los espacios forestales con completo abandono de otros hábitats como ríos, mares o zonas húmedas.

De la mano del movimiento naturalista internacional, en los inicios de la Sociedad del Bienestar había de consolidarse otra concepción vertebrada por la idea de conservar ecosistemas selectos, muestras representativas de las diversas manifestaciones científicamente identificadas en el mundo natural. La Lista de la UICN, que se empezó a publicar en 1961, constituyó el modelo que se seguiría para la protección de las zonas húmedas del Convenio de Ramsar (1973) o para la formación del Patrimonio Mundial (1982). Estas iniciativas contaron con el apoyo de una opinión pública particularmente sensibilizada ante los episodios derivados del uso indiscriminado de pesticidas y de las variadas contaminaciones visibles en la atmósfera y los ríos. No obstante, el tratamiento del territorio exclusivamente vinculado a las ciencias naturales ha terminado por crear una nueva forma de elitismo que tiende a enfrentar a las organizaciones científicas con las estructuras encargadas de la gestión del territorio. Y es que difícilmente cabe aislar la conservación de las áreas protegidas de los problemas de falta de desarrollo (económico, social, y cultural) que frecuentemente se plantean en su entorno.

Apoyada en ideas liberales, pero también con amplias conexiones dentro de experiencias filantrópicas, en países anglosajones fue surgiendo una cuarta modalidad de conservación que podríamos caracterizar por su vinculación al desarrollo rural. Se trata de la llamada custodia del territorio, que, de la mano del movimiento neoconservador, se expande en todo el mundo. Ello es debido a la insuficiencia de los tradicionales medios coercitivos (prohibición, autorización, inspección, sanción) para comprender un gran número de espacios de significativa superficie en el ámbito de las políticas de tutela del medio ambiente natural. La colaboración activa de los incentivos públicos, particularmente de los que promueven la financiación privada, junto con las organizaciones sociales y ecologistas, así como los agricultores y propietarios, pueden terminar dando buenos resultados. Sin perjuicio de los éxitos, que los hay y justifican la expansión de las entidades de custodia, lo cierto es que el marco jurídico en estas materias sigue siendo débil, excesivamente dependiente de acuerdos voluntarios de carácter temporal y constantemente precisados de financiación.

Una renovada visión paisajística, en la que confluyen la tradición italiana y modernos planteamientos geográficos, permite identificar una nueva vía que se orienta a la conservación de la forma del territorio. Tal es el modelo del Convenio Europeo del Paisaje (Florencia, 2000) que, superando la tradicional protección exclusivamente referida a los paisajes bellos, entiende el paisaje como elemento ambiental y forma del territorio. Los objetos de actuación pasan a ser, así, junto a los paisajes excepcionales, los ordinarios y también los degradados, percepciones que se vinculan a la visión del territorio por la población. Se trata de planteamientos fértiles en técnicas de actuación que admiten un gran desenvolvimiento a través de los sistemas de información geográfica. En la práctica, sin embargo, resultan de escasa aplicación, principalmente debido a que la construcción de esas técnicas se vincula a los mecanismos de ámbito comarcal o regional de la ordenación del territorio, generadores de fuertes tensiones en relación con las competencias urbanísticas reservadas a la autonomía municipal.

Finalmente, en el movimiento conservacionista mundial parece haber cuajado la idea contemporánea de conservar la biodiversidad, es decir, la variedad total de formas de vida existentes en el planeta, comprendiendo la diversidad dentro de cada especie, entre las especies y de los ecosistemas. Tal es el modelo propugnado en el Convenio de la Biodiversidad (Río de Janeiro, 1992), tanto a través de las medidas adoptadas in situ formando sistemas de áreas protegidas, como ex situ para proteger plantas, animales y micro-organismos. El mejor ejemplo aquí se vincula a la experiencia europea Natura 2000, que forma una red coherente de zonas protegidas conforme a claras obligaciones de constituir, mantener y proteger dichas zonas por parte de los Estados miembros de la Unión Europea. Los retos consisten en organizar adecuadamente una red mundial de redes en las que se integren los diversos niveles de poder territorial (internacional, estatal, regional y local), las expresiones del dinamismo social (en materia financiera, organizativa y participativa) y los grandes objetivos de la moderna conservación (protección del territorio, garantía del uso público de los espacios y fomento del desarrollo socioeconómico).

En el anterior contexto de modelos en constante evolución cabría situar la experiencia chilena que con buen tino nos expone el autor de esta monografía. Hace ya más años de los que quiero recordar, lo conocí dentro de las actividades del Programa Internacional de Doctorado en Derecho Ambiental de la Universidad de Alicante, dentro del cual tantas vocaciones europeas y latinoamericanas han encontrado un adecuado marco de formación. Ése era el caso de Lorenzo Soto, que rebosaba entusiasmo ante la idea de enfrentarse al desolador panorama que la falta de estudios jurídicos sobre la conservación de la biodiversidad presentaba en el Derecho chileno. Bastante tiempo después, tras un esfuerzo personal considerable, a la manera del corredor de fondo que inesperadamente aparece en la cumbre, el antiguo doctorando nos presenta el convincente estudio que ahora se publica. En ese tiempo, ciertamente, el autor ha madurado como jurista a lo largo de una sólida trayectoria profesional, especialmente en el ámbito de la consultoría internacional ambiental.

El origen del libro se encuentra en la memoria de tesis doctoral que fue cabalmente dirigida por los profesores doctores Gabriel Real y Germán Valencia. Solo la generosidad personal y académica de mis colegas explica que sea yo el autor de este prólogo. En todo caso, el trabajo recibió las máximas calificaciones académicas tras su brillante defensa pública (7 de marzo de 2014, Facultad de Derecho, Universidad de Alicante).

Gracias a la aportación de Soto, la laguna de la doctrina chilena (en realidad, latinoamericana) a la que antes me refería, resulta ampliamente colmada. Un libro bien trabado y de contenido útil para conocer las peculiaridades del ordenamiento nacional dentro de las exigencias del Derecho internacional ambiental. En este sentido, coincido con el autor en la idea de que la renovación del sistema nacional analizado (y de tantos otros en el panorama mundial) ha de provenir fundamentalmente del ámbito internacional. Ello no significa que hayan de abandonarse los estudios de las diversas experiencias nacionales, que siempre contendrán especialidades y características propias fundamentalmente debido a que la obligación de proporcionar regímenes jurídicos completos ha de vincularse, en la actualidad y en el futuro, a los órdenes estatales. Pero el impulso de las ideas-fuerza, insisto, está llamado a ser internacional, en parte por razones tan obvias como las que derivan del carácter artificial de muchas fronteras superpuestas a sistemas naturales, y en parte también por la mayor facilidad que, en el soñado mundo de la cooperación y la solidaridad, cabe conceder a las instancias supraestatales a fin de superar algunos anquilosados planteamientos que vienen caracterizando a los ordenamientos nacionales.

Fernando LÓPEZ RAMÓN

Catedrático de Derecho Administrativo
Universidad de Zaragoza

Introducción

De acuerdo a las conclusiones del Informe de Evaluación Global elaborado por la Plataforma Intergubernamental Científico-Normativa sobre Diversidad Biológica y Servicios de los Ecosistemas (IPBES, por sus siglas en inglés)[1], de 2019, —principal órgano intergubernamental independiente en materia de biodiversidad, compuesto por más de 130 Gobiernos—, el planeta enfrenta actualmente el riesgo de extinción de 1 millón de especies, lo que amenaza la base de sustentación de la vida en el planeta que es su biodiversidad. Sabemos que en las últimas décadas ha emergido un replanteamiento y una reformulación progresiva de la ética fundamental de la humanidad[2], pero ello no parece ser suficiente si no va acompañada de acciones colectivas y sostenidas donde el derecho ambiental internacional cobra un rol crucial.

Los fenómenos de deterioro global de las condiciones normales de vida en el planeta —avances de los procesos de desertificación, calentamiento global y cambio climático, agotamiento de la capa de ozono, pérdida de biodiversidad, entre otros[3]—, por causas antrópicas, ya cuentan con amplio reconocimiento científico generándose reformulaciones radicales en la política, en la economía, en el derecho y, en general, en todas aquellas disciplinas y actividades humanas que trabajan con el medio ambiente, entre las que destaca sin duda el paradigma del "desarrollo sostenible", bajo la integración de los valores económicos, sociales y ambientales en el desarrollo humano[4]. No obstante ello, impera un modelo capitalista que ha acentuado el

---

[1]   www.ipbes.net
[2]   Cfr. SINGER, Peter. *Ética práctica*, 2° Edición, Cambridge, University Press, 1995.
[3]   Cfr. Informes del Grupo Intergubernamental de Expertos sobre el Cambio Climático de ONU en www.ippc.ch
[4]   Tener especialmente en cuenta a este respecto los compromisos surgidos de la Conferencia de las Naciones Unidas sobre el Medio Ambiente y el Desarrollo o "Cumbre de Río" y en particular su Agenda 21.

estado de crisis global que enfrenta el planeta fruto del calentamiento global[5].

Así, el deteriorado estado del medio ambiente mundial plantea, para el derecho, desafíos inconmensurables, como nunca antes los ha tenido, debiendo desarrollarse hacia una faz nueva, revolucionaria y en plena construcción[6], que hemos convenido en denominar "Derecho Ambiental."

Este nuevo derecho ha de romper los moldes tradicionales del derecho clásico por cuanto su misión no es el de resolver diferendos entre personas, ni siquiera entre Estados, sino que redefinir y reorientar la conducta de la humanidad para con los suyos —humanos—, para con el resto de los seres vivos y para con su sustrato biótico y abiótico, hacia una convivencia sostenible, que con las técnicas y reglas convencionales y tradicionales del Derecho ha demostrado empíricamente su fracaso, sobre todo a partir de una era industrial que a partir de la explotación intensiva de recursos energéticos fósiles unida a un modelo económico sostenido en el capital, ha llevado el desarrollo de la humanidad más allá de los niveles de tolerancia del sistema natural.

La degradación y pérdida del patrimonio natural, siendo un fenómeno global, constituyen también un problema y desafío para el mundo latinoamericano latamente reconocido y por ende para sus respectivos ordenamientos jurídicos. El gran capital natural que ostenta Latinoamérica, "reconocida como la poseedora de la mayor biodiversidad del mundo…"[7], no ha ido a la par con políticas públicas y legislaciones eficaces en la protección de la naturaleza, ni siquiera en los países más vanguardistas en legislación de la región,

---

[5]   Cfr. KLEIN, Naomi. *Esto lo Cambia Todo. El Capitalismo contra el Clima.* Editorial Paidos, Buenos Aires Argentina, 2015.

[6]   Cfr. REAL FERRER, Gabriel. "La Construcción del Derecho Ambiental" en *Revista Aranzadi de Derecho Ambiental,* Editorial Aranzadi SA, Navarra, N° 1, 2002.

[7]   PNUMA. *Situación actual del derecho internacional ambiental en América Latina y el Caribe,* 1ª Edición, México, 1993, pág. 6; Comisión Económica para América Latina y el Caribe (CEPAL), *Panorama de los recursos naturales en América Latina y el Caribe.* Resumen ejecutivo (LC/PUB.2023/7), Santiago, 2023.

como pueden serlo Brasil, Costa Rica o Colombia, a pesar que se ha progresado en los niveles de protección legal[8].

Chile no es la excepción en este ámbito. No obstante la gran riqueza en recursos naturales, biodiversidad y endemismo, que le caracteriza, —en comparación al mundo desarrollado—, progresivamente y a partir del acelerado crecimiento económico que experimentó a partir de los años 80, ha visto degradados, en grados crecientes y muchas veces inaceptables, sus activos naturales, con costos ambientales y sociales no evaluados en su real dimensión.

El sistema político y económico a duras penas atiende este fenómeno, del que no están exentos los Estados que comparten los modelos de desarrollo occidentales fundados en la maximización del capital. Tal vez como particularidad que tiende a agudizar aún más la condición chilena, sea el carácter exportador en que se sostiene su economía, basada casi exclusivamente en extracciones primarias de recursos naturales (minería, pesca, acuicultura, foresta, agricultura) a bajos costos de producción y altas rentabilidades que encubren o no reflejan el costo ni social ni ambiental que generan.

Los procesos de sequía y desertificación —ya de larga data en Chile— avanzan silenciosamente hacia las zonas húmedas, subhúmedas y lluviosas del país donde a su vez existe una pérdida histórica de capa vegetacional boscosa nativa y replegando los ecosistemas nativos cada vez más hacia sectores apartados de la Cordillera de los Andes, o en bolsones menores de los sectores costeros y hacia el extremo sur en las XI y XII región[9]. A ello se suma una creciente escasez y agotamiento de los acuíferos proveedoras de las cuencas del centro norte —utilizados y sobreexplotados tradicionalmente por el sector minero y agrícola, sumado al fenómeno del calentamiento global—, los que ya comienzan a generar déficit para el abastecimiento de la

---

[8] Para un panorama del estado de la legislación ambiental respecto al componente biodiversidad Vid. ASTORGA, Eduardo, SOTO, Lorenzo y IZA, Alejandro (Editores) *Evaluación de Impacto Ambiental y Diversidad Biológica*. UICN, Gland, Suiza, 2007; asimismo, sobre áreas protegidas Vid. HERMAN Benjamín, Antonio (Coordinador). *Direito ambiental das áreas protegidas o régimen jurídico das unidades de conservacao*. Editora Forense Universitaria, Brasil, 2001.
[9] Cfr. CONAF. CONAMA, BIRF. *Catastro y Evaluación. Recursos vegetacionales nativos de Chile*. CONAF. Santiago de Chile, 2021.

población en lugares que nunca habían sufrido de escasez. Más al sur, en tanto, la biodiversidad y los bosques naturales del centro-sur del país han experimentado crecientes niveles de pérdida y retroceso fruto de la ocupación intensiva y extensiva de la actividad silvoagropecuaria industrial, la deforestación, la implantación de monocultivos forestales de especies exóticas y la ocupación y fragmentación del territorio por medio de la extensión de caminos y centros poblados en zonas y cuencas de alto valor ambiental[10].

Mención especial merece la experiencia, sobre todo a partir del auge económico de comienzos de los años 90, de megaproyectos industriales con producciones a gran escala —del sector minero, energético, forestal principalmente— que han hecho uso de las franquicias económicas y tributarias de atracción de capital, sirviéndose del entorno sin encontrar la contención debida de un marco normativo e institucional protector del medio ambiente[11].

En este escenario desarrollista Chile comenzó, con rezago, el camino de la preocupación jurídica por el medio ambiente —en el ámbito institucional, regulatorio y de sus políticas públicas— con el advenimiento de los regímenes democráticos de comienzos de los

---

[10]   Un panorama general de la situación del medio ambiente en Chile se puede encontrar en los trabajos de la Universidad de Chile, *Informe País. Estado del Medio Ambiente en Chile.* Universidad de Chile. Centro de Análisis de Políticas Públicas, que se actualiza anualmente. Asimismo vid. MANZUR, María Isabel. *Situación de la Biodiversidad en Chile: desafíos para La sustentabilidad.* Programa Chile Sustentable, LOM Ediciones, 2005.

[11]   Ejemplos emblemáticos de ellos son los proyectos hidroeléctricos "Pangue" y "Ralco", en el río Bío-Bío (VIII Región) de la transnacional ENDESA (hoy ENEL), o el controvertido megaproyecto "centrales Hidroeléctricas de Aysén" en Patagonia de Hidroaysen; el proyecto forestal "Trillium" en el extremo sur (Tierra del Fuego) de transnacional Forestal Trilium (hoy Savia), el proyecto forestal Cascada-Chile en Puerto Montt (X Región), de la transnacional Boise Cascaide, el proyecto de aluminio "Alumysa" en Aysen (XI Región), de la transnacional Noranda; los mega proyectos de producción de celulosa como Celulosa Valdivia e Itata de CELCO (VIII Región), grandes proyectos termoeléctricos como Patache, Barrancones, Campiche, Guacolda, Castilla entre otros (Regiones del norte del país) y grandes proyectos mineros de oro, cobre y plata en zonas de alto valor ambiental como Cerro Colorado, Pascua Lama, Cerro Casale, El Morro, Los Bronces, Andina, entre muchos otros (Regiones del norte del país).

90[12], más por razones comerciales que ambientales, siguiendo —algo tarde— los procesos de desarrollo normativo que ya experimentaba con fuerza la comunidad internacional a partir de la Cumbre de Estocolmo de 1972, incluso en países de la región latinoamericana con las primeras leyes ambientales, como Colombia (1974), Venezuela (1976) o Ecuador (1976)[13].

Hasta ese entonces la situación y las regulaciones relativas al medio ambiente y en particular respecto a la protección de la naturaleza y de territorios naturales tenían un claro enfoque sectorial productivo o escénico y así han sobrevivido en pugna con las regulatorias ambientales más modernas, subsistiendo aún un conjunto yuxtapuesto de normativas, de todo orden, relativas a la protección jurídica del medio ambiente con aquellas que regulan actividades productivas con incidencia ambiental.

Chile instaura así, recién en 1994, una regulación marco sobre protección del medio ambiente con la dictación de la primera ley general sobre medio ambiente —la Ley N° 19.300— fruto más bien de las demandas de inserción económica internacional a las que Chile aspiraba fuertemente en aquel entonces, más que como respuesta a una autentico interés ambiental, lo que, como se verá, queda reflejado en una ley muy focalizada en la regulación sobre la evaluación ambiental de proyectos de inversión a través de la importación del modelo norteamericano de evaluación ambiental, la *environmental impact assessment*[14], —que ha producido una suerte de "seiaización" del sistema jurídico ambiental chileno—, antes que en creación de normas sustantivas de protección y conservación ambiental, de las que, como también veremos, el sistema chileno acaba de concebir de modo más o menos sistemático.

A la luz de un panorama jurídico-ambiental chileno ambiguo y que pugna entre lo productivo y lo conservativo, resultará de especial

---

[12] Para un panorama general y retrospectivo del derecho ambiental chileno, Vid. VALENZUELA FUENZALIDA, Rafael. *El Derecho Ambiental. Presente y Pasado*. Editorial Jurídica de Chile, 2010.

[13] BRANES, Raúl. *Manual de Derecho Ambiental Mexicano*. Fondo de Cultura Económica, México, 1994, Apéndice de Derecho Latinoamericano.

[14] National Environmental Policy Act of 1969.

necesidad e interés conocer cómo se ha establecido la relación entre el derecho y la protección de la naturaleza a través de lo que intentaremos descifrar como el nuevo régimen jurídico de conservación de la biodiversidad y los recursos naturales, especialmente referido a los instrumentos jurídicos con que tradicionalmente los hemos considerado para protegerlos, donde destaca la técnica de establecimiento de áreas protegidas que se remonta y ha sobrevivido, ya por más de un siglo, pero que demanda hoy de otras innovaciones regulatorias para enfrentar la crisis global de pérdida de la biodiversidad.

De modo particular trataremos de sistematizar lo que hemos venido en denominar el derecho de la conservación ambiental en Chile, incluyendo en aquello el marco internacional vigente sobre la materia, aproximándonos luego a los conceptos fundamentales sobre áreas protegidas, ecosistemas, especies y genes y los diversos instrumentos jurídicos de gestión que los regulan, sus características y fines, categorías o tipologías, régimen de competencias existente, usos y actividades reguladas y régimen sancionatorio, para concluir con lo que podríamos denominar un régimen jurídico de la biodiversidad que integra todos las expresiones normativas anteriormente desarrolladas y que podemos considerar están concebidas para la protección del ambiente bajo el nuevo paradigma de la biodiversidad.

Nuestro objeto de análisis así se centrará en los recursos naturales vivos (bióticos), sin desatender cuando corresponda a aquellos que sostienen la vida como el agua, el suelo o el aire (abióticos) —que ciertamente merecen un tratamiento particular—, que en la nomenclatura clásica hemos convenido en denominar "Naturaleza", y más modernamente "recursos biológicos" en los términos del Convenio de Biodiversidad[15].

---

[15]   Definidos en su art. 2 como "Los recursos genéticos, los organismos o partes de ellos, las poblaciones, o cualquier otro tipo del componente biótico de los ecosistemas de valor o utilidad real o potencial para la humanidad."

Capítulo I
Derecho de la conservación ambiental

I. REFERENCIA HISTÓRICA

La historia mundial de las preocupaciones por la naturaleza surgen fruto del pensamiento naturalista anglosajón del siglo XIX que
tiene expresión filosófica y científica en la teoría de la evolución de
las especies de Charles Darwin en 1859 y que da origen a íconos relevantes como la creación de la primera área bajo protección oficial:
el Parque *Yellowstone*, en Estados Unidos de Norteamérica en 1872[16],
el Museo de Historia Natural de Londres en 1880[17] y más adelante
con la creación del *"National Park Service"* en 1916, sin duda el régimen jurídico pionero y de referencia a nivel mundial en materia de
conservación de la naturaleza[18]. Canadá siguió esta senda en 1885
con la creación de la Reserva de Banff, hoy conocida como Rocky
Mountains National Park. En tanto que en Europa[19] la institución
llega recién en 1914 con la creación del primer parque nacional, el
Schweizerischer National Park, en Alemania[20], y contemporáneamente
a él con la Ley de Parques Nacionales en España de 1916 en virtud
de la cual se crean los primeros Parques, de Covadonga y Ordesa, en
1918.

---

[16]   Cfr. LÓPEZ RAMÓN, Fernando. *La conservación de la naturaleza: los espacios naturales protegidos.* Publicaciones del Real Colegio de España, Bolonia,
1980.

[17]   Cfr. BRYSON, Bill. *Una breve historia de casi todo.* RBA, 2003.

[18]   Para una revisión del modelo estadounidense véase RUIZ-RICO RUIZ, Gerardo (coordinador). *Derecho comparado del medio ambiente y de los espacios
naturales protegidos.* Editorial Comares, Granada, 2000.

[19]   En Reino Unido en tanto se cifra la primera regulación en 1949 con el Decreto de los Parques Nacionales y el Acceso a las Áreas Rurales; en Italia en
1922 con la creación del primer parque, el Gran Paraíso.

[20]   RUIZ-RICO RUIZ, Gerardo (coordinador), *Derecho comparado del medio ambiente y de los espacios naturales protegidos.* Editorial Comares, Granada, 2000,
en particular su Capítulo I, sección 2ª.

En Chile[21] tal vez la preocupación ambiental más remota la ciframos en 1838 con el naturalista francés Claudio Gay, contratado por
el Gobierno de Chile de la época, quien manifestaba en su Carta
Pública al Ministerio del Interior de la época, su preocupación por la
disminución de los bosques de la provincia de Coquimbo (zona centro norte de Chile, hoy semiárida y devastada) fruto de la actividad
minera.

El antecedente regulatorio más remoto lo encontramos en un Decreto de 1859 que reglamentó la tala de la especie protegida "alerce" en Llanquihue y Chiloé[22] dictado bajo el gobierno de Manuel
Montt motivado por "la insensata explotación que durante siglos se
venía haciendo en las provincias de Llanquihue y Chiloé." Luego el
año 1872, adoptando las Ordenanzas Españolas sobre protección de
manantiales se dicta una *"Lei sobre Corta de Bosques"*, de 13 de julio,
que daría paso al año siguiente al *"Reglamento General de Corta"* de 3
de mayo de 1873, que establece la prohibición de corta de árboles
nativos en las áreas circundantes a los manantiales que nacen en los
cerros, que se sitúen cercanos a ellos en el plano y desde la media-
nía de los cerros hasta la cima[23]. Sin duda una de las primeras y más

---

[21]   Cfr. SAELZER. Federico. *La Evolución de la Legislación Forestal Chilena*, Valdi-
        via, Universidad Austral de Chile, 1973.
[22]   Territorios del sur de Chile cubiertos con la milenaria especie nativa hasta
        avanzado el siglo XX y que fue objeto de un uso y aprovechamiento pro-
        ductivo intensivo para la construcción, embarcaciones, formando parte de
        la idiosincrasia cultural del chilote y de Chiloé hasta nuestros tiempos. Cfr.
        URBINA, Ximena. *Análisis histórico-cultural del alerce en la Patagonia septentrio-
        nal occidental, Chiloé, siglos XVI al XIX*. Magallania vol.39 No.2 Punta Arenas,
        2011.
[23]   Esta disposición hablaba de la prohibición de "cortar y destruir árboles que
        existan sobre cerros desde la medianía de sus faldas hasta la cima. El pro-
        pietario calculará por sí mismo la línea medianera, y no incurrirá en multa
        que lleva consigo la infracción en la prohibición, sino en el caso que se le
        pruebe haber destruido el monto o cortado árboles más arriba de la línea
        que marque las dos terceras partes de la altura de sus faldas del cerro". La
        disposición fue luego matizada con la prohibición de corta en pendientes
        sobre 45% en el art. 5 de la actual ley de bosques, la que a su vez fue excep-
        cionada a discrecionalidad de la autoridad previo plan de manejo.

importantes regulaciones ambientales en el ordenamiento jurídico chileno que permanece vigente.

En el año 1879, se intentó crear una zona de reservas de bosques de diez kilómetros de ancho a lo largo de la vertiente andina de las provincias de Arauco, Valdivia y Llanquihue y de un kilómetro en la Cordillera de la Costa.

Reconociendo el interés forestal, el Gobierno de José Manuel Balmaceda contrata en 1889 al naturalista alemán Federico Albert considerado el precursor de la institucionalidad de bosques, aguas y áreas protegidas en Chile.

Con posterioridad y luego del infructuoso esfuerzo, del año 1879, el primer paso decisivo lo constituyó la dictación en 1905 de la Lei 1.768 que facultó al Presidente de la República a destinar 80.000 hectáreas de bosques fiscales para su uso y explotación particular, dando origen luego a la creación de la "Reserva Forestal Malleco", en 1907, mediante decreto Nº 1.540 en la Región sureña de la Araucanía[24].

En aquella época Chile suscribe junto a sus países vecinos Argentina y Bolivia un Convenio para la protección de la Chinchilla, en 1910, intensivamente explotada y exportada por el valor de su piel.

Luego, en 1912, se crean la reserva forestal "Villarrica", y las reservas de "Alto Biobío", en la provincia de Cautín, y "Llanquihue", en la provincia del mismo nombre y luego en 1914 se declara la reserva forestal "Puyehue".

Por aquella misma época, en 1917, fue dictada la Lei 3.295[25] que autorizo la expropiación de los terrenos del Cerro San Cristóbal de Santiago para la formación de un gran parque de uso público: el actual Parque Metropolitano de Santiago[26].

---

[24] Los vistos de este decreto señalaban: "que hai manifiesta conveniencia en conservar para el Estado bosques fiscales del territorio de Colonización" por lo cual "destina a reserva de bosques" casi 34.000 hectáreas de la provincia de Malleco.

[25] Publicada en el Diario Oficial Nº 11.882 el 28 de septiembre de 1917.

[26] El antecedente remoto de esta Ley está en el Decreto Supremo Nº 910 de 1912 que contiene el acto de cesión de derechos sobre parte del Parque Metropolitano de los señores Aguirre Luco al Fisco que en su art. 2 es-

Contemporánea a la antes citada ley, se dicta en 1916 la Ley 3.133 sobre neutralización de los residuos provenientes de establecimientos industriales y su Reglamento (DS 2491/16), una de las primeras leyes ambientales del país, cuyo objeto fue establecer normas a las que deben someterse los establecimientos industriales para neutralizar sus residuos líquidos antes de su descarga en "cursos o masas de aguas superficiales o subterráneas", así como en redes de alcantarillado público.

En el año 1925, se dicta la primera Ley de Bosques por medio del DL 656 y se crea el primer Parque Nacional de Latinoamérica, el "Parque Nacional Benjamín Vicuña Mackenna", con 71.600 hectáreas, ubicado en la provincia de Cautín, desafectado cuatro años más tarde para redefinir lo que sería la Reserva Forestal de "Villarrica". En 1926, se creó el "Parque Nacional Vicente Pérez Rosales", en la provincia de Llanquihue.

En materia de fauna se dicta en 1916 la Lei 3.131 que prohíbe la caza de la chinchilla y luego en 1929 se dicta la Ley de Caza N° 4.601 y su Reglamento N° 4.844, primer cuerpo legal general de protección de la fauna silvestre en Chile siguiéndole de inmediato otra ley clave para el resguardo de la flora silvestre y los espacios naturales, la Ley de Bosques N° 4.363 del 30 de junio de 1931. En su marco se crea luego en 1935 el Parque Nacional Tolhuaca.

El hito siguiente lo constituye la adopción de la Convención para la protección de la Flora, la Fauna y las Bellezas Escénicas Naturales de América, firmada por el gobierno de Chile en Washington el 12 de octubre de 1940, aunque promulgada como ley de la República recién el 23 de agosto de 1967 por DS N° 531.

En aplicación de aquel compromiso internacional, por ejemplo, se declara Monumento Natural a la especie vegetal "Alerce", en todo el territorio nacional, por DS N° 490, de 1976.

Institucionalmente, el año 1970 se crea la "Corporación de Reforestación" a objeto de "recuperar los terrenos degradados de la sexta

---

tablecía: Segundo. Los terrenos que el Fisco adquiere por este convenio se destinarán exclusivamente a bosques, praderas, jardines e instalaciones necesarias para su mejor administración.

región mediante la reforestación"[27] que luego traspasa sus funciones en 1972 a la recién creada CONAF, como corporación de derecho privado encargada de "contribuir a la conservación, incremento, manejo y aprovechamiento de los recursos forestales del país."[28]

Más tarde, en 1985 se intenta establecer la "Comisión Nacional de Ecología", dependiente del Ministerio del Interior con el objeto de regular la protección y conservación del medio ambiente; sin embargo, el anteproyecto de ley que la contenía no fue finalmente tramitado. Llegamos así al año 1990 en el que por DS N° 349 se crea la Comisión de Descontaminación de la Región Metropolitana y a continuación, en junio de igual año, la Comisión Nacional del Medio Ambiente (CONAMA) creada por DS N° 240 del MINBNAC, comenzándose al mismo tiempo con el proceso legislativo para el establecimiento de una ley ambiental marco que concluirá con la aprobación y promulgación de la Ley sobre Bases Generales del Medio Ambiente en 1994[29], que otorga marco legal a la institucionalidad ambiental antes creada, dejando subsistentes todas las regulaciones directa o indirectamente relacionadas con el medio ambiente que habían hasta entonces.

Con ello se da inicio a un proceso de evaluación y diagnóstico del panorama jurídico ambiental[30] con miras a su adecuación, me-

---

[27]   RAMÍREZ SIERRA, Agustín, *La protección jurídica del ecosistema forestal en Chile*, tesis doctoral del autor defendida en la Facultad de Derecho de la Universidad Complutense, obra inédita, facilitada para su consulta por el Departamento de Estudios Jurídicos del Estado de la Universidad de Alicante, pág. 120.

[28]   Artículo 9 de sus estatutos aprobados por DS N° 455, de 19 de abril de 1973, del Ministerio de Justicia.

[29]   Publicada en el Diario Oficial el 9 de marzo de 1994.

[30]   Uno de aquellos primeros esfuerzos, iniciado con anterioridad a la puesta en vigencia de la ley marco, fue la recopilación de las leyes y disposiciones legales relativas al medio ambiente, trabajo que se materializó en la elaboración del primer *Repertorio de la Legislación de Relevancia Ambiental Vigente en Chile* en 1992. Luego se han llevado a cabo los siguientes estudios: "Programa de Armonización y Sistematización de la normativa ambiental chilena: 1ª Etapa", de la Universidad Diego Portales, de 2001; "Actualización Normativa Ambiental 1993-2004" de la Facultad de Derecho de la Universidad de Chile; "Actualización de la Normativa de Relevancia Ambiental y Pobla-

joramiento, armonización, modernización y sobre todo con miras a definir una política ambiental.

II. POLÍTICA AMBIENTAL DE LA CONSERVACIÓN

Como veremos, las políticas propiamente ambientales son de reciente cuño. Con anterioridad a los años 90 —y coincidiendo con un estadio político de excepción— Chile estableció entre la década de los 70 y 80, y mantiene aún en gran medida vigentes, regímenes jurídicos de corte neoliberal que regularon profusamente los recursos naturales por sector pero que hicieron abstracción casi completa a toda consideración ambiental, como parte de un diseño refundacional en lo político, económico e institucional que comenzaría en 1973, pero que se plasmaría más tarde en la carta fundamental de 1980. Es el caso, en el plano de las nuevas regulaciones económicas, de la Ley de Defensa de la Libre Competencia, contenida en el DL 211, de 1973; la Ley de la Renta contenida en el DL N° 824 de 1974; la Ley sobre inversión extranjera contenida en el DL N° 600 de 1974; la Ley de Mercado de Valores N° 18.045 de 1981, la Ley sobre Sociedades Anónimas N° 18.046 de 1981, entre otras. En tanto en el plano de las regulaciones sobre recursos naturales, la Ley de Fomento Forestal, contenida en el DFL N° 701 de 1974; la Ley General de Urbanismo y Construcciones, contenida en el DFL 458 de 1976; la Ley de Navegación contenida en el DL 2.222 de 1978[31]; el Código de Aguas, contenido en el DFL 1.122 de 1981; la legislación minera contenida en la Ley orgánica de concesiones mineras, N° 10.092, de 1982 y el Código de Minería de 1983; la Ley eléctrica contenida en el DFL N° 1 de 1982; la Ley General de Pesca y Acuicultura, N° 18.892, de 1989,

---

miento de una Base de Datos Ambiental. Período 2005-2007" de la Facultad de Derecho de la Universidad de Chile. Para un panorama general Vid. CONAMA. *Programa de Armonización y Sistematización de la Normativa Ambiental Chilena: 1ª Etapa*, Santiago de Chile, 2001.

[31]   Una de las pocas que establece normas de protección ambiental para el medio marino y un régimen de responsabilidad por daño ambiental en ese ámbito.

entre otras. Este plexo normativo, junto a la Constitución de 1980, es el que liberalizó la economía y dio origen a la explotación intensiva y muchas veces irracional de nuestros recursos naturales[32].

Recién con el advenimiento de los regímenes democráticos en Chile a comienzos de los 90 —y siguiendo las tendencias mundiales a las que Chile comenzó a abrirse— se asume el modelo del desarrollo sustentable, tal como se afirma en el Mensaje Presidencial de la Ley sobre Bases Generales del Medio Ambiente N° 19.300, en 1992, que indica que "un desarrollo sustentable debe conservar la tierra y el agua, los recursos genéticos, no degradar el medio ambiente, ser técnicamente apropiado, económicamente viable y socialmente aceptable"[33].

Los Gobiernos democráticos post-dictadura han explicitado que "La estrategia de desarrollo sustentable de Chile está basada en generar las condiciones básicas que permitan compatibilizar el proceso de crecimiento económico del país, con la protección del medio ambiente y el uso sustentable de los recursos naturales, en un contexto de equidad social y económica"[34].

El desarrollo sustentable se puede representar como un triángulo cuyos vértices —el crecimiento económico, la equidad y la calidad del medio ambiente— están en un equilibrio dinámico[35]. Por lo tanto, una condición fundamental del desarrollo sustentable es la

---

[32]   Expresión de ello fue la explotación a tala rasa de más de 15.000 hectáreas en los predios forestales de Chaihuin y Venecia, en 1998, Valdivia.

[33]   Mensaje N° 387-324 de S.E. el Presidente de la República don Patricio Aylwin Azocar con el que inicia un proyecto de Ley de Bases del Medio Ambiente, 14 de septiembre 1992.

[34]   Instructivo Presidencial en materia de gestión ambiental a nivel regional N° 1161 del 28 de agosto 1996.

[35]   El art. 2 letra g) de la Ley 19.300 lo define como "el proceso de mejoramiento sostenido y equitativo de la calidad de vida de las personas, fundado en medidas apropiadas de conservación y protección del medio ambiente, de manera de no comprometer las expectativas de las generaciones futuras".

armonización de las políticas económicas, las políticas sociales y las políticas ambientales[36].

El 9 de enero de 1998, y por primera vez en su historia, el gobierno nacional aprueba el documento titulado *"Una política ambiental para el desarrollo sustentable"*[37] que explicita una política pública general en materia ambiental para el Estado chileno, uno de cuyos objetivos es el fomento de la protección del patrimonio ambiental y del uso sustentable de los recursos naturales.

Este documento no tiene carácter normativo específico, sin embargo constituye una pauta obligatoria para la Administración Pública, así como también aporta criterios que permiten orientar e interpretar la legislación ambiental nacional.

En este contexto, la Política Ambiental procura hacer ambientalmente sustentable el proceso de desarrollo, velando por "el derecho a vivir en un medio ambiente libre de contaminación, la protección del medio ambiente, la preservación de la naturaleza y la conservación del patrimonio ambiental."[38]

El foco de la Política Ambiental y su fin último es la calidad de vida de todos los chilenos y de las generaciones futuras. La gestión ambiental es una función eminentemente pública, de responsabilidad individual y colectiva, que requiere del compromiso y la partici-

---

[36]   Cfr. LOPERENA ROTA, Demetrio, "Desarrollo Sostenible y Globalización", Colección Divulgación Jurídica, Thomson Aranzadi, Madrid, año 2003, 173 págs., donde desarrolla los tres pilares sobre los que se asienta el desarrollo sostenible: a) el desarrollo económico sostenible; b) el desarrollo social, y c) la protección ambiental. En este contexto el desarrollo social, en una propuesta de mínimos e indiscutible, que comprende la satisfacción universalizada de seis necesidades: 1) seguridad-libertad; 2) alimentos-agua potable; 3) vivienda; 4) asistencia sanitaria; 5) educación; 6) democracia-participación, mientras que el medio ambiente es el elemento fundamental a preservar a fin de respetar la dignidad y derecho de las futuras generaciones a satisfacer sus propias necesidades.

[37]   CONAMA, *Una política para el desarrollo sustentable*, documento de carácter no vinculante, aprobado por Acuerdo N° 55/97 del Consejo Directivo de CONAMA, Santiago de Chile, 9 de enero de 1998.

[38]   Artículo 1 de la Ley sobre Bases Generales del Medio Ambiente en relación al art. 19 N° 8 de la Constitución Política.

pación de toda la sociedad civil, incluyendo en ella al sector productivo privado, de tal forma que el conjunto de la sociedad esté dispuesto
a asumir los costos que implica el implementar tal política. Significa
también un proceso continuo de mejoramiento de la capacidad de
gestión del país.

Falta en todo caso una mayor consistencia y coherencia de las
políticas ambientales declaradas por los Gobiernos de los últimos
años que de vez en cuando chocan o contradicen lo obrado en otros
planos como acontece con las políticas sectoriales de fomento productivo, las de descentralización político-administrativa, las de participación e información ciudadana, las de fiscalización y de sanción
efectiva de los incumplimientos ambientales, por nombrar sólo algunas que muchas veces van en la dirección opuesta a las directrices del
desarrollo sustentable[39].

Se estableció luego una "Agenda Ambiental"[40] para el desarrollo
sustentable para el período 2002-2006 que entre sus líneas de acción
contempla medidas para la preservación de la biodiversidad[41], que

---

[39]   Un ejemplo palmario de ello, es la tendencia a la centralización y concentración de actividades que presenta la capital Santiago, una de las más con-
taminadas de mundo, a pesar de las declaraciones e intenciones explicita-
das en orden a querer resolver los problemas ambientales de una cuenca
saturada como esta y en la que habita cerca del 50% de la población del
país.

[40]   CONAMA, *Agenda Ambiental País. Por un desarrollo limpio y sustentable*, 2002-
2006.

[41]   Señala este documento que "...al año 2006 al menos el 10% de la superficie
de los ecosistemas más relevantes del país (muchos de los cuáles están hoy
desprotegidos) estarán bajo alguna protección oficial.
Esta cifra es considerada adecuada por los estándares internacionales existentes en la materia.
Oficializaremos el reglamento de Áreas Silvestres Protegidas de Propiedad
Privada, con el fin de estimular la protección de territorios por parte de
privados.
Para el caso de especies de flora y de fauna, oficializaremos el reglamento
de Clasificación de Especies de Flora y Fauna Silvestres en Categoría de
Conservación.
Para las especies en peligro de extinción realizaremos un programa espe-
cial, que consiga sacar a las más urgentes de aquella condición.

dio origen a la Estrategia Nacional de Biodiversidad en 2003 —actualizada al 2030— y luego a un Plan de Acción para el período 2004-2015[42].

En el contexto del referido Plan de Acción se elabora y sanciona una Política Nacional sobre Áreas Protegidas en 2005 con el objetivo de "crear e implementar un Sistema Nacional de AP, terrestres y acuáticas, públicas y privadas, que represente adecuadamente la diversidad biológica y cultural de la nación, garantizando la protección de los procesos naturales y la provisión de servicios ecosistémicos, para el desarrollo sostenible del país, en beneficio de las generaciones actuales y futuras."[43]

En el marco de esta política ambiental se efectuaron varias evaluaciones tendientes a determinar la necesidad de crear en Chile una nueva institucionalidad ambiental encabezada por un Ministerio del Medio Ambiente y que considera también una nueva institucionalidad sobre AP y biodiversidad. Fue así como en 2008 el Gobierno de Chile somete a tramitación legislativa una Ley que crea el Ministerio del Medio Ambiente y moderniza la legislación ambiental[44], que da lugar a la promulgación de la Ley 20.417 en 2010[45].

Ambos programas de protección de biodiversidad nacional los emprenderemos en alianza con la comunidad, la empresa privada y los diferentes actores de la administración pública, cumpliendo también los convenios internacionales ratificados por Chile en esta materia.

Apoyaremos la continuidad y enriquecimiento de las acciones de conservación de suelos que realizan los organismos públicos con competencia en la materia, trabajando con los involucrados en la protección de los suelos de mayor valor ambiental a través de los instrumentos de planificación territorial urbana."

[42] Vid. *infra* capítulo VI.
[43] Aprobada por el Consejo Directivo de CONAMA, en sesión del 27 de diciembre de 2005.
[44] Mensaje 352-356, de 5 de junio de 2008, por medio del cual se propone la creación del Ministerio del Medio Ambiente, el Servicio de Evaluación Ambiental y la Superintendencia del Medio Ambiente.
[45] Ley publicada en el Diario oficial el 26 de enero de 2010 que crea el Ministerio del Medio Ambiente, el Servicio de Evaluación Ambiental y la Superintendencia del Medio Ambiente.

Sin embargo, esta importante reforma no se hizo cargo de la conservación ambiental, ni sustantiva ni institucionalmente, dejando sólo comprometida la creación futura de un Servicio de Biodiversidad y Áreas Protegidas[46],el que recién sería formulado en 2011 primero y en 2014 después, mediante el envío al Congreso de proyectos de ley que proponen la creación de un Servicio de Biodiversidad y Áreas Protegidas (SBAP), que finalmente es aprobado por el Congreso Nacional el 14 de junio de 2023, mediante ley N° 21.600, promulgada el 21 de agosto de 2023 y publicada en el D.O. el 6 de septiembre de 2023[47].

III. CONSTITUCIONALIZACIÓN DEL MEDIO AMBIENTE

1. *El derecho constitucional al medio ambiente*

La dogmática jurídica sobre los derechos fundamentales concibe al "medio ambiente" como una nueva categoría de derecho fundamental[48], denominada comúnmente como derechos de tercera generación. "La inmediata incidencia del medio ambiente en la existencia humana, su trascendencia para el desarrollo y su misma posibilidad, es lo que justifica su inclusión en el estatuto de los derechos fundamentales."[49]

---

[46]   El Artículo octavo transitorio de la citada ley establece que: "Dentro del plazo de un año desde la publicación de esta ley, el Presidente de la República deberá enviar al Congreso Nacional uno o más proyectos de ley por medio de los cuales se cree el Servicio de Biodiversidad y Áreas Protegidas, y se transforme la Corporación Nacional Forestal en un servicio público descentralizado.
El rediseño a que se refiere el inciso anterior se efectuará resguardando los derechos de los trabajadores de la referida Corporación."

[47]   Mensaje 161-363, de 18 de junio de 2014, Boletín N° 9404-12.

[48]   Cfr., por ejemplo, a BELLVER CAPELLA, Vicente. *Ecología: De las razones a los derechos*, en particular su Tercera Parte, Editorial Comares, Granada, 1994.

[49]   PEREZ LUÑO, Antonio E. *Derechos Humanos, Estado de Derecho y Constitución.* Editorial Tecnos, Madrid, 1984, pág. 455.

En Chile, recogiendo las nuevas vertientes doctrinales y los precedentes de Constituciones comparadas[50] y como una innovación del constituyente de 1980 se contempla en su régimen constitucional una referencia a la naturaleza y al medio ambiente, en cuanto bienes jurídicos protegidos, al interior del catálogo de derechos fundamentales contenido en el art. 19[51], lógica que mantenía y ampliaba el Anteproyecto Constitucional de 2022 y 2023[52].

En efecto el numeral 8 del art. 1 9 establece que la Constitución[53] asegura a todas las personas: *"El derecho a vivir en un medio ambiente libre de contaminación"*.

---

[50]   En Europa la Constitución de Weimar (Alemania) de 1919 considerada una norma para la tutela del medio ambiente. En tanto a nivel latinoamericano ya la Constitución de México de 1917 instituía incipientemente un principio de protección ambiental (art 27) siendo recién la Constitución de Venezuela de 1961 la que consagra una expresa obligación estatal de conservación de los recursos naturales. Cfr. BRAÑES, Raúl. *Manual de Derecho Ambiental Mexicano.* Fondo de Cultura Económica, México, 1994, Apéndice de Derecho Latinoamericano.

[51]   Cfr. URZUA Valenzuela, Germán. *Manual de Derecho Constitucional,* Editorial Jurídica de Chile, 1ª edición, 1991, donde trata la evolución que han tenido los derechos constitucionales en las distintas Constituciones.

[52]   El proceso constitucional chileno generó 2 proyectos de Constitución Política en 2022 y 2023, rechazados por votación popular, que en líneas gruesas mantenían y ampliaban, en ciertos aspectos, el ámbito de la garantía a un medio ambiente incontaminado como por ejemplo hacia un medio ambiente "sano", en línea con la Resolución de la Asamblea General de la ONU de 26 de junio de 2022 que reconoce el derecho a un medio ambiente limpio, saludable y sostenible. Vid. www.chileconvencion.cl y www.procesoconstitucional.cl.

[53]   Reconocimiento expreso que hace la Constitución respecto de la problemática ambiental, a diferencia de experiencias tales como la italiana o la alemana. Vid. ESCOBAR ROCA, Guillermo. *La Ordenación Constitucional del Medioambiente,* Edit. Dykinson, Madrid, 1995, pág. 21 y ss.
Vid. también POSTIGLIONE, Amadeo. "Ambiente: suo significato giuridico unitario", en Rivista Trimestrale di Diritto Pubblico, N° 1, 1985, pág. 33.
Ahora bien, con posterioridad a la Conferencia de Estocolmo surgieron una serie de constituciones que reconocían la existencia de "derechos ambientales", tal es el caso de Grecia en 1975 (Artículo 24), Cuba en 1976 (Artículo 27), Portugal en 1976 (Artículo 66), inspiradora de la Constitución española de 1978 (Artículo 45).

Acto seguido la Constitución establece que *"Es deber del Estado velar para que este derecho no sea afectado y tutelar la preservación de la naturaleza."*

El numeral 8° termina con un inciso de remisión a la ley para aquellas materias que traten sobre restricciones de determinados derechos para proteger el medio ambiente al señalar que *"La ley podrá establecer restricciones específicas al ejercicio de determinados derechos o libertades para proteger el medio ambiente."*

Establecido entre los derechos constitucionales, el derecho a vivir en un medio ambiente libre de contaminación, así como el deber del Estado de preservar la naturaleza constituyen "un derecho público subjetivo cuya defensa le compete a cada uno de los individuos y a la sociedad toda en su conjunto."[54] Siguiendo a CEA EGAÑA[55] corresponden a aquellos derechos o facultades inherentes a la persona, reconocidos por el ordenamiento jurídico y que permiten a su titular exigir su cumplimiento con los deberes correlativos.

Consagrado como un derecho fundamental[56], autónomo y desvinculado de otras garantías constitucionales relacionadas con

---

[54]   RAMÍREZ SIERRA, Agustín. *La protección jurídica…*, Op. cit., pág. 413.

[55]   Cfr. CEA EGAÑA, José Luis. *Manual de Derecho Constitucional*. Edición de la Facultad de Derecho de la Universidad de Chile, Tomo I, 1994, pág. 133.

[56]   A diferencia del modelo español. Vid. MARTÍN MATEO, Ramón. *Tratado de Derecho Ambiental*, Tomo I, págs. 451 a 453; ALONSO GARCÍA, Enrique. *El Derecho ambiental de la Comunidad Europea*, Edit. Civitas, Madrid, 1993, págs. 27 y ss., Vol I. En un sentido parcialmente diverso Vid. MARTÍN-RETORTILLO, Lorenzo. "La defensa frente al ruido ante el Tribunal Constitucional", RAP, N° 115, 1988, págs. 214 y ss., según el cual, "una de las manifestaciones del derecho al medio ambiente, la defensa frente al ruido, tiene el carácter de derecho fundamental, por formar parte del derecho a la intimidad garantizado en el artículo 18 de la Constitución", tesis aceptada por el propio Tribunal Supremo (STS de 7 de noviembre de 1990). Ver ESCOBAR ROCA, Guillermo. *La Ordenación…*, Op. cit., págs. 27 y 69. Sobre el punto ver asimismo a KLOEPFER, M. cfr. *Umweltrecht*, Edit. C.H. Beck, Munich, 1989, págs. 41 a 49, quien en una interpretación amplia del artículo 2 de la Ley Fundamental, avalado por el propio Tribunal Constitucional, lo enmarca dentro de la garantía al libre desarrollo de la personalidad y el derecho a la vida y a la integridad física.

él[57], como el derecho a la salud, y con las que a menudo se lo suele confundir[58].

Fue la Ley 19.300[59] sobre Bases Generales del Medio Ambiente, la que recién en 1994 aspira a dotar de contenido sustantivo y concreto a la garantía antes citada, señalando que este derecho se regulará por sus disposiciones, "sin perjuicio de lo que otras normas legales establezcan sobre la materia"[60].

La jurisprudencia de la Corte Suprema ha dicho sobre la garantía constitucional que "...dicha disposición impone al Estado la obligación de velar para que este derecho no se vea afectado; y, al mismo tiempo, tutelar la preservación de la naturaleza y esto último se refiere al mantenimiento de las condiciones originales de los recursos naturales, reduciendo al mínimo la intervención humana (...)."[61]

---

[57] "Estos dos conceptos son una moneda con una cara ambientalista y otra sanitaria", Ver LOPERENA ROTA, Demetrio "La protección de la salud y el medio ambiente adecuado para el desarrollo de la persona en la Constitución", en *Estudios sobre la Constitución Española*, pág. 1467, Tomo II, Edit. Civitas, Madrid, 1992. Para Chile ver, CEA EGAÑA, José Luis, *Tratado de la Constitución de 1980*, pág. 323, Edit. Jurídica de Chile, Santiago, 1988. Ver así mismo, FUENZALIDA – PUELMA, Hernán y Otros, *El Derecho a la Salud en Las Américas, Estudio Constitucional Comparado*, Edit. Organización Panamericana de la Salud, Washington, 1989, pág. 596.

[58] Vid. CASTILLO SANCHEZ, Marcelo. *Régimen Jurídico de Protección del Medio Ambiente, Aspectos Generales y Penales*, Edit. Bloc, Santiago, Chile, 1994, pág. 47.

[59] En un intento asimétrico por asemejarse a las "leyes marcos" latinoamericanas inspiradas en el Código Ambiental Colombiano de 1974. Ver GUILLERMO J. CANO, *Derecho, Política y Administración Ambientales*, Edit. Depalma, Buenos Aires, 1978, pág. 219 y ss., y a la cual le sucedieron en forma relevante, la Ley General del Equilibrio Ecológico y la Protección del Ambiente mexicana de 1988, la Ley 6.938/81 Brasilera, modificada por la Ley 8.028/90, y la novedosa Ley Nº 1333 del 27 de abril de 1992, Ley General del Medio Ambiente (G.O. del 15 de junio de 1992), de Bolivia.

[60] Artículo 1° de la Ley 19.300.

[61] Causa "Girardi Lavín, Guido y otros contra COREMA de la XII Región" en el mencionado "caso Trillium".

Esta garantía constitucional, siguiendo a FERNANDO DOUG-NAC[62] está íntimamente ligada a otras garantías constitucionales como el derecho a la vida, a desarrollar libremente actividades económicas, a adquirir bienes excepto aquellos bienes públicos, con el derecho de propiedad.

A efectos de garantizar este derecho, la Constitución chilena contempla el recurso constitucional de protección[63] en materia ambiental[64], en virtud del cual toda persona afectada por un acto u omisión ilegal imputable a una autoridad o persona determinada, que transgreda su garantía constitucional de vivir en un medio ambiente libre de contaminación, puede recurrir ante el tribunal competente[65] a fin de requerir se ponga fin a dicha perturbación.

Expresa que procede también, el recurso de protección en el caso del número 8 del artículo 19, "cuando el derecho a vivir en un medio ambiente libre de contaminación sea afectado por un acto u omisión ilegal imputable a una autoridad o persona determinada"[66].

Resulta relevante destacar que, respecto de esta garantía, la procedencia del recurso de protección ha sido ampliada por reforma de la

---

[62]   DOUGNAC, Fernando. "El resguardo jurisprudencial del derecho a vivir en un medio ambiente libre de contaminación. Comentario y Análisis de algunos fallos recientes", en Revista Justicia Ambiental, FIMA, Chile, 2012.

[63]   Corresponde exactamente al denominado recurso de amparo o *habeas corpus* originado en la cultura jurídica anglosajona y recogido por la generalidad de los ordenamientos jurídicos modernos y democráticos.

[64]   Cfr. VERDUGO JOHNSTON, Pamela. *El Recurso de Protección en la Jurisprudencia*, Edit. Conosur, Santiago, Chile, 1988; VALENZUELA F., Rafael, "El Recurso Constitucional de Protección sobre Materia Ambiental en Chile", en Revista de la Facultad de Derecho de la Universidad Católica de Valparaíso, Nº 13, 1989-1990; SOTO KLOSS, Eduardo, "El Recurso de Protección y el Derecho a Vivir en un Ambiente Libre de Contaminación", en Revista de Derecho y Jurisprudencia, Tomo LXXVIII, Nº 1, Chile, 1981. En España JORDANO FRAGA, Jesús. *La protección del derecho a un medio ambiente adecuado*, Barcelona, Bosh, 1995.

[65]   Corte de Apelaciones respectiva.

[66]   Inciso segundo del artículo 20 de la Constitución Política del Estado, reformado por Ley 20.050 publicada en el Diario Oficial el 26 de agosto de 2005.

Ley 20.050[67] de 2005 a actos y omisiones superando las discrepancias doctrinarias preexistentes[68] y eliminando la copula de acto ilegal y arbitrario exigida antes, dejando sólo la ilegalidad como presupuesto y manteniendo la imputabilidad a una autoridad o persona determinada[69]. En este caso, los requisitos formales de procedencia del recurso son más restrictivos que para resto de los casos, por cuanto procede sólo en contra de actos u omisiones "ilegales" y no alternativamente respecto de situaciones "arbitrarias o ilegales" como se exige para el resto de los atentados a los derechos constitucionales.

La acción procede a causa del mandato que tiene el Estado de velar porque el derecho a vivir en un medio ambiente libre de contaminación no sea afectado. Esto significa que el constituyente entrega al Estado y sus organismos la tarea de "velar", en forma constante y permanente, a través de todas sus actuaciones para que el "derecho a

---

[67] El primitivo art. 20 inciso 2° señalaba: "Procederá también, el recurso de protección en el caso del N° 8 del artículo 19, cuando el derecho a vivir en un medio ambiente libre de contaminación sea afectado por un acto arbitrario e ilegal imputable a una autoridad o persona determinada."

[68] Al respecto el profesor SOTO KLOSS señala "contaminar, como su expresión lo indica, es una acción, es un quehacer, es una actividad que implica un obrar positivo, es algo transitivo, que implica movimiento de un agente para producir un hecho (sea querido directamente, o bien sea el resultado natural de algo querido: intencional, o bien preterintencional); si ello es así no puede caber duda alguna —ni siquiera duda razonable— que contaminar es el efecto directo o indirecto de una actividad, una acción, de un acto, del hombre, de personas, de seres humanos. De allí que parezca difícil, por no decir imposible, que sea el fruto de una inactividad del hombre, de su pasividad", SOTO KLOSS, Eduardo, *El Recurso de Protección, Orígenes, Doctrina y Jurisprudencia*, Editorial Jurídica de Chile, 1982.

[69] Respecto de su legitimación activa ver el interesante fallo pronunciado por la Corte Suprema en el caso de la Empresa Forestal Trillium Ltda., de fecha 19 de marzo de 1997, considerando 14, que establece: "son titulares de este recurso, todas las personas naturales o jurídicas que habitan el Estado y que sufran una vulneración del derecho al medio ambiente libre de contaminación que asegura el artículo 19 N° 8 de la Carta Fundamental".
La no exigencia de que el afectado sea una persona determinada, aproxima estrechamente en definitiva este recurso constitucional a las características de la acción popular en materia ambiental existente en legislaciones tales como la colombiana, sueca, etc.

vivir en un medio ambiente libre de contaminación" no sea "afectado", esto es, amenazado, violado, vulnerado o perturbado.

El recurso de protección ha sido el instrumento jurídico que se utilizó con más frecuencia en relación con situaciones de contaminación ambiental, protección de la naturaleza o bienes ambientales que requieren tutela jurídica, previo a la instauración de la judicatura ambiental, invocándose *"el derecho a vivir en un medio ambiente libre de contaminación"*[70]. Esta situación se ha debido entre muchas otras razones, a la ineficacia o inoperancia de los instrumentos ordinarios y tradicionales, tanto civiles, penales o administrativos y la falta de una judicatura especializada que recién llega con la Ley 20.600, en 2012, que crea los Tribunales Ambientales. Con todo, el propio mecanismo de cautela constitucional vivió un largo proceso en el que las demandas por protección ambiental eran sistemáticamente desestimadas y que, salvo contadas excepciones[71], se mantuvo hasta avanzada la primera década del siglo XXI, cuando se comienza a producir un cambio —a nuestro juicio acertado— de la doctrina jurisprudencial acogiéndose los primeros recursos en materia ambiental[72].

2. *Tutela constitucional de la Naturaleza*

El constituyente de 1980, haciendo eco de las corrientes conservacionistas clásicas de la época habló de "tutelar la preservación de la naturaleza"[73] (art. 19 N° 8) y de "conservar el patrimonio

---

[70] Un panorama general de la evolución jurisprudencial en Chile se puede ver en FUNDACIÓN TERRAM, *Éxitos y Fracasos en la Defensa Jurídica del Medio Ambiente*. Terram Publicaciones, Santiago de Chile, 2001.

[71] Por ejemplo, los fallos favorables en los casos de Lago Chungará (1984) y Forestal Trillium (1997).

[72] El cambio de giro tal vez se comienza a producir con el fallo en el caso contra la Central Termoeléctrica Campiche" de la empresa eléctrica AES GENER, Rol 1219-2009, de 22 de junio de 2009, a partir del cual se comienza a generar una interesante y abundante jurisprudencia ambiental.

[73] Término que también fue utilizado, de un modo amplio, por las primeras leyes que la consideraron como la Ley de Navegación de 1978 cuando habla de "preservación de la ecología en el mar" o la Ley Navarino, de 1985, que habla de "preservación de la naturaleza y del medio ambiente".

ambiental"(art. 19 N° 24), indistintamente, entendiendo, según recogió la jurisprudencia de la época que *"el patrimonio ambiental, la preservación de la naturaleza de que habla la Constitución y que ella asegura y protege, es todo lo que naturalmente nos rodea y que permite el desarrollo de la vida y tanto se refiere a la atmósfera como a la tierra y sus aguas, a la flora y la fauna, todo lo cual conforma la naturaleza con sus sistema ecológica de equilibrio entre los organismos y el medio en que viven"*[74], conceptos que luego vienen a ser definido por la Ley 19.300 de distinto modo, poniéndose énfasis en la "mantención" de las condiciones naturales, respecto a la "preservación" y en el "uso" y "aprovechamiento" de los recursos naturales, respecto de la "conservación"[75]. Así, no se debe perder de vista que estos conceptos han ido evolucionando con el tiempo y el avance de la ciencia que hoy habla más bien de "conservación de la biodiversidad", entendiendo que dicho concepto comprende la mantención, así como el uso y aprovechamiento racional y sustentable tanto de los bienes o componentes de la naturaleza —que podemos denominar genérica y tradicionalmente como recursos naturales— (bióticos y abióticos) como de los procesos biológicos mismos que ellos presuponen. Así, la preservación de la naturaleza a que se refiere la Constitución y la ley implican un deber estatal de custodia y aseguramiento de condiciones que garanticen la vida natural en todas sus dimensiones y evitar su afectación significativa ya sea por la vía del riesgo o del daño sobre aquellas[76], para cuyo fin se dispone del poder estatal de regulación que establecerá la medida en la que las intervenciones humanas son permisibles o no.

---

[74]   Sentencia de la E. Corte Suprema, de 19 de marzo de 1997, Causa Rol N° 2.732-96 en el mentado "caso Trillium".

[75]   El art. 2 de la Ley 19.300 define "Preservación de la Naturaleza" como "el conjunto de políticas, planes, programas, normas y acciones, destinadas a asegurar la mantención de las condiciones que hacen posible la evolución y el desarrollo de las especies y de los ecosistemas del país" y "Conservación del Patrimonio Ambiental" como "el uso y aprovechamiento racionales o la reparación, en su caso, de los componentes del medio ambiente, especialmente aquellos propios del país que sean únicos, escasos o representativos, con el objeto de asegurar su permanencia y su capacidad de regeneración".

[76]   Sentencia de la E. Corte Suprema, de 26 de julio de 2023, causa Rol N° 91.156-21, considerando vigésimo sexto, caso "Conjunto Armónico Portezuelo".

Los proyectos constitucionales de 2022 y 2023 recogían las tendencias modernas de reconocimiento del valor de la biodiversidad, consignándola y desarrollándola, conceptualmente, de distinto modo, entre los derechos y deberes constitucionales, concepto que debemos entender implícitamente protegido por el vigente texto constitucional bajo el deber estatal de "tutelar la preservación de la naturaleza".

A los conceptos antes señalados, es posible entender que se agregan los elementos que conforman el patrimonio cultural, conforme a una interpretación amplia de la garantía constitucional del art. 19 N° 8 por la integración normativa que hace la Ley 19.300, que en su artículo 2°, letra II), define medio ambiente "para todos los efectos legales" como "el sistema global constituido por elementos naturales y artificiales de naturaleza física, química o biológica, socioculturales y sus interacciones, en permanente modificación por la acción humana o natural y que rige y condiciona la existencia y desarrollo de la vida en sus múltiples manifestaciones.", como así lo ha entendido la jurisprudencia administrativa de nuestra Contraloría[77], si bien no existe uniformidad doctrinaria ni de la jurisprudencia judicial sobre este punto[78].

3. Derecho de propiedad y medio ambiente

Estrechamente ligado a lo expuesto se debe tener presente que, el artículo 19 número 24 de la Constitución Política del Estado, consagra el concepto de "función ambiental de la propiedad"[79] en tanto representa un límite al derecho de dominio[80].

---

[77] Dictamen CGR N° 4.000 de 15 de enero de 2016.

[78] Cfr. GUZMÁN ROSEN, Rodrigo. *La regulación constitucional del ambiente en Chile. Aspectos sustantivos y adjetivos.* LEXISNEXIS, Chile, 2005.

[79] Vid. VALENZUELA F. Rafael, "El Recurso Constitucional de Protección ", *Op. cit.*, pág. 182.

[80] Consagrado como un derecho fundamental por la Constitución chilena, de modo que el titular en ejercicio de su derecho debe respetar al menos en teoría, la dimensión ambiental del mismo.

Señala la norma, en la parte pertinente, la garantía de todas las personas al derecho de propiedad en sus diversas especies sobre toda clase de bienes corporales o incorporales. Y agrega que sólo la ley puede establecer las limitaciones y obligaciones que derivan de su función social, fundada en los intereses generales de la nación, la seguridad nacional, la utilidad y la salubridad públicas y la conservación del patrimonio ambiental[81].

La Constitución chilena —fuertemente protectora de la propiedad privada— ha consagrado y garantizado, de manera general, el derecho constitucional a la propiedad privada, amparándolo con el recurso de protección en casos de que cualquier persona por acción u omisión la amenace, perturbe o prive. Sólo de manera excepcional este derecho constitucional puede ser limitado socialmente concurriendo los requisitos constitucionales siguientes:

- Sólo si se hace por ley.
- La limitación emane del cumplimiento de una función social.
- La función social comprenda, entre otras, la conservación del patrimonio ambiental.

Las situaciones en las que exista una posible pugna entre propiedad privada y protección ambiental serán resueltas a la luz de las disposiciones constitucionales señaladas. Ello, ciertamente que representa potenciales conflictos de derechos, que de manera particular cobran importancia cuando el derecho ambiental importa muchas veces, restricciones a la propiedad o a otros derechos en beneficio del interés público ambiental, por ejemplo a través del establecimiento

---

[81] Respecto de esta función ambiental de la propiedad, específicamente sobre la conservación del patrimonio ambiental, la jurisprudencia lo ha reconocido en connotados fallos, Ver (Declaratoria de Monumento Natural al Alerce) "Forestal Venecia Ltda. Apelación de Queja Civil", en "Fallos del Mes", N° 347, págs. 672 y ss., octubre de 1987; (Declaratoria de Monumento Natural a la Araucaria) "García Sabugal, Mario con Ministro de Agricultura" (Recurso de Protección), en "Revista de Derecho y Jurisprudencia", Tomo LXXXVIII, N° 2, 2ª parte-sección V, págs. 122 y ss., 1990; (Declaratoria de Reserva Nacional sobre terrenos de propiedad privada) "Gerente General Sociedad Comercial Malleco y Otro contra Presidente de la República y Otros", en "Gaceta Jurídica", N° 133, 1991, pág. 50 y ss.

de cuotas de captura, prohibiciones de caza o espacios protegidos[82], toda vez que por medio de dichas intervenciones se puede llegar a limitar, restringir e incluso privar del derecho de propiedad privada, en cuyo caso el gravamen debiera ser, debidamente, compensado y en caso de privación del derecho, indemnizado siguiendo, por ejemplo, los criterios establecidos para las expropiaciones que el propio constituyente fija en el art. 19 N° 24[83]. En todo caso, las dificultades que en este ámbito se generen las tendrá que resolver, en último término, la judicatura, caso a caso[84], que como hemos señalado se encuentra en un interesante tránsito entre el clasicismo protector de la propiedad privada y la dilución, poco a poco, de sus márgenes por razones ambientales.

---

[82]   Cfr. LÓPEZ RAMÓN, Fernando. *Principios de Derecho Forestal*, Editorial Aranzadi, SA, Navarra, 2002, en particular su capítulo VIII que trata el conflicto entre derecho de propiedad y ENP.

[83]   La Constitución en esta disposición señala en sus incisos 3° y siguientes: "Nadie puede, en caso alguno, ser privado de su propiedad, del bien sobre que recae o de algunos de los atributos o facultades esenciales del dominio, sino en virtud de ley general o especial que autorice la expropiación por causa de utilidad pública o de interés nacional, calificada por el legislador. El expropiado podrá reclamar de la legalidad del acto expropiatorio ante los tribunales ordinarios y tendrá siempre derecho a indemnización por el daño patrimonial efectivamente causado, la que se fijará de común acuerdo o en sentencia dictada conforme a derecho por dichos tribunales.
A falta de acuerdo, la indemnización deberá ser pagada en dinero efectivo al contado.
La toma de posesión material del bien expropiado tendrá lugar previo pago del total de la indemnización, la que, a falta de acuerdo, será determinada provisionalmente por peritos en la forma que señale la ley. En caso de reclamo acerca de la procedencia de la expropiación, el juez podrá, con el mérito de los antecedentes que se invoquen, decretar la suspensión de la toma de posesión."

[84]   Cfr., a modo de ejemplos, en materia ambiental sentencia de la Corte Suprema recaída en el caso conocido como "Lago Chungará", de 19 de diciembre de 1985, en revista Gaceta Jurídica, año X-1985, N° 66, Editorial Cono Sur Ltda.; y sentencia de la Corte Suprema de 19 de marzo de 1997 recaída en el caso conocido como "Proyecto Trillium", Vid. GALINDO, Mario. *El sistema de evaluación de impacto ambiental ante la jurisprudencia: 1996.2000*, CONAMA-Universidad de Chile, Santiago de Chile, 2001.

4. Tratamiento constitucional de los convenios ambientales internacionales

El artículo 5 de la Constitución chilena establece en su inciso 2° que "El ejercicio de la soberanía reconoce como limitación el respeto a los derechos esenciales que emanan de la naturaleza humana. Es deber de los órganos del Estado respetar y promover tales derechos, garantizados por esta Constitución, así como por los tratados internacionales ratificados por Chile y que se encuentren vigentes."

Estos derechos —límite de la soberanía del Estado— son los que se encuentran en la propia Constitución, entre ellos el propio art. 19 N° 8 que garantiza en Chile el derecho a vivir en un medio ambiente libre de contaminación y en los tratados que se refieren a dichas materias ratificados y vigentes en Chile, entre los que se cuenta, en una posición central en materia de derechos humanos ambientales el contemporáneo "Acuerdo Regional sobre el Acceso a la Información, la Participación Pública y el Acceso a la Justicia en Asuntos Ambientales en América Latina y el Caribe también conocido como "Tratado de Escazú"[85] de 2018 que consagra del llamados "derechos de acceso" a que hace mención; y el, tardíamente ratificado, "Protocolo Adicional a la Convención Americana sobre Derechos Humanos en Materia de Derechos Económicos, Sociales y Culturales", también conocido como "Protocolo de San Salvador"[86], de 1988, que consagra el derecho a un medio ambiente sano en una doble faz:

"1. Toda persona tiene derecho a vivir en un medio ambiente sano y a contar con servicios públicos básicos.

2. Los Estados partes promoverán la protección, preservación y mejoramiento del medio ambiente."

En esta materia, la opinión de la doctrina jurídica mayoritaria es que las normas internacionales sobre derechos humanos contenidas

---

[85] Adherido por el Estado de Chile el 13 de junio de 2022 y publicado en el DO el 25 de octubre de 2022 con entrará en vigor para Chile el 11 de septiembre de 2022.

[86] Ratificado el 28 de julio de 2022, misma fecha en que entra en vigor para Chile y publicado en el DO el 25 de octubre de 2022.

en los tratados sobre la materia ratificados por Chile y que se encuentren vigentes gozan de rango constitucional. En este sentido se pronuncia, por ejemplo, GERMÁN BIDART quien nos señala que "Los derechos declarados en la Constitución suprema participan positivamente del nivel y jerarquía que se asigna a ésta, están sobrepuestos a toda normativa inferior, y reciben la tutela que, por esa ubicación preeminente, queda organizada institucionalmente en cobertura y defensa de aquella Constitución;"[87] en similar sentido HUMBERTO NOGUEIRA señala que "los derechos contenidos en los tratados en materias de derechos humanos forman parte de la Constitución material, constituyendo parte del plexo de derechos garantizados constitucionalmente..."[88].

La norma del art. 5 inciso 2° representa la expresa incorporación al ordenamiento jurídico nacional de toda la normativa internacional sobre medio ambiente consagrada en los tratados ratificados en tanto tengan correspondencia, armonía o equivalencia con la garantía constitucional al ambiente del art. 19 N° 8[89].

En segundo término, la norma del art. 5 inciso 2° representa la expresa incorporación al ordenamiento jurídico nacional de toda la normativa internacional sobre derechos humanos consagrada en los tratados ratificados por Chile sobre la materia. Las normas convencionales sobre derechos humanos obtienen, en consecuencia, el carácter *self-executing*[90] o de autoejecutabilidad, lo que significa

---

[87] BIDART, Germán J. *Teoría General de los derechos humanos.* Astrea de Alfredo y Ricardo Depalma, Buenos Aires, 1991, pág. 348.

[88] NOGUEIRA Alcalá, Humberto. *Dogmática Constitucional.* Editorial Universidad de Talca, 1997, pág. 84.

[89] Para una revisión del tratamiento constitucional del ambiente en Chile véase GUZMÁN, Rodrigo. *La regulación constitucional del ambiente en Chile. Aspectos sustantivos y adjetivos.* LEXISNEXIS, Chile, 2005.

[90] Este carácter se encuentra recogido en el derecho chileno por medio de sentencias del Tribunal Constitucional que lo han establecido respecto del control de constitucionalidad del Convenio N° 169 de la OIT sobre Derechos de los Pueblos Indígenas. En las causas Roles N° s 2387-12-CPT y 2388-12-CPT, acumulados del Tribunal Constitucional del 23 de enero de 2013 se sostiene: "En cuanto a la afectación de los derechos de los pueblos indígenas, señalan que debió haber un diálogo de buena fe y con la intención de lograr un acuerdo con ellos, en el marco del deber de consulta

que "...todos los derechos humanos contenidos en tratados pueden ser invocados directamente por los individuos ante los tribunales domésticos"[91], sobre la base de un contenido prescriptivo de la disposición internacional, y que exige, además, "tomar también en cuenta la naturaleza de la obligación contenida en el instrumento internacional"[92].

IV. DESARROLLO DEL DERECHO AMBIENTAL: DESDE LA PRESERVACIÓN A LA SOSTENIBILIDAD

El derecho ambiental chileno se caracterizó en sus orígenes por ser un derecho sin identidad propia, subordinado al resto de los regímenes jurídicos de corte productivo y funcional a éstos. Ello responde lógicamente a las prioridades que ha adoptado el país asumiendo una senda desarrollista donde "lo ambiental" ha sido visto tradicionalmente como un obstáculo al "desarrollo". Esta característica se encarnó en la propia Ley sobre Bases Generales del Medio Ambiente N° 19.300 de 1994 que fue dictada como una forma de insertar y cumplir los requerimientos que imponía la apertura a los mercados internacionales que Chile inició fuertemente con el advenimiento de la democracia en 1990, y que, desde el punto de vista de su contenido, no es más que una ley ambiental funcional o instrumental, que regula casi en exclusivo mecanismos para gestionar y evaluar ambientalmente proyectos de inversión.

---

de los artículos 6° y 7° del Convenio 169 de la OIT, ratificado por Chile y vigente, normas que son autoejecutables de acuerdo a lo resuelto por esta Magistratura en sede de control preventivo del Convenio 169 de la OIT."

[91] MEDINA, Cecilia y otro. *Sistema Jurídico y Derechos Humanos*. Cuadernos de análisis jurídicos. Escuela de Derecho de la Universidad Diego Portales. 1996, pág. 73.

[92] O'DONNELL, Daniel. *Protección Internacional de los Derechos Humanos*, Comisión Andina de Juristas, Lima, 1988, pág. 46; Cfr. CANCADO TRINDADE, Antonio Augusto (Editor). *Derechos Humanos, Desarrollo Sustentable y Medio Ambiente*, Instituto Interamericano de Derechos Humanos, Brasil, 1992.

Ha contribuido a ello también la vieja concepción de que "lo ambiental" se ha asociado clásicamente con "preservar", cuyo ícono más visible ha sido precisamente el centenario sistema nacional de áreas protegidas chileno, cargado de dicha concepción de intangibilidad. De igual manera, el marcado tinte liberal y mercantilista adoptado por el Estado chileno, heredado de la dictadura y administrado en democracia, han puesto y visto en lo ambiental un obstáculo a los fines de un Estado liberal y capitalista, desde luego contrapuesto a las regulaciones neoliberales fundadas en el marco de la Constitución dictatorial de 1980, como la eléctrica, minera, de aguas, forestal, de pesca, entre otras.

El derecho ambiental chileno nace así —si ciframos su origen sistematizado en 1994— como un apéndice del derecho económico y no como un derecho público estatal, donde la regulación fundamental versa sobre el procedimiento evaluador de proyectos, dejándose expresamente vigentes todas las demás regulaciones —liberales— sectoriales.

Dentro de este derecho, tal vez el que podríamos decir ha tenido y tiene un desarrollo y atención cualitativamente especial es el relativo al derecho de la contaminación ambiental, emanación del derecho civil de daños, que por razones históricas y de orden práctico ha sido desarrollado y abordado con cierta autonomía como acontece con el derecho ambiental de daños relativo a los accidentes y contingencias ocasionadas en el medio marino regulado por tratados internacionales de antigua data[93].

Lo propio ha acontecido a contar de la instauración de la ley marco sobre medio ambiente con el que podríamos denominar derecho adjetivo ambiental o procesal ambiental configurado por los procedimientos e instrumentos de gestión ambiental, centrados en el SEIA.

La conservación ambiental, desdeñada en nuestro derecho, se sitúa así en la antípoda de la contaminación y la gestión ambiental conformando un capítulo o parte del derecho ambiental sistematizado recién 30 años después de la Ley Ambiental, mediante la adopción de Ley SBAP.

---

[93]   Vid. *Infra* Cap.II.

Siendo el derecho ambiental de la contaminación un derecho con desarrollo y autonomía relativa propios y el derecho ambiental adjetivo de la gestión ambiental —centrada en el SEIA— la parte del derecho ambiental legislado y priorizado en Chile a contar de la década de los 90, surge la necesidad de realzar la existencia y relevancia de un derecho ambiental de la conservación ambiental o de la biodiversidad como tercer pilar del derecho ambiental[94].

La concepción de lo que se entiende por "conservación" sigue siendo asociada como sinónimo a "preservación" o a "protección estricta", cuando debemos entenderla como inclusiva de "uso y aprovechamiento" pero —y aquí está la particularidad— con el adjetivo sustentable. Esto se debe a que en una primera fase de desarrollo de los intentos conservacionistas se concibió a la naturaleza o a sus componentes como reductos u objetos seleccionados abstraídos de la intervención humana, con fines estéticos o de contemplación, y por tanto intangibles e inviolables. Esta es la base teórica que dio origen a la Convención de Washington de los años 40[95], incorporada en Chile en los años 60 y a la Ley del SNASPE de los 80[96] dictada en conformidad a la primera.

La conservación ambiental, en cambio, en su concepción moderna y más acertada es entendida como la gestión ambiental que involucra tanto la "preservación", entendida esta como el acto de mantener inalteradas las características ambientales de algo, como su "uso" y "aprovechamiento" racional y sostenible, entendidos éstos como los actos en virtud de los cuales se intervienen o explotan los recursos para obtener beneficios de ellos sin menoscabar su aptitud para seguir generando dichos provechos, esto es, permitiendo la renovación de aquellos, de un modo similar a los rendimientos originales de tal manera que las generaciones futuras puedan disfrutar de ellos, a lo que podríamos agregar —o al menos entender subsumido— la ac-

---

[94] Para una profundización en la doctrina de este nuevo derecho cfr. ALLI TURRILLAS, Juan-Cruz. *La Protección de la Biodiversidad. Estudio jurídico para la salvaguarda de las especies naturales y sus ecosistemas.* Editorial Dykinson, Madrid, 2016.
[95] Vid. *Infra* Cap.II.
[96] Vid. *Infra* Cap.III.

ción de reparar o restaurar los bienes naturales intervenidos, como bien lo aserta JORGE BERMUDEZ[97], a partir de la definición del art. 2 letra b) de la Ley 19.300, y que resulta de toda lógica para todas aquellas acciones en las que no es factible volver, de forma natural o espontánea, las cosas a su estado anterior a los de su intervención[98].

Así el derecho ambiental relativo a la conservación ambiental no es más que aquel que regula la forma o manera en que se preservan, usan, aprovechan o protegen, y en su caso, se reparan o restauran en su caso, de una manera racional y sostenible, los recursos naturales o el patrimonio natural, a fin de que ellos puedan cumplir adecuadamente sus funciones ecosistémicas y puedan generar beneficios que puedan renovarse en el tiempo.

Para el caso de los recursos naturales denominados "no renovables", como los minerales, no será posible plantear su conservación, ya que por definición su aprovechamiento implicará su agotamiento paulatino. En este caso, la gestión sustentable y por tanto la conservación versará sobre la forma en que la actividad se ejecuta o desarrolla de tal manera que se cautelen las funciones ambientales del entorno que se interviene, así como otros bienes ambientales susceptibles de afectar, caso típico de la minería.

En el centro del derecho de la conservación ambiental tiene por tanto que situarse el paradigma de la sostenibilidad, tal como lo plantea GABRIEL REAL FERRER, quien abraza este principio como meta global de las nuevas sociedades planetarias que comenzarán a gestar-

---

[97]   BERMÚDEZ SOTO, Jorge. *Fundamentos de Derecho Ambiental*. 2ª Edición, Ediciones Universitarias de Valparaíso, Chile, 2015, pág. 69.

[98]   Por lo demás en sentencia de 15 de julio de 2013, Rol 300-2012, de la I. Corte de Apelaciones de Copiapó confirmada por la E. Corte Suprema recaída en caso "Pascua Lama se establece: "cabe dejar anotado que el concepto de conservación del patrimonio ambiental, tal como lo previene el artículo 2° literal b) de la Ley N° 19.300, posibilita "el uso y aprovechamiento racionales o la reparación, en su caso, de los componentes del medio ambiente, especialmente aquellos propios del país que sean únicos, escasos o representativos, con el objeto de asegurar su permanencia y su capacidad de regeneración". Es decir, se exige un uso racional de los elementos del medio ambiente dentro de los parámetros de un "desarrollo sustentable".

se, incluso postulando la creación de un nuevo derecho, el derecho de la sostenibilidad, del que el derecho ambiental sería parte[99].

"El nuevo paradigma de desarrollo económico, social y ambiental, redefine la relación entre el hombre y su medio ambiente y, en consecuencia, las normas que regulan dicha relación deben modelarse sobre la base de los nuevos postulados. El nuevo escenario de las relaciones internacionales es propicio para el surgimiento del "derecho de la sustentabilidad" que se encuentra en formación y cuya base la constituye el actual derecho ambiental."[100]

El derecho ambiental, así entendido, no puede ser un derecho económico, aunque tenga manifestaciones propias de él, sino un derecho originariamente ético y social, cuyo paradigma no es el "crecimiento" sino la manera en que se garantizan las funciones esenciales del planeta y de los bienes que lo conforman, en permanente interacción, para el sostenimiento y beneficio de las comunidades de vida que la integran, garantizando su herencia para las generaciones futuras.

El mundo subdesarrollado o en vías de desarrollo en el que se inserta Chile no han comprendido adecuadamente aún este paradigma y el desenvolvimiento del derecho ambiental sigue siendo entendido como la pugna entre preservación/conservación —en su acepción clásica y estricta, versus producción/crecimiento. La constitucionalización de los años 80, primero, y la dotación de una legislación marco y su institucionalidad asociada en los 90, sin duda han sido un aporte, pero que ha ido muy rezagada y desviada de las tendencias modernas del derecho ambiental, como el europeo e incluso muchos de los derechos latinoamericanos. Sin embargo, el fenómeno de la globalización, primero, y el de crisis ambiental global, después, han permitido permear en Latinoamérica y Chile las exigencias asociadas a la sostenibilidad. Así es por esta vía, que el derecho nacional chile-

---

[99]   REAL FERRER, Gabriel. "Sostenibilidad, Transnacionalidad y Transformaciones del Derecho" en *Revista de Derecho Ambiental*. AbeledoPerrot, octubre/diciembre 2012, Buenos Aires, Argentina.

[100] LÓPEZ, Hernán. "La Regulación del Desarrollo Sustentable en el Derecho Internacional y Derecho Comparado" en *Ambiente, Derecho y Sustentabilidad*. p. 409.

no ha comenzado a experimentar demandas de adaptación en todas sus manifestaciones (legislación, políticas públicas, decisiones, etc.) que ha permitido dotar al derecho ambiental de un sitial que nunca antes había tenido. Esta presión ha tenido su manifestación más sintomática en la resolución jurisprudencial de conflictos ambientales en Chile, iniciada y desarrollada de un modo sistemático y sostenido a comienzos del nuevo siglo, con casos emblemáticos como el de los "Cisnes de Valdivia" (2004) de CELCO, "Barrancones" de GDF Suez (2010), "Centrales Hidroeléctricas de Aysén o Hidroaysen", de ENDESA Y COLBUN (2012), "Termoeléctrica Castilla", de MPX (2012), "Pascua Lama"[101] de la minera BARRICK GOLD (2013), "vertimientos de la industria salmonera" (2018), "Quintero Puchuncaví" (2019) o "BHP Cerro Colorado"[102] (2021) y que han dado origen a una verdadera "revolución verde", que por la vía judicial ha creado una verdadera doctrina jurídico ambiental, dando forma a nuevos principios jurídicos ambientales[103] que han comenzado a forjar la nueva doctrina jurisprudencial ambiental.

Los procesos sociales precitados, han gatillado demandas regulaciones "verdes" que no han sido pacíficas, por cuanto ponen en entredicho los desarrollos tradicionales por lo que el desafío de éstos será conocer cómo incorporan una gestión sostenible de los recursos naturales renovables —flora y fauna (bióticos), suelo, agua y aire

---

[101] En sentencia de la E. Corte Suprema dictada en causa Rol Nº 5339-2013 recaída en el controvertido proyecto minero "Pascua Lama" se ha hecho expresa admisión a este paradigma al establecerse: "Así si se contamina o se amenaza con aquello, se destruye la naturaleza, con lo cual, se agotan los recursos renovables y el ecosistema pierde su capacidad de regenerarse o de cumplir sus funciones principales en los procesos biofísicos, por lo que el presente arbitrio constitucional deberá ser acogido en este sentido, según se señalará en lo resolutivo de este fallo, velándose por esta Corte garantizar lo que se ha denominado como "desarrollo sustentable", según ya latamente se ha expuesto."

[102] Primer caso en Chile sobre cambio climático. Rol CS Nº 8573-2019.

[103] Cfr. Poder Judicial de la República de Chile. *Principios Jurídicos Ambientales.* Santiago de Chile, 2018.

(abióticos)— que garantice la conservación de la naturaleza o la biodiversidad y su sostenibilidad[104].

---

[104] El informe OCDE sobre desempeño ambiental de Chile de 2005 estableció que "hasta la fecha la protección de la naturaleza no ha contado con el énfasis y los recursos suficientes para enfrentar las amenazas de largo plazo de la diversidad biológica altamente endémica de Chile. No hay ninguna ley específica de conservación de la naturaleza, y las estructuras institucionales y de manejo dan una importancia secundaria a los objetivos de conservación ante las metas más amplias de los organismos relevantes." OCDE/CEPAL. *Evaluación del desempeño ambiental-Chile,* Naciones Unidas, 2005, pág. 101.

Capítulo II

Marco internacional de la biodiversidad

I. DOGMÁTICA JURÍDICA DE LOS TRATADOS AMBIENTALES Y SU APLICABILIDAD EN EL DERECHO INTERNO

El derecho internacional no ha sido especialmente fructífero de manera particular sobre medio ambiente (como sí lo ha sido sobre comercio, por ejemplo). Sólo con las primeras expresiones de compromiso real a nivel global por los problemas ambientales, hacia 1992, y salvo expresiones aisladas y acotadas anteriores a ese hito, la preocupación por la conservación y preservación ambiental comienza a tener realidad.

Con todo, es el movimiento mundial por la protección y defensa de la naturaleza de inicio de los 90 —donde se echan las bases de la Cumbre de la Tierra del 92— el principal cimiento jurídico de la legislación latinoamericana y chilena.

Si bien Chile no ha tenido como política pública el desarrollo de una legislación ambiental sistematizada de protección de los recursos naturales y de las áreas silvestres[105], sí ha estado presente en casi todos los convenios internacionales ambientales por medio de su

---

[105] Sólo con la dictación de la Ley 20.417 de 26 de enero de 2010 que reformó la Ley 19.300 sobre Bases Generales del Medio Ambiente, se mandata a los poderes co-legisladores a legislar sobre biodiversidad y áreas protegidas por medio del envío de los proyectos de ley que creen un Servicio de Biodiversidad y Áreas Protegidas, cuestión que se concreta con el proyecto de ley que crea el SBAP remitido al Senado en 2011 Boletín N° 7487 y 2013 N° 9.404-12.

ratificación[106], lo que bajo las reglas internas implica un compromiso real, concreto, exigible y directamente aplicable.

1. Conceptos básicos de Derecho Internacional Público aplicables en materia ambiental

En el derecho internacional contemporáneo la principal fuente de derecho son las convenciones internacionales o "derecho convencional internacional", que corresponden a lo que comúnmente se conoce como tratados internacionales. El propio derecho internacional a través de un convenio o tratado marco —la Convención de Viena sobre Derecho de los Tratados— regula el marco a que se sujetan estos instrumentos definiéndolos como "un acuerdo internacional celebrado por escrito entre Estados y regido por el Derecho internacional, ya conste en un instrumento único o en dos o más instrumentos conexos y cualquiera que sea su denominación particular"[107].

Esta misma Convención nos dice que una convención internacional debe ser cumplida de buena fe por el Estado que la ha adoptado, no pudiendo invocarse la legislación interna ni las deficiencias de ésta, para dejar de cumplir las obligaciones que le impone la convención, y que en los casos que esta legislación sea tan categórica que impida una interpretación que la concilie con las normas de la convención, el tribunal que la aplique, estará cumpliendo su deber como órgano jurisdiccional nacional, pero a la vez su resolución representará un acto internacionalmente ilícito[108].

Cabe advertir que hoy la doctrina suele distinguir entre categorías de tratados y es así como se habla de tratados-contratos y de tratados-ley. Sin perder de vista el carácter obligatorio de ambos. Los primeros, o sea, los tratados-contratos "...contienen acuerdos que regulan

---

106   Entre pocas excepciones a esta tradición la constituirían, a la fecha, los Protocolos Adicionales al Convenio sobre Biodiversidad, de Nagoya y Cartagena.
107   Art. 2 de la Convención de Viena sobre Derecho de los Tratados.Pag.7.
108   Vid. BENADAVA, Santiago. *Derecho Internacional Público*. Editorial Jurídica de Chile, segunda edición, 1982, págs. 51 y 74.

ciertos intereses de los Estados contratantes, en sus relaciones recíprocas", a diferencia de los tratados-ley que adoptan características similares a las que tiene una ley de Derecho interno,"... en el sentido de crear reglas de carácter general y permanente", categoría —esta última— a la que debemos asignar, corrientemente, los convenios ambientales que más que acuerdos contractuales entre Estados configuran "regímenes normativos de carácter uniforme que establecen una reglamentación general en un ámbito determinado..."[109].

Existen también las llamadas normas o principios de *Ius Cogens*[110], que representan una norma no escrita de carácter imperativo en el ámbito internacional y que incluso suele estimarse con primacía sobre un tratado o convención internacional[111/112].

A modo de ejemplo, la norma que reconoce la soberanía nacional sobre el aprovechamiento de los propios recursos naturales, la que prohíbe contaminar o generar contaminación sobre el patrimonio ambiental de otro Estado y tener que responder por ello, la de tratar y eliminar los residuos generados por los propios Estados, entre otros, serían expresión de dichas normas.

---

[109] JUSTE RUIZ, José. *Derecho Internacional del Medio Ambiente*, Mac Graw Hill, Madrid, 1999, pág. 56.

[110] Surgidas a raíz de lo prescrito en el art. 53 y 63 de la Convención de Viena sobre el Derecho de los Tratados.

[111] Señala el Convenio de Viena:

"Art. 53. Es nulo todo tratado que, en el momento de su celebración, esté en oposición con una norma de derecho internacional general. Para los efectos de la presente Convención, una norma de derecho internacional general es una norma aceptada y reconocida por la comunidad internacional de Estados en su conjunto como norma que no admite acuerdo en contrario y que sólo puede ser modificada por una norma ulterior de derecho internacional general que tenga el mismo carácter".

"Art. 63. Si surge una nueva norma imperativa de derecho internacional general, todo tratado existente que esté en oposición con esa norma se convertirá en nulo y terminará".

[112] Si pudiéramos hacer una comparación entre estas normas y alguna del derecho interno, tendríamos que equipararla con las normas constitucionales, dada su jerarquía susceptible de derogar incluso un tratado.

No han de olvidarse también los principios generales del derecho definibles como aquellos principios comunes a los sistemas jurídicos más desarrollados que se encuentran en vigor, principios concordantes que sirven de fundamento a tales ordenamientos. Así en el plano del derecho ambiental, el principio de desarrollo sostenible, de uso racional de los recursos naturales, el de preservación y conservación, y el principio preventivo y precautorio son algunas expresiones de ellos.

2. *El medio ambiente como nueva categoría de derecho fundamental en el plano internacional*

Existe en el plano internacional, en desarrollo, la conceptualización de una categoría *sui generis* de derechos fundamentales denominados derechos de 3ª generación, difusos o colectivos a los que adscribe el medio ambiente. De hecho, ANTONIO CANCADO cifra recién en 1991 el reconocimiento de la relación existente en derechos humanos y medio ambiente surgida en el seno del Grupo de Consultores Jurídicos del PNUMA que le tocó revisar el Programa de Montevideo de Desarrollo y Examen periódico del Derecho Ambiental (1981-1991)[113].

Podemos señalar que básicamente estos nuevos derechos corresponden a nuevos valores que conforme señala KAREL VASAK[114] se definirían por una cierta concepción de la vida en comunidad, y sólo se pueden realizar por la conjunción de los esfuerzos de todos los que participan en la vida social.

Existen al menos dos sentidos o acepciones de esta categoría de derechos:

1) La primera los concibe como derechos que ya no recaen directamente en personas, sino que corresponden a nuevas instancias de protección más generales o colectivas, tales como

---

[113]   CANCADO TRINDADE, Antonio Augusto (Editor). Derechos Humanos, *Desarrollo Sustentable y Medio Ambiente*, IIDH/BID, Brasilia, 1992.

[114]   Cfr. VASAK, Karel. *Las Dimensiones Internacionales de los Derechos Humanos.* Volumen I. Serbal y UNESCO, 1984.

derechos de pueblos, colectividades o de sistemas, tales como la democracia, el desarrollo, la paz y el medio ambiente. Si bien esta categoría de derechos es de relativa reciente data, ya encontramos manifestación de éstos con el clásico principio y derecho de libre determinación de los pueblos.

2) Una segunda acepción, es aquella que vincula esta categoría con el fenómeno contemporáneo de mayor especificidad de los derechos humanos, es decir, con aquella categoría de derechos de grupos vulnerables o tradicionalmente discriminados, tales como, los de indígenas, discapacitados, menores, mujeres, consumidores, trabajadores, etc.

Un ejemplo emblemático de bien jurídico de 3ª generación, adscrito a la primera subcategoría, que adquiere una importancia creciente a nivel mundial lo constituye, como señalamos, el medio ambiente, expresado subjetivamente como el derecho a un medio ambiente limpio, o simplemente como el derecho fundamental al medio ambiente. Este bien jurídico ha ingresado al campo de los derechos humanos como un derecho humano de 3ª generación referido a sistemas o colectivos fundamentalmente debido a la constatación fáctica de la vulnerabilidad de los ecosistemas y del medio en que el ser humano se desarrolla. "La inmediata incidencia del medio ambiente en la existencia humana, su trascendencia para el desarrollo y su misma posibilidad, es lo que justifica su inclusión en el estatuto de los derechos fundamentales"[115]. Ello se ha plasmado en el surgimiento de toda una nueva legislación internacional sobre distintas materias ambientales en la que se efectúa un tratamiento parcelado y específico de determinados componentes del medio ambiente, sin que contemos a la fecha con una convención internacional de carácter general, referida al derecho al medio ambiente o al medio ambiente como derecho fundamental en sí mismo, pero que comparten como denominador común un anhelo de conservación o protección ambiental o del que podríamos denominar el "principio conservacionista" según el cual corresponde a "la retirada del mercado de

---

[115] PÉREZ LUÑO, Antonio E. *Derechos Humanos, Estado de Derecho y Constitución.* Editorial Tecnos, Madrid, 1984, pág. 455.

algunos bienes naturales cuya utilización racional prácticamente se reduce al exclusivo ejercicio del derecho a disfrutar del medio"[116].

Derechos humanos y medio ambiente son, hoy por hoy, conceptos estrechamente ligados en el ámbito internacional surgidos a partir ya de la Declaración de Estocolmo de 1972 y que encuentran cada día más sentido por la agobiante crisis climática. Así al reconocimiento en los instrumentos formales de derecho internacional como acontece con el Protocolo Adicional al Pacto de San José de Costa Rica, llamado Protocolo de San Salvador o en el ámbito de Naciones Unidas con la labor efectuada por su Comisión sobre Derechos Económicos, Sociales y Culturales y el PNUMA, se suman declaraciones como la del Consejo de Derechos Humanos de las Naciones Unidas en abril de 2022 que declaró el acceso a un "medio ambiente limpio, saludable y sostenible" como un derecho humano universal y la Resolución de la Asamblea General de las Naciones Unidas de 28 de julio de 2022, que declaró que todas las personas del mundo tienen derecho a un medio ambiente saludable. La Corte Internacional de Justicia, por su parte, cuenta con una sala especializada en la materia, y a nivel americano ante la Comisión y Corte Interamericana de Derecho Humanos se han conocido algunos casos de afección ambiental indirecta a partir de violaciones de derecho humanos de 1ª y 2ª generación[117] (vida, salud, justicia, etc.)[118] y últimamente a partir de atropellos a derechos indígenas[119], sin nombrar el sinnúmero de instancias y foros de *soft law* en los que se han ventilado asuntos de derechos humanos ambientales entre

---

[116] CANOSA USERA, Raúl. *Constitución y Medio Ambiente*. Jurista Editores, Perú, 2004. Pag.223.

[117] El único caso chileno exitoso sometido al sistema interamericano de DD.HH, de incidencia indirecta sobre materias ambientales, es el relativo a una demanda de acceso a información ambiental caratulada "Claude Reyes y otros Vs. Chile. Fondo, Reparaciones y Costas. Sentencia de 19 de septiembre de 2006. Serie C No. 151.

[118] SHELTON, Dinah. *Derechos ambientales y obligaciones en el sistema interamericano de derechos humanos*, disponible en www.anuariocdh.uchile.cl

[119] Casos Comunidad Yanomani vs Brasil; Comunidad Mayas de Toledo vs. Belice; Comunidad Mayagna Awas Tingni vs Nicaragua; Comunidad Indígena Sawhoyamaxa del Pueblo Enxet vs. Paraguay; Pueblo Saramaka vs. Surinam; Comunidad de San Mateo de Huanchora y sus integrantes vs. Perú.

los que destaca la labor de la Corte Internacional de Arbitraje y Conciliación Ambiental (CIACA).

Conjuntamente el sistema internacional de DD.HH. de Naciones Unidas ha avanzado en las últimas décadas en la vinculación entre medio ambiente y DD.HH. en diversas instancias. Así en 2012 el Consejo de Derechos Humanos decidió establecer un mandato sobre derechos humanos y medio ambiente que estudiará, entre otras cosas, las obligaciones de derechos humanos relativas al disfrute de un medio ambiente seguro, limpio, saludable y sostenible, y promoverá mejores métodos respecto al uso de los derechos humanos para la elaboración de políticas medioambientales. En agosto de 2012, el Sr. John Knox fue designado Experto Independiente (2012-2015) y Relator Especial sobre derechos humanos y medio ambiente (2015-2018) en cuyo marco cabe destacar la elaboración de los "Principios Marco sobre los Derechos Humanos y el Medio Ambiente"[120]. A nivel interamericano, en 2017, la Comisión Interamericana crea la Relatoría Especial sobre Derechos Económicos, Sociales, Culturales y Ambientales (REDESCA), en la que destaca Resolución 3/21 sobre "Emergencia climática: alcance de las obligaciones interamericanas en materia de derechos humanos"[121].

II. HITOS EN LA EVOLUCIÓN DE LA PROTECCIÓN DE LA BIODIVERSIDAD

Han existido múltiples experiencias e intentos internacionales por avanzar hacia la protección internacional de la naturaleza[122]. A continuación describimos los hitos a nuestro juicio más relevantes.

---

[120] KNOX, John. *Principios Marco sobre los Derechos Humanos y el Medio Ambiente,* Naciones Unidas, Derechos Humanos, Procedimientos Especiales, Nairobi, 2018.

[121] www.oas.org

[122] Vid. MARTIN MATEO, Ramón. *Tratado de Derecho Ambiental,* Tomo III, Trivium, 1997.

1. Carta Mundial de la Naturaleza, de Naciones Unidas (1982)[123]

Este instrumento —sucesor de la Cumbre de Estocolmo de 1972—
es tal vez el primer hito de la protección específica del ambiente a
nivel mundial dado que ya consideraba entre sus principios generales criterios para lo que en aquella época se llamaba "la protección
de la naturaleza".

Así se señalaba que se respetará la naturaleza y no se perturbarán
sus procesos esenciales y que no se amenazará la viabilidad genética
de la tierra; la población de todas las especies, silvestres y domestica-
das, se mantendrá a un nivel por lo menos suficiente para garantizar
su supervivencia; asimismo, se salvaguardarán los hábitats necesarios
para este fin.

2. Cumbre de la Tierra, Río (1992)

En el seno de este encuentro mundial surgieron los más importantes instrumentos ambientales jurídicamente vinculantes: la
Convención de Cambio Climático, la Convención de Lucha contra
la Desertificación y la Convención sobre la Diversidad Biológica[124],
además de una Declaración sobre Bosques y el más completo y ambicioso plan de acción para el siglo XXI en materia ambiental denominado "Agenda 21" el que en su capítulo 15 contempla un profuso
conjunto de medidas que los Estados deben adoptar en materia de
conservación de la diversidad biológica[125],entre ellas, el ir avanzando
a través de políticas, programas, planes y todos aquellos instrumentos

---

[123] Adoptada por la Asamblea General de la ONU el 9 de noviembre de 1981,
mediante Resolución N° 37/7.

[124] El Convenio sobre la Diversidad Biológica, particularmente, fue ratificado
por Chile y promulgado como Ley de la República mediante Decreto Supremo N° 1.963 de fecha 28.12.94, del Ministerio de Relaciones Exteriores,
Diario Oficial del 06.05.1995.

[125] Establece particularmente en la materia:
a) Objetivos:
"15.4 Los gobiernos, al nivel que corresponda y con el apoyo de los organismos de las Naciones Unidas y de las organizaciones regionales, intergu-
bernamentales y no gubernamentales competentes, el sector privado y las

con que cuenta un Estado para avanzar hacia sistemas y mecanismos efectivos de conservación de la biodiversidad, incluido por cierto la técnica de establecimientos de áreas protegidas que constituye un pilar del sistema del Convenio de Biodiversidad.

---

instituciones financieras, y teniendo en cuenta las poblaciones indígenas y sus comunidades, así como los factores sociales y económicos, deberían:

a) Presionar para la pronta entrada en vigor del Convenio sobre la Diversidad Biológica, con la participación más amplia posible;

b) Elaborar estrategias nacionales para la conservación de la diversidad biológica y la utilización sostenible de los recursos biológicos;

c) Incorporar en las estrategias y los planes nacionales de desarrollo las estrategias de conservación de la diversidad biológica y utilización sostenible de los recursos biológicos;

d) Tomar las medidas apropiadas para la distribución justa y equitativa de los beneficios dimanantes de la investigación y el desarrollo y de la utilización de los recursos biológicos y genéticos, así como de la biotecnología, entre las fuentes de esos recursos y entre quienes los utilicen;

e) Llevar a cabo estudios por países, según proceda, sobre la conservación de la diversidad biológica y sobre la utilización sostenible de los recursos biológicos, así como análisis de los costos y beneficios pertinentes, con particular referencia a los aspectos socioeconómicos;

f) Preparar y actualizar regularmente informes mundiales sobre la biodiversidad basándose en las evaluaciones nacionales;

g) Reconocer y fomentar los métodos y los conocimientos tradicionales de las poblaciones indígenas y sus comunidades, haciendo hincapié en la función particular de la mujer, que sean de interés para la conservación de la diversidad biológica y para la utilización sostenible de los recursos biológicos, y dar a esos grupos la oportunidad de participar en los beneficios económicos y comerciales dimanantes de la utilización de tales métodos y conocimientos tradicionales 1/;

h) Poner en práctica mecanismos para el mejoramiento, la generación, el desarrollo y la utilización sostenible de la biotecnología y para su transferencia inocua, particularmente a los países en desarrollo, teniendo en cuenta la contribución potencial de la biotecnología a la conservación de la diversidad biológica y a la utilización sostenible de los recursos biológicos 2/;

i) Promover una cooperación internacional y regional más amplia para fomentar la comprensión científica y económica de la importancia de la biodiversidad y de sus funciones en los ecosistemas;

La Convención sobre Biodiversidad es el corolario del sistema internacional de protección de parques, áreas silvestres y protección de la naturaleza[126]. Su importancia radica en el hecho de constituir el primer acuerdo global cabal que aborda todos los aspectos de la diversidad biológica: recursos genéticos, especies y ecosistemas.

Tiene entre otras la virtud de entregarnos un concepto jurídico de "diversidad biológica" como la variabilidad de organismos vivos de cualquier fuente, incluidos, entre otras cosas, los ecosistemas terrestres y marinos y otros ecosistemas acuáticos y los complejos ecológicos de los que forman parte; comprende la diversidad dentro de cada especie, entre las especies y de los ecosistemas[127]; y reconocer, por primera vez, que la conservación de la diversidad biológica es *"una preocupación común de la humanidad"* y una parte integral del proceso de desarrollo.

Su texto contiene normas que buscan la conservación de este complejo componente ambiental y la participación justa y equitativa en los beneficios que se deriven de la utilización de los recursos genéticos mediante, entre otras cosas, un acceso adecuado a esos recursos y una transferencia apropiada de las tecnologías pertinentes, así como también mediante una financiación apropiada.

La cooperación internacional de los Estados Partes se realiza a través de diversos órganos técnicos tales como el Fondo Mundial del Medio Ambiente GEF[128], el Clearing House Mechanism y las listas de

---

j)　Idear medidas y disposiciones para poner en práctica el derecho de los países de origen de los recursos genéticos o los países que suministren los recursos genéticos, tal como están definidos en el Convenio sobre la Diversidad Biológica, particularmente los países en desarrollo, a beneficiarse del desarrollo biotecnológico y de la utilización comercial de los productos derivados de tales recursos".

[126]　Véase la página oficial del Convenio en www.biodiv.org
[127]　Artículo 2.
[128]　Mecanismo financiero permanente derivado de la Cumbre de Río —que opera en Washington, EE.UU. que busca el desarrollo de proyectos ambientales en países en vías de desarrollo en temas como biodiversidad, agotamiento de la capa de ozono, cambio climático, aguas internacionales y, asimismo, en degradación de la tierra. www.gefweb.org

expertos que son llamados a colaborar en materias específicas a fin facilitar el intercambio de información.

Particularmente importante para Chile el Convenio contempla expresamente la relación entre evaluación de impacto ambiental y biodiversidad[129].

Es así como, en primer término, exhorta a los Estados a establecer procedimientos apropiados por los que se exija la evaluación del impacto ambiental de sus proyectos propuestos que puedan tener efectos adversos importantes para la diversidad biológica con miras a evitar o reducir al mínimo esos efectos y, cuando proceda, permitir la participación del público en esos procedimientos.

En segundo término, exhorta a los Estados Partes a establecer arreglos apropiados para asegurar de que se tengan debidamente en cuenta las consecuencias ambientales de programas y políticas que puedan tener efectos adversos importantes para la diversidad biológica.

Luego alienta a promover recíprocamente la notificación, el intercambio de información y las consultas acerca de las actividades bajo cada jurisdicción o control que previsiblemente tendrían efectos adversos importantes para la diversidad biológica de otros Estados o de zonas no sujetas a jurisdicción nacional, alentando la concertación de acuerdos bilaterales, regionales o multilaterales.

En seguida, impetra a notificar inmediatamente, en caso de que se originen bajo cada jurisdicción o control peligros inminentes o graves para la diversidad biológica o daños a esa diversidad en la zona bajo la jurisdicción de otros Estados o en zonas más allá de los límites de la jurisdicción nacional, a los Estados que puedan verse afectados por esos peligros o esos daños, además de iniciar medidas para prevenir o reducir al mínimo esos peligros o esos daños.

---

[129] Esta disposición si bien es jurídicamente obligatoria por tratarse de un convenio o tratado internacional, sólo impone lo que se denomina una obligación de medios, esto es, hacer los esfuerzos o disponer de los medios posibles para cumplir con el mandato, lo que deriva de la expresión "Cada Parte Contratante, en la medida de lo posible y según proceda". En otras palabras, es una obligación de cumplimiento progresivo.

Y requiere de los Estados la promoción de arreglos nacionales sobre medidas de emergencia relacionadas con actividades o acontecimientos naturales o de otra índole que entrañen graves e inminentes peligros para la diversidad biológica, apoyar la cooperación internacional para complementar esas medidas nacionales y, cuando proceda y con el acuerdo de los Estados o las organizaciones regionales de integración económica interesados, establecer planes conjuntos para situaciones imprevistas.

Finalmente, dentro del mismo artículo, la Convención regula lo que denomina "reducción al mínimo del impacto adverso" entregando competencia a la Conferencia de las Partes para examinar, sobre la base de estudios que se llevarán a cabo, la cuestión de la responsabilidad y reparación, incluso el restablecimiento y la indemnización por daños causados a la diversidad biológica, con la sólo excepción de que se trate de una cuestión de responsabilidad conforme al derecho interno.

El Convenio ha efectuado 15 conferencias de las partes (COP), y cuenta con 2 Protocolos adicionales, el **Protocolo de Cartagena**[130], relativo a la bioseguridad y el de **Nagoya**[131] relativo al acceso y beneficios de los recursos genéticos, destacando en sus últimas reuniones, el compromiso de avanzar en el establecimiento de un régimen de acceso a los recursos genéticos y a sus beneficios[132].

Junto al CDB y a sus Protocolos hay que destacar en materia de biodiversidad genética, con autonomía del sistema del CDB, la adop-

---

[130] Adoptado en la 1° Conferencia Extraordinaria de las Partes celebrada en Montreal, Canadá el 29 de enero de 2000.

[131] Adoptado en la 10° Conferencia de las Partes celebrada en Nagoya, Japón el 29 de octubre de 2010.

[132] Materias especialmente desarrolladas en el Protocolo adicional sobre Seguridad de la Biotecnología adoptado en la Conferencia de las Partes de 29 de enero de 2000 y en el Protocolo de Nagoya sobre el acceso a los recursos genéticos y la participación justa y equitativa en los beneficios derivados de su utilización, adoptado en la Conferencia de las Partes el 29 de octubre de 2010.

ción, bajo el sistema FAO, del "Tratado Internacional sobre Recursos Genéticos Vegetales para la Agricultura y la Alimentación"[133].

En su 10° reunión celebrada en 2010 destaca la aprobación de un Plan Estratégico para el período 2011-2020 y las "Metas de Aichi" para la Diversidad Biológica, a las que sucedió un Marco Global de la Biodiversidad post 2020 en la reunión 15°de 2022[134].

3. Cumbre sobre el Desarrollo Sostenible. Johannesburgo (2002)[135]

La Cumbre de Johannesburgo como es sabido no cumplió las expectativas cifradas, desvió su perfil ambiental hacia todas aquellas materias que involucra el desarrollo en términos más amplios de los pueblos y no adoptó ningún acuerdo jurídicamente vinculante en el plano ambiental internacional. En esta perspectiva sus recomendaciones y declaraciones sobre áreas protegidas y biodiversidad tienen un marcado tinte testimonial y declarativo de lo que ya se había acordado hace 10 años atrás en Río.

En su Declaración no hizo sino reiterar los compromisos de *"fortalecer y mejorar la gobernanza en todos los planos para lograr la aplicación efectiva del Programa 21, los objetivos de desarrollo del Milenio y el Plan de Aplicación de las Decisiones de la Cumbre".*

4. Conferencia de Naciones Unidas sobre el Desarrollo Sostenible. Río + 20 (2012)[136]

Estableció y reafirmó el valor intrínseco de "la diversidad biológica, así como los valores ecológicos, genéticos, sociales, económicos, científicos, educativos, culturales, recreativos y estéticos de la diversidad biológica y el papel primordial que desempeña en el

---

[133] Adoptado en la Conferencia de la FAO de noviembre de 2001 y en vigor desde 2004.
[134] Cfr.www.cdb.int
[135] Aprobada en la 17ª sesión plenaria, celebrada el 4 de septiembre de 2002
[136] Celebrada en Río de Janeiro, Brasil del 20 al 22 de junio de 2012.

mantenimiento de ecosistemas que prestan servicios esenciales, que son bases fundamentales para el desarrollo sostenible y el bienestar humano".

La Conferencia de Río + 20 estableció en materia de "biodiversidad" directrices concretas de acción orientadas a cumplir los objetivos del Convenio de Biodiversidad, su Plan Estratégico 2011-2020 y las Metas de Aichi[137], como asimismo sentó las bases para el establecimiento de objetivos de desarrollo sostenible.

---

[137] Señaló "En este contexto, afirmamos la importancia de aplicar el Plan estratégico para la Diversidad Biológica 2011-2020 y conseguir las Metas de Aichi para la Diversidad Biológica adoptadas por la Conferencia de las Partes en el Convenio en su décima reunión.
199. Observamos la aprobación del Protocolo de Nagoya sobre Acceso a los Recursos Genéticos y Participación Justa y Equitativa en los Beneficios que se Deriven de su Utilización del Convenio sobre la Diversidad Biológica, e invitamos a las partes en el Convenio sobre la Diversidad Biológica a que ratifiquen el Protocolo o se adhieran a él a fin de que pueda entrar en vigor lo antes posible. Reconocemos el papel del acceso a los recursos genéticos y la participación en los beneficios que se deriven de su utilización para contribuir a la conservación y uso sostenible de la diversidad biológica, la erradicación de la pobreza y la sostenibilidad ambiental.
200. Acogemos con beneplácito la Estrategia de movilización de recursos en apoyo al logro de los tres objetivos del Convenio sobre la Diversidad Biológica, entre ellos el compromiso de aumentar sustancialmente los recursos de todas las fuentes en apoyo a la biodiversidad, de conformidad con las decisiones adoptadas en la décima reunión de la Conferencia de las Partes.
201. Apoyamos que se incorpore la consideración de los efectos y beneficios socioeconómicos de la conservación y uso sostenible de la biodiversidad y sus componentes, así como los ecosistemas que proporcionan servicios esenciales, en los programas y políticas pertinentes a todos los niveles, de conformidad con la legislación, circunstancias y prioridades nacionales. Alentamos la inversión, mediante incentivos y políticas apropiados, que apoye la conservación y uso sostenible de la diversidad biológica y la restauración de los ecosistemas degradados, en consonancia y armonía con el Convenio sobre la Diversidad Biológica y otras obligaciones internacionales pertinentes.
202. Acordamos promover la cooperación y las asociaciones internacionales, según proceda, y el intercambio de información, y en este contexto, acogemos con beneplácito el Decenio de las Naciones Unidas sobre la Diversidad Biológica 2011- 2020 a fin de alentar a una participación activa de todas las partes interesadas en la conservación y uso sostenible de la biodi-

Poco después en 2015 se celebra una nueva "Cumbre de Desarrollo Sostenible"[138] de Naciones Unidas en Nueva York en la que se adoptaron los "Objetivos de Desarrollo Sostenible" para el año 2030, conocida también como "Agenda 2030". Entre ellos "Conservar y utilizar en forma sostenible los océanos, los mares y los recursos marinos para el desarrollo sostenible" (Objetivo 14) y "Proteger, restablecer y promover el uso sostenible de los ecosistemas terrestres, gestionar los bosques de forma sostenible de los bosques, luchar contra la desertificación, detener e invertir la degradación de las tierras y poner freno a la pérdida de la diversidad biológica". (Objetivo 15).

Con el establecimiento de los Objetivos de Desarrollo Sostenible y su vinculación con la biodiversidad se crea y establece una nueva relación o binomio "DD.HH-biodiversidad" en el contexto de la relación intrínseca que se ha venido desarrollando en el mundo entre medio ambiente y DD.HH. Esta nueva vinculación ha tenido la atención del sistema internacional de DD.HH que cuenta con un Relator Especial sobre la cuestión[139],cuyo primer informe de 2017 estableció que "La diversidad biológica es necesaria para los servicios de los ecosistemas que sustentan el pleno disfrute de una amplia gama de derechos humanos, incluidos los derechos a la vida, la salud, la alimentación, el agua y la cultura. A fin de proteger los derechos humanos, los Estados tienen una obligación general de proteger los ecosistemas y la diversidad biológica. La diversidad biológica en todo el mundo se está

---

versidad, así como el acceso a los recursos genéticos y la participación justa y equitativa en los beneficios que se derivan de su utilización, con la visión de vivir en armonía con la naturaleza.
204. Observamos el establecimiento de la Plataforma Intergubernamental Científico-normativa sobre Diversidad Biológica y Servicios de los Ecosistemas e invitamos a que comience prontamente su labor a fin de proporcionar la mejor información disponible para la elaboración de políticas sobre biodiversidad para ayudar a los encargados de la adopción de decisiones".
[138] Celebrada en Nueva York, EE.UU., del 25 al 27 de septiembre de 2015.
[139] John H. KNOX. Relator Especial sobre la cuestión de las obligaciones de derechos humanos relacionadas con el disfrute de un medio ambiente sin riesgos, limpio, saludable y sostenible.

degradando y destruyendo rápidamente, lo que tiene consecuencias graves y de largo alcance para el bienestar humano"[140].

5. *Plan Estratégico 2011-2020 y Metas de Aichi para la Diversidad Biológica*[141]

En el marco del Convenio de Biodiversidad se adoptó el "Plan Estratégico" para el período 2011-2020 y las denominadas "Metas de Aichi" para el año 2020 en la Conferencia de las Partes o COP 11[142].

Dicho Plan estratégico y metas aspiraban —como suele ser la tónica en el plano internacional ambiental— cumplir una serie ambicioso de objetivos generales de carácter estratégico[143] pero cuyo contenido jurídico es indeterminado para la mayor parte de las obligaciones asumidas que en el fondo no son más que aspiraciones entregadas a la buena voluntad de las Partes.

No obstante ello, se asumieron algunos compromisos bastante determinados en sus alcances y de alta relevancia a cumplirse a 2020, a saber:

---

[140]   Informe del Relator Especial sobre la cuestión de las obligaciones de derechos humanos relacionadas con el disfrute de un medio ambiente sin riesgos, limpio, saludable y sostenible, de 19 de enero de 2017. Consejo de Derechos Humanos 34° período de sesiones. Asamblea General. ONU.

[141]   Adoptados en la décima reunión de la Conferencia de las Partes del Convenio de Biodiversidad, celebrada del 18 al 29 de octubre de 2010 en Nagoya, Prefectura de Aichi, Japón, en su decisión X/2.

[142]   Celebrada en India en octubre de 2012.

[143]   1° Objetivo estratégico: abordar las causas subyacentes de la pérdida de la diversidad biológica mediante la incorporación de la diversidad biológica en todo el gobierno y la sociedad; 2° Objetivo estratégico: reducir las presiones directas sobre la diversidad biológica y promover la utilización sostenible; 3° Objetivo estratégico: mejorar la situación de la diversidad biológica salvaguardando los ecosistemas, las especies y la diversidad genética; 4° Objetivo estratégico: aumentar los beneficios de los servicios de la diversidad biológica y los ecosistemas para todos; 5° Objetivo estratégico: mejorar la aplicación a través de la planificación participativa, la gestión de los conocimientos y la creación de capacidad.

- Se habrá reducido a la mitad o a cero, donde resulte factible, el ritmo de pérdida de todos los hábitats naturales, incluidos los bosques.

- Se habrá evitado la extinción de especies amenazadas identificadas y se habrá mejorado y sostenido su estado de conservación, especialmente el de las especies en mayor disminución.

- Al menos el 17% de las zonas terrestres y de las aguas interiores se encuentren protegidas mediante ASP.

- El 10% de las zonas marinas y costeras relevantes se encuentren protegidas mediante ASP.

- Restauración de por lo menos el 15% de los ecosistemas degradados.

Estas metas deben encarnarse en Estrategias y Planes Nacionales que los Estados Partes (EPANBD), entre los que se encuentra Chile, deben reportar a través de informes periódicos[144].

Las últimas reuniones se centraron en la en preparación de un nuevo "marco mundial de la diversidad biológica posterior a 2020" en los que se hace especial énfasis en los vínculos e interdependencias entre la diversidad biológica y el cambio climático[145].

Asimismo, en el marco de los avances institucionales cabe destacar la creación de la Plataforma Intergubernamental sobre Biodiversidad y Servicios de los Ecosistemas (IPBES) en 2012 por resolución de la Asamblea General de Naciones Unidas a través del PNUMA que reúne expertos de más de 100 países para contribuir en el conocimiento y difusión científico-política del estado de la biodiversidad[146].

---

[144] Cfr.www.cbd.int.
[145] Vid., por ejemplo, Decisión 14/5. Diversidad biológica y cambio climático de COP 14 de 2018.
[146] Cfr.www.ipbes.net.

6. Marco Global de la Biodiversidad Post 2020

El fracaso del Plan Estratégico y de las Metas precitadas fue abordado en la COP 15 presidida por China, organizada por Canadá en 2022 que dio como resultado la adopción del "Marco Mundial de la Diversidad Biológica o Kunming-Montreal"[147], un acuerdo jurídico mundial no vinculante, que incluye medidas para detener y revertir la pérdida de la naturaleza, incluida la protección del 30% del planeta y el 30% de los ecosistemas degradados para 2030, y la recuperación de ecosistemas y detención de los procesos de extinción y su recuperación para 2050, entre muchas otras medidas, que si bien son un marco ético fundamental para los Estados que lo han adoptado, no tiene la naturaleza jurídica de un tratado. De hecho, se autodefine como "Plan Estratégico" para la Convención y sus Protocolos[148].

III. TRATADOS AMBIENTALES SOBRE CONSERVACIÓN DE LA BIODIVERSIDAD Y LOS RECURSOS NATURALES

1. Antecedentes[149]

Si bien el panorama del derecho internacional ambiental es deficitario en cuanto a instrumentos marco o generales sobre medio ambiente, la crisis climática ha precipitado los esfuerzos globales tanto en el ámbito de compromisos de reducción emisiones como en biodiversidad como veremos.

---

[147] Adoptado en la 15ª Conferencia de las Partes del Convenio de Biodiversidad en Montreal, Canadá, el 18 de diciembre de 2022.

[148] www.cbd.int

[149] Para un completo panorama sobre los tratados ambientales Vid. JUSTE RUIZ, José. *Derecho internacional del medio ambiente.* McGraw-Hill, Madrid, 1999, en particular su capítulo VIII y PRIEUR, Michel. "La protection de l' environnement" en *Droit International. Bilan et perspectives,* T. II, Pedone, Paris, 1991; para Chile, MONTENEGRO, Sergio, *Los Tratados Ambientales: Principios y Aplicación en Chile.* CONAMA-Universidad de Chile, 1ª Edición, Santiago de Chile, 2001.

Latinoamérica con amplia trayectoria en este ámbito[150],tiene aún mucho por hacer, destacando en el último tiempo por la adopción de los "derechos de acceso" en asuntos ambientales en el llamado Acuerdo de Escazú[151].

Bajo estos escenarios, se han producido algunos compromisos internacionales en el ámbito de la protección de la naturaleza, tanto a nivel global como regional, a los que mayoritariamente Chile ha adherido a través de su ratificación e incorporación al ordenamiento jurídico interno[152].

Los siguientes son los principales convenios ambientales que Chile ha suscrito y ratificado, mundiales y regionales, que podemos considerar específicamente orientados a la protección de la biodiversidad y los recursos naturales, intentando distinguir entre aquellos cuyo objeto principal es la conservación ambiental, ya sea de ecosistemas o reductos del ambiente, respecto de aquellos cuyo protección es incidental o indirecta[153].

---

[150] Precisamente en el ámbito de la protección de la naturaleza es donde se inicio el trabajo internacional interamericano hacia 1938 con la Resolución XXXVIII de la Octava Conferencia Internacional Americana, "Protección de la Naturaleza y Conservación de la Flora y Fauna", celebrada en Lima en diciembre de ese año y que daría sus frutos en 1940 con la adopción de la Convención para la Protección de la Flora, de la Fauna y de las Bellezas Escénicas Naturales de los Países de América, pionera en materia ambiental.

[151] "Acuerdo de Escazú" sobre Acceso a la Información, la Participación Pública y el Acceso a la Justicia Ambiental en América Latina y el Caribe, adoptado en 2018 en Costa Rica.

[152] Chile, según la World Wildlife Fund (WWF) es uno de los países con mayor participación en instrumentos jurídicos mundiales, ostentando el mejor récord a nivel latinoamericano junto a Argentina, Guatemala, México, Panamá, Surinam, Uruguay y Venezuela. Vid. PNUMA, *Situación actual...*, op.cit. pág. 13.

[153] No incluiremos aquí aquellos tratados ambientales vinculantes en Chile pero que a nuestro juicio no están referidos específicamente a la conservación de RR.NN. como todos los relativos a contaminación o tratados comerciales en los que se contemplan capítulos, anexos o Protocolos ambientales, que por sus particularidades demandarían un estudio particular aparte y entre los que destacan los siguientes:
  1. Acuerdo de Cooperación Ambiental, de 1997, adicional al Tratado de Libre Comercio Chile-Canadá, de 1996.

2. Tratado entre la República de Chile y la República de Argentina sobre Medio Ambiente, suscritos en Buenos Aires en 1991, promulgados por Decreto Supremo N° 67, 1993, del Ministerio de Relaciones Exteriores, Diario Oficial 14/04/93.

3. Convenio Internacional para Prevenir la Contaminación de las Aguas del Mar por Hidrocarburos, 1954, con sus enmiendas de 1962 y 1969 y un anexo sobre Libro de Registro de Hidrocarburos, promulgado mediante el Decreto Supremo N° 474, 1977, del Ministerio de Relaciones Exteriores, Diario Oficial 06/10/77.

4. Convenio Internacional sobre Responsabilidad Civil por Daños Causados por la Contaminación de las Aguas del Mar por Hidrocarburos, con su Anexo de 1969, promulgado por el Decreto Supremo N° 475, 1977, del Ministerio de Relaciones Exteriores, Diario Oficial 08/10/77.

5. Convenio sobre Prevención de la contaminación del Mar por Vertimiento de Desechos y otras materias, con sus anexos I, II y III del año 1972, promulgado mediante Decreto Supremo N° 476, 1977, del Ministerio de Relaciones Exteriores, Diario Oficial 11/10/77.

6. Convenio internacional para prevenir la contaminación por los buques, de 2 de noviembre de 1973, "Convenio MARPOL" (modificado por el protocolo de 1978 y protocolo de 1997).

7. Acuerdo sobre la Cooperación Regional para el Combate contra la Contaminación del Pacífico Sudeste por Hidrocarburos y Otras Sustancias Nocivas en Casos de Emergencia, promulgado por el Decreto Supremo N° 425, 1986, del Ministerio de Relaciones Exteriores, Diario Oficial 11/08/86.

8. Convenio Internacional relativo a la Intervención en Alta Mar en Casos de Accidentes que Causen una Contaminación por Hidrocarburos, adoptado en Bruselas el 29 de noviembre de 1969.

9. Convención sobre el Derecho del Mar, de 1982, promulgada por DS 1393, de 1997. D.S. de RR.EE. (D.O. 18.11.97).

10. Convenio internacional sobre cooperación, preparación y lucha contra la contaminación por hidrocarburos, de 30 de noviembre de 1990.

11. Convenio de Viena para la Protección de la Capa de Ozono y sus anexos I y II, adoptado el 22 de marzo de 1985, aprobado por Decreto Supremo N° 719, 1990, del Ministerio de Relaciones Exteriores.

12. Convenio sobre resguardo de bosques fronterizos contra incendios, de 1961, aprobado por DS 254 publicado el 5 de junio de 1967.

13. Convenio de Basilea sobre el Control de los Movimientos Transfronterizos de los Desechos Peligrosos y su Eliminación, promulgado por Decreto Supremo No 685, 1992, del Ministerio de Relaciones Exteriores, Diario Oficial 13/10/92.

14. Convenio de Estocolmo sobre Contaminantes Orgánicos Persistentes (COPs), suscrito el día 23/5/2001.

2. *Tratados cuyo objeto principal de protección son ecosistemas, recursos o espacios naturales*

2.1. Convención para la Protección de la Flora, la Fauna y las Bellezas Escénicas Naturales de América o "Convención de Washington", de 1940[154]

La Convención para la protección de la Flora, la Fauna y las Bellezas Escénicas Naturales de América, es sin duda uno de los convenios pioneros a nivel mundial en materia de protección ambiental y de ASP[155]y de especial relevancia en el ámbito americano. Fue firmada por el Gobierno de Chile en Washington el 12 de octubre de 1940 y es Ley de la República desde el 23 de agosto de 1967 fecha en la que fue promulgada como tal y publicada en el Diario Oficial el 4 de octubre de 1967[156].

El fundamento general de esta Convención es el deseo de proteger y conservar las especies de flora y fauna en sus ambientes naturales con el objeto de evitar su extinción, como asimismo proteger y conservar los paisajes y lugares naturales[157].

Para los objetivos que se propone la Convención contempla y crea las siguientes categorías de protección:

---

15. Convenio de Rotterdam sobre el Procedimiento de Consentimiento Fundamentado Previo aplicable a ciertos Plaguicidas y Productos Químicos Peligrosos, suscrito el día 11/9/1998.
16. Tratado de Prohibición Completa de los Ensayos Nucleares y su Protocolo, de 1996.
17. Convenio 169 sobre Pueblos Indígenas y Tribales de la OIT, promulgado por Decreto 236 publicado en el D.O. el 14 de octubre de 2008.

[154] Utilizaremos esta última denominación en adelante.

[155] Surgida fruto del trabajo de la Comisión Centroamericana de Ambiente y Desarrollo.

[156] Incorporada al ordenamiento jurídico chileno por DS N° 531 de 23/08/67 del MINRREE.

[157] Cfr. Preámbulo de la Convención para la protección de la flora, la fauna y las bellezas escénicas naturales de América.

– Parques Nacionales.

– Reservas Nacionales.

– Monumentos Naturales.

– Reservas de Regiones Vírgenes.

La *"Convención de Washington"* es sin duda, la principal fuente formal de derecho internacional de las categorías de áreas protegidas en Chile, dada la ausencia de legislación interna sistematizada y puede ser considerada la principal fuente de derecho internacional convencional sobre Parques Nacionales en el ámbito americano.

Se trata de un Convenio propio de la prehistoria del derecho internacional del medio ambiente según los términos de KISS[158] aunque propia de una segunda etapa de ésta según JUSTE RUIZ "que se inicia en los años treinta y llega hasta la segunda guerra mundial"[159].

Los fundamentos generales de esta Convención se traducen en el deseo de:

– Proteger y conservar en su medio ambiente naturales ejemplares de todas las especies y géneros de su flora y fauna.

– Proteger y conservar los paisajes de incomparable belleza, las formaciones geológicas extraordinarias, las regiones y los objetos naturales de interés estético o valor histórico o científico.

– Concertar una convención sobre la protección de la flora, la fauna y las bellezas escénicas naturales dentro de los propósitos arriba enunciados.

De estos fundamentos, consignados en el Preámbulo de la Convención, se desprenden los 2 grandes objetivos del tratado que nos señala LYSTER[160]:

– Proteger todas las especies animales y vegetales nativas a objeto de evitar su extinción.

---

[158]   KISS, A. *Droit international de l'environnement*, Paris, 1992.
[159]   JUSTE RUIZ, José. Op. cit., pág. 17.
[160]   LYSTER, Simon. *International Wildlife Law,* Grotius Publications Limited, Cambridge, 1985, págs. 98-99.

- Proteger y preservar los paisajes, formaciones geológicas, regiones y objetos de gran belleza o valor histórico o científico.

La Convención, impone marcos de conductas a adoptar por los Estados Partes para el logro de los fines de preservación y protección de las áreas que crea. Así en su artículo 2 dispone que *"los estados contratantes estudiarán inmediatamente la posibilidad de crear, dentro del territorio de sus respectivos países, los parques nacionales, las reservas nacionales, los monumentos naturales, y las reservas de regiones vírgenes definidos…"*. Agrega que en caso que dicha creación no sea posible se dará inicio a ello *"tan pronto como sea conveniente después de entrar en vigor la presente Convención"*, o en su caso de no ser posible esta última opción *"se seleccionará a la brevedad posible los sitios, objetos o especies vivas de animales o plantas, según sea el caso, que se transformarán en parques o reservas nacionales, monumentos naturales o reservas de regiones vírgenes tan pronto como a juicio de las autoridades del país, lo permitan las circunstancias"*. Finalmente, dicho artículo dispone que los Contratantes deberán notificar a la Unión Panamericana (hoy OEA) de la creación de áreas protegidas y de la legislación y los sistemas administrativos adoptados a este respecto.

Dispone, además, que los Estados miembros adoptarán o recomendarán a sus cuerpos legislativos (Ejecutivo y Legislativo en Chile) la elaboración de leyes y reglamentos que aseguren *" la protección y conservación de la flora y fauna dentro de sus respectivos territorios y fuera de los parques y reservas nacionales, monumentos naturales y de las reservas de regiones vírgenes mencionados en el artículo II…"*, *"… de los paisajes, las formaciones geológicas extraordinarias, y las regiones y los objetos naturales de interés estético o valor científico o histórico"*.(art. 5). En el mismo sentido el artículo 7 prescribe que los *"…Contratantes adoptarán las medidas apropiadas para la protección de las aves migratorias de valor económico o de interés estético o para evitar la extinción que amenace a una especie determinada"*.

En este sentido, claramente el Estado chileno se encuentra en deuda al no avanzar en el necesario desarrollo legislativo que exige la legislación internacional y podría ver comprometida su responsabilidad internacional al no poner en vigencia las leyes y reglamentos sobre conservación de áreas silvestres protegidas.

Se destaca también en el texto la descripción de aquellas actividades inmersas en la cooperación internacional que deben adoptar los Contratantes a fin de promover los propósitos del Convenio. Dichas conductas consisten en prestar la ayuda necesaria a los científicos de las Repúblicas dedicados a las investigaciones y exploraciones, celebrar convenios con instituciones científicas, y poner a disposición de todas las Repúblicas, por igual, ya sea por medio de su publicación o de cualquiera otra manera, los conocimientos científicos que lleguen a obtenerse por medio de dichas labores de cooperación.

Por su parte conjuntamente con la Convención fue aprobado un documento Anexo que contiene las especies cuya conservación se pretende, lo cual se desprende del tenor del artículo 8 del texto que dispone que la protección de éstas *"...es de urgencia e importancia especial. Las especies allí incluidas serán protegidas tanto como sea posible y sólo las autoridades competentes del país podrán autorizar la caza, matanza, captura o recolección de ejemplares de dichas especies. Estos permisos podrán concederse solamente en circunstancias especiales cuando sean necesarios para la realización de estudios científicos o cuando sean indispensables en la administración de la región en que dicho animal o planta se encuentre".*

Finalmente reglamenta las medidas de vigilancia que adoptarán los Contratantes en lo relativo a las importaciones, exportaciones y tránsito de especies protegidas, o parte alguna de ellas, de flora o fauna, a través de mecanismos tales como:

– Concesión de certificados que autoricen la exportación o tránsito de especies protegidas de flora o fauna, o de sus productos, y

– Prohibición de las importaciones de cualquier ejemplar de fauna o flora protegido por el país de origen, o parte alguna del mismo, si no cuenta con un certificado que autoriza su exportación.

Esta Convención ha entrado en pugna con cierta legislación interna que la ley SBAP ha debido modificar, cual es el caso del Decreto Ley 1939 sobre Bienes del Estado, el art. 17 del Código de Minería, así como reglamentación ambiental o de incidencia ambiental como los decretos de creación de monumentos naturales y el DS 40/12[161] que contiene el Reglamento del Sistema de Evaluación de Impacto Ambiental, como lo han reconocido los propios *iusambientalistas* chilenos[162].

Si bien la Convención no ha tenido el desarrollo legislativo que requiere, existen algunos casos jurisprudenciales que le han dado aplicación. Uno de ellos es el relativo al caso "Hidroaysen" —complejo de represas que pretenden instalarse en la Patagonia chilena— en el que la E. Corte Suprema excluyó la afección que podría implicar el proyecto hidroeléctrico sobre una porción del Parque Nacional Laguna San Rafael que sería inundada, por considerar que dicha intervención no constituiría una actividad comercial, que como sabemos, prohíbe la Convención en Parques y por otra parte, estimando que su intervención no se encuentra prohibida por la ley chilena[163].

---

[161] DS 40 de 30 de octubre de 2012, publicado en el D.O. el 12 de agosto de 2013.

[162] FERNÁNDEZ BITTERLICH, Pedro. *Manual de Derecho Ambiental Chileno.* Editorial Jurídica de Chile, 2004.

[163] Sentencia de la E. Corte Suprema en causa Rol 10.220-2012, de 4 de abril de 2012 que en su parte resolutiva pertinente señaló:
"Décimo: Que corresponde analizar la afectación del Parque Nacional Laguna San Rafael.
Los actores sostienen que de conformidad al artículo 10 letra p) de la Ley N° 19.300 debe someterse al sistema de evaluación de impacto ambiental la ejecución de obras, programas o actividades en parques nacionales, en los casos en que la legislación respectiva lo permita. En este caso, refieren que no existe ninguna ley que autorice la ejecución de una obra como la que se pretende en un parque nacional. Además argumentan que en el artículo 3° de la Convención para la Protección de la Flora, Fauna y Bellezas Escénicas Naturales de los Países de América —Convención de Washington— que entró a regir en nuestro país en el año 1967 se dispone que los límites de dichos parques no pueden ser alterados ni enajenada parte alguna de ellos sino por acción de la autoridad legislativa competente; y en este caso, permitir la ocupación de una parte del parque y autorizar como compensación aumentar la superficie de éste por medio de una Resolución como la impugnada, y no a través de una ley, implica una vulneración de la normativa citada. Se agrega también que la misma Convención prohíbe la caza, matanza y captura de especímenes de la fauna y la destrucción y recolección de ejemplares de la flora en estos lugares, como la prohibición de explotar los recursos existentes con fines comerciales, lo que se verificará al inundar

2.2. Convención sobre la Protección del Patrimonio Mundial, Cultural y Natural, de 1972[164]

Con toda seguridad, la segunda gran Convención especialmente referida y aplicable a Chile en materia de áreas silvestres es la otorgada en el seno de la Organización de las Naciones Unidas para la Educación, la Ciencia y la Cultura (UNESCO) en su 17ª reunión durante la Conferencia General, realizada en París en noviembre de 1972, que adoptó la *Convención sobre la protección del patrimonio mundial cul-*

---

parte de dicho parque para el desarrollo de una actividad precisamente comercial. Finalmente, se sostiene que de conformidad al artículo 15 de las Normas sobre Adquisición, Administración y Disposición de Bienes del Estado, Decreto Ley N° 1939 del año 1977, sólo pueden destinarse o concederse los parques nacionales en uso a organismos del Estado o a personas jurídicas regidas por el Título XXXIII del Libro I del Código Civil para finalidades de conservación y protección del Medio Ambiente, lo que aquí no sucede.

"Undécimo: Que la ejecución de un proyecto como el que se pretende en un parque nacional no se encuentra prohibida por la ley. En efecto, la interpretación que debe darse al artículo 10 letra p) de la Ley N° 19.300 no consiste en exigir la existencia de una ley específica que autorice la ejecución de una central hidroeléctrica en un parque nacional, sino en considerar que lo que busca la norma es que la actividad que se va a desarrollar sea lícita y no contravenga el ordenamiento jurídico, pero en atención a que se desarrollará en un parque nacional u otra área colocada bajo protección oficial debe someterse a un estudio de impacto ambiental, tal como ha ocurrido en autos. En consecuencia, cuando la norma estipula "... en los casos en que la legislación respectiva lo permita", ha de entenderse referida a que la actividad esté permitida por la ley.

Duodécimo: Que en cuanto a la circunstancia que se permita la afectación de un sector del parque y que como medida de compensación se agreguen 100 hectáreas de superficie colindantes a los actuales límites del Parque Nacional Laguna San Rafael, lo que involucra alterar los límites del área sin que exista una ley para ello como lo dispone la Convención de Washington, cabe precisar que la Constitución Política de la República consagra en su artículo 60 las materias que son objeto de ley, dentro de las cuales no se contemplan los límites de los parques nacionales, de modo que no existe impedimento para que su modificación se haga a través de un instrumento distinto al de una ley".

[164] Incorporada al ordenamiento jurídico chileno por DS N° 259 de 27/03/80 del MINRREE.

tural y natural, firmado hasta la fecha por más de 170 Estados. Chile (Estado Parte de la UNESCO desde 1953) ratificó la Convención en 1980 y es por tanto desde ese momento jurídicamente obligatoria en nuestro ordenamiento jurídico.

La Convención sobre la Protección del Patrimonio Mundial, Cultural y Natural[165] es ley de la República de Chile, desde su promulgación el 27 de marzo de 1980 y publicación en el Diario Oficial el 12 de mayo del mismo año.

En Chile UNESCO ha declarado los siguientes sitios como patrimonio mundial cultural y natural protegidos al amparo de esta Convención:

– Parque Nacional Rapa Nui[166], de Isla de Pascua.

– Oficinas salitreras Humberstone y Santa Laura.

– Iglesias de Chiloé.

– Campamento Sewell.

– Área Histórica de la ciudad-puerto de Valparaíso.

– Qhapaq Ñan, Sistema Vial Andino.

– Asentamiento y momificación artificial de la cultura Chinchorro.

En ella se establecen importantes normas de protección para lo que denomina "patrimonio cultural y natural". Particular interés reviste la definición de "patrimonio natural" que entrega la Convención en su artículo 2° que incluye:

a) Los monumentos naturales constituidos por formaciones físicas y biológicas o por grupos de esas formaciones que tengan un valor universal excepcional desde el punto de vista estético o científico.

---

[165] Incorporada al ordenamiento jurídico chileno por DS N° 259 de 27/03/80 del MINRREE.
[166] Declarado Monumento Histórico en Chile mediante DS 4536 (23/07/1935).

b) Las formaciones geológicas y fisiográficas y las zonas estrictamente delimitadas que constituyan el hábitat de especies de animales y vegetales amenazados, que tengan un valor universal excepcional desde el punto de vista estético o científico.

c) Los lugares naturales o las zonas naturales estrictamente delimitadas, que tengan un valor universal excepcional desde el punto de vista de la ciencia, de la convención o de la belleza natural.

Algunas de las obligaciones jurídicas que emanan de este tratado son:

– El Estado de Chile reconoce que le incumbe primordialmente la obligación de identificar, proteger, conservar, rehabilitar y transmitir a las generaciones futuras el patrimonio cultural y natural situado en su territorio. (art. 4)

– El Estado de Chile se obliga a adoptar las medidas jurídicas, científicas, técnicas, administrativas y financieras adecuadas para identificar, proteger, conservar, revalorizar y rehabilitar ese patrimonio. (art. 5 letra d)).

– El Estado de Chile se obliga a no tomar deliberadamente ninguna medida que pueda causar daño, directa o indirectamente, al patrimonio cultural y natural. (art. 6 N° 3).

Recordemos que adicionalmente en el caso de los parques son constitutivos del Patrimonio Mundial definido por la *Convención sobre la protección del patrimonio mundial cultural y natural*, de UNESCO, en la medida en que exista una declaración en dicha calidad de algunas ASP nacional, como acontece con el Parque Nacional Rapa Nui, único sitio natural chileno declarado bajo esta calidad en 1995[167].

Además debe recordarse que UNESCO administra también los *Sitios de Patrimonio Mundial* entre los que se encuentran los bienes naturales que reúnan las siguientes características y sean postulados al Comité del Patrimonio Mundial[168]:

[167] Además ostentan esta calidad 2 sitios culturales chilenos: las Iglesias de Chiloé (2000) y el centro histórico de la ciudad puerto de Valparaíso (2003).
[168] Vid. www.unesco.org

- Ser ejemplos sobresalientes que representativos de los diferentes períodos de la historia de la Tierra, incluyendo el registro de la evolución, de los procesos geológicos significativos en curso, del desarrollo de las formas terrestres, o de elementos geomórficos o fisiográficos significativos, o

- Ser ejemplos sobresalientes representativos de los diferentes períodos de la historia de la tierra, incluyendo el registro de la evolución, de los procesos geológicos significativos en curso, del desarrollo de las formas terrestres, o de elementos geomórficos o fisiográficos significativos, o

- Contener fenómenos naturales extraordinarios o áreas de una belleza natural y una importancia estética excepcionales, o

- Contener los hábitats naturales más importantes y más representativos para la conservación in situ de la diversidad biológica, incluyendo aquellos que alberguen especies amenazadas que posean un valor universal excepcional desde el punto de vista de la ciencia o la conservación.

- También son criterios importantes la protección, la administración y la integridad del sitio.

La Convención constituye un instrumento de acción concreta en la preservación de sitios amenazados. Obliga al Estado de Chile y demás que la hayan ratificado, de acuerdo a su artículo 4, *"a identificar, proteger, conservar, rehabilitar y transmitir a las generaciones futuras el patrimonio cultural y natural situado en su territorio"*.

Del artículo 5 se desprenden diversas líneas de acción para los Contratantes, propuestas en dicho sentido, tales como:

- adoptar políticas generales a fin de atribuir al patrimonio cultural y natural una función en la vida colectiva y a integrar su protección en los programas de planificación general;

- instituir en su territorio, si no existen, uno o varios servicios de protección, conservación y revalorización del patrimonio cultural y natural, dotados de personal adecuado;

- desarrollar los estudios y la investigación científica y técnica y perfeccionar los métodos de intervención que permitan a un

Estado hacer frente a los peligros que amenacen a su patrimonio cultural y natural;

– adoptar las medidas jurídicas, científicas, técnicas, administrativas y financieras adecuadas, para identificar, proteger, conservar, revalorizar y rehabilitar ese patrimonio; y

– facilitar la creación o el desenvolvimiento de centros nacionales o regionales de formación en materia de protección, conservación y revalorización del patrimonio cultural y natural y estimular la investigación científica en este campo.

La importancia de esta Convención radica en la posibilidad de obtener la calificación, incorporación al listado de sitios del patrimonio mundial y el apoyo financiero internacional que prevé el tratado. Asimismo, el Estado se obliga a difundir dichas medidas y a hacer lo que esté a su alcance para proteger este patrimonio.

Señala su artículo 11[169] el procedimiento para el establecimiento de los sitios de valor patrimonial ambiental y cultural a nivel mundial, aunque sin determinar o acotar el estatus jurídico que tendrán dichos sitios en los ordenamientos jurídicos internos.

La Convención contempla la existencia de un "Comité del Patrimonio Mundial" compuesto por 15 Estados Parte elegidos por los Estados Parte de la Convención y que tiene por función general identificar, proteger, conservar, revalorizar y rehabilitar los bienes que componen este patrimonio sobre la base del inventario de bienes del patrimonio cultural y natural que cada Estado Parte se obliga a entregar a la entidad[170].

Este instrumento reviste particular relevancia jurídica por cuanto introduce el concepto de "patrimonio mundial" llamado también "patrimonio común de la humanidad" que "...implica el reconocimiento de la existencia de ciertos intereses comunes y su-

---

[169] 1. Cada uno de los Estados Parte en la presente Convención presentará al Comité del Patrimonio Mundial, en la medida de lo posible, un inventario de los bienes del patrimonio cultural y natural situados en su territorio y aptos para ser incluidos en la lista de que trata el párrafo 2 de este artículo.

[170] Arts. 11-13.

periores que sobrepasan los objetivos inmediatos y particulares de los Estados"[171].

2.3. Convención relativa a los Humedales de importancia internacional especialmente como hábitat de aves acuáticas o "Convención de Ramsar", de 1971[172/173]

Este tratado internacional es también uno de los primeros en el ámbito mundial, pre Río, sobre áreas naturales protegidas que tuvo por objeto preferente y específico la protección del medio ambiente a través de zonas o espacios determinados.

Su otorgamiento está fechado el 2 de febrero de 1971, en Ramsar, Irán. El Estado de Chile la hizo suya como ley de la República recién el 10 de septiembre de 1980 por medio del DL 3.485.

Sus prescripciones apuntan a que los Estados Partes adopten medidas tendientes a establecer y favorecer la conservación de los humedales que se encuentren en sus respectivos territorios jurisdiccionales y en particular aquellos incorporados en un listado de humedales de importancia internacional confeccionado a partir de la información que los propios Estados entregan.

Asimismo, se obliga a los Estados a compensar la pérdida de humedales por medio de la creación de nuevas zonas o áreas naturales.

Esta Convención tiene importancia en Chile por cuanto las zonas de humedales relevantes frecuentemente corresponden a zonas o áreas silvestres que gozan de algún tipo de protección oficial bajo la legislación nacional.

---

[171]　BLANC ALTEMIR, Antonio. *El Patrimonio Común de la Humanidad. Hacia un régimen jurídico internacional para su gestión.* Bosch, Barcelona, 1992, pág. 31.

[172]　Incorporada al ordenamiento jurídico chileno por Decreto Ley 3.485 de 10/09/80.

[173]　Para un completo panorama en esta materia Vid. UICN-Sur. *Legislación ambiental sudamericana aplicable a los Humedales,* compilador: SOLANO, Pedro. SPDA, Wetlands International, Quito, Ecuador, 1997

De otra parte, la Convención interesa en Chile dado que algunos territorios o sitios naturales cuentan con esta declaratoria como única herramienta para su conservación que a veces se suma el estatus de protección conforme al derecho interno[174].

A continuación, se nominan los sitios RAMSAR en Chile junto a la categoría de conservación que ostentan conforme a la legislación chilena, en su caso:

- Salar de Surire (Monumento Natural)

- Salar del Huasco (Parque Nacional).

- Salar de Tara (Reserva Nacional)

- Sistema Hidrológico de Soncor. (Reserva Nacional)

- Salar de Pujsa. (Reserva Nacional)

- Salar de Aguas Calientes.

- Laguna del Negro Francisco y Lagunas Santa Rosa. (Parque Nacional)

- Laguna Conchalí. (Santuario de la Naturaleza).

- Humedal El Yali. (Reserva Nacional)

- Parque Andino Juncal.

- Carlos Andwanter (Santuario de la Naturaleza).

- Bahía Lomas (Santuario de la Naturaleza).

- Salinas de Huentelauquén.

- Humedales costeros de la bahía de Tongoy.

- Humedales de Monkul.

- Humedal del río Limarí.

[174] PRAUS, Sergio y otros. *La Situación Jurídica de las Actuales Áreas Protegidas de Chile*. PROYECTO GEF-PNUD-MMA, diciembre de 2011. Anexo III.

Finalmente, esta Convención resulta relevante en Chile por cuanto le da sustento, frente a la escasa regulación interna[175], a la "Estrategia Nacional para la Conservación y uso racional de los Humedales"[176].

2.4. Convenio sobre la Diversidad Biológica, de 1992[177/178]

La Convención sobre la Diversidad Biológica[179] fue establecida en la Cumbre de la Tierra celebrada en Río de Janeiro, Brasil, el 5 de junio de 1992 y promulgada como ley de la República el 28 de diciembre de 1994.

La Convención reviste singular importancia en Chile por cuanto es el marco rector de todo el régimen de conservación ambiental entregando directrices como la definición de "área protegida" señalando que corresponde a "un área definida geográficamente que haya sido designada o regulada y administrada a fin de alcanzar objetivos específicos de conservación".[180] (art. 2)

Así ocurre precisamente con los Parques Nacionales, con las Reservas Nacionales o los Monumentos Naturales entre otras categorías con protección oficial en Chile. Es decir, el instrumento no es excluyente de las categorías existentes, sino por el contrario las incorpora y da la posibilidad de su ampliación.

Asimismo, define una serie de otros conceptos ambientales entre los que interesa tener presente el de "diversidad biológica" definida como la "variabilidad de organismos vivos de cualquier fuente, incluidos entre otras cosas, los ecosistemas terrestres y marinos y otros

---

[175] Cfr. Reglamento de suelos, aguas y humedales, de la ley N° 20.283 contenido en DS 82 de 20 de julio de 2010 del MINAGRI publicado en el D.O. el 11 de febrero de 2011.

[176] Estrategia Nacional para la Conservación y uso racional de los Humedales, aprobada por el Consejo Directivo de CONAMA en diciembre de 2005.

[177] Incorporada al ordenamiento jurídico chileno por DS N° 1963 de 28/12/94 del MINRREE.

[178] Cfr. www.biodiv.org

[179] Incorporada al ordenamiento jurídico chileno por DS N° 1963 de 28/12/94 del MINRREE.

[180] Art. 2.

ecosistemas acuáticos y los complejos ecológicos de los que forman parte; comprende la diversidad dentro de cada especie, entre las especies y de los ecosistemas".[181]

La Convención plantea 3 objetivos fundamentales:

– La conservación de la diversidad biológica.

– La utilización sostenible de sus componentes

– La participación justa y equitativa en los beneficios que se deriven de la utilización de los recursos genéticos.

Las prescripciones fundamentales que entrega la Convención son:

a) Como obligaciones de resultado:

1. Los Estados se comprometen a elaborar estrategias, planes y programas sobre conservación de la biodiversidad (art. 6).

2. Los Estados deben procurar crear las condiciones para facilitar el acceso de los recursos genéticos para utilizaciones ambientalmente adecuadas por parte de otros Estados.

3. Los Estados deben facilitar el acceso y la transferencia justa de la biotecnología (art. 16).

4. Los Estados deben adoptar medidas para el acceso justo y equitativo a los resultados y beneficios de la biotecnología (art. 19).

b) Como obligaciones de medios:

1. Los Estados comprometidos deben identificar los componentes de la diversidad biológica que sean importantes para su conservación y utilización sostenible. (art. 7 letra a)).

2. Los Estados comprometidos deben proceder al seguimiento de los componentes de la diversidad biológica con atención especial a los que requieran medidas urgentes de conservación (art. 7 letra b)).

---

[181] Ibídem.

3. Los Estados comprometidos deben identificar las actividades que tengan o puedan tener efectos perjudiciales a la diversidad biológica. (art. 7 letra c)).

4. Los Estados deben establecer un sistema de áreas protegidas o áreas donde haya de tomar medidas especiales para conservar la diversidad biológica.(art. 8 letra a)).

5. Los Estados promoverán la protección de ecosistemas y hábitats naturales y el mantenimiento de poblaciones viables de especies en entornos naturales.(art. 8 letra d)).

6. Los Estados rehabilitarán y restaurarán ecosistemas degradados y promoverán la recuperación de especies amenazadas. (art. 8 letra f)).

7. Los Estados establecerán procedimientos apropiados por los que se exija la evaluación del impacto ambiental de sus proyectos con miras a reducir al mínimo sus efectos sobre la diversidad biológica (art. 14 N° 1 a)).

8. Los Estados establecerán "arreglos apropiados" para las consecuencias ambientales de sus políticas y programas (EAE) (art. 14 N° 1 b)).

A partir de la Cumbre de la Tierra en el año 1992 se produce un fenómeno radicalmente distinto y con el cual "protección de zonas y especies" ha sido sustituida por la que se refiere a la "conservación de la diversidad biológica"[182].

La Convención sobre biodiversidad es corolario del sistema internacional de protección de parques y áreas silvestres aplicable en Chile y que ha permitido asumir compromisos para avanzar en políticas y regulaciones para la conservación de la biodiversidad en el plano interno, aunque todavía con escaso éxito.

No debemos dejar de considerar la importancia del "principio precautorio" en materia ambiental recogido en la Convención sobre Biodiversidad que establece que no será admisible la falta de pruebas

---

[182] JUSTE RUIZ, José. *Derecho Internacional del Medio Ambiente.* Mc Graw Hill, Madrid, 1999, pág. 364, 365.

científicas inequívocas para adoptar medidas de protección a favor del medio ambiente (Preámbulo)[183].

En 2004 la *7ª Reunión de la Conferencia de las Partes del Convenio de Diversidad Biológica* estableció un *Programa de Trabajo sobre áreas protegidas* cuya finalidad es "...apoyar el establecimiento y mantenimiento al 2010 para las zonas terrestres y al 2012 para las zonas marinas de sistemas nacionales y regionales completos, eficazmente gestionados y ecológicamente representativos de áreas protegidas, las cuales colectivamente, entre otras cosas, por conducto de una red mundial, contribuyen al logro de los tres objetivos del Convenio y a la meta 2010 de reducir significativamente el ritmo actual de pérdida de la diversidad biológica en los planos mundial, regional, nacional y subnacional y a la reducción de la pobreza y al desarrollo sostenible, apoyando así los objetivos del Plan Estratégico del Convenio, el Plan de Aplicación de la Cumbre Mundial sobre el Desarrollo Sostenible y las Metas de Desarrollo del Milenio"[184], metas incumplidas y postergadas periódicamente.

El Convenio cuenta con 2 Protocolos adicionales: el Protocolo de Cartagena sobre Seguridad de la Biotecnología que se adoptó el 29 de enero de 2000 y entró en vigor el 11 de septiembre de 2003 y el protocolo de Nagoya.

---

[183] Este principio es rara vez aplicado en el ordenamiento jurídico interno ante conflictos ambientales de grandes dimensiones. Así, por ejemplo, el proyecto de explotación de pozos del Parque Nacional Lauca del Ministerio de Obras Públicas, el proyecto Central Hidroeléctrica "Ralco" de la empresa ENDESA, o la planta de celulosa de CELCO Valdivia, entre otros, son ejemplos de aquello, en cuanto han sido aprobados sin conocerse las reales dimensiones de sus impactos ambientales, por deficiencias graves en sus líneas de base, por faltas de antecedentes y pruebas científicas, etc. Sin embargo, la jurisprudencia ambiental en Chile ha adoptado y reconocido expresamente la aplicación de este principio como ha acontecido en los casos Dunas de Con-Con sentencia de la E. Corte Suprema de 27 de junio de 2012 en causa Rol 2138-2012 o Central Termoeléctrica Castilla sentencia de la E. Corte Suprema de 28 de agosto de 2012 en causa Rol 1960-2012.
[184] Secretaría del Convenio sobre la Diversidad Biológica (2004) Programa de Trabajo sobre Áreas Protegidas (Programas de trabajo del CDB) Montreal: Secretaría del Convenio sobre la Diversidad Biológica.

En el marco de la décima reunión de la Conferencia de las Partes de la Convención, celebrada del 18 al 29 de octubre de 2010 en Nagoya, Prefectura de Aichi, Japón, los gobiernos acordaron el Plan Estratégico de la Diversidad Biológica 2011-2020 y las "Metas de Aichi" como base para detener y revertir la pérdida de la diversidad biológica del planeta y se adoptó el Protocolo de Nagoya sobre Acceso a los Recursos Genéticos y Participación Justa y Equitativa en los Beneficios que se Deriven de su Utilización, estrategias que dieron origen, en su 15° reunión, al Marco Global de la Biodiversidad de 2022[185].

Atendida la falta de maduración que presenta aún el derecho internacional ambiental, las aspiraciones del sistema del Convenio de Biodiversidad por ahora se reducen a la presentación de informes nacionales por parte de la mayoría de los Estados Partes y a la elaboración de estrategias y planes nacionales, cuestión distinta al cumplimiento efectivo de las metas sustantivas cifradas que no tienen mecanismos ni incentivos reales para ser cumplidas, particularmente por países en desarrollo o del tercer mundo, pero también del primer mundo industrializado que teniendo los medios para ello cuentan más bien con los incentivos inversos, esto es, continuar por la senda del desarrollo industrial intensivo alto en carbono que agudiza nos tiene con la crisis de calentamiento global del planeta y sus efectos de cambio climático que estamos comenzando a padecer.

---

[185] Entre estas metas estaban las metas de este nuevo Marco Mundial se encuentran:

1. Se detiene la extinción inducida por los seres humanos, y, para 2050, el ritmo y el riesgo de la extinción de todas las especies se reduce a la décima parte.

2. Para 2030, al menos el 30 por ciento de las zonas terrestres, de aguas continentales y costeras y marinas, especialmente las zonas de particular importancia para la biodiversidad y las funciones y los servicios de los ecosistemas, se conserven y gestionen eficazmente mediante sistemas de áreas protegidas.

3. Para 2030 al menos un 30 por ciento de las zonas de ecosistemas terrestres, de aguas continentales, costeros y marinos degradados estén siendo objeto de una restauración efectiva.

4. Eliminar las especies exóticas invasoras para 2030 y reducir en un 50 por ciento las tasas de introducción y el establecimiento de otras especies invasoras.

2.5. Convenio sobre el comercio internacional de especies amenazadas de la flora y fauna silvestre o "Convención CITES", de 1973[186]

Firmada en Washington el 3 de marzo de 1973 y enmendada en Bonn, el 22 de junio de 1979 cuenta a la fecha con 160 países miembros, incluido Chile que mediante Decreto Ley N° 873 de 20 de enero de 1975 y Decreto Supremo N° 141 del Ministerio de Relaciones Exteriores de igual año, la aprueba e incorpora al ordenamiento jurídico nacional.

Este tratado tiene como foco central el hacer frente al comercio ilegal transfronterizo de especies exóticas de flora y fauna silvestre combinando bien la perspectiva del comercio con la de la protección ambiental.

El tratado CITES conocida así por sus siglas en inglés "Convention on international trade in endangered species of wild fauna and flora", constituye sin duda uno de los convenios pioneros en materia de protección de la biodiversidad. Fruto del espíritu emanado de la Conferencia de la Naciones Unidas sobre el Medio Humano de 1972 es un acuerdo internacional ambiental de gran adhesión y de un grado considerable de cumplimiento internacional.

La Convención surge a raíz de la toma de conciencia adoptada a escala mundial respecto de la magnitud de la sobreexplotación de las especies, a consecuencia de un comercio internacional de especies de fauna y flora silvestres —que conlleva al posterior detrimento de su supervivencia—, que asciende a miles de millones de dólares por año, responsable de una considerable disminución del número de muchas de las especies incluidas en el texto del Convenio a nivel mundial.

El objetivo[187] de CITES es prohibir y regular el comercio internacional de especies de flora y fauna que se encuentren amenaza-

---

[186]   Publicada en el Diario Oficial de 25/03/75.
[187]   Los fines y espíritu del tratado se encuentran claramente definidos en su preámbulo que señala las siguientes consideraciones:

das[188], mediante su inclusión en un sistema de *"Listado de especies"*[189], en anexos al texto del tratado (apéndices I, II y III), a los que se destinan distintas normas de protección. Cualquier animal o planta silvestre puede incluirse en la lista de especies protegidas dependiendo de su situación de acuerdo a principios fundamentales contenidos en el art. 2:

a) E*specímenes en peligro de extinción (apéndice I):* incluye las especies amenazadas de extinción, cuyo comercio debe estar rigurosamente regulado, autorizándose sólo en circunstancias excepcionales y generalmente para fines de investigación.

b) *Aquellas en vías de llegar al estado anterior y que requieren reglamentación (apéndice II):* comprende especies no necesariamente amenazadas de extinción en actual momento, pero que podrían estarlo si su comercio no se regula estrictamente.

c) *Aquellas que requieren un control de su explotación y comercio (apéndice III):* incluye las especies reguladas dentro de la jurisdicción de una de las Partes y que precisan la colaboración de otras Partes para prevenir o restringir su explotación.

La Convención funciona sobre la base de un sistema de "permisos y certificados" que se pueden expedir sólo si se cumplen una serie de condiciones y deben presentarse antes de la salida o entrada de especímenes dentro de los países firmantes. Cada país participante

---

"Reconociendo que la fauna y flora silvestres, en sus numerosas, bellas y variadas formas constituyen un elemento irremplazable de los sistemas naturales de la tierra, tienen que ser protegidas para esta generación y las venideras;

Conscientes del creciente valor de la fauna y flora silvestres desde los puntos de vista estético, científico, cultural, recreativo y económico;

Reconociendo que los pueblos y Estados son y deben ser los mejores protectores de su fauna y flora silvestres".

Reconociendo además que la cooperación internacional es esencial para la protección de ciertas especies de fauna y flora silvestres contra su explotación excesiva mediante el comercio internacional"

[188] CITES otorga protección a 25.000 especies de flora y a 5.000 de fauna que viven diversos tipos de peligro de extinción debido al comercio indiscriminado que sufren.

[189] Estos pueden ser consultados en www.cites.org

debe designar una o varias "autoridades administrativas" encargadas de expedir estos permisos y certificados y que contarán con el asesoramiento de una o varias "autoridades científicas" designadas para tal efecto.

La presente Convención se encuentra regulada internamente por la Ley N° 20.962 de 2016 que aplica sus disposiciones.

2.6. Convenio sobre la conservación de las especies migratorias silvestres, de Bonn de 1979[190]

Creada en 1979 y enmendada en los años 1985 y 1988 corresponde a uno de los instrumentos jurídicos internacionales de carácter mundial de mayor importancia en materia de protección de especies de fauna silvestre.

Chile adhirió a la Convención de Bonn el 15 de septiembre de 1981, entrando en pleno vigor el 12 de diciembre del mismo año. Su coordinación a nivel nacional la tiene, principalmente el SAG[191] y el MINRREE.

Su objeto de regulación es la especie migratoria siguiéndola donde quiera que ésta se encuentre y establezca su lugar de hábitat.

Es así como establece el concepto de "área de distribución" como el conjunto de superficies terrestres o acuáticas que una especie migratoria habita, frecuenta temporalmente, atraviesa o sobrevuela en un momento cualquiera a lo largo de su itinerario habitual de migración"[192].

Establece una obligación para los Estados que reviste singular importancia consistente en conservar y restaurar en la medida de lo posible los hábitats que sean necesarios para preservar dichas especies del peligro de extinción, así como prevenir, eliminar, compensar o

---

[190] Promulgada por Decreto Supremo N° 868, 1981, del Ministerio de Relaciones Exteriores, Diario Oficial 12/12/81.
[191] Vid. *infra* capítulo V.
[192] Art. 1 letra f).

minimizar los efectos negativos de las actividades que dificultan seriamente o impiden su migración.

Se prevé dos modelos diferentes de protección en función a la situación en que se encuentren las especies. Los anexos contienen una descripción de esta protección:

1) Anexo I: Especies altamente amenazadas de extinción. Para su protección las partes se obligan a: conservar y estabilizar los hábitats; no obstaculizar las migraciones; prohibir su caza y captura.

2) Especies en condiciones desfavorables, que podrían pasar al Anexo I en casos de no adoptar medidas al respecto: mantener y desarrollar estudios sobre el estado de las poblaciones y mantener intercambio científico al respecto con otros estados.

2.7. Convenio sobre la protección del medio ambiente marino y zona costera del Pacífico Sudeste, de 1981[193]/[194]

El convenio, adoptado en Lima el 12 de noviembre de 1981 versa fundamentalmente sobre cuestiones de contaminación marina y de un modo indirecto, sobre protección de recursos marinos. Este convenio se aplica en el área marítima y la zona costera del Pacífico Sudeste dentro de la zona marítima de soberanía y jurisdicción hasta las 200 millas de las Altas Partes Contratantes y más allá de dicha zona, en alta mar hasta una distancia en que la contaminación de

---

[193] Incorporada al ordenamiento jurídico chileno por D.S. 296 de 1986 del Ministerio de Relaciones Exteriores, Diario Oficial 14/06/86.

[194] Vinculado a este tratado encontramos el Acuerdo marco para la conservación de los recursos vivos marinos en la alta mar del pacífico sudeste "Acuerdo de Galápagos", Islas Galápagos, Ecuador, de 14 de agosto de 2000, ratificado el 30 de agosto de 2001, depositado el instrumento de ratificación en la Secretaría General el 12 de noviembre de 2001 y el Convenio sobre organización de la Comisión Permanente de la Conferencia sobre explotación y conservación de las riquezas marítimas del Pacífico Sur, Santiago, Chile, 18 de agosto de 1952. Decreto Supremo N° 432 del 23 de septiembre de 1954 (Diario Oficial del 22 de noviembre de 1954).

ésta pueda afectar a aquélla. (art. 1)[195]. En síntesis es un acuerdo regional para el control y prevención de la contaminación marina que no dice relación directa con la conservación de sus recursos sino más bien con la prevención de su contaminación, pero que interesa a efectos del establecimiento de áreas marinas.

Cuenta con el Protocolo para la Conservación y Administración de las Áreas Marinas y Costeras Protegidas del Pacífico Sudeste[196]., conocido como "Protocolo de Paipa"[197] referido a una serie de áreas

---

[195]   Entre las obligaciones que impone están:
1.Adoptar las medidas apropiadas de acuerdo a las disposiciones del presente Convenio y de los instrumentos complementarios en vigor de los que sean parte, para prevenir, reducir y controlar la contaminación del medio marino y zona costera del Pacífico Sudeste y para asegurar una adecuada gestión ambiental de los recursos naturales.
2.,Cooperar en la elaboración, adopción y aplicación de otros protocolos que establezcan reglas, normas y prácticas y procedimientos para la aplicación de este Convenio.
3. Procurar que las leyes y reglamentos que expidan para prevenir, reducir y controlar la contaminación de su respectivo medio marino y zona costera, procedente de cualquier fuente, y para promover una adecuada gestión ambiental de éstos, sean tan eficaces como aquellas normas vigentes de carácter internacional.
4. Cooperarán, en el plano regional, directamente o en colaboración con las organizaciones internacionales competentes, en la formulación, adopción y aplicación de reglas, normas y prácticas y procedimientos vigentes para la protección y preservación del medio marino y zona costera del Pacífico Sudeste, contra todos los tipos y fuentes de contaminación, como asimismo para promover una adecuada gestión ambiental de aquellos, teniendo en cuenta las características propias de la región.
5. Adoptar las medidas necesarias para que las actividades bajo su jurisdicción o control se realicen de tal forma que no causen perjuicios por contaminación a las otras ni a su medio ambiente y que la contaminación causada por incidentes o actividades bajo su jurisdicción o control, dentro de lo posible, no se extienda más allá de las zonas donde las Altas Partes ejercen soberanía y jurisdicción.
[196]   Adoptado en Paipa, Colombia, el 21 de septiembre de 1989. Chile efectuó el depósito del instrumento de ratificación mediante Nota Nº 025131 del 16 de diciembre de 1993.Incorporado al ordenamiento jurídico por D.S. Nº 827, del 27 de junio de 1995, del Ministerio de Relaciones Exteriores.
[197]   Adoptado en Colombia, 1989.

marinas protegidas tales como parques, reservas, santuarios de flora y fauna y otros espacios marinos.

Tiene su coordinación general en la Comisión Permanente del Pacífico Sur (CPPS)[198], el organismo marítimo del Pacífico Sudeste, creado en 1952.

Este instrumento corresponde a uno de los 4 Protocolos adicionales al Convenio sobre la protección del medio ambiente marino y zona costera del Pacífico Sudeste. Obliga claramente a los Estados Parte a establecer áreas protegidas, aunque no aclara si ellas son independientes o distintas de las áreas silvestres reguladas en otros instrumentos internacionales como la Convención de Washington o el Convenio sobre Biodiversidad. Lo claramente determinado es que obliga a su establecimiento, aunque sin señalar sus particularidades o que sucede con áreas silvestres ya definidas así por el derecho interno o creadas al amparo de otros instrumentos internacionales[199].

El ámbito de aplicación del protocolo corresponde al área marítima del Pacífico Sudeste dentro de la zona marítima de soberanía y jurisdicción hasta las 200 millas de las Altas Partes Contratantes.

Este Convenio se aplica así mismo, a toda la plataforma continental cuando ésta sea extendida por las Altas Partes Contratantes más allá de sus 200 millas.

---

[198] Vid.www.cpps-int.org

[199] El Preámbulo del Protocolo señala que:

"Reconociendo la necesidad de adoptar medidas apropiadas para proteger y preservar los ecosistemas frágiles, vulnerables o de valor natural único, y la fauna y flora amenazados por agotamiento y extinción.

Considerando que es de interés común buscar la administración de las zonas costeras, valorando racionalmente el equilibrio que debe existir entre la conservación y el desarrollo.

Considerando que es necesario establecer áreas bajo protección con especial énfasis en parques, reservas, santuarios de fauna y flora, y otras categorías de áreas protegidas.

Teniendo presente que es imprescindible regular toda actividad que pueda causar efectos adversos sobre el ecosistema, fauna y flora, así como su hábitat, y Teniendo presente el Convenio para la Protección del Medio Ambiente y la Zona Costera del Pacífico Sudeste de 1981".

La zona costera, donde se manifiesta ecológicamente la interacción de la tierra, el mar y la atmósfera será determinada por cada Estado Parte, de acuerdo con los criterios técnicos y científicos pertinentes"[200].

---

[200] El Protocolo del Convenio en el artículo 2 hace constar entre las obligaciones generales de las Partes:

Establecer áreas bajo su protección, en la forma de parques, reservas, santuarios de fauna y flora u otras categorías de áreas protegidas.

El artículo 4 por su parte obliga a las Partes a adoptar criterios comunes para el establecimiento de áreas bajo su protección.

El artículo 5 es el que establece la regulación de las actividades que pueden y deben desarrollarse en estas áreas, en el marco de una gestión ambiental integrada:

- Manejo de la fauna y flora, acorde con las características propias de las áreas protegidas.
- Prohibir las actividades relacionadas con la exploración y explotación minera del suelo y subsuelo del área protegida.
- Regular toda actividad científica, arqueológica o turística en dicha área.
- Regular el comercio que afecte la fauna, la flora y su hábitat, en el área protegida.
- En general, prohibir cualquier actividad que pueda causar efectos adversos sobre las especies, ecosistemas o procesos biológicos que protegen tales áreas, así como sobre su carácter de patrimonio nacional, científico, ecológico, económico, histórico, cultural, arqueológico o turístico.

El artículo 6 crea las llamadas "Zonas de amortiguación" las que las Partes deben establecer alrededor de las áreas protegidas con el objeto de regular los usos con el fin de asegurar el cumplimiento de los propósitos del presente Protocolo.

El artículo 7 establece medidas para prevenir, reducir y controlar la contaminación de las áreas protegidas, a saber:

- Prohibir el vertimiento de sustancias tóxicas, perjudiciales o nocivas especialmente las de carácter persistente, procedentes de fuentes terrestres incluidos los ríos, estuarios, tuberías y estructuras de desagüe, desde la atmósfera, o a través de ella.
- Prevenir, reducir y o controlar, en el mayor grado posible:
  a) La contaminación causada por buques, incluyendo medidas para prevenir accidentes y hacer frente a casos de emergencia y prevenir el vertimiento, sea o no intencional.
  b) El manejo y transporte de sustancias peligrosas.

En virtud de este Protocolo se han establecido en Chile las denominadas "áreas marinas y costeras protegidas de múltiples usos" y a nivel regional cuenta con la "Red Regional de Áreas Costeras y Marinas Protegidas en el Pacífico Sudeste" creada en 1992.

2.8. Convención para la conservación de focas marinas antárticas, de 1972

La Convención para la conservación de focas marinas Antártica fue firmado en Londres, el 1° de junio de 1972, ante la constatación del deterioro progresivo de la población de focas antárticas, pese a que el Tratado Antártico, del año 1959, contiene medidas que protegen la flora y fauna de la región.

Chile ratificó esta Convención el 7 de febrero de 1980 y entró en vigor el 24 de abril del mismo año. Su coordinación está a cargo del Departamento Antártica del Ministerio de Relaciones Exteriores y del Instituto Chileno Antártico (INACH).

Esta Convención no estipula reuniones periódicas, por lo que la última reunión se realizó en 1988. Chile cumple remitiendo un informe anual al Depositario que contiene el número de capturas y de manipulación de focas.

Esta Convención contiene un Apéndice que especifica, entre otras cosas:

• La captura de focas antárticas permitida por año.

• Las especies y las zonas protegidas y no protegidas.

• Las temporadas de caza y de veda.

---

c) La introducción de especies de fauna y flora exóticas, incluyendo trasplantes, y
d) Otras actividades susceptibles de producir deterioro ambiental.
El artículo 8 establece por su parte la obligación de efectuar la evaluación del impacto ambiental de toda acción que pueda generar efectos adversos sobre las áreas protegidas, estableciendo un procedimiento de análisis integrado sobre el particular. Intercambiarán asimismo información sobre las actividades alternativas o medidas que se sugieran, a fin de evitar tales efectos.

- Limitaciones referidas a la duración de la caza, al método y a los instrumentos usados para ella.

2.9. Convención sobre la conservación de recursos vivos marinos antárticos de 1980[201]

Esta convención firmada en la ciudad de Canberra, Australia, el 20 de mayo de 1980, tiene por objeto complementar las disposiciones que sobre la materia esbozó el Tratado Antártico de 1959, ante la falta de una regulación adecuada sobre el uso correcto de los recursos vivos marinos antárticos y frente al creciente interés internacional por explotarlos.

Define y reconoce la existencia de «ecosistema marino antártico» como el complejo de relaciones de los recursos vivos marinos antárticos entre sí y con su medio físico.

Se aplica a todas las poblaciones antárticas de peces, moluscos, crustáceos y aves marinas que se encuentran al sur de la Convergencia Antártica (zona marítima en torno a la Antártida), excluidas las especies de ballenas y focas que regulan los tratados *ad-hoc* para estas especies.

Chile ratificó este Convenio el 22 de Julio de 1981 y entró en vigor el 7 de abril de 1982. Su coordinación está a cargo del Departamento Antártica del Ministerio de Relaciones Exteriores y del Instituto Chileno Antártico.

2.10. Convención internacional para la reglamentación de la caza de la ballena de 1946[202]

Suscrito en el año 1946 la Convención Internacional para la Reglamentación de la Caza de la Ballena fue firmado en Washington, y su objetivo fue disminuir la caza que oscilaba entre 7.000 a 8.000

---

[201] Promulgada por Decreto Supremo No 662, 1981, del Ministerio de Relaciones Exteriores, Diario Oficial 13/10/81

[202] Promulgada mediante el Decreto Supremo Nº 489, 1979, del Ministerio de Relaciones Exteriores, Diario Oficial 21/09/79

ejemplares anualmente, lo cual puso al borde de la extinción a 30 especies de ballenas en todo el planeta durante la primera mitad del siglo XX.

Gracias a esta Convención se crea la Comisión Ballenera Internacional (CBI), en 1948, la cual celebra reuniones anuales.

En virtud de su art. 4 la CBI podrá adoptar normas en relación con la conservación y utilización de los recursos balleneros incluyendo la designación de zonas santuarios[203].

Entre sus logros más importantes figuran:

– El establecimiento de la Primera Moratoria para la Caza de Ballenas (1948). La caza se limitaría a fines científicos y de subsistencia.

– Creación del Primer Santuario Ballenero Austral (1994), ubicado debajo del paralelo 40°. Además, se prohíbe la caza comercial en esta zona.

– El Convenio para la Reglamentación de la Caza de la Ballena fue ratificado por Chile el 6 de Julio de 1979 y entró en vigor el 21 de septiembre del mismo año.

2.11. Convenio para la Conservación y Manejo de la Vicuña, de 1969[204]

También tiene aplicación para Chile esta Convención internacional celebrada entre Chile, Bolivia, Perú y Ecuador y cuyo objeto es establecer un conjunto de normas jurídicas para la conservación y manejo de la Vicuña, especie de fauna que habita las regiones andinas[205].

---

[203] En virtud de esta potestad la CBI ha creado el Primer Santuario Ballenero Austral en 1979 ubicado en el océano Indico al sur de los 50° de latitud sur y el segundo en 1994, ubicado debajo del paralelo 40° de latitud sur en el océano austral.

[204] Adoptada en La Paz, Bolivia en 1969. Incorporada al ordenamiento jurídico chileno por DL N° 3530/80.

[205] Cfr. DS N° 29/83 del MINAGRI que crea la Reserva Nacional "Las Vicuñas".

Entre estos mismos países, salvo Ecuador, más Argentina, y como curiosidad, se había adoptado un "Convenio sobre la Chinchilla" en 1910 con el objeto de controlar la excesiva captura y muerte de esta especie de fauna destinada a la exportación intensiva en aquella época de su apreciada piel por parte de los mencionados países, de resultado poco eficaz.

El propósito era proteger tanto su hábitat como a la especie de fauna que habita las regiones andinas[206], afectada también por razones comerciales asociadas a la valorización de su piel que bajaron ostensiblemente sus poblaciones y que hoy ya recuperadas han permitido su control racional.

Sus hábitats gozan de protección ambiental oficial y consecuente con lo anterior deben adoptarse todas las medidas pertinentes que tiendan a respetar íntegramente este hábitat.

El criterio orientador en este sentido es la protección de las áreas o zonas en que habita la Vicuña, bajo la normativa de la Convención que establece que "Los gobiernos signatarios se comprometen a mantener y desarrollar los parques y reservas nacionales y otras áreas protegidas con poblaciones de vicuñas y a ampliar las áreas de poblamiento bajo manejo en su forma silvestre prioritariamente y siempre bajo control del Estado"[207].

2.12. Acuerdo de la Convención de las Naciones Unidas sobre el Derecho del Mar sobre la conservación y el uso sostenible de la diversidad biológica marina de las zonas situadas fuera de la jurisdicción nacional, de 2023[208]

La Convención sobre Derecho del Mar de 1982 no tuvo ni se propuso tener un perfil ambiental. Fue y es más bien un tratado ordena-

---

[206] Cfr. Decreto Supremo 29/83 del MINAGRI que crea la Reserva Nacional "Las Vicuñas".
[207] Art. 5.
[208] Acuerdo adoptado durante el quinto período de sesiones de la Asamblea General de las Naciones Unidas en Nueva York de 2023. El 19 de junio de 2023, la Conferencia aprobó por consenso el Acuerdo de la Convención de

dor de las reglas básicas por las que se rigen los estados para el uso y aprovechamiento·de los espacios marinos. Sin embargo, a su alero y luego de 40 años, concibe un Protocolo en 2023 específicamente ambiental regulador de la biodiversidad marina en alta mar, jurídicamente vinculante, que sin duda es un hito —tal vez el más relevante luego del Convenio de Biodiversidad— en materia de conservación ambiental que permitirá por lo demás coadyuvar en la consecución de los fines del Marco Mundial de la Biodiversidad Kunming-Montreal de 2022.

El acuerdo aborda 4 tópicos fundamentales:

– Crea un marco para la distribución justa y equitativa de los posibles beneficios derivados de las actividades relacionadas con los recursos genéticos marinos y la secuenciación digital de los mismos en aguas internacionales.

– Establece mecanismos de gestión (explotación) por zonas, como las áreas marinas protegidas, a fin de conservar y administrar de forma sostenible las especies y los hábitats de alta mar en las zonas internacionales de los fondos marinos.

– Incorpora la evaluación y el examen del impacto medioambiental de las actividades realizadas en zonas fuera de las jurisdicciones nacionales relacionadas con el cambio climático, la acidificación de los océanos y otros efectos conexos en alta mar.

– Facilita el logro de las condiciones y la transferencia de tecnología marina necesaria para ayudar a las Partes a alcanzar los objetivos del Acuerdo, en particular a los Estados en desarrollo.

---

las Naciones Unidas sobre el Derecho del Mar sobre la conservación y el uso sostenible de la diversidad biológica marina de las zonas situadas fuera de la jurisdicción nacional.

3. Convenios ambientales de protección incidental o indirecta de la biodiversidad

3.1. Sistema del Tratado Antártico[209]

El "sistema del tratado antártico" corresponda al conjunto de instrumentos de derecho internacional, de diversa índole, referidos a la Antártica que derivan del tratado antártico de 1959 y que incluye la regulación del uso pacífico de la Antártica; la cooperación para la investigación científica; intercambio de informaciones; el régimen de inspecciones de las actividades que se realizan en la Antártica; la condición de las reclamaciones territoriales, entre los cuales se encuentra Chile; la estructura orgánica; las actividades de terceros Estados en la Antártica; y las normas y convenciones para la conservación de los recursos y del ambiente[210].

En lo relativo a nuestra materia existen múltiples instrumentos que establecen la preocupación ambiental sobre dicho territorio, así como las normas para su protección ambiental que se integran en los siguientes cuerpos y disposiciones:

- Tratado Antártico[211] (art. 5): prohíbe toda explosión nuclear en la Antártida y la eliminación de desechos radiactivos en ella.

- El Protocolo al Tratado Antártico sobre Protección del Medio Ambiente[212/213]: establece disposiciones para la protección global del medio ambiente antártico y los ecosistemas dependientes y asociados, especialmente a través de áreas de protección.

---

[209] No efectuamos un análisis particular de los tratados referidos a la Antártida por las particularidad y especialidad que presenta su estatuto, y que por sí solo ameritaría un estudio particular.

[210] Cfr. www.inach.cl; www.ats.aq

[211] Ratificado el 23 de junio de 1961, aprobado por DS 361 del MINRREE publicado en el D.O. el 2/12/61.

[212] Suscrito en Madrid en 1991, promulgado por DS N° 396 del MINRREE, 1995, publicado en el D.O. el 18/02/98.

[213] Vid. *infra* Cap. IV.

- La Convención para la Conservación de Focas Antárticas[214/215]: establece que ellas no serán sacrificadas o capturadas dentro del área de la Convención.

- La Convención sobre la Conservación de los Recursos Vivos Marinos Antárticos[216/217]: regula la conservación de los recursos vivos marinos antárticos entendiendo por estos a las poblaciones de peces, moluscos, crustáceos y todas las demás especies de organismos vivos, incluidas las aves.

El Protocolo adicional al Tratado Antártico de 1959, suscrito en Madrid, el 4 de octubre de 1991 entrando en vigencia el 14 de enero de 1998, fue aprobado, junto a los Anexos I a IV, mediante el Decreto Supremo N° 396 de 1998.

La importancia de este tratado estriba en que mediante él se reconoce la designación de la Antártica como "Área de Conservación Especial" y se la designa como "reserva natural", consagrada a la paz y a la ciencia comprendiendo la región situada al sur de los 60° de latitud Sur que comprende a la totalidad del continente antártico y parte importante de los océanos y mares que lo rodean.

Es sin duda un tratado pionero, por ser anterior al sistema de Río, en el que se establece un conjunto de principios jurídicos medioambientales relativos a la planificación y evitación del impacto de las actividades sobre el área del tratado antártico" territorio en el que el convenio prohíbe cualquier actividad relacionada con los recursos minerales, salvo la investigación científica.

El Protocolo define dos subcategorías de áreas protegidas:

- Zonas Antárticas Especialmente Protegidas (ASPA): áreas destinadas a proteger sobresalientes valores científicos, estéticos, históricos o naturales, cualquier combinación de estos valores, o las investigaciones científicas en curso o previstas.

---

[214] Suscrito en Londres, en 1972, promulgada por DS N° 191, 1980, del MINRREE., publicado en el D.O. 24/04/80.
[215] Vid. *infra* Cap. V.
[216] Suscrito en Canberra en 1980, promulgada por DS N° 662, 1981, del MINRREE publicado en el Diario Oficial 13/10/81.
[217] Vid. *infra* Cap. V.

- Zonas Antárticas Especialmente Administradas (ASMA): áreas para coadyuvar al planeamiento y la coordinación de las actividades, evitar los posibles conflictos, mejorar la cooperación entre las Partes y reducir al mínimo los impactos ambientales.

3.2. Convención para la Lucha contra la Desertificación (UNCCD)[218]

La UNCCD, cuyo título completo es "Convención de las Naciones Unidas de lucha contra la desertificación en los países afectados por sequía grave o desertificación, en particular en África" es parte de la tríada de tratados ambientales surgidos al alero de la cumbre de Río ´92. La Convención entró en vigor el 26 de diciembre de 1996, tres meses después de su quincuagésima ratificación. Chile efectuó su ratificación con fecha 11 de noviembre de 1997, siendo promulgada el 20 de noviembre de 1997.

La UNCCD parte del diagnóstico de que las zonas áridas, semiáridas y subhúmedas secas representan una proporción considerable de la superficie de la Tierra y son el hábitat y la fuente de sustento de una gran parte de la población mundial.

A partir de ello reconoce que la desertificación y la sequía constituyen problemas de dimensiones mundiales, ya que sus efectos inciden en todas las regiones del mundo, y que es necesario que la comunidad internacional adopte medidas conjuntas para luchar contra la desertificación y mitigar los efectos de la sequía.

Esta convención tiene estrecha relación con los tratados sobre conservación ambiental como lo tuvo presente al señalar en su Preámbulo que la lucha contra la desertificación puede contribuir al logro de los objetivos de la Convención sobre la Diversidad Biológica, la Convención Marco de las Naciones Unidas sobre el Cambio Climático y otras convenciones ambientales.

Es relevante el enfoque innovador del tratado al invocar la implementación de "estrategias integradas a largo plazo que se centren

---

[218] Promulgada por Decreto N° 2065 del MINRREE publicado en el D.O el 13 de febrero de 1998.

simultáneamente en el aumento de la productividad de las tierras; la rehabilitación, la conservación y el aprovechamiento sostenible de los recursos de tierras y recursos hídricos, todo ello con miras a mejorar las condiciones de vida, especialmente a nivel comunitario" (art. 2).

En general, los mecanismos a través de los cuales alienta enfrentar estos problemas se acotan a la cooperación y coordinación internacionales para la elaboración de programas y planes de acción nacionales, poniendo el foco en aquellos más afectados (África).

A este respecto cabe hacer presente la especial condición de Chile enfrenta en materia de sequía y desertificación con zonas áridas y semiáridas como las descritas en el tratado, estimándose "que aproximadamente el 63% del territorio nacional y alrededor del 75% de los suelos productivos estaban afectados por la erosión"[219]. Para ello cuenta con un "Plan de Acción Nacional de Lucha Contra la Desertificación (PANCD) que data del año 1997[220], de cargo de CONAF como punto focal el que ha sido actualizado y alineado con la Estrategia Decenal (2008-2018) que estableció la UNCCD.

El PANCD así como la estrategias actuales de la UNCCD, persiguen alcanzar la degradación neutral de la tierra para el año 2030.

3.3. Convenio Marco sobre el Cambio Climático (CMNUCC)[221]

La CMNUCC cierra la tríada de tratados ambientales adoptado en la Cumbre de Río´92. Chile ratificó la Convención en 1994, siendo incorporada a nuestro ordenamiento jurídico en 1995.

---

[219] CONAF. Programa de Acción Nacional de Lucha Contra la Desertificación, Degradación de Tierras y la Sequía. Situación actual y proyección 2016-2030. Santiago de Chile, 2016, pág. 7.
[220] Aprobado por Resolución N° 37/17.06.1997 del Consejo de Ministros de Medio Ambiente.
[221] Promulgada por Decreto N° 123 del MINRREE, de 31 de enero de 1995 y publicado en el D.O. el 13 de abril de 1995.

La Convención consta de 2 Protocolos: el "Protocolo de Kioto"[222], adoptado en la COP 3 de 1997 y suscrito por Chile en 1998 y el "Acuerdo de París"[223] (sucesor del Protocolo de Kioto) adoptado en la COP 21 de 2015 y suscrito por Chile el 20 de septiembre de 2016 y ratificado mediante deposito, el 10 de febrero de 2017, ante el Secretario General de las Naciones Unidas[224].

Sin duda la Convención constituye un instrumento de primer orden en materia de protección y conservación ambiental, claro que mediante un abordaje indirecto dado su afán por controlar las emisiones de gases que causan el denominado "efecto invernadero" (GEI) que se traduce en el "calentamiento global" del planeta. En efecto, el preámbulo señala que "las actividades humanas han ido aumentando sustancialmente las concentraciones de gases de efecto invernadero en la atmósfera, y porque ese aumento intensifica el efecto invernadero natural, lo cual dará como resultado, en promedio, un calentamiento adicional de la superficie y la atmósfera de la Tierra y puede afectar adversamente a los ecosistemas naturales y a la humanidad". Agrega, ya en su articulado, que aspira a estabilizar las emisiones de dichos gases en el corto plazo a un nivel "suficiente para permitir que los ecosistemas se adapten naturalmente al cambio climático" (art. 2).

La Convención ciertamente no pudo por si sola conseguir sus objetivos a través de los mecanismos habituales de compromiso internacional asumidos en aquella época (información, cooperación, transferencia de conocimientos y tecnologías, etc.) y refleja más bien una aspiración y un consenso internacional valorable para la época y que pronto requirió de acuerdos complementarios.

---

[222] Promulgado por Decreto N° 349 del MINRREE, de 22 de diciembre de 2004 y publicado en el D.O. el 16 de febrero de 2005.

[223] Promulgado por Decreto N° 30 del MINRREE, de 13 de febrero de 2017 y publicado en el D.O. el 23 de mayo de 2017.

[224] Para un análisis más detallado sobre el sistema jurídico propiamente referido a cambio climático ver CAMPUSANO, Raúl. *Capítulo VII. Cambio climático en la legislación internacional "Derecho Ambiental internacional del Cambio Climático"*, en Derecho Ambiental Chileno. Parte Especial. Thomson Reuters. Santiago de Chile, 2021.

Así en una primera fase surge el Protocolo de Kioto que intentó establecer compromisos cuantificables de reducciones de emisiones a cada Estado Parte: reducir el total de sus emisiones de GEI a un nivel inferior en no menos de 5% al de 1990 en el período de compromiso comprendido entre el año 2008 y el 2012. (art. 3). Para ello exhorta a los países a establecer una compleja contabilidad de sus emisiones que además se compensan con las capturas de carbono que generan sumideros como los bosques. A partir de dicha contabilidad se deben cumplir metas de reducciones que además pueden ser cumplidas mediante el "comercio de derechos de emisión" en un también complejo mecanismo de transacción de cuotas o derechos de emisión. (art. 17).

Asociado al cumplimiento de los objetivos climáticos el Programa de las Naciones Unidas para el Medio Ambiente (PNUMA) y la Organización Meteorológica Mundial (OMM) crean en 1988 el Grupo Intergubernamental de Expertos sobre el Cambio Climático (IPCC), principal órgano internacional para la evaluación del cambio climático.

A la luz de sus conclusiones, establecidas en sus informes de evaluación, ciertamente el Protocolo de Kioto ha sido ineficaz en lograr reducciones de GEI que más bien han aumentado. Así "las emisiones antropógenas totales de GEI han seguido aumentando entre 1970 y 2010 con mayores incrementos absolutos entre 2000 y 2010, a pesar del creciente número de políticas de mitigación del cambio climático"[225].

Las críticas condiciones climáticas globales, diagnosticadas por el IPCC así como por el consenso mayoritario de la comunidad científica internacional sentaron las bases para el reemplazo del sistema de Kioto por un modelo distinto que vio la luz en Paris en 2015.

Así al adoptarse el Acuerdo de París se tiene en cuenta y observa en su preámbulo "la importancia de garantizar la integridad de todos los ecosistemas, incluidos los océanos, y la protección de la biodiver-

---

[225] Quinto Informe de Evaluación del IPCC (IE5), 2013-2014, disponible en www.ipcc.ch

sidad", lo que confirma la simbiosis e interdependencia entre cambio climático y protección de la biodiversidad.

El objetivo central del Acuerdo de París es "mantener el aumento de la temperatura media mundial muy por debajo de 2 °C con respecto a los niveles preindustriales, y proseguir los esfuerzos para limitar ese aumento de la temperatura a 1,5 °C con respecto a los niveles preindustriales" (art. 2).

Para dicho propósito los Estados Parte fijan un compromiso voluntario de mitigación denominado "contribuciones determinadas a nivel nacional" (INDC), cada 5 años, pero una vez asumido, su cumplimiento es jurídicamente obligatorio. Los Estados son libres en la determinación de sus contribuciones de reducción de GEI pero una vez asumidas deben cumplirlas y progresivamente mejorarlas. Así se desprende claramente del art. 4.3. cuando en términos imperativos establece que "la contribución determinada a nivel nacional sucesiva de cada Parte representará una progresión con respecto a la contribución determinada a nivel nacional que esté vigente para esa Parte".

Una vez más el problema central del modelo estriba en la falta de coercibilidad, esto es, la posibilidad de hacer cumplir lo comprometido y además de poder determinar con certeza la fiabilidad de los datos, todo lo cual queda entregado a la buena fe y discrecionalidad de los Estados Parte.

La Convención y sus Protocolos y anexos constituye, sin duda, el mayor esfuerzo, dotado del mayor desarrollo jurídico, a nivel del derecho ambiental internacional para enfrentar un problema ambiental, que esperamos prontamente avance en mecanismos de institucionalidad que puedan hacer cumplir sus prescripciones.

Chile ha desarrollado una estructura institucional para abordar los compromisos internacionales por el cambio climático mediante la creación del Comité Nacional Asesor para el Cambio Global en 1996; una Oficina de Cambio Climático, dependiente de la Subsecretaría del Medio Ambiente en 2010; una Agencia de Sustentabilidad y Cambio Climático creada en 2016; un Plan Nacional de Adaptación al Cambio Climático en 2014; un Plan de Acción Nacional de Cambio Climático 2017-2022; Inventarios Nacionales de Gases de Efecto

Invernadero (1990-2010); una INDC elaborada y presentada en septiembre de 2015[226], que "plantea hacia el año 2030, reducir en un 30% su intensidad de emisiones de GEI, respecto del año 2007"[227], y una Ley Marco de Cambio Climático aprobada en 2022[228].

4. *Directrices de la Unión Internacional para la Conservación de la Naturaleza (UICN)*

Fundada en 1948, la Unión Internacional de la Conservación de la Naturaleza[229] es la organización conservacionista más grande a nivel mundial y con el más alto reconocimiento. Reúne a 139 Estados, agencias de gobierno y a diversas organizaciones no gubernamentales, encontrándose compuesta por 980 miembros. Su misión es influir, alentar y ayudar a las sociedades para conservar la integridad y diversidad de la naturaleza y asegurar que cualquier uso de recursos naturales sea equitativo y ecológicamente sostenible.

UICN ha sido la impulsora de la Estrategia Mundial de Conservación (1980), Cuidar la Tierra (1991) y la Estrategia Mundial de Biodiversidad (1992), documentos mediante los cuales se introdujo conceptos como desarrollo sostenible, diversidad biológica y gestión de ecosistemas.

Una de las seis Comisiones de UICN es la " *Comisión Mundial en Áreas Protegidas" (WCPA),* que promueve el establecimiento y la administración efectiva de una red representativa mundial de áreas terrestres y marinas protegidas.

---

[226] Chile cuenta con una Contribución Nacional Tentativa (INDC) para el Acuerdo Climático París 2015 cuyo contenido puede consultarse en www.mma.gob.cl

[227] Ibidem.

[228] Ley 21.455 promulgada el 30 de mayo de 2022 y publicada en el D.O. el 13 de junio de 2022. Para una revisión más detallada sobre la evolución de la regulación climática en Chile ver BERTAZZO, Silvia. Capítulo VIII. *Cambio climático en la legislación nacional,* en Derecho Ambiental Chileno. Parte Especial. Thomson Reuters. Santiago de Chile, 2021.

[229] www.iucn.org

El primer esfuerzo clasificatorio de ASP tuvo lugar en 1933 en la Conferencia Internacional para la Protección de la Fauna y la Flora Silvestre celebrada en Londres. En ella se establecieron cuatro categorías de áreas protegidas: parque natural, reserva natural estricta, reserva de flora y fauna y reserva con prohibición de caza y recolección.

En 1966 la UICN redactó una segunda versión de lo que vendría a ser conocido como la Lista de la ONU de Áreas Protegidas, empleando un sistema de clasificación simple: parques nacionales, reservas naturales y monumentos naturales.

Sin embargo, las primeras directrices de UICN sobre áreas protegidas son publicadas por BARBARA LAUSCHE en 1980.

Por las Directrices sobre áreas protegidas de UICN, de 2008 se define área protegida como *"un espacio geográfico claramente definido, reconocido, dedicado y gestionado, mediante medios legales u otros tipos de medios eficaces para conseguir la conservación a largo plazo de la naturaleza y de sus servicios ecosistémicos y sus valores culturales asociados"*. [230]

Asimismo, UICN, a través de su red mundial de expertos, definió para la comunidad internacional la clasificación de *"categorías de especies amenazadas"*, elaborando los *Libros Rojos, las Listas Rojas*[231] *y los Planes de Acción* que son empleados por numerosas organizaciones y países encargados de delinear políticas como documentos de referencia para la conservación de la diversidad biológica. En este sentido, ha confeccionado diversos documentos tales como la Lista de las Naciones Unidas sobre Áreas Protegidas y Categorías de Manejo de Áreas Protegidas, trabajo en el cual realiza la categorización de áreas protegidas[232], proponiendo, en 1994, seis categorías distintas:

Áreas gestionadas principalmente con fines de:

I.   Protección estricta [Ia) Reserva natural estricta y Ib) Área Natural Silvestre]

[230]   DUDLEY, N. (Editor) (2008). *Directrices para la aplicación de las categorías de gestión de áreas protegidas*. Gland, Suiza: UICN. x + 96pp, pág. 10.
[231]   www.redlist.org
[232]   Vid. UICN. *Directrices para las categorías de manejo de Áreas Protegidas*, 1992.

II.   Conservación y protección del ecosistema (Parque nacional)

III. Conservación de los rasgos naturales (Monumento natural)

IV.   Conservación mediante gestión activa (Área de gestión de hábitats/especies)

V.   Conservación de paisajes terrestres y marinos y ocio (Paisaje terrestre y marino protegido)

VI.   Uso sostenible de los recursos naturales (por ej., Área protegida con gestión de los recursos).

Esta categorización ha sido actualizada mediante un acucioso estudio iniciado en 2007 y cuyo resultado son las *"Guías para la Legislación sobre áreas Protegidas"* de 2012[233].

Chile, como veremos más adelante, ha asumido los criterios internacionales de IUCN en diversas materias regulatorias ambientales, como por ejemplo, para la clasificación de especies tanto de flora como de fauna, y ahora para áreas protegidas en la Ley SBAP.

En 2003 IUCN formula las recomendaciones de Durbán en el marco del V Congreso Mundial de Parques. Esta instancia nos entrega la más moderna concepción sobre Parques y áreas silvestres protegidas con que podemos contar en la actualidad, claro que en un marco institucional especializado y dedicado al tema como lo es UICN y no bajo el alero de los foros mundiales de ONU que ciertamente darían más peso a lo acordado.

Sus principales acuerdos y recomendaciones pueden ser resumidos de la siguiente manera:

El sistema de categorías para la gestión de las áreas protegidas de la UICN tiene por objeto facilitar un marco conceptual y práctico internacionalmente reconocido para la planificación, gestión y vigilancia de las áreas protegidas.

En la aplicación de las categorías de gestión siempre habrá de respetarse la definición de la UICN del concepto de área protegi-

---

[233]   LAUSCHE, Bárbara. (2011). *Guidelines for Protected Areas Legislation*. IUCN, Gland, Switzerland. xxvi + 370 pp.

da ("una superficie de tierra y/o mar especialmente consagrada a la protección y el mantenimiento de la diversidad biológica, así como de los recursos naturales y los recursos culturales asociados, y manejada a través de medios jurídicos u otros medios eficaces"), que constituye un criterio básico general.

Se reafirma el valor en materia de conservación del sistema de categorías de gestión de áreas protegidas de 1994 e insisten en particular en que el enfoque basado en los objetivos, que abarca seis categorías, debe seguir constituyendo el pilar de ese sistema.

La trascendencia mayor de esta instancia radicó en la adopción oficial del "enfoque ecosistémico" aplicado a la gestión de las ASP entendiendo por tal la gestión integrada de tierras, extensiones de aguas y recursos vivos por la que se promueve la conservación y utilización sostenible de modo equitativo"[234].

El VI Congreso Mundial de Parques de la UICN en Sydney, Australia, del 12 al 19 de noviembre del 2014, evaluó el avance en la meta global de contar con el 17 por ciento de las tierras y un 10 por ciento de las áreas marinas del planeta, protegidas al 2020. En 2021, se celebró un nuevo Congreso Mundial de la Naturaleza en Francia en el que se estableció el "Programa Naturaleza 2030" de la UICN, su ambición a 10 años, por el cual llama a la movilización de sus miembros, comisiones y secretaría. Esta perspectiva a más largo plazo se alinea con la Agenda 2030 para el Desarrollo Sostenible de las Naciones Unidas y el marco mundial de biodiversidad posterior a 2020[235].

5. *Régimen de conservación ambiental de la Unión Europea como referente*[236]

La Unión Europea ha desarrollado una interesante experiencia jurídica medioambiental, que conviene tener presente como re-

---

[234]   LAUSCHE, Bárbara. (2011). *Guidelines for Protected Areas Legislation.* IUCN, Gland, Switzerland. xxvi + 370 pp. Pág. 25.
[235]   Cfr.www.iucn.org
[236]   Para un estudio más detallado de la normativa ambiental de la Unión Europea Vid. PICON RISQUEZ, Juan (Coordinador). *Derecho medioambiental de*

ferente legislativo para Chile y para el derecho latinoamericano, a través de la elaboración de instrumentos jurídicos aplicables comunitariamente: se trata de las Directivas[237] 79/409/CEE[238] sobre aves migratorias y la Directiva 92/43/CEE[239] relativa a la conservación de los hábitats naturales y de la fauna y flora silvestres que en conjunto conforman el sistema europeo sobre hábitats y ENP.

La Directiva 79/409 fue concebida fundamentalmente para la regulación y protección de los hábitats de las aves migratorias, para cuyo fin dio origen a las zonas de especial protección para las aves (ZEPAS)[240]. Por su parte, la Directiva 92/43, sobre Conservación de

---

la Unión Europea, McGraw-Hill, Madrid, 1996; ASPAS ASPAS, José Manuel. "La conservación de la naturaleza en el Derecho comunitario derivado. La directiva de hábitats". en *Régimen jurídico...*, op. cit.; DESMOULIN, GIL. *La communauté européenne et la protection des espaces naturels. Des financements européens au service de l' action locale*. Université de Limoges, Presses Universitaires de Limoges, GARCÍA URETA, Agustín. *Derecho Europeo de la Biodiversidad*. Editorial Lustel, 1ª Edición, 2010, entre muchos otros.

[237] Las directivas representan instrumentos normativos de carácter general sin aplicabilidad directa a los Estados miembros de la UE que dejan a éstos márgenes para su desarrollo legislativo o "transposición", pero que suelen incorporar obligaciones jurídicas precisas.

[238] Aprobada por el Consejo de la UE el 2 de abril de 1979.

[239] Aprobada por el Consejo de la UE el 21 de mayo de 1992.

[240] La Directiva Europea de Aves Silvestres que se dicta en el año 1979 con el objeto de la protección, la administración y la regulación y explotación de las especies de aves que viven en estado silvestre (art. 1). Para ello, el artículo 2 obliga a todos los Estados a tomar todas las medidas necesarias para mantener o adaptar las poblaciones de todas las especies de aves al nivel que corresponda, en particular, a las exigencias ecológicas científicas y culturales, habida cuenta de las exigencias económicas y recreativas.
La Directiva prevé un régimen de protección de los hábitats de las aves (arts. 3 y 4) y un régimen de protección directa de las especies: comercialización, caza, etc. (arts. 5 a 9).
En cuanto al régimen de protección de los hábitats, la directiva estableció, una obligación general de protección de los hábitats de todas las especies de aves (art. 3) y una obligación de protección reforzada de los hábitats de las especies del anexo I y de las migratorias (art. 4).
En virtud del artículo 4 se crea la Red de ZEPA: obligación de declarar ZEPA, obligación de comunicar las designaciones a la Comisión, obligación de que las ZEPA contaran con medidas de conservación especiales en cuan-

los Hábitats Naturales y de la Fauna y Flora Silvestre, o "Directiva Hábitats"[241], propone   la creación de una red ecológica europea de zonas de especial conservación (ZECs), denominada "Red Natura 2000"[242] cuyo objeto es contribuir a la preservación de la diversidad biológica mediante la conservación de hábitats y especies consideradas de interés comunitario[243].

La Directiva Hábitats regula en su artículo 13 las medidas que se deben adoptar respecto a especies vegetales de especial interés de conservación[244].

---

to a los hábitats y obligación, dentro de las ZEPA, de no deterioro de los hábitats y de no perturbación a las especies que motivaron su declaración como tales.

[241] La Directiva Hábitats por su parte considera:
– «hábitats naturales» como "zonas terrestres o acuáticas diferenciadas por sus características geográficas, abióticas y bióticas, tanto si son enteramente naturales como seminaturales"
– «tipos de hábitats naturales de interés comunitario», que alberga especies que:
i) estén en peligro; ii) sean vulnerables; iii) sean raras; iv) sean endémicas y requieran especial atención debido a la singularidad de su hábitat y/o a posibles repercusiones que su explotación pueda tener para su conservación. Considera AP como «lugar de importancia comunitaria»: un lugar que, en la región o regiones biogeográficas a las que pertenece, contribuya de forma apreciable a mantener o restablecer un tipo de hábitat natural y/o contribuya de forma apreciable al mantenimiento de la diversidad biológica en la región o regiones biogeográficas de que se trate; «zona especial de conservación»: un lugar de importancia comunitaria designado por los Estados miembros mediante un acto reglamentario, administrativo y/o contractual, en el cual se apliquen las medidas de conservación necesarias para el mantenimiento o el restablecimiento, en un estado de conservación favorable, de los hábitats naturales y/o de las poblaciones de las especies para las cuales se haya designado el lugar; entre otros.

[242] Cfr. Red Natura 2000 en www.wwf.es

[243] Sobre estas categorías de ENP Vid. MARTÍN MATEO, Ramón. *Tratado de Derecho Ambiental, Volumen III, Recursos Naturales.* Editorial Trivium, 1997, págs. 323 y ss.

[244] Agrega la Directiva que:
1. Los Estados miembros tomarán las medidas necesarias para instaurar un sistema de protección rigurosa de las especies vegetales que figuran en la letra b) del Anexo IV y prohibirán:

a) recoger, así como cortar, arrancar o destruir intencionalmente en la naturaleza dichas plantas, en su área de distribución natural;b) la posesión, el transporte, el comercio o el intercambio y la oferta con fines de venta o de intercambio de especímenes de dichas especies recogidos en la naturaleza, excepción hecha de aquellos que hubiesen sido recogidos legalmente antes de que la presente Directiva surta efecto.

2. Las prohibiciones que se mencionan en las letras a) y b) del apartado 1 se aplicarán a todas las fases del ciclo biológico de las plantas a que se refiere el presente artículo.

En los casos en que se permite el aprovechamiento de especies se establecen una serie de medidas que deben adoptarse a saber (artículo 14):

- disposiciones relativas al acceso a determinados sectores;
- la prohibición temporal o local de la recogida de especímenes en la naturaleza y de la explotación de determinadas poblaciones;
- la regulación de los períodos y/o de las formas de recogida de especímenes;
- la aplicación, para la recogida de especímenes, de normas cinegéticas o pesqueras que respeten la conservación de dichas poblaciones;
- la instauración de un sistema de autorización de recogida de especímenes o de cuotas;
- la regulación de la compra, venta, comercialización, posesión o transporte con fines de venta de especímenes;
- la cría en cautividad de especies animales, así como la propagación artificial de especies vegetales, en condiciones de control riguroso con el fin de limitar la recogida de especímenes en la naturaleza;
- la evaluación del efecto de las medidas adoptadas.

Finalmente, la UE contempla los casos en que se puede hacer excepción a las normas sobre protección estricta de las especies protegidas (artículo 16):

a) con el fin de proteger la fauna y flora silvestres y de conservar los hábitats naturales;

b) para evitar daños graves en especial a los cultivos, al ganado, a los bosques, a las pesquerías y a las aguas, así como a otras formas de propiedad;

c) en beneficio de la salud y seguridad públicas o por razones imperativas de interés público de primer orden, incluidas las de carácter socioeconómico y consecuencias beneficiosas de importancia primordial para el medio ambiente;

d) para favorecer la investigación y educación, la repoblación, la reintroducción de dichas especies y para las operaciones de reproducción necesarias a dichos fines, incluida la propagación artificial de plantas;

A través de esta Red Europea[245] se ha comenzado un proceso comunitario de integración y protección de las distintas categorías de conservación de espacios naturales exigiendo de los Estado miembros de la Unión la determinación de sus zonas de especial interés para la conservación sometiéndolas a un estatus jurídico supranacional de orden comunitario y que se sustraen de la competencia y soberanía nacional desde la perspectiva ambiental.

La implementación de este novedoso régimen transnacional en los ordenamientos jurídicos internos, a través de la transposición, no ha sido sencillo ni eficaz. En el caso ESPAÑA "la Ley 43/2003, de 21 de noviembre, de montes, ha servido para introducirlas formalmente en el ordenamiento estatal con diecisiete años de retraso sobre la fecha prevista, esto es el 1 de enero de 1986 en la que se produjo la adhesión a las Comunidades Europeas"[246].

Este modelo debiera constituir un referente para los sistemas de conservación ambiental latinoamericanos, muy desagregados y sin integración territorial y regional, salvo contadas excepciones bilaterales[247], a pesar de contar con ecosistemas y cuencas trans-

---

e) para permitir, en condiciones de riguroso control, con criterio selectivo y de forma limitada, la toma o posesión de un número limitado y especificado por las autoridades nacionales competentes de determinados especímenes de las especies que se enumeran en el Anexo IV.

[245] Cfr. Mc CORMICK, John. *Environmental Policy in the European Union.* Palgrave, London, 2001.

[246] GARCÍA URETA, Agustín. "Cuestiones sobre el régimen jurídico de la red Natura 2000", en Esteve Pardo, J., (coord.), Derecho del Medio Ambiente y Administración Local (Fundación Democracia y Gobierno Local, Barcelona, 2006), 713-726.

[247] Ejemplo de ello son el Tratado y los Protocolos específicos adicionales al Tratado sobre medio ambiente entre Chile y Argentina sobre protección del medio ambiente antártico suscritos en Buenos Aires en 1991, promulgados por Decreto Supremo N° 67, 1993, del Ministerio de Relaciones Exteriores, Diario Oficial 14/04/93. Protocolo Específico Adicional al Tratado sobre Medio Ambiente entre Chile y Argentina, sobre Cooperación en Materia Forestal, suscrito entre el Gobierno de la República de Chile y el Gobierno de la República Argentina, del 8 de agosto de 1997, promulgado por Decreto 1257 de 12 de agosto de 1997, publicado el 23/10/97. Protocolo Específico Adicional al Tratado con Argentina sobre Medio Ambiente,

fronterizos que ameritan de una necesaria integración regulatoria mediante un sistema supranacional de redes de conservación de la biodiversidad.

Este régimen se complementa con la recientemente aprobada "Ley de Restauración de la Naturaleza" aprobada por el Parlamento Europeo el 9 de noviembre de 2023, y que aspira a recuperar al 2030 el 30% de los ecosistemas y hábitats europeos dañados.

sobre Conservación de la Flora y Fauna Silvestre Compartida entre Chile y Argentina, suscrito entre los Gobiernos de las Repúblicas de Chile y Argentina el 2 de mayo de 2002. Decreto N° 129, Diario Oficial: 30 julio de 2002.

Capítulo III
Sistema nacional de áreas protegidas. Régimen general

I. ANTECEDENTES

A diferencia de lo que ocurre con la mayoría de los Estados modernos de occidente[248], Chile hasta la dictación de la Ley SBAP en 2023 no contaba con un régimen jurídico orgánico, sistemático y moderno sobre biodiversidad y áreas protegidas[249]. Se acusaba de aquella legislación "...un alto grado de dispersión y de incoherencia, que adolece de ostensibles vacíos y anacronismos y que, con un marcado

---

[248] La gran mayoría de los estados europeos por ejemplo cuentan con legislaciones especiales sobre ENP. Incluso el derecho comunitario europeo cuenta con instrumentos de general aplicación jurídica para sus miembros como es el caso de las directivas para la conservación de las aves silvestres de 1979 y la directiva hábitat de 1992. El derecho español, en tanto, —especialmente referido en este estudio— cuenta con una ley general sobre ENP: la ley 4/89; Vid., para un panorama sintético, a DE BENITO, J.M. en CAMPING I ERITJA, MAR y PONT I CASTEJON, ISABEL (Coordació). *Perspectives de Dret Comunitari Ambiental.* Institut Universitari d' Estudis Europeus, Publicaciones de la Universitat Autónoma de Barcelona, 1997; como asimismo y para mayores detalles a MARTÍN MATEO, Ramón. *Tratado de Derecho Ambiental,...*, op. cit., ; LÓPEZ RAMÓN, Fernando (Coordinador). *Régimen jurídico de los espacios naturales protegidos.* Editorial Kronos, 1995; RUIZ- RICO RUIZ, Gerardo (coordinador). *Derecho comparado del medio ambiente y de los espacios naturales protegidos.* Editorial Comares, Granada, 2000; DESMOULIN, Gil. *La communauté européenne et la protection des espaces naturels...,*op.cit.; GIRAUDEL, Catherine (Direction Scientifique) *La protection conventionnelle des espaces naturels.* Université de Limoges, PULIM; Comisión Europea, Dirección General XI, Medio Ambiente, Seguridad Nuclear y Protección Civil. *Legislación Comunitaria relativa al medio ambiente,* Volumen IV-Naturaleza, entre muchos otros.

[249] Vid. SOTO OYARZÚN. Lorenzo. "Hacia un régimen jurídico nuevo y sustentable para la protección de los espacios naturales en Chile" en *La Contribución del Derecho Forestal –Ambiental al Desarrollo Sustentable en América Latina,* IUFRO World Series Volume 16, Viena, 2005.

énfasis en lo sanitario y en lo patrimonial, aborda los problemas ambientales de manera sectorial e inorgánica"[250]/[251].

La construcción de un régimen propiamente dicho sobre biodiversidad ha sido una aspiración de la modernidad ambiental que podemos remontar a la ley 20.417 de 2010 y su explícito mandato de crearlo en su art. 8 transitorio.

Con todo, Chile ha establecido históricamente áreas o espacios de conservación para la naturaleza o componentes relevantes de ella, como especies de flora y fauna al igual que la mayor parte de los estados modernos.

Originariamente las motivaciones para ello fueron puramente estéticas, lo que dio origen a un sistema de conservación clásica en la que la naturaleza se entendía como reductos de conservación, lo que fue progresivamente avanzando hacia razones utilitaristas, incluyendo en ellas a las de orden turístico, en la actualidad. Sin embargo, hoy sabemos y conocemos mejor las funciones ecosistémicas de las distintas expresiones de la naturaleza y su vínculo en la mantención de las funciones vitales del planeta lo que nos exige pasar de una concepción puramente utilitarista a una ético-ecológica. Ética por cuanto como señala ENRIQUE GALLARDO "la humanidad tiene el deber moral de asegurar la supervivencia de todo ser vivo, de modo que la evolución de la vida se desarrolle sin ser afectada por la acción humana y para que futuras generaciones puedan recibir esta herencia sin que haya sufrido una disminución significativa"[252]. Ecológica, por cuanto hoy las motivaciones para la conservación de la biodiversidad responden a razones científicas que derivan de las ciencias biológicas que nos han explicado y justificado las funciones de los ecosistemas y los servicios que prestan, sin contraprestación, en términos ecológicos más allá del utilitarismo antropocéntrico.

---

[250]   UICN. *Biodiversidad en Latinoamérica:...*, *op. cit.*, pág. 40.

[251]   Cfr. CONAMA-UNIVERSIDAD DE CHILE. *Programa de Armonización y Sistematización de la Normativa Ambiental Chilena.* 1ª Edición, Santiago de Chile, 2001.

[252]   GALLARDO G. Enrique. *Manual de Derecho Forestal,* CONAF, Chile, 2013, pág. 225.

En Chile el mecanismo tradicional fue la creación jurídica de un sistema nacional de áreas silvestres protegidas (SNASPE) asignado y administrado por CONAF, la autoridad forestal[253].

Han existido y existen aún distintos instrumentos de conservación cuya naturaleza y objetivos son disímiles dispersos en varios cuerpos legales entre los cuales está la Ley de Bosques, La Ley de Bosque Nativo, la Ley sobre Monumentos Nacionales, entre otras.

Esta dispersión normativa llevó al legislador a la dictación en 1984 de la Ley 18.362 que creó el SNASPE[254], ley que adopta criterios y principios conservacionistas clásicos de la flora y la fauna silvestres, pero pese a que fue dictada a fines del año 1984, cumpliendo con todos los requisitos propios de una ley, nunca se puso en vigencia, situación que terminó por resolverse con su derogación expresa mediante la Ley SBAP en 2023 que instituyó en Chile el Sistema Nacional de Áreas Protegidas (SNAP).

---

[253]   ARGENTINA por ejemplo cuenta con una Oficina de Administración de Parques Nacionales, organismo dependiente de la Secretaría de Recursos Naturales y Ambiente Humano. COSTA RICA, cuenta con un Sistema Nacional de Áreas de Conservación. BRASIL, en tanto tiene el Sistema Nacional de Unidades de Conservación en tres niveles, el estatal, el federal y el municipal.

[254]   Ley 18.362, publicada en el Diario Oficial de 27 de diciembre de 1984. Esta ley, a pesar de no haber unca entrado en vigencia, tuvo reconocimiento jurisprudencial en cuanto a sus principios por el conocido fallo del "Lago Chungará"…, *op. cit.*, que en su considerando 15° señala que "la ley N° 18.362, de 1984, instituyó el Sistema Nacional de Áreas Silvestres Protegidas del Estado…" y que "Esta ley acepta, entre sus clasificaciones, la existencia de Parques Nacionales y declara incluidos en éstos, los que ya habían merecido anteriormente esa designación…". En el ámbito regulatorio, una curiosidad la representa la ordenanza que contiene el Plan Regulador metropolitano de Santiago que invoca directamente esta ley al establecer las "áreas de protección prioritaria" en su art. 8.3.1.4.

II. MARCO JURÍDICO DEL SISTEMA NACIONAL DE ÁREAS PROTEGIDAS

La ley SBAP sin duda constituye a partir de su aprobación lo que podríamos denominar el marco jurídico general para la conservación de la biodiversidad y del SNAP en particular, cuyo objeto es la "conservación de la diversidad biológica y la protección del patrimonio natural del país, a través de la preservación, restauración y uso sustentable de genes, especies y ecosistemas" (art. 1) en la que la designación de espacios o áreas protegidas reviste un rol central. Sin embargo, ella no abarca ni comprende todas las expresiones jurídicas existentes por medio de las cuales se han establecido espacios o instrumentos de conservación ambiental que serán analizadas en capítulos siguientes.

El repertorio básico de legislación referida a protección de las AP que integran el SNAP en Chile sería así el siguiente.

1. Ley de Bases Generales del Medio Ambiente[255]

La ley 19.300 sólo consagró un par de normas marco para la protección de la naturaleza.

Señala al respecto el art. 34 de la ley que "El Estado administrará un Sistema Nacional de Áreas Protegidas, con objeto de asegurar la conservación de la biodiversidad y la protección del patrimonio natural. La administración del Sistema Nacional de Áreas Protegidas corresponderá al Servicio de Biodiversidad y Áreas Protegidas"..

En su artículo 35, agrega que "Con el mismo propósito señalado en el artículo precedente, el Estado fomentará e incentivará la creación de áreas protegidas de propiedad privada, las que formarán parte del Sistema Nacional de Áreas Protegidas", cuya supervisión estará a cargo del SBAP. Sin embargo, éstas áreas ya no están afectas a igual tratamiento tributario, derechos, obligaciones y cargas que las pertenecientes al referido sistema nacional, por la derogación expresa de

---

[255] Ley 19.300 publicada en el D.O el 9 de marzo de 1994.

esta prerrogativa hecha por la Ley SBAP que la ha sustituido por un régimen especial (art. 105).

La ley, por reforma de 2010 incorporó a todas estas AP "las porciones de mar, terrenos de playa, playas de mar, lagos, lagunas, embalses, cursos de agua, pantanos y otros humedales situados dentro de su perímetro". Se dispone que sobre esas áreas, mantendrán sus facultades los demás organismos públicos en lo que corresponda, haciendo referencia a organismos como SERNAPESCA, DGA o a aquellos con competencia sobre el mar territorial , como DIRECTEMAR (art. 36).

A este cuerpo de normas se agrega una disposición específica que impone a la ley velar por el uso racional del suelo a fin de evitar su pérdida y degradación (art. 39), ley que aún no es dictada permaneciendo, en esta materia, dispersas diversas normas con incidencia directa e indirecta en la protección de suelos como la legislación forestal[256].

Finalmente se concluye en el artículo 41 con una norma que manda al MMA conjuntamente con "el organismo público encargado" —entiéndase en este caso al menos SBAP, CONAF, SERNAPESCA, SAG, según corresponda, aunque podrían caber otros—, a exigir el instrumento plan de manejo para que la utilización de los recursos naturales se haga a fin de asegurar su conservación.

2. *Ley de Bosques*[257]

Constituye una de las escasas fuentes jurídicas formales del antiguo sistema de ASP chileno que aún sobrevive y que curiosamente no fue derogada por la Ley SBAP. En efecto, su art. 10 cimentó el establecimiento de los parques nacionales y las reservas forestales,

---

[256] Véase ALBERTO CORTÉS N., *Protección Jurídica del Suelo Frente a la Actividad Minera.* Universidad Católica de Valparaíso, 1992, Chile (Memoria de Licenciatura dirigida por Rafael Valenzuela F.).

[257] DS N° 4363/1931, del Ministerio de Tierras y Colonización. Por medio de este DS de fecha 30 de junio de 1931 se aprueba el texto definitivo de la Ley de Bosques cuyas disposiciones se encontraban a su vez en los DL N° 656, de 17 de octubre de 1925 y en el DFL N° 265, de 20 de mayo de 1931.

disposición que de manera escueta se refiere a estas categorías de áreas protegidas cuando señala que "Con el objeto de regularizar el comercio de madera, garantizar la vida de determinadas especies arbóreas y conservar la belleza del paisaje, el Presidente de la República podrá establecer *reservas de bosques*[258] en los terrenos fiscales apropiados a dichos fines y en terrenos particulares que se adquieran por compra o expropiación".

Esta ley, cuyos orígenes se remontan a 1925, fue la base de la existencia, en el ordenamiento jurídico chileno, de las reservas forestales y de los parques nacionales.

3. *Ley sobre Bienes del Estado*[259]

Esta ley en tanto regula la propiedad del Estado, reconoce, establece y refrenda la existencia de categorías de AP en su art. 21 al establecer que "Los predios que hubieren sido declarados como áreas protegidas del Estado, conforme a la legislación respectiva, no podrán ser destinados a otro objeto ni perderán esa calidad sino en la forma establecida en la Ley que crea el Servicio de Biodiversidad y Áreas Protegidas".

En virtud de esta ley se establecen y crean los bienes nacionales protegidos (BNP) por destinación o concesión de bienes nacionales de uso público o de propiedad fiscal. (arts. 19 y 56 y ss.)

4. *Ley de Pesca y Acuicultura*[260]

La legislación pesquera, aglutinada mayoritariamente en esta ley general, ha regulado la actividad y los recursos pesqueros desde una perspectiva eminentemente productiva, matizada con elementos conservacionistas en las reformas más recientes.

---

[258]   Antes de la Ley SBAP se incluía a los Parques Nacionales de Turismo.
[259]   DL 1.939/1977.
[260]   Ley N° 18.892/ 1991.

En efecto reguló hasta la Ley SBAP las dos categorías fundamentales de áreas marinas protegidas (AMP) denominadas "reservas marinas" y "parques marinos" establecidas en 1991[261] con el objeto de preservar los recursos marinos[262] que ahora fueron refundidas con sus homólogos terrestres por la Ley SBAP, formando parte del SNAP mientras no se concluya dicho proceso. Sin embargo, como veremos más adelante, la ley cobra aún mucha relevancia para la protección de la biodiversidad marina y recursos naturales marinos bajo otros instrumentos de conservación y protección que serán analizados fuera del sistema de AP.

5. *Ley sobre Monumentos Nacionales*[263]

Esta ley ha perdido relevancia ambiental luego de la derogación de la categoría de los "Santuarios de la Naturaleza" que contenía y que han pasado a la Ley SBAP. Sin embargo, esta categoría forma parte del SBAP y pervive manteniendo vigente su estatuto jurídico mientras pasa por un proceso de homologación.

Además, no es posible obviarla desde el punto de vista del patrimonio ambiental que incluye las expresiones culturales, entre las que se cuentan los "restos de los aborígenes, las piezas u objetos antropo-arqueológicos o paleontológicos, que existan bajo o sobre la superficie del territorio nacional o en la plataforma submarina de sus aguas jurisdiccionales y cuya conservación interesa a la historia, al arte o a la ciencia" (art. 1). En la misma línea no pueden obviarse las "Zonas Típicas o Pintorescas" como categoría de AP propiamente cultural (art. 29), que serán analizadas fuera del SNAP.

---

[261]   El texto refundido, coordinado y sistematizado de la ley N° 18.892, de 1989 y sus modificaciones, Ley general de Pesca y Acuicultura fue fijado por DS N° 430 de 28 de septiembre de 1991.

[262]   Por ejemplo, la reserva marina denomina "Rinconada" ubicada en Bahía Moreno, Antofagasta II Región a las que habría que agregar las reservas genéticas de "Pullinque" y de Putemún". Cfr. www.sernapesca.cl; CODEFF, *Las áreas silvestres protegidas privadas en Chile. Una herramienta para la conservación*, 1999.

[263]   Ley N° 17.288/ 1970.

6. Ley de Bosque Nativo[264]

Esta ley regula los ecosistemas forestales naturales de Chile, tal vez una de las mayores expresiones de biodiversidad. Sin embargo, no fue mayormente abordada por la Ley SBAP.

Así, por ejemplo, regula y entrega a CONAF la protección de ecosistemas de la mayor relevancia tales como los "bosques de preservación", que son aquellos que presenten o constituyan actualmente hábitat de especies vegetales protegidas legalmente o aquéllas clasificadas en las categorías definidas por UICN de "extinto, extinto en estado silvestre, en peligro crítico, en peligro, vulnerable, casi amenazada, preocupación menor, datos insuficientes y no evaluada"; o que corresponda a ambientes únicos o representativos de la diversidad biológica natural del país, cuyo manejo sólo puede hacerse con el objetivo del resguardo de dicha diversidad.

Importa por cuanto de esta definición participan "los bosques comprendidos en las categorías de manejo con fines de preservación que integran el Sistema Nacional de Áreas Silvestres Protegidas del Estado o aquel régimen legal de preservación, de adscripción voluntaria, que se establezca" (art. 2 N° 4).

7. Ley de Turismo[265]

Esta ley si bien estableció la institucionalidad del turismo en Chile, se abocó especialmente en un Título V al desarrollo turístico en áreas protegidas.

Recogiendo los anhelos de la Ley Ambiental fijó los límites de la actividad turística en AP admitiéndola sólo "cuando sean compatibles con su objeto y se ajusten al respectivo plan de manejo del área".. Sin embargo, estas concesiones quedan regidas por la Ley SBAP (art. 18).

---

[264]   Ley N° 20.283/2008.
[265]   Ley N° 20.423/2010.

Fuera de ello hay que destacar la existencia de las ZOIT como áreas protegidas especialmente focalizadas al desarrollo del turismo, pero que coinciden normalmente con territorios de alto valor ambiental y que comúnmente así son reconocidos en los fundamentos de la declaratoria de estas áreas[266].

8. Legislación de Humedales

Los humedales en Chile han contado con escasa protección jurídica por el derecho interno, teniendo su marco en la Convención internacional RAMSAR.

Sin embargo, no todos los humedales forman parte del SNAP. De hecho, existe una ley destinada propiamente a la conservación de los humedales urbanos, la Ley 21.202[267]que podríamos situar en la era de la conservación de la biodiversidad y que ha instituido en el sistema chileno este tipo especial de AP.

Los humedales que forman parte del SNAP sólo son los humedales de importancia internacional o sitios Ramsar que se encuentran regulados por la Convención internacional RAMSAR y en algunas leyes o reglamentos especiales como la Ley de Bosque Nativo, el C° de Aguas y el DS 82 del MINAGRI (art. 4 transitorio Ley SBAP).

---

[266] Las ZOIT eran hasta la modificación del Reglamento del SEIA de 2013, áreas que debían ser consideradas a efectos de evaluar los efectos establecidos en el art. 11 de la Ley 19.300, esto es, debían ser tenidas en consideración a efectos de la elaboración de un EIA, mención que el reglamento contenido en el DS 40, derogó. Sin embargo, pueden ser consideradas áreas bajo protección oficial a efectos del art. 10 de la ley 19.300 si han sido establecidas para el resguardo de valores ambientales.

[267] Promulgada el 16 de enero de 2020 y publicada en el D.O. el 23 de enero de 2020.

III. CONCEPTOS Y FINES DEL SISTEMA
NACIONAL DE ÁREAS PROTEGIDAS

La ley SBAP define "área protegida" como el "espacio geográfico específico y delimitado, reconocido mediante decreto supremo del Ministerio del Medio Ambiente, con la finalidad de asegurar, en el presente y a largo plazo, la preservación y conservación de la biodiversidad del país, así como la protección del patrimonio natural, cultural y del valor paisajístico contenidos en dicho espacio".(art. 3 Nº 2))[268].

Esta definición se añade a la ya existente e incorporada en nuestro sistema jurídico en la "Convención sobre Diversidad Biológica" que definió "área protegida" como "un área definida geográficamente que haya sido designada o regulada y administrada a fin de alcanzar objetivos específicos de conservación" (art. 2).

Por su parte, resulta de interés tener en cuenta la definición de "patrimonio natural" que entrega la Convención para la Protección del Patrimonio Mundial, Cultural y Natural en su artículo 2º que incluye:

a) Los monumentos naturales constituidos por formaciones físicas y biológicas o por grupos de esas formaciones que tengan un valor universal excepcional desde el punto de vista estético o científico.

b) Las formaciones geológicas y fisiográficas y las zonas estrictamente delimitadas que constituyan el hábitat de especies de animales y vegetales amenazados, que tengan un valor universal excepcional desde el punto de vista estético o científico.

c) Los lugares naturales o las zonas naturales estrictamente delimitadas, que tengan un valor universal excepcional desde el punto de vista de la ciencia, de la convención o de la belleza natural.

---

[268] El Reglamento vigente hasta 2013 contenido en DS Nº 95 del MINSEGPRES publicado en el Diario Oficial el 7 de diciembre de 2002 contenía una definición de área protegida que luego el DS Nº 40 publicado en el D.O el 12 de agosto de 2013, eliminó.

La UICN por su parte define "área protegida" como "una superficie de tierra y/o mar especialmente consagrada a la protección y mantenimiento de la diversidad biológica, así como de los recursos naturales y culturales asociados y gestionados a través de medios jurídicos u otros medios eficaces"[269].

En el derecho español, en cambio, la conceptualización utilizada es la de "espacio natural protegido", definidos por la doctrina como "un área singularmente identificada para la que rigen normas específicas dirigidas a la tutela de los elementos naturales significativos que contiene"[270/271].

A juicio nuestro la expresión "espacio natural protegido" es más adecuada y omnicomprensiva que la de "área protegida" por cuanto, por un lado, se asocia a una figura espacial tridimensional y no a una de carácter meramente bidimensional como connota el AP; por otro, el agregado "natural" denota especificidad conceptual que en el caso chileno lo tenía la expresión "silvestre", que fue eliminada.

El área protegida es por tanto un territorio que puede corresponder al ámbito terrestre como marino —y que han sido expresamente integrados en las tipologías de AP—, comprendiendo en ello el es-

---

[269] Para mayores detalles sobre el trabajo de la UICN puede consultarse su página Web: www.uicn.org

[270] MARTÍN MATEO, Ramón. *Tratado de Derecho Ambiental,...,* op. cit., pág. 321.

[271] La ley 42/2007 de 13 de diciembre, del Patrimonio Natural y de la Biodiversidad en su art. 27 los define de la siguiente:

1. Tendrán la consideración de espacios naturales protegidos aquellos espacios del territorio nacional, incluidas las aguas continentales, y las aguas marítimas bajo soberanía o jurisdicción nacional, incluidas la zona económica exclusiva y la plataforma continental, que cumplan al menos uno de los requisitos siguientes y sean declarados como tales:

   a) Contener sistemas o elementos naturales representativos, singulares, frágiles, amenazados o de especial interés ecológico, científico, paisajístico, geológico o educativo.

   b) Estar dedicados especialmente a la protección y el mantenimiento de la diversidad biológica, de la ge diversidad y de los recursos naturales y culturales asociados.

2. Los espacios naturales protegidos podrán abarcar en su perímetro ámbitos terrestres exclusivamente, simultáneamente terrestres y marinos, o exclusivamente marinos.

pacio aéreo. Asimismo, debemos entender que estamos hablando de áreas protegidas "naturales", esto es, de espacios pertenecientes al ámbito de la naturaleza, para diferenciarlos, por ejemplo, de áreas o espacios urbanos, arquitectónicos o de otro orden que pudieran a su vez ser protegidos, como los "parques urbanos" y que cuentan con escasa atención en nuestro ordenamiento jurídico desde el punto de vista ambiental[272].

Con la ley SBAP las AP adoptan el carácter tridimensional que hemos señalado pertenece a toda AP, que comprende necesariamente el espacio físico tanto aéreo, como terrestre, incluyendo en este tanto el suelo como el subsuelo y lo que ellos contengan, y el espacio marino, en su caso, comprendiéndose también en él la columna de agua que la integra, hasta el fondo marino entendiendo también lo que subyace en él (art. 106).

Como veremos deben desde luego considerarse bajo la nomenclatura de "áreas protegidas" todas aquellas otras áreas, más allá del SNAP, que compartiendo los conceptos o definiciones anteriores gozan de protección oficial, como es el caso de los sitios RAMSAR, las Reservas de la Biosfera, las zonas de interés turístico (ZOIT) con fines ambientales y los sitios prioritarios para la conservación de la biodiversidad oficialmente reconocidos como tales, entre otros.

La Ley 19.300 y la ley SBAP reconocen y establecen un Sistema Nacional de Áreas Protegidas (SNAP), constituido por el conjunto de áreas protegidas, del Estado y privadas, terrestres y acuáticas, marinas, continentales e insulares. Este sistema reemplaza el anterior Sistema Nacional de Áreas Silvestres Protegidas del Estado (SNAS-PE) que creaba la Ley 18.362 y que se conformaba por los parques nacionales, reservas nacionales o forestales, monumentos naturales y reservas de regiones vírgenes.

---

[272]   En España se trata de una materia más desarrollada dada la mayor extensión y desarrollo que ha tenido la ordenación del territorio. Sobre este tópico se puede consultar a MUÑOZ, Soledad y ARTIÑANO, Pablo. *La Conservación de los Espacios Naturales. Estrategias Urbanísticas de Protección.* La LEY, España, 2002.

Resulta relevante señalar que el SNAP y por tanto las áreas que lo integran deben servir los siguientes objetivos o fines comunes (art. 54)[273]:

a) La conservación de la biodiversidad y del patrimonio natural, paisajístico y cultural asociado.

b) La conservación representativa de ecosistemas, especies y su diversidad genética.

c) Mantener o recuperar los servicios ecosistémicos de las áreas protegidas.

d) Integrar los servicios ecosistémicos de las áreas protegidas, en políticas e instrumentos de gestión ambiental.

e) Reconocer y facilitar actividades educacionales, recreacionales, turísticas y culturales y de investigación científica en áreas protegidas.

f) Integrar y conectar los procesos ecológicos a través de corredores biológicos, zonas de amortiguación y otros instrumentos de conservación.

g) Promover la participación ciudadana en la conservación y gestión de las áreas protegidas.

h) Respetar, preservar y mantener los conocimientos tradicionales para la conservación de la biodiversidad.

i) Promover la generación de conocimiento, monitoreo y pronóstico de las relaciones entre biodiversidad y cambio climático.

---

[273] Doctrinariamente, sin embargo, se reconocen además de los fines de conservación de la naturaleza, los de goce público y los de desarrollo del entorno humano afectado. Vid. LÓPEZ RAMÓN, Fernando. *Régimen jurídico de los espacios naturales protegidos...*, op. cit. pág. 22.

IV. CATEGORÍAS PERMANENTES
DE ÁREAS PROTEGIDAS
PERTENECIENTES AL SNAP[274]

El régimen fundamental de tipologías o categorías de AP consagrado en el derecho chileno se encuentra integrado en el "Sistema Nacional de Áreas Protegidas". Bajo este sistema es posible distinguir entre categorías permanentes y categorías en transición o no permanentes por la distinción que hizo de ellas la ley SBAP[275]. A su vez la ley SBAP incluyó otras AP que no forman parte del SNAP sobre las que fijó una regulación básica. Por último, existen otras AP no incluidas ni mencionadas en la Ley SBAP que participan de la definición o carácter de AP. Todas ellas serán analizadas de modo particular en el capítulo siguiente. Por ahora y atendido que en el presente capítulo analizamos el SNAP, exponemos una relación básica de aquellas tipologías que forman parte del mismo.

1. Parques Nacionales

De acuerdo al art. 1 de la Convención para la Protección de la Flora, la Fauna y las Bellezas Escénicas de América, son "las regiones establecidas para la protección y conservación de las bellezas escénicas naturales y de la flora y la fauna de importancia nacional, de las que el público pueda disfrutar mejor al ser puestas bajo la vigilancia oficial".

---

[274] Para un análisis particular de las categorías permanentes que cuentan con desarrollo doctrinario y jurisprudencial herederas del SNASPE vid. Capítulo siguiente.

[275] Sin perjuicio de ello el artículo 4 transitorio de la Ley SBAP establece que "Se entenderá que forman parte del Sistema Nacional de Áreas Protegidas que establece la presente ley los parques marinos, parques nacionales, parques nacionales de turismo, monumentos naturales, reservas marinas, reservas nacionales, reservas forestales, santuarios de la naturaleza, áreas marinas y costeras protegidas, bienes nacionales protegidos y humedales de importancia internacional o sitios Ramsar creados hasta la fecha de publicación de la presente ley".

2. *Reservas Nacionales*

Según el artículo 1 de la Convención para la Protección de la Flora, la Fauna y las Bellezas Escénicas de América, corresponden a "las regiones establecidas para la conservación y utilización, bajo vigilancia oficial, de las riquezas naturales, en las cuales se dará a la flora y la fauna toda protección que sea compatible con los fines para los que son creadas estas reservas".

3. *Monumentos Naturales*[276]

La Convención para la Protección de la Flora, la Fauna y las Bellezas Escénicas de América los define como "las regiones, los objetos o las especies vivas de animales o plantas de interés estético o valor histórico o científico, a los cuales se les da protección absoluta".

4. *Reservas de Regiones Vírgenes*

Son "una región administrada por los poderes públicos, donde existen condiciones primitivas naturales de flora, fauna, vivienda y comunicaciones con ausencia de caminos para el tráfico de motores y vedada a toda explotación comercial" definida así por la Convención para la Protección de la Flora, la Fauna y las Bellezas Escénicas de América.

5. *Áreas de Conservación de múltiples usos*

Ley SBAP innova creando estas áreas que de alguna manera se asimilan a las áreas marinas y costeras protegidas de uso múltiple (AMCP-MU)[277] actualmente existentes, pero que ahora se amplían al

---

[276] En Chile presentan la calidad de monumentos naturales un conjunto de especies de flora nativa entre ellas el Alerce y la Araucaria, además de algunos sitios y objetos naturales. Cfr. RAMÍREZ SIERRA, Agustín. *La protección jurídica...*, op.cit.

[277] Vid. capítulo siguiente sobre áreas marinas protegidas.

ámbito terrestre. Se trata, así de un área terrestre, acuática, marina, insular o continental, cualquiera sea su tamaño, caracterizada por una interacción tradicional entre los seres humanos y la naturaleza, relevante para la conservación de la biodiversidad (art. 61).

El objetivo de esta categoría es asegurar el uso sustentable de recursos naturales y los servicios ecosistémicos, a través de un manejo integrado del área, por lo que autorizan la ejecución de las más diversas actividades incluso productivas en la medida en que se garantice su sostenibilidad. En efecto, la ley expresamente señala que en ellas "podrán desarrollarse distintas actividades de uso sustentable, siempre que no pongan en riesgo los servicios ecosistémicos que esta área provee" (art. 61 inc. final), lo que deberá ser calificado en las instancias en que se evalúa dicho riesgo como el SEIA.

6. Áreas de Conservación de pueblos indígenas

Introducida por la Ley SBAP éste nuevo tipo de área protegida de carácter indígena corresponde a un área ubicada en tierras indígenas o en espacios costeros marinos de pueblos originarios (ECMPO), en los que existen especies nativas, hábitats y ecosistemas naturales terrestres o acuáticos, relevantes para la conservación de la biodiversidad local, regional o nacional y que son voluntariamente destinadas y administradas para lograr la conservación de la biodiversidad a largo plazo, así como la protección del patrimonio natural (art. 62).

De algún modo sigue la misma lógica que las AMCP-MU en cuanto son áreas en que se extiende el territorio protegido al ámbito terrestres, en este caso desde las ECMPO. La ley expresa como cualidad especial de estas áreas que ellas se establecerán en "tierras indígenas" o en "ECMPO"[278], lo que dotaría a estas áreas de una condición dual de protección especial. En el caso de tierras indígenas, debemos entender que ellas a lo menos comprenden a aquellas que la ley define como tales en la Ley indígena (art. 12). Sin embargo, no hay que perder de vista que, de acuerdo al Convenio 169 de la OIT, el término "tierras" deberá incluir el concepto de territorios, lo que cubre

---

[278] Vid. Capítulo siguiente sobre áreas marinas protegidas.

la totalidad del hábitat de las regiones que los pueblos interesados ocupan o utilizan de alguna otra manera (art. 13 N° 2).

El objetivo de esta categoría es la conservación de hábitats, especies, servicios ecosistémicos, y valores culturales asociados, así como los conocimientos locales y prácticas tradicionales relacionadas directamente con el uso de los recursos naturales en el área, siempre que sean compatibles con los objetivos de conservación de la misma, es decir se trata de un área que combina la protección con el uso y aprovechamiento de recursos naturales tradicionales.

En esta área podrán desarrollarse distintas actividades de usos ancestrales o consuetudinarios, así como actividades de uso sustentable, siempre que no pongan en riesgo los servicios ecosistémicos que esta área provee, es decir, corresponde también a un símil de las áreas de conservación de múltiples usos dotada de flexibilidad de usos, pero con la cualidad o especificidad propio del ámbito de los usos y costumbre indígena.

7. *Áreas Protegidas Privadas*

Las APP no han tenido mayor desarrollo normativo en el ordenamiento chileno[279] que se contrapone a un gran desarrollo y expansión práctica[280].

La ley SBAP las define como "área protegida creada en espacios de propiedad privada y reconocida por el Estado conforme a las disposiciones de la presente ley".(art. 3 N° 4)). La ley 19.300, en tanto, ha mantenido un par de disposiciones legales que han sido modificadas por la Ley SBAP[281] y que establecen sus bases. Se trata de los

---

[279] Existe un proyecto de reglamento sobre ASPP de 2003, que nunca ha sido promulgado.

[280] Entre las que se cuenta, entre los precursores el "Parque Pumalín" —hoy Parque Nacional— ubicado en la provincia de Palena, X Región de Los Lagos, y en la actualidad la Reserva Biológica Huilo Huilo ubicada en la comuna de Panguipulli, Región de Los Ríos.

[281] Por ejemplo, fue eliminada la igualdad tributaria preexistente con las AP públicas.

arts. 35 y 36 de la ley 19.300 cuyo contenido podemos sintetizar como sigue:

- El Estado fomentará e incentivará la creación de áreas protegidas de propiedad privada que forman parte del SNAP.
- Su régimen jurídico queda sujeto a la Ley SBAP.
- El reglamento sobre APP establecerá los requisitos, plazos y limitaciones de aplicación general que se deberán cumplir para gozar de las franquicias, ejercer los derechos y dar cumplimiento a las obligaciones y cargas a que se refiere el inciso primero.

La disposición programática antes referida, por descuido del legislador, ha dejado la inconsistencia de no existir tales obligaciones y cargas las que fueron derogadas por la Ley SBAP (art. 35 inciso 1° en relación a art. 144 N° 3 a) Ley SBAP).

- Formarán parte de las AP, tanto públicas como privadas, las porciones de mar, terrenos de playa, playas de mar, lagos, lagunas, embalses, cursos de agua, pantanos y otros humedales, situados dentro de su perímetro. Es decir, se les dota a esos territorios acuáticos o marinos de la misma calidad jurídica del AP respectiva, lo que no implica que cambien su condición propietaria.
- Sobre estas áreas protegidas mantendrán sus facultades los demás organismos públicos, en lo que les corresponda.

V. CATEGORÍAS DE ÁREAS PROTEGIDAS DEL SNAP EN TRANSICIÓN

De conformidad al art. 4 transitorio de la Ley SBAP "Se entenderá que forman parte del Sistema Nacional de Áreas Protegidas que establece la presente ley los parques marinos, parques nacionales, parques nacionales de turismo, monumentos naturales, reservas marinas, reservas nacionales, reservas forestales, santuarios de la naturaleza, áreas marinas y costeras protegidas, bienes nacionales protegidos y humedales de importancia internacional o sitios Ramsar creados hasta la fecha de publicación de la presente ley".

La sistematización permanente del SNAP no incluyó a los "santuarios de la naturaleza" que el legislador optó por mandatar a la autoridad, integrarlos y homologarlos a alguna de las anteriores categorías en un plazo de transición[282]. Además, dentro de las tipologías permanentes se incluye e integra a los "parques marinos" (homologados a los parques nacionales) y las "reservas marinas" (homologadas a las reservas nacionales)[283]. [284] En una condición algo más ambigua quedan los bienes nacionales protegidos y los humedales sitios RAMSAR. La ley mandata que respecto de estas categorías se efectúe un proceso de transición a las categorías permanentes, no obstante lo cual, se les reconoce formar parte del SNAP lo que no resulta baladí por cuanto a todas están áreas se les aplica el estatuto y los efectos jurídicos regulados en la ley SBAP sobre SNAP que se analizan en el presente capítulo.

1. Santuarios de la Naturaleza

Definidos por el artículo 31 de la ley 17.288 como "todos aquellos sitios terrestres o marinos que ofrezcan posibilidades especiales para estudios e investigaciones geológicas, paleontológicas, zoológicas, botánicas o de ecología, o que posean formaciones naturales, cuya conservación sea de interés para la ciencia o para el Estado"[285].

---

[282] El art. 5 transitorio de la Ley SBAP establece que "El plazo para la reclasificación señalada será de cinco años contado desde la entrada en funcionamiento del Servicio".

[283] Para el estudio particular e integral de las áreas marinas protegidas ante el derecho cfr. ORTIZ GARCÍA, Mercedes. *La conservación de la biodiversidad marina: las áreas marinas protegidas*. Editorial Comares, 2002.

[284] De acuerdo al Artículo quinto transitorio de la Ley SBAP: Las reservas marinas, los santuarios de la naturaleza y los bienes nacionales protegidos existentes a la fecha de publicación de la presente ley deberán someterse a un proceso de homologación a las categorías de protección.

[285] Las disposiciones de la Ley 17.288 referidas a santuarios de la naturaleza han sido derogadas por la Ley SBAP. Sin embargo, dicha derogación esta diferida al momento en que se efectúe el proceso de reclasificación y ho-

"Los Santuarios de la Naturaleza corresponden a sitios terrestres o marinos de importancia para estudios e investigaciones geológicas, paleontológicas, zoológicas, botánicas, ecológicas o que posean formaciones naturales de interés para la ciencia o el Estado. Se rigen por la Ley de Monumentos Nacionales y su tuición está bajo el Consejo de Monumentos Nacionales, organismo técnico que depende del Ministerio de Educación"[286].

Los santuarios de la naturaleza, a diferencia de las tradicionales AP protegidas pueden:

a) Emplazarse al interior de bienes públicos o privados.

b) Conformarse por territorios terrestres o marinos[287].

Los objetivos, entonces, de esta categoría de AP, son fundamentalmente la investigación científica y, en segundo término, la conservación ambiental.

La ley SBAP establece que el Ministerio del Medio Ambiente, previo informe del Servicio, deberá determinar a qué categoría deben adscribirse. En caso que el área sea de propiedad privada, se requerirá el consentimiento del propietario para definir su reclasificación (art. 5 b) transitorio).

2. Áreas Marinas Protegidas

La Ley de Pesca N° 18.892 considera como AMP[288] a las reservas marinas y los parques marinos[289].

---

mologación de las AP que a lo menos será de 5 años, conforme dispone el art. 5 transitorio de ésta última ley.

[286] CODEFF, *Las áreas silvestres...*, op. cit., pág. 16.

[287] Por ejemplo, la "Isla de Sala y Gómez e Islotes adyacentes a Isla de Pascua" establecidas por DS 556 del MINEDUC de 1976. El resto de las ASP tradicionales pueden contener territorio marino, pero han sido pensadas para proteger territorios terrestres.

[288] Para un estudio detallado de las áreas protegidas marinas Vid. ORTIZ GARCÍA, Mercedes. *La Conservación de la biodiversidad marina;...*, op. cit.

[289] La ley de pesca contempla también las denominadas "Áreas de Manejo y Explotación de Recursos Bentónicos" que más que ASP marinas constituye

Señala el art. 2 N° 43 de la Ley de Pesca que "reserva marina" corresponde a un "Área de resguardo de los recursos hidrobiológicos con el objeto de proteger zonas de reproducción, caladeros de pesca y áreas de repoblamiento por manejo", en las que sólo pueden efectuarse actividades extractivas por períodos transitorios previa resolución fundada de la Subsecretaría de Pesca.

De la definición se deduce la posibilidad de efectuar en ellas ciertas actividades extractivas, fuera de las conservacionistas.

Por su parte el art. 3 letra d) de la ley 18.892 de Pesca agrega que entre las facultades de conservación de los recursos hidrobiológicos de la autoridad pesquera puede declarar áreas específicas como *"parques marinos"* "...destinados a preservar unidades ecológicas de interés para la ciencia y cautelar áreas que aseguren la mantención y diversidad de especies hidrobiológicas, como también aquellas asociadas a su hábitat".

Sus objetivos son eminentemente conservacionistas, a diferencia de las "reservas" a tal punto que la propia ley agrega luego en la misma disposición que en ellos no puede efectuarse ningún tipo de actividad, salvo aquellas de propósitos de observación, investigación o estudio.

La legislación chilena en esta materia ha invertido las conceptualizaciones utilizadas internacionalmente[290], en donde las "reservas marinas" normalmente ponen su énfasis en la protección del medio y de sus especies, en tanto los "parques marinos" permiten "el acceso del público como nota caracterizadora, así como otros usos siempre que no pongan en peligro el medio que se quiere proteger"[291].

---

un régimen especial de administración y explotación de los recursos hidrobiológicos.

[290] La UICN reserva el término "parque nacional" para las categorías de conservación de ecosistemas y turismo y el término "reserva" para la protección integral del área. Vid. UICN, *Directrices para las categorías de manejo de áreas protegidas*, Centro de Parques Nacionales y Áreas Protegidas (CPNAP)-Centro Mundial de Monitoreo de la Conservación (WCMC), UICN, Cambridge, 1995.

[291] ORTIZ GARCÍA, Mercedes. *La Conservación de la biodiversidad marina...*,op. cit. pág. 168.

Existen, por último, las *áreas marinas y costeras protegidas de uso múltiple* (AMCP-UM) que permiten una mayor flexibilidad para el desarrollo de diversas actividades económicas, establecidas con el "objeto de establecer una gestión ambiental integrada sobre la base de estudios e inventarios de sus recursos y una modalidad de conservación *in situ* de los ecosistemas y hábitat naturales, a fin de alcanzar objetivos específicos de conservación".[292] Estas áreas no cuentan con desarrollo normativo en nuestro derecho y sólo la Ley 19.300, a propósito de las competencias del Ministerio del medio Ambiente y del Consejo de Ministros las considera a efectos de establecer las potestades públicas para su creación y supervisión[293].

Las AMCP-UM son homologadas a las Área de Conservación de Múltiples Usos de la Ley SBAP.(art. 4 e) transitorio).

3. Humedales de importancia internacional (sitios RAMSAR)

La legislación forestal contempla y regula como figura de área protegida a los humedales que hayan sido declarados sitios prioritarios para la conservación de la biodiversidad y a los humedales declarados sitios RAMSAR (art. 17 de la Ley de Bosque Nativo). Ello a propósito de la normativa que debe proteger suelos, cuerpos y cursos de aguas naturales entre los que se considera a los humedales[294].

Se entenderá por humedales protegidos aquellos ecosistemas acuáticos incluidos en la Lista a que se refiere la Convención Relativa a las Zonas Húmedas de Importancia Internacional Especialmente como Hábitat de las Aves Acuáticas, promulgada mediante Decreto

---

[292] www.subpesca.cl
[293] Creadas al amparo del proyecto PNUD "Conservación de la Biodiversidad de Importancia Mundial a lo largo de la Costa Chilena", 2007-2011 y cuya fuente legal son los arts. 70 y 71 de la Ley 19.300. En tanto el proyecto de Ley del SBAP las incorpora definiéndolas en su art. 64 como "un área marina costera en la que existen especies, hábitats, ecosistemas o condiciones naturales y paisajísticas, asociadas a valores culturales o al uso tradicional y sustentable de los servicios ecosistémicos".
[294] Contenida en el Reglamento de Suelos, Aguas y Humedales, DS N° 82 de 20 de julio de 2010, publicado en el D.O, el 11 de febrero de 2011.

Supremo N° 771, de 1981, del Ministerio de Relaciones Exteriores, dispone expresamente el Reglamento del SEIA (art. 8). Ellos además de los declarados como sitios prioritarios de conservación y humedales urbanos por la autoridad ambiental, conforme establece la regulación respectiva. El resto de los humedales del país no son considerados como tales, al menos para efectos legales[295].

Según esta normativa, se prohíbe en los humedales declarados sitios Prioritarios de Conservación, o sitios Ramsar:

- La corta, destrucción, eliminación o menoscabo de su vegetación hidrófila nativa.

- La descarga de aguas de lavado de equipos, maquinarias y envases que hayan contenido sustancias químicas, desechos orgánicos, productos químicos, combustibles, residuos inorgánicos tales como cables, filtros, neumáticos, baterías.

- Su utilización como vía de tránsito de maquinarias y equipos que comprende a trineos, catangos y similares.

- El depósito de desechos de explotación.

- La corta de bosques nativos deberá dejar una faja de 10 metros de ancho, medidos en proyección horizontal a partir de sus límites, en la cual se podrá intervenir dejando una cobertura arbórea de a lo menos un 50%.

La ley SBAP prescribe que a los sitios Ramsar o humedales de importancia internacional que no se encuentren dentro de los deslindes de otra área protegida, el SBAP propondrá al Ministerio del Medio Ambiente la categoría aplicable a fin de que este último lo declare como tal (art. 37). Tratándose de aquellos sitios Ramsar o humedales de importancia internacional que se encuentren dentro de los deslindes de otra área protegida, se entenderá que éstos forman parte de dicha área y, por lo tanto, tienen la misma categoría de protección. En caso que el sitio Ramsar o humedal de importancia internacional sea de propiedad privada, se requerirá el consentimiento

---

[295] Cfr. Dictamen de la CGR N° 276 de 07/01/19.

del propietario para proceder a su afectación como área protegida. (art. 4 f) transitorio).

4. Bienes Nacionales Protegidos

La ley de bienes del Estado consagra en sus arts.19 y 56 y siguientes la posibilidad de destinar o conceder bienes fiscales o nacionales de uso público con fines de conservación ambiental. Si bien la ley no establece ni define propiamente una categoría de área protegida, otorga al Fisco la potestad de destinarlos a conservación mediante actos administrativos de diversa naturaleza, como la destinación[296], la concesión, la afectación o el arrendamiento.

Esta categoría es reconocida por algunos como AP denominándola "bienes nacionales protegidos".[297]

La ley SBAP establece que "en el caso de los bienes nacionales protegidos, se estará a lo dispuesto en sus respectivos decretos de creación" (art. 4 g) transitorio).

VI. ÁREAS PROTEGIDAS DE LA LEY SBAP QUE NO FORMAN PARTE DEL SNAP

Dentro de la Ley SBAP se consagran otras AP que antes sólo ostentaban algún otro tipo de protección oficial en la que el componente ambiental está presente[298], aunque no formen parte, en un sentido estricto, del SNAP. Así bajo el reconocimiento de la ley SBAP tenemos por ejemplo los "sitios prioritarios" de conservación, las "reservas de la biosfera" y los paisajes de conservación".

---

[296]   Mediante la destinación se asigna, a través del Ministerio, uno o más bienes del Estado a la institución que los solicita, con el objeto de que los emplee en el cumplimiento de sus fines propios.

[297]   PRAUS, Sergio y otros. *La Situación Jurídica de las Actuales Áreas Protegidas de Chile*. PROYECTO GEF-PNUD-MMA, Diciembre de 2011. Anexo III.

[298]   El Ordinario N° 130844 del Servicio de Evaluación Ambiental de 22 de mayo de 2013 uniforma criterios sobre áreas colocadas bajo protección oficial.

1. Reservas de la Biosfera

El concepto de reserva de biosfera fue instituido por UNESCO[299] en 1974, en el marco del Programa sobre el Hombre y la Biosfera que crea la Red Mundial de Reservas de Biosfera, categoría que si bien no cuenta con un cuerpo jurídico vinculante en el plano internacional, representa manifestación de voluntad y de buena fe internacional, que no puede ser desconocida y a la que han adscrito también algunas ASP nacionales por voluntad soberana y libre del Estado chileno. Entre ellas ostentan esta calidad las siguientes áreas:

- Lauca (Parque Nacional Lauca, Reserva Nacional las Vicuñas y Monumento natural Salar de Surire).

- La Campana-Peñuelas (Parque Nacional La Campana y Reserva Nacional Peñuelas)

- Parque Nacional Fray Jorge.

- Parque Nacional Juan Fernández.

- Parque Nacional Torres del Paine.

- Parque Nacional Laguna San Rafael.

- Araucarias (Parques Nacionales Conguillio, Huerquehue, Tolhuaca y Reservas Nacionales Alto Biobío, Malleco, Malalcahuello, Villarrica, Nalcas y China Muerta).

- Bosques Templados (Parque Nacional Villarrica, Puyehue, Vicente Pérez Rosales, Alerce Andino, Hornopirén, las Reservas Nacionales Mocho Choshuenco, Futaleufú y el ex Santuario de la Naturaleza Pumalín, hoy Parque Nacional.

- Cabo de Hornos (Parque Nacional Cabo de Hornos y Alberto de Agostini).

- Corredor Biológico Nevados de Chillán.

De acuerdo al "Marco Estatutario de la Red Mundial de Reservas de Biosfera"[300] de UNESCO las Reservas de Biosfera son zonas

---

[299]   Cfr. www.unesco.org

[300]   Art. 1 "Marco Estatutario de la Red Mundial de Reservas de Biosfera".

de ecosistemas terrestres o costeros/marinos, o una combinación
de los mismos, reconocidas en el plano internacional como tales en
el marco del Programa sobre el Hombre y la Biosfera (MAB) de la
UNESCO, de acuerdo con el presente Marco Estatutario.

Las reservas en su conjunto conforman lo que se denomina la
"Red Mundial de Reservas de Biosfera" la que "constituirá un instrumento para la conservación de la diversidad biológica y el uso sostenible de sus componentes, contribuyendo así a alcanzar los objetivos
del Convenio sobre la Diversidad Biológica y de otros acuerdos e instrumentos pertinentes"[301].

Chile ha reconocido y adscrito a este marco estatutario, así como
al programa de UNESCO a través de la creación del Comité Nacional
del Programa Científico denominado "EL Hombre y la Biosfera" en
1974[302], cuyas competencias se han atribuido a la Comisión Nacional
de Investigación científica y tecnológica (CONICYT). Es en consecuencia este órgano estatal el referente nacional sobre esta materia,
lo que representa una evidente falta de congruencia con lo que debieran ser las competencias armónicas y sistemática que debiera tener la autoridad ambiental.

Si bien tanto el Programa Científico como el instituto mismo de
las Reservas de la Biosfera tiene un carácter más bien ético y programático, dado que no emanan de una fuerte internacional de derecho como un tratado, resulta de trascendental importancia que a
través de ellos se haga referencia explícita al cumplimiento del Convenio sobre Biodiversidad y otros pertinentes, entre los que debemos
incluir necesariamente el Convenio de Washington y demás vinculados a la conservación ambiental. Esto es indicativo de la necesaria
complementariedad y relación entre las normas contenidas en unos
y otros, la que sin duda no pueden sino interpretarse armónica y
complementariamente.

De conformidad a la Ley SBAP la "Reserva de la Biósfera" es un
"área de ecosistemas terrestres, costeros o marinos, o una combina-

---

[301] Art. 2 "Marco Estatutario de la Red Mundial de Reservas de Biosfera".
[302] Decreto Nº 420 del Ministerio de Relaciones Exteriores de 2 de Julio de
         1974 publicado en el Diario Oficial el 6 de agosto de 1974.

ción de los mismos, reconocida internacionalmente en el marco del Programa del Hombre y la Biósfera de la Organización de las Naciones Unidas para la Educación, la Ciencia y la Cultura, UNESCO, como parte de la Red Mundial de Reservas de la Biósfera" (art. 3 N° 28)[303].

A contar de su reconocimiento jurídico interno las Reservas de la Biosfera dejan su condición ética y pasan a tener valor jurídico. Deberán contar con un "plan de gestión" que defina el uso sustentable de sus recursos naturales y la aplicación en ellas de instrumentos de conservación de la biodiversidad de la ley; serán objeto de la promoción de prácticas sustentables en ellas, lo que ciertamente eleva los estándares para la ejecución en ellas de actividades industriales, sin prohibirlas (art. 50); y no se podrá en ellas practicar la caza o captura de especies nativas, conforme a la Ley de Caza (art. 149 N° 3).

2. *Sitios Prioritarios para la Conservación*

La ley SBAP define "Sitio Prioritario" como "área de valor ecológico, terrestre o acuática, marina o continental identificado por su aporte a la representatividad ecosistémica, su singularidad ecológica o por constituir hábitats de especies amenazadas, priorizada para la conservación de su biodiversidad por el Servicio" (art. 3 N° 31).

Los "sitios prioritarios para la conservación de la biodiversidad" son aquellos que se han definido en los programas gubernamentales por la autoridad ambiental. Corresponden a lugares establecidos por su especial importancia y valor ambiental desde el punto de vista de su biodiversidad y que se encuentran proyectados como lugares merecedores de especial protección ambiental y que por carecer de regulación sólo orientan o indican las actividades que en ellos se pueden desarrollar, salvo en lo relativo al SEIA que los considera expresamente a efectos de evaluar la confección de un EIA.

Así la ley 19.300 les reconoce valor jurídico para los efectos de evaluar si un proyecto debe ingresar al SEIA mediante EIA. En efecto, si un proyecto o actividad deberá ser sometido al SEIA mediante

---

[303] Vid *supra* capítulo II.

un Estudio de Impacto Ambiental (EIA) cuando presente "Localización en o próxima a poblaciones, recursos y áreas protegidas, sitios prioritarios para la conservación, humedales protegidos y glaciares, susceptibles de ser afectados" (art. 11 letra d))[304].

Con la ley SBAP los sitios prioritarios serán categorizados "como tales", por DS del MMA, en el marco de la planificación ecológica que elabore el MMA bajo criterios técnico-científicos, los que podrán ser objeto de uno o más instrumentos para la conservación de la biodiversidad establecidos en la ley (art. 29).

Sin perjuicio de lo anterior, la ley SBAP estableció un conjunto de prohibiciones en sitios prioritarios:

– Alteración física de humedales que constituyan sitios prioritarios; (art. 41).

– Extraer tierra de hoja o turba; (art. 116).

– Capturar, herir o dar muerte a ejemplares de la fauna nativa; (art. 116).

– Destruir nidos, lugares de aposentamiento, reproducción o crianza o ejecutar acciones que interfieran o impidan el cumplimiento del ciclo de reproducción de las especies nativas (art. 116).

– Cortar o extraer ejemplares de especies nativas de plantas, algas, hongos o líquenes; (art. 116).

– Cazar o capturar especies, conforme a la ley de Caza (art. 149).

Las prohibiciones del art. 116 constituyen infracción cuando tales acciones produzcan cambios significativos en las características ecológicas del sitio.

La ley reenvió al reglamento la definición de los aludidos "cambios significativos"; sin embargo, agregó que se entenderá que las conductas referidas producen cambios significativos en las caracterís-

---

[304] Vid. Ord. D.E. N° 100143 de 15 de noviembre de 2010 del SEA que actualiza y complementa instructivo sobre "Sitios prioritarios para la conservación en el SEIA".

ticas ecológicas del sitio cuando se alteren las condiciones que hacen posible la presencia y desarrollo de las especies y ecosistemas.

Estas infracciones no procederán respecto de quienes ejecuten proyectos o actividades al interior del sitio prioritario en conformidad a la legislación aplicable —entiéndase con algún título o permiso habilitante— o a una resolución de calificación ambiental favorable.

La ley SBAP, finalmente, reconoció la existencia y valor legal de los sitios prioritarios para la conservación preexistentes, identificados en la Estrategia Nacional de Biodiversidad y en las Estrategias Regionales de Biodiversidad, los que "mantendrán sus efectos legales vigentes con anterioridad a la publicación de la presente ley" y agregando que el MMA, dentro del plazo de dos años contado desde la publicación señalada, dictará un DS para determinar los sitios prioritarios que "pasarán a regirse por los efectos de la presente ley". Es decir, debemos entender al respecto que las reglas serían las siguientes:

– Respecto de los sitios prioritarios creados al amparo de la ley SBAP: se crean como categoría propia sujeta a las prescripciones de la ley.

– Respecto de los sitios preexistentes a la ley SBAP: la autoridad deberá reconocerlos, respetando el valor legal que tenían al momento de dictarse la ley SBAP, o bien puede calificar cuales de ellos pasarán a regirse por los preceptos de la nueva ley, en cuyo caso podría acogerlos a cualquier instrumento de gestión de la biodiversidad establecido en la ley.

3. Paisajes de Conservación

Por medio de la ley SBAP se crea por primera vez en nuestro ordenamiento jurídico un tipo especial de AP destinada a la valoración y protección del paisaje que se define como "área que posee un patrimonio natural y valores culturales y paisajísticos asociados de especial interés regional o local para su conservación y que, en el marco de un acuerdo promovido por uno o más municipios, es gestionado a través de un acuerdo de adhesión voluntaria entre los miembros de la comunidad local" (art. 3 N° 20).

El paisaje puede ser definido como cualquier parte del territorio tal como la percibe la población, cuyo carácter sea el resultado de la acción y la interacción de factores naturales y/o humanos[305].

El paisaje es considerado doctrinariamente parte del concepto de medio ambiente y nuestra legislación aún cuando no hace una regulación sistemática del mismo, lo recoge por ejemplo dentro del SEIA como uno de los presupuestos relevantes a evaluar a efectos de la confección de un EIA (art. 11 letra e)[306]. Del mismo modo, es un elemento central en las ZOIT y también en la definición que la ley SBAP aporta para corredores biológicos.

Se trata por tanto de un AP de clara identificación local, por cuanto se constituye a iniciativa de uno o más municipios, aunque es el SBAP el que deberá darles reconocimiento mediante resolución. La ley además exige el consentimiento de quienes "adscriben" al paisaje de conservación mediante simple carta, quienes además tendrían un rol en la "gestión sustentable del área". Si bien la ley no es clara, lo que al parecer ha pretendido es otorgar mayor participación e incidencia ciudadana a nivel local tanto en la gestación como en la administración de estas áreas, de modo tal que habría que entender que la adscripción es el necesario respaldo ciudadano con que requiere contar el municipio para la solicitud de creación del área, particularmente de aquellos propietarios, poseedores o usuarios de los territorios que quedarían afectos a esta categoría, lo que no resulta baladí considerando que se trata de un AP que si bien no establece restricciones particulares de actividades o usos, queda sujeta a las restricciones generales establecidas en la ley para el SNAP y a las que surjan de su plan de manejo, donde la ley vuelve a reiterar el rol de quienes adscriban al paisaje de conservación, que a estos efectos resulta fundamental (art. 35).

En estas áreas, además, deberán promoverse las prácticas sustentables lo que eleva los estándares para el desarrollo de las ac-

---

[305]   Convenio Europeo del Paisaje. Art. 1.
[306]   Para una revisión sistemática de la regulación del paisaje vid. GALLEGUI-
        LLOS Alvear, Maria Victoria. Capítulo VI. Paisaje en ASTORGA Jorquera,
        Eduardo y otro. *Derecho Ambiental Chileno*. Parte Especial. Thomson Reuters,
        Santiago de Chile, 2021.

tividades que consideran o, según el caso, en ellas se desarrollen particularmente si ellas son de carácter industrial, y que bajo ciertas condiciones podría imposibilitar o restringir su ejecución si no se garantizan criterios de sostenibilidad, aunque sin prohibirlas, conforme se establezca en su plan de manejo.

VII. ÁREAS PROTEGIDAS SECTORIALES FUERA DEL SNAP

Fuera de la legislación marco del SBAP, aún como parte de la legislación sectorial de AP tenemos y sin que exista una enumeración taxativa al respecto, debemos considerar a lo menos las siguientes áreas bajo protección oficial:

– Los lugares declarados de interés histórico o científico para efectos mineros, del art. 17 N° 6 del Código de Minería;

– Los Distritos de Conservación de Suelos, Bosques y Agua, de la ley 18.378;

– Las Áreas de Protección Turística de la ley 18.378;

– Las Zonas de Interés Turístico (ZOIT), con fines ambientales, de la Ley de Turismo;

– Las Zonas Típicas o Pintorescas de la Ley 17.288;

– Las áreas aledañas a cursos de agua, manantiales y pendientes de la legislación forestal;

– Las áreas de protección de recursos de "valor natural", "parques", "áreas verdes", así como las otras áreas que sean reconocidas por su valor ambiental en cualquier instrumento de planificación territorial bajo la regulación de la legislación urbanística;

– Las Zonas o Áreas preferentes para la conservación definidas y declaradas en los decretos de Zonificación de Uso del Borde Costero;

– Las Áreas de Desarrollo Indígena, de la Ley Indígena;

- Las Zonas de prohibición de explotación y exploración de acuíferos: vegas, pajonales y bofedales, del C° de Aguas;

- Los Humedales protegidos de la Ley de humedales urbanos.

- Los espacios costeros marinos de los Pueblos Originarios (ECMPO) de la ley Lafkenche".

Estas áreas deben ser consideradas como parte de las "áreas colocadas bajo protección oficial" a que se refiere la ley 19.300 a efectos del SEIA y que superan los márgenes de lo que entendemos como "área natural" o "área protegida" en sentido ambiental (o estricto), incluyendo todas aquellas que cuentan con algún tipo de reconocimiento por parte de la autoridad administrativa a efectos de protección ambiental (en sentido lato), debiendo entenderse omnicomprensivo de todos aquellos territorios protegidos que no teniendo directa ni necesariamente fines ambientales han sido protegidos para determinados fines con incidencia ambiental. Se trata de AP a veces sin una mayor desarrollo jurídico ni regulación específica[307].

VIII. ORGANIZACIÓN Y COMPETENCIAS ADMINISTRATIVAS

El régimen jurídico ambiental chileno ha sido concebido como un sistema de competencias horizontales en donde, en una primera fase de su desarrollo existían tantas competencias ambientales como carteras o servicios existían, que luego morigeró dicho perfil hacia uno más vertical a través de la creación del Ministerio del Medio Ambiente en 2010 como autoridad coordinadora general de los órganos con competencias ambientales sectoriales[308].

---

[307]   Cfr. Art. 10 letra p) Ley 19300 que las considera presupuesto para ingresar al SEIA. Sin embargo, hay que tener presente Dictamen de CGR N° 17.865 de 17/05/17 en virtud del cual "no todo proyecto o actividad que se pretende ejecutar en un área que se encuentra bajo protección oficial debe necesariamente ser sometido al SEIA, sino sólo aquellos que resultan relevantes desde el punto de vista del impacto ambiental que puedan provocar".

[308]   A partir de la dictación de la ley 19.300 en el año 1994 se establece este sistema de competencias ambientales coordinadas horizontalmente en donde

No existe sólo una autoridad ambiental con competencias ambientales sino un conjunto aún heterogéneo de organismos que ejercen desde su propio ámbito de acción, funciones diversas sobre las diversas expresiones de recursos naturales, y que en materia de conservación de la biodiversidad, se ha centralizado a partir de 2023 en el Servicio de Biodiversidad y Áreas Protegidas, que será analizado más adelante.

1. Competencia ambiental general del Ministerio del Medio Ambiente

Por disposición de la Ley de Medio Ambiente N° 19.300 de 1994 se crea la Comisión Nacional del Medio Ambiente —CONAMA— como órgano del Estado encargado propiamente de las funciones ambientales generales del Estado chileno que hoy le ha sucedido legalmente en esas funciones el MMA[309].

En ese marco general de competencias ambientales, al MMA y sus órganos[310], les corresponde proponer políticas, planes, programas, normas y supervigilar el Sistema Nacional de Áreas Protegidas[311]. En tanto que a través del Consejo de Ministros para la Sustentabilidad le corresponde proponer al Presidente de la República las políticas para el manejo, uso y aprovechamiento sustentables de los recursos naturales renovables y pronunciarse sobre las propuestas de creación

---

CONAMA —hoy MMA— ostenta las funciones de coordinación ambiental. Con anterioridad a ella cada organismo ejercía de manera sectorial sus propias competencias ambientales sin que existieran, propiamente, las competencias ambientales como sector en sí mismo.

[309] Con anterioridad a 2010 existía CONAMA servicio público funcionalmente descentralizado, con personalidad jurídica y patrimonio propios, sometido a la supervigilancia del Presidente de la República a través del Ministerio Secretaria General de la Presidencia, según el art. 69 de la ley 19.300.

[310] Se integran a esta estructura un Consejo de Ministros para la Sustentabilidad encargado de las políticas públicas ambientales, que preside el MMA, un Comité de Ministros, encargado de resolver, en segunda instancia administrativa sobre la evaluación ambiental de proyectos, una Subsecretaría, Secretarías Regionales Ministeriales y Consejos Consultivos Nacional y Regionales.

[311] Art. 70 letra b) Ley 19.300.

de áreas protegidas del Estado que efectúe el Ministerio del Medio Ambiente[312].

Complementariamente, el Servicio de Evaluación Ambiental (SEA) administra el sistema de evaluación de impacto ambiental (SEIA), técnica implementada en el derecho chileno a contar de la vigencia del Reglamento del SEIA en el año 1997[313] y en virtud del cual todas las actividades y proyectos que señala la ley deben someterse a un procedimiento evaluador de sus impactos en el medio ambiente, entre ellos los proyectos o actividades que se ejecuten y afecten a una AP[314].

En efecto, de acuerdo al art. 10 letras e) y p) de la ley 19.300, todo proyecto susceptible de causar impacto ambiental, en cualesquiera de sus fases, deberá someterse al SEIA, si consiste en: "Aeropuertos, terminales de buses, camiones y ferrocarriles, vías férreas, estaciones de servicio, autopistas y los caminos públicos que puedan afectar *áreas protegidas*".

Luego se someten igualmente al SEIA la *"Ejecución de obras, programas o actividades en áreas que formen parte del Sistema Nacional de Áreas Protegidas, humedales urbanos y en otras áreas colocadas bajo protección oficial[315], en los casos en que la legislación respectiva lo permita"*.

El titular deberá presentar un Estudio de Impacto Ambiental —EIA— si su proyecto o actividad se localiza en o próxima a poblaciones, recursos y *áreas protegidas*, sitios prioritarios para la conservación, humedales protegidos y glaciares y áreas con valor para la observa-

---

[312]   Art. 71 letra a) y c) Ley 19.300.

[313]   Sobre la evaluación ambiental de proyectos en ENP en España Vid. LÓPEZ RAMÓN, Fernando. "Evaluación de impacto ambiental de proyectos del Estado" en *Revista de Administración Pública*, N° 160. Enero-abril de 2003, Madrid, 2003.

[314]   Sin embargo, alguna legislación sectorial preexistente al SEIA ya, curiosamente, contemplaba el EIA como instituto. Así, el art. 32 de la ley 18.362 de 1984 sobre el SNASPE.

[315]   Entre estas otras áreas contamos aquellas AP que hemos descrito fuera del SNAP.

ción astronómica con fines de investigación científica[316], susceptibles de ser afectados, así como el valor ambiental del territorio en que se pretende emplazar (art. 11 d)).

Con el Reglamento del SEIA vigente a partir de fines de 2013 "Se entenderá que el proyecto o actividad se localiza en o próxima a población, recursos y áreas protegidas, sitios prioritarios para la conservación, humedales protegidos, glaciares o a un territorio con valor ambiental, cuando éstas se encuentren en el área de influencia del proyecto o actividad". Con ello, quedaría en manos del titular del proyecto —que define su área de influencia— dicha determinación. Sin embargo, no hay que perder de vista que la determinación de la extensión, magnitud, duración e impacto de la obra en las proximidades de un área protegida constituye un aspecto técnico que debe ser analizado desde aquella perspectiva, según así lo ha establecido nuestra jurisprudencia[317].

2. *Competencia especial del Servicio de Biodiversidad y Áreas Protegidas*

El SBAP como ha sido la práctica habitual en el derecho administrativo al crear órganos con competencias propias o nuevas radicadas se crea como un servicio funcionalmente descentralizado, y desconcentrado territorialmente en todas las regiones del país, con personalidad jurídica y patrimonio propio, y sujeto a la supervigilancia del Presidente de la República a través del Ministerio del Medio Ambiente.

Su objeto general es la "conservación de la biodiversidad del país", objeto que se desagrega en la multiplicidad de competencias que se asignan por la ley en este ambicioso objeto donde con seguridad la función central es la administración, gestión y fiscalización del nuevo

---

[316] Áreas introducidas por reforma a la Ley 19.300 mediante Ley 21.162 promulgada el 1 de julio de 2019 y publicada en el D.O. el 16 de junio de 2019.

[317] Sentencia de la E. Corte Suprema de 5 de junio de 2019 dictada en causa Rol N° 10.477-2019 en caso sobre Santuario de la Naturaleza "Campo Dunar Punta de Concón".

sistema nacional de áreas protegidas (SNAP) trasladado íntegramente desde la administración de CONAF pero que además incluye las áreas y territorios marinos bajo protección trasladados desde las competencias de SERNAPESCA.

Al SBAP le corresponde (art. 5 letra b)):

- Gestionar el Sistema Nacional de Áreas Protegidas;
- Administrar las áreas protegidas del Estado;
- Supervisar la administración de las áreas protegidas privadas;
- Fiscalizar las actividades que se realicen en ellas.

Para la consecución de los fines del SNAP deberá contar con un "Plan Estratégico", instrumento de planificación general del "Sistema" que deberá contar con una serie de programas, revisiones y actualizaciones pero que es sólo un instrumento indicativo de la política ambiental sobre la biodiversidad (art. 55).

También el SBAP está investido de la facultad de crear, a nivel regional, "Comités público-privados", de carácter consultivos, con el fin de apoyar la gestión del SNAP, conformados por autoridades regionales, locales y jefes de servicios públicos; propietarios o administradores de APP; representantes del sector académico y de organizaciones no gubernamentales; representantes de comunidades locales e indígenas; y representantes del sector productivo (art. 55).

Con todo, las funciones y atribuciones del SBAP relacionadas al SNAP tienen una vacancia legal de tres años, contados desde su entrada en funcionamiento respecto de las categorías Parque Nacional, Reserva Nacional y Monumento Natural (art. 9 transitorio). La pregunta que cabe formularse es si dicha vacancia rige sólo para las categorías que tenían dicha calidad previa a la vigencia de la ley —en cuyo caso, por ejemplo, Reservas Forestales o Áreas Marinas Protegidas pasan de inmediato a la tutela del SBAP—; o rige para todas aquellas categorías que se homologan a ellas. A juicio nuestro, entendiendo el espíritu del legislador, habría que pensar que se quiso pensar en esta última hipótesis.

3. Guardaparques

Con un reconocimiento institucional por primera vez en la ley se instituye el "Cuerpo de Guardaparques", autoridad competente para el manejo y fiscalización de las áreas protegidas del Estado (art. 75). Sin perjuicio de ello, la ley entrega la posibilidad de ejercer estas facultades de fiscalización en APP a requerimiento de su administrador (art. 77). Sin embargo, no todos los guardaparques tendrán la función de fiscalización sino aquellos que designe el Director Nacional del SBAP y cumplan los requisitos que establece la ley.

En las áreas protegidas los guardaparques tendrán las siguientes funciones:

a) Apoyar el proceso de elaboración del plan de manejo y plan de uso público del área, así como su aplicación.

b) Instruir y exigir a los visitantes el cumplimiento de las normas, usos y restricciones establecidas en la ley y en el respectivo plan de manejo.

c) Monitorear el estado de la biodiversidad del área y de sus componentes, así como registrar datos.

d) Informar y educar a los visitantes y a la comunidad local acerca de los valores ecológicos, patrimoniales, culturales y paisajísticos del área y los servicios ecosistémicos que ella provee.

e) Gestionar las acciones de mantención sobre los bienes que no sean objeto de una concesión.

f) Controlar y fiscalizar las actividades que se desarrollen al interior del área, en lo pertinente.

g) Controlar y fiscalizar el adecuado cumplimiento de las obligaciones de concesionarios, cesionarios de uso y titulares de permisos o convenios de gestión que operen al interior del área.

h) Entregar copia del acta de fiscalización a presuntos infractores. A este respecto los guardaparques son ministros de fe respecto de los hechos constitutivos de infracciones a la presente ley, siempre que se constaten en el ejercicio de sus funciones y que consten en la respectiva acta de fiscalización.

168 LORENZO SOTO OYARZÚN

i) Desarrollar acciones de vinculación con la comunidad local para facilitar el acceso a los beneficios de las áreas protegidas.

4. Competencias sectoriales de otros servicios

La CONAF es una corporación de derecho privado[318] a la que el Estado le ha asignado las competencias públicas sobre las actividades y materias forestales, incluyendo, hasta la dictación de la Ley SBAP, la administración de los espacios o áreas protegidas que integraban el antiguo SNASPE creado al amparo de la Ley 18.362.

La CONAF constituye un híbrido del derecho administrativo que comparte una naturaleza jurídica de derecho privado con una de derecho público, a la espera de la creación del servicio nacional forestal[319].

No obstante ello, no se discute que la CONAF cumple funciones públicas en el ámbito forestal y que es la institución encargada —como se infiere del estudio de los distintos cuerpos legales— de la tuición, protección y fomento de los recursos forestales y de parte importante de los recursos naturales del país[320].

Desde luego, la Ley de Bosques en su art. 10 mantiene en CONAF un amplio ámbito de la potestad administradora sobre las "Reservas Forestales", la que con la finalidad de obtener un mejor aprovechamiento de éstas podrá:

a) celebrar toda clase de actos y contratos que afecten a sus bienes;

---

[318] La actual CONAF se rige por sus propios estatutos de derecho privado contenidos en DS N° 728 de 5 de mayo de 1970, N° 455 de 19 de abril de 1973 y N° 733 de 27 de julio de 1983 todos del Ministerio de Justicia.

[319] Fue creada como tal servicio público por Ley 18.348 la que al igual que la Ley 18.362 tampoco nunca entró en vigencia, teniendo por objeto "la conservación, protección, incremento, manejo y aprovechamiento de los recursos naturales renovables del País".

[320] Sobre estos últimos comparte competencias con instituciones como el SAG y el SERNAPESCA.

b) ejecutar los actos que sean necesarios para lograr esa finalidad; y,

c) establecer y cobrar derechos y tarifas por el acceso de público y por la pesca y caza en los lugares ubicados dentro de éstos.

Además, todas las actividades de corta de bosques, naturales o artificiales, se encuentren situados o no en una AP, requieren de la aprobación de un plan de manejo otorgado por la CONAF[321].

Asimismo, mantiene facultades que no fueron concordadas por la Ley SBAP, para otorgar concesiones sobre bosques fiscales "cualesquiera que ellos sean" (art. 14 Ley de Bosques) con lo que, desde diversos aspectos, sus competencias se comparten y en algunos aspectos se superponen con las del SBAP.

Se debe puntualizar además que el artículo 36 de la ley 19.300 indica que "Formarán parte de las áreas protegidas mencionadas en los artículos anteriores, las porciones de mar, terrenos de playa, playas de mar, lagos, lagunas, embalses, cursos de agua, pantanos y otros humedales, situados dentro de su perímetro", agregando luego que "Sobre estas áreas protegidas mantendrán sus facultades los demás organismos públicos, en lo que les corresponda". de modo tal que la disposición reafirma la competencia de CONAF particularmente sobre sus potestades forestales[322].

Tenemos entonces que si bien CONAF ha perdido la administración y tuición de las áreas que forman parte del SNAP, conserva cierto tipo de potestades sectoriales, por ejemplo, sobre las reservas forestales que lamentablemente la Ley SBAP no despejo con toda claridad. Así, conserva las potestades para controlar y sancionar la explotación y uso indebido e ilegal de maderas cuando existan antecedentes fundados de que provienen de terrenos o bosques fiscales, de

---

[321] Art. 5 Ley de Bosques en relación al DL 701 y Ley 20.283.
[322] Vid. Dictamen N° 18.396 de la Contraloría General de la República de 1994 que zanja la competencia entre la autoridad forestal —CONAF— y la autoridad marítima —Subsecretaría de Marina— a propósito de la ocupación y ejecución de obras de infraestructura y equipamiento ejecutadas en el Puerto Gaviota, en terrenos del Parque Nacional Isla Magdalena.

reservas forestales o de áreas protegidas y de que han sido explotados ilegalmente (art. 6 DFL 15 del MINAGRI de 1968)[323].

Súmese a ello, por ejemplo, que la Ley Indígena N° 19.253 de 1993 señala en su art. 35 que "En la administración de las áreas silvestres protegidas, ubicadas en las áreas de desarrollo indígena, se considerará la participación de las comunidades ahí existentes. La Corporación Nacional Forestal o el Servicio Agrícola y Ganadero y la Corporación[324], de común acuerdo, determinarán en cada caso la forma y alcance de la participación sobre los derechos de uso que en aquellas áreas corresponda a las Comunidades Indígenas"., conservando así atribuciones expresas de CONAF sobre la gestión de AP que la Ley SBAP obvió y no concordó debidamente. En efecto, el art. 68 de esta última consagró una norma sobre "Participación en la gestión de las áreas protegidas del Estado" señalando que "Para la gestión de las áreas protegidas del Estado, el Servicio podrá celebrar convenios de gestión con autoridades u organizaciones locales, asociaciones o comunidades indígenas a que se refiere la ley N° 19.253, que establece normas sobre protección, fomento y desarrollo de los indígenas, y crea la Corporación Nacional de Desarrollo Indígena, u otras organizaciones", disposición que podría considerarse antinómica con la primera.

Luego, el Servicio Nacional de Pesca (SERNAPESCA)[325] es el órgano encargado de la tuición y administración de las "áreas marinas protegidas" (AMP): "parques y reservas marinas"[326], que pasan luego de un proceso de transición al SBAP aunque en dicho proceso las reservas marinas podrían recalificarse como "reserva de interés pesquero" manteniéndose en SERNAPESCA (art. 5 a) transitorio).

---

[323]   Texto en su versión modificada por el art. 3 de la Ley 21.488 sobre sustracción de maderas, promulgada el 20 de septiembre de 2022 y publicada en el D.O el 27 de septiembre de 2022.

[324]   Corporación de Desarrollo Indígena —CONADI—.

[325]   Organismo del Estado con competencia sectorial en materia pesquera dependiente del Ministerio de Economía.

[326]   Sin perjuicio, además, de sus facultades fiscalizadoras como veremos más adelante.

El Consejo de Monumentos Nacionales (CMN)[327], encargado de la tuición, custodia y protección de los Monumentos Nacionales, y de los que forma parte la categoría "Santuario de la Naturaleza".[328], que también pasarían al SBAP luego de un proceso de homologación, aunque aquí se requiere del consentimiento del dueño —para el caso de Santuarios sobre propiedad privada— generándose el problema de qué pasa si el dueño niega dicho consentimiento. La ley SBAP indica que el MMA determinará a qué categoría deberá adscribirse (de las del SNAP), lo cual deberá basarse en el decreto supremo de creación del respectivo santuario de la naturaleza, en su objeto de protección y en el plan de manejo. Sin embargo, ello no estará exento de problemas por el régimen regulatorio al que quedará afecto el Santuario, mucho más gravoso que el régimen fuera del SNAP (art. 5 b) transitorio).

Del mismo modo la Subsecretaria de Turismo y el Comité de Ministros del Turismo (Ley 20.423) que contaba con competencias en este ámbito para los efectos de otorgar concesiones de turismo en AP las traspasa ahora al SBAP. Sin embargo, conserva sus potestades para la declaratoria de las ZOIT que también son AP.

IX. DERECHO DE PROPIEDAD Y ÁREAS PROTEGIDAS

Por regla general las AP pertenecientes al SNAP se constituyen sobre propiedad pública[329] que normalmente se encuentra inscrita a nombre del Fisco de Chile. Así estas corresponden a lo que doctrinariamente se denomina *demanio*[330], o dominio público del Estado cuyo uso y goce pertenece a todas las habitantes de la República como lo

---

[327] Organismo del Estado con competencia sectorial en materia de monumentos nacionales, dependiente del Ministerio de Educación.

[328] Arts.1 y 31 Ley 17.288.

[329] A excepción de algunas categorías que, como los Santuarios de la Naturaleza, pueden situarse en terrenos privados.

[330] Sobre los orígenes e independencia del dominio público respecto de la propiedad privada, como institución autónoma regida por el Derecho Público, vid. MONTT OYARZUN, Santiago. *El Dominio Público, op. cit.*

establece el Código Civil, la Convención de Washington y así ha sido declarado por la Ley de Bosques y el DL 1939.

Se trata de bienes representativos de porciones de la naturaleza, asimilables a los bienes que el legislador civil le ha dado el carácter de bienes nacionales de uso público, como las playas, el mar, etc. si su uso corresponde generalmente a los integrantes de la Nación; así, y en tanto exista el derecho de uso sobre ellas, no cabe sino concluir que aquellas tendrán, por regla general, este último carácter, es decir, el de bienes nacionales de uso público, sujetos al control superior del Ministerio de Bienes Nacionales[331] que podríamos entender como una suerte de supervigilancia, quedando derechamente la administración y gestión del área en manos del SBAP (art. 5 letra b)).

Más aún podríamos denominarlo con toda propiedad siguiendo a RAMÓN MARTIN MATEO como dominio público natural como aquel "que desde sus origines se conecta con los sistemas naturales básicos de utilización colectiva"[332].

De otra parte, el Código Civil ya se refería a este tipo de "cosas comunes" en su art. 585 al establecer que: *"Las cosas que la naturaleza ha hecho comunes a todos los hombres, como la alta mar, no son susceptibles de dominio, y ninguna nación, corporación o individuo tiene derecho de apropiárselas"*. Este artículo, innovador para su época, contiene el principio protector de las AP, en cuanto áreas integradoras de bienes o recursos comunes a todos los hombres, representativos de naturaleza o ecosistemas ajenos a toda pertenencia o acto apropiatorio privado. Incluso, los territorios que no presenten estas características y que no tengan un dueño en los términos del dominio que exige la ley civil —léase propiedad privada inscrita para el caso de los inmuebles— son bienes del Estado conforme al art. 590 de nuestro Código Civil.

Dentro de la nomenclatura del dominio público o propiedad pública, estatal o nacional, las AP del Estado corresponden a aquellos cuyo uso pertenece a todos los habitantes de la Nación definidos por

---

[331]   Art. 1 DL 1.939.
[332]   MARTÍN MATEO, Ramón, *Manuel de Derecho Administrativo*. TRIVIUM, 21°Edición, 2002, pág. 569.

el Código Civil como *bienes nacionales de uso público* (art. 589), en contraposición a aquellos cuyo uso y disfrute no corresponde a todos.

Razonable por lo demás es que así sea ya que las mayores expresiones de la naturaleza deben permanecer en la esfera del dominio público para el disfrute del colectivo como lo señala la Convención de Washington.

Estos principios constitucionales y civiles se encuentran refrendados en la legislación forestal y sobre áreas protegidas que establecen que no puede haber en nuestro ordenamiento jurídico constitución de propiedad privada sobre un Parque Nacional o Reserva Forestal. Sólo los terrenos fiscales pueden ser AP del Estado o a la inversa sólo puede constituirse una AP estatal en un terreno fiscal o bien, en uno que haya sido comprado o expropiado a favor del Fisco[333].

El dominio en consecuencia corresponde al Estado, en cuanto complejo de órganos y servicios personificados de Derecho Público, quien ha delegado en el SBAP, de acuerdo a la ley, la facultad de su administración.

Así se deriva por lo demás de la definición de "Área protegida del Estado" de la ley SBAP que la define como "área protegida creada en espacios de propiedad fiscal o en bienes nacionales de uso público, incluyendo la zona económica exclusiva" (art. 3 N° 3).

Sin perjuicio de lo antes señalado, la ley SBAP contempla figuras que recaen o pueden recaer sobre propiedad privada o especial, como es el caso de los santuarios de la naturaleza, las áreas de conservación para pueblos indígenas, los humedales y desde luego las APP —que serán objeto de análisis particular—, además de los numerosos conflictos jurídicos existentes en la actualidad entre particulares[334] o comunidades indígenas que reivindican propiedad

---

[333]   Sin perjuicio de las reivindicaciones de tierras que existen en algunos casos por parte de comunidades indígenas como ocurre con el Parque Nacional Lauca, Monumento Natural Salar de Surire, Reserva Nacional Los Flamencos y en el caso de particulares en el caso del Parque Nacional La Campana.

[334]   Así por ejemplo, mediante Dictamen N° 6739 de 11 de febrero de 2009 la Contraloría estableció que "no resulta procedente que terrenos que forman parte del parque nacional de que se trata (La Campana), mantengan

privada o ancestral o derechos de uso o aprovechamiento exclusivos sobre territorios declarados por el Estado en categoría de Parques u otras, fruto del descuido y la falta de consideración del Estado hacia quienes exhibían títulos o reivindicaciones de tierras a la época de establecimiento de la AP[335].Dichos conflictos dejan en evidencia la contrariedad existente en Chile entre propiedad privada y propiedad pública estatal sobre las AP, cuestión que no ha sido zanjada legislativamente.

En esta materia resulta interesante la jurisprudencia emanada de la Contraloría que indica que "la declaración de humedales urbanos tiene por objeto proteger estos entornos, garantizando su sustentabilidad, de lo que se sigue que su declaratoria es independiente de la naturaleza del terreno donde se emplacen, el cual puede ser de naturaleza privado, municipal, fiscal o tratarse de bien nacional de uso público".[336]

Elementos que incluye la propiedad sobre un AP

El dominio de los AP del Estado bajo la legislación chilena es un dominio público o *demanio* distinto del dominio privado, con características radicalmente opuestas a este último, por cuanto se trate de

---

tal condición en el evento que llegaren a ser regularizados en favor de la comunidad mencionada en el párrafo precedente, ya que en conformidad con lo establecido en los artículos 15 y 21 del decreto ley N° 1.939 de 1977 y en el artículo 10° de la Ley de Bosques, la calidad de parque nacional sólo puede recaer sobre terrenos de propiedad fiscal y, por otra parte, únicamente pueden destinarse o concederse en uso a organismos del Estado o a personas jurídicas regidas por el Título XXXIII del libro 1 del Código Civil, para finalidades de conservación y protección del medio ambiente, carácter que no reviste la Comunidad Mariana Osorio-Granizo de Olmué, en proceso de constitución al amparo de una normativa distinta como lo es el decreto con fuerza de ley N° 5 de 1967, del Ministerio de Agricultura, y para los fines que establece esa preceptiva".

[335]   Para una sintética revisión de este tipo de problemas jurídicos véase PRAUS, Sergio y otros. *La Situación Jurídica de las Actuales Áreas Protegidas de Chile. Creación de un Sistema Nacional Integral de Áreas Protegidas para Chile.* PROYECTO GEF-PNUD-MMA, Diciembre de 2011. pág. 136 y siguientes.

[336]   Dictamen N° 381858, de 17 de agosto de 2023.

bienes cuya razón de ser es el encontrarse afecto a un fin, cual es la satisfacción de las necesidades públicas que derivan de la institución.

Este dominio público recae sobre un bien inmueble afecto a fines de bien y servicio público y en cuanto tal, comprende todo aquello propio de cualquier inmueble conforme a las reglas generales de la "teoría civilista de los bienes"[337], esto es, el suelo, el espacio situado sobre él, las cosas y bienes que sobre él existan, habiten o crezcan como árboles y sus frutos, y el subsuelo y sus frutos y productos como raíces o minerales, sin perjuicio del establecimiento de derechos especiales que por ficción legal pueden constituirse tales como:

- La constitución de derecho de propiedad sobre el vuelo del predio.

- La constitución de derechos de aprovechamiento de aguas.

- La constitución de una concesión minera sobre los productos minerales que contiene el predio u otras de tipo sectorial, en la medida que el AP sea compatible con ellas.

- La constitución de derechos sobre otros productos o cosas los inmuebles que se reputan muebles para los referidos derechos sobre ellos.

Así lo establece el Código Civil que señala: *"Los productos de los inmuebles, y las cosas accesorias a ellos, como las yerbas de un campo, la madera y fruto de los árboles, los animales de un vivar, se reputan muebles, aun antes de su separación, para el efecto de constituir un derecho sobre dichos productos o cosas a otra persona que el dueño. Lo mismo se aplica a la tierra o arena de un suelo, a los metales de una mina, y a las piedras de una cantera"* (art. 571).

La norma entonces no hace otra cosa que refrendar el dominio que tiene el dueño del predio o inmueble sobre sus productos y frutos, se encuentren en la superficie o en el subsuelo, los que para efectos de los actos jurídicos que puedan constituirse sobre ellos son reputados muebles, conocidos doctrinariamente como muebles por anticipación.

---

[337] Cfr. PEÑAILILLO AREVALO, Daniel. *Los Bienes. La propiedad y otros derechos reales.* Editorial Jurídica de Chile. 3ª Edición, Santiago de Chile, 2004.

Llevando estos principios generales al ámbito de las áreas protegidas se debe señalar entonces lo siguiente:

– La propiedad privada común sobre un bien raíz es objeto de cualquiera de estas ficciones: es en principio plena, aunque puede por un acto convencional o legal, ser restringida o limitada por ejemplo a través de un usufructo, una servidumbre, una concesión administrativa, etc.

– La propiedad o dominio público sobre un AP estatal, que necesariamente recae sobre un bien raíz[338], en cambio, goza de un estatuto especial de derecho público[339] que impide por aplicación del "principio de preservación" que en ellos se contiene, constituir cualquier acto o ejercer cualquier actividad que sea contraria a los fines y normas imperativas que los rigen y protegen.

Así tanto la propiedad privada como las actividades o proyectos que pretendieran desarrollarse en estos territorios deberán ceder sus legítimas y lícitas aspiraciones por la limitación constitucional al dominio que deriva de su función social y que comprende la preservación ambiental[340].

Asimismo, los privados y el propio Estado se encuentran impedidos de interferir en la esfera de protección de que gozan los bienes comprendidos en el dominio público por cuanto éstos están "afectos" con exclusividad y excluyentemente a fines de servicio público, regidos por el Derecho Público Administrativo, y que sólo puede ser alterado por los mecanismos y procedimientos legales que el propio ordenamiento jurídico contempla, entre ellos la desafectación.

---

[338] Recordemos que la Convención de Washington habla de regiones a diferencia de los Monumentos naturales que pueden ser objetos o especies.

[339] Art. 19 N° 8, 23, 24 complementado por las regulaciones sectoriales y los tratados internacionales.

[340] Para un análisis del conflicto entre propiedad privada y Parques Vid. BREWER-CARIAS, Allan R".La propiedad privada y el régimen de los Parques Nacionales en Venezuela" en RUIZ-RICO RUIZ, Gerardo (coordinador), op.cit.

X. AFECTACIÓN Y DESAFECTACIÓN DE ÁREAS PROTEGIDAS

La afectación/desafectación es una institución del Derecho Administrativo en virtud de la cual se declara y extingue respectivamente, la condición jurídica de un predio o bien sujeto al cumplimiento de funciones colectivas o públicas.

De acuerdo a la doctrina *iusadministrativista* "la desafectación es el reverso de la afectación, en virtud del cual se priva a un bien de un destino determinado al que estaba vinculado".[341]

La ley SBAP se hizo cargo del régimen aplicable a la afectación y desafectación de las AP, antes desregulado. Así pues, las AP pertenecientes al SNAP tienen su fuente formal de creación en un DS del MMA[342]. Sin embargo, hoy ello debe estar precedido de un informe técnico del SBAP, de un proceso de consulta pública y de la aprobación del Consejo de Ministros para la Sustentabilidad, vía reglamentaria que, por regla general, también es utilizada para la modificación o extinción del área protegida. Junto a ello se ha agregado para la creación de una AP, la iniciativa de una "persona o comunidad interesada" —en el sentido amplio de la palabra pudiendo incluir todo tipo de organizaciones—, lo que resulta especialmente relevante en aquellas AP de intereses especiales como aquellas de carácter indígena.

Respecto a las etapas de participación pública esta es considerada para la afectación como la desafectación e incluye:

– Etapa de participación ciudadana.

– Consulta a los gobiernos regionales y municipalidades pertinentes.

---

[341] MONTT OYARZUN, Santiago. *El Dominio Público*, Edit. Cono Sur, pág. 168

[342] En otros ordenamientos jurídicos como el español "...la Ley de Espacios Naturales Protegidos de 2 de mayo de 1989 parte de la reserva a la Ley no sólo de la normativa básica en la materia, sino también de la creación de los Parques Nacionales concretos". MARTÍN MATEO, Ramón. *Tratado de Derecho Ambiental...,*op.cit., pág. 352.

- Consulta indígena a los pueblos susceptibles de ser afectadas directamente, conforme al Convenio 169 OIT, esto es, para aquellos casos que procediere.

- Pronunciamiento favorable del Consejo de Ministros para la Sustentabilidad y el Cambio Climático.

La denominación jurídica normalmente utilizada para referirse a la declaración de una AP es la de "afectación", reservando el concepto "desafectación" para la acción estatal de extinción o pérdida, del todo o parte, de la calidad de AP[343].

En el caso de AP terrestres que recaigan sobre bienes fiscales se requiere además la firma del Ministro de Bienes Nacionales. En tanto, cuando comprendan porciones de mar, río o lago, bajo control de órganos del Ministerio de Defensa se requiere la firma de su Ministro.

La desafectación constituye el acto jurídico de derecho público por el cual la autoridad cambia o muda la condición jurídica de un área o bien determinado por otra.

Para la ejecución de un acto de esta naturaleza lógicamente hay que seguir un procedimiento administrativo reglado, que en el caso de Chile, hay que distinguir:

De acuerdo al artículo 11 de la Ley de Bosques sólo por ley puede procederse a la desafectación de un Parque Nacional o de una Reserva Forestal. Esta regla se mantiene en la Ley SBAP para los Parques Nacionales, en concordancia con la Convención de Washington, sin embargo, no fue mantenida para las Reservas Forestales, pero sí se hizo extensiva para las Reservas de Región Virgen tal vez por su condición de inviolabilidad.

Sin embargo, es necesario agregar que la Ley SBAP modificó el artículo 21 del DL 1.939 sobre Bienes del Estado, estableciendo que

---

[343] La afectación y desafectación no cuentan, en el derecho chileno, con un tratamiento normativo particular. Desde el punto de vista del derecho administrativo constituyen actos jurídicos unilaterales de la Administración en virtud de los cuales el status de una determinada propiedad es cambiado para el cumplimiento de determinados fines.

"Los predios que hubieren sido declarados como áreas protegidas del Estado, conforme a la legislación respectiva, no podrán ser destinados a otro objeto ni perderán esa calidad sino en la forma establecida en la Ley que crea el Servicio de Biodiversidad y Áreas Protegidas".

La Ley SBAP establece que las áreas protegidas que se creen sólo perderán su calidad de tal en virtud de un decreto supremo fundado, siguiendo el mismo procedimiento que para la afectación (art. 66) Conforme a ello habría que entender que las reservas forestales se desafectan de esta forma no obstante la pervivencia del art. 11 de la Ley de Bosques que el legislador del SBAP olvidó derogar, por aplicación de la regla de derogación tácita de la ley posterior.

Respecto a las demás categorías del SNAP se aplica el procedimiento general de la afectación con ciertas limitaciones y modificaciones (art. 66):

- Informe favorable del Comité Científico Asesor del SBAP (art. 9).

- Excepcionalidad.

- No detrimento a los objetivos del SNAP.

- Se deberá mantener la superficie y representatividad ecológica del SNAP.

- No afectación del principio de no regresión. (art. 2 c))

En cuanto a AMP ellas pasan a la competencia del SBAP pero aquellas reservas marinas que sean recategorizadas como "reservas de interés pesquero" son constituidas por DS del Ministerio de Economía, con informe técnico de la Subsecretaría de Pesca y comunicación previa al Comité Científico Técnico.

Bajo la legislación chilena los territorios marítimos y las aguas, en general, no son susceptibles de dominio privado, de tal suerte que no es aplicable a este respecto la institución de las APP, y por tanto no es posible técnicamente concebir en nuestro derecho una AP marina de propiedad privada[344].

---

[344] Conforme al Código Civil (arts. 589 y siguientes) y al Código de Aguas (art. 5) sólo existe el derecho de aprovechamiento privado sobre las aguas y el dominio pleno del Estado sobre las aguas marítimas.

Si bien "...la ley no fue elaborada pensando en otorgar a este sector la iniciativa de creación, administración y protección de Parques y Reservas Marinas".[345], la ley SBAP contempló la posibilidad de formular "iniciativas privadas de conservación marina" (art. 34).

XI. RÉGIMEN DE GESTIÓN Y USOS

La determinación del régimen de gestión y usos del SNAP es una materia tradicionalmente desregulada que ha debido asumir la Ley SBAP. Si de algún modo pudiéramos hablar de gestión tradicionalmente nos referimos a la superada técnica de reglamentar actividades permitidas, restringidas o prohibidas en un AP por medio de planes de manejo desregulados. La "reglamentación", ha sido la técnica tradicionalmente empleada en la legislación chilena, no obstante su desventaja en cuanto a su uniformidad que no distingue necesidades de gestión diferenciadas y adaptativas de acuerdo al espacio, al tiempo o a otras variables, visión que ha sido reemplazada hoy por la "planificación" diferenciada y a distintas escalas y según los "objetos de protección" de las AP[346],enfoque asumido por la Ley SBAP, a partir de lo cual se establecerán las limitaciones que se deben establecer, el régimen de protección y restauración de sus recursos, la zonificación de actividades, incluidas las de aprovechamiento y uso a través de inversiones focalizadas en los casos en que ello esté permitido, entre muchos otros aspectos[347].

De otra parte, la gestión privada, entendida como aquellas actividades organizadas de intervención del área, que se les permite desarrollar a los particulares en virtud de algún título (concesión,

---

[345]   CODEFF. *Las áreas silvestres protegidas privadas en Chile...*,op.cit., pág. 18.
[346]   Así, por ejemplo, la mayor parte de los ENP de España cuentan con los denominados "Planes de ordenamiento de los recursos naturales" y "Planes rectores de uso y gestión". Vid. Ley estatal 42/2007 y en particular la ley 12/1994 de la Comunidad Autónoma de las Islas Canarias.
[347]   Cfr. LÓPEZ RAMÓN, Fernando. *La Conservación de la Naturaleza...*, op. cit., en particular su capítulo IV.

permiso, autorización, contratos privados), son aún escasas particularmente en el plano regulatorio[348].

El responsable de la gestión del SNAP es su administrador: el SBAP, quien contará a su vez con un administrador —funcionario del SBAP— de una o más AP's, que por sí o a través de terceros, y mediante "convenios de gestión", ejecutará o encomendará las diversas acciones de gestión, a través de planes de manejo, contratos, concesiones, permisos u otros instrumentos (art. 67).

Los convenios de gestión para las AP podrán celebrarse con autoridades u organizaciones locales, asociaciones o comunidades indígenas, convenios que deberán cumplir con los requisitos que establece la ley (art. 68). En el caso de particulares el mecanismo de gestión serían los contratos, concesiones, permisos o cesiones de uso que autoriza la ley.

La ley SBAP orienta el régimen de gestión del SNAP cuando señala que éste se gestionará de manera eficaz, integral y equitativa, bajo diversas categorías de protección, considerando mecanismos de participación ciudadana, así como estrategias e instrumentos de gestión y de financiamiento, para contribuir al cumplimiento de los objetivos de conservación de la biodiversidad y del patrimonio natural y cultural del país vinculado a ésta (art. 53).

1. *Prohibición y Restricción de actividades*

En general, existen fuertes limitaciones para la ejecución de actividades en áreas protegidas, permitiéndose, labores de recreación, investigación o educación y en algunos casos excepcionales, labores productivas o extractivas. El principio general y rector en la legislación nacional a partir de la ley SBAP es que el marco regulatorio del área protegida, tanto para su adecuada gestión como para la definición de actividades permitidas y prohibidas en su interior es el "plan de manejo" (art. 71). Sin embargo, más allá de lo que este instrumento diga, sobre él se encuentran principios y objetivos que siempre

---

[348] Cfr. CHACÓN, Carlos Manuel. *Servidumbres ecológicas. El propietario privado contribuyendo al desarrollo sostenible.* CEDARENA. 1998.

deben respetarse, tales como los fines y principios de conservación de la ley (art. 1 y 2) del sistema SNAP (art. 54) y los objetos de protección de cada categoría en particular. Si bien el criterio de descifrar el objeto u objetivo no siempre es del todo claro, a partir de aquellos la propia ley se encarga de admitir un abanico de actividades que van desde el turismo, la recreación, la educación o investigación, hasta el uso o aprovechamiento sustentable de sus recursos naturales.

Con todo, la ley SBAP, siguiendo el criterio de la vieja ley del SNASPE, listó prohibiciones generales aplicable en todas las categorías del SNAP (art. 108), a saber:

a) Remover o extraer tierra de hoja, turba, leña, rocas, arena o ripio.

b) Intimidar, alimentar, cazar, pescar, capturar, extraer, maltratar, herir o dar muerte a ejemplares de la fauna nativa.

c) Destruir nidos, lugares de aposentamiento, reproducción o crianza o ejecutar acciones que interfieran o impidan el cumplimiento del ciclo de reproducción de las especies nativas.

d) Cortar o descepar ejemplares de plantas, algas, hongos o líquenes.

e) Recolectar huevos, semillas, flores o frutos.

f) Introducir ejemplares de especies nativas o exóticas y especies transgénicas, polen, semillas o propágulos transgénicos. Constituyen áreas libre de transgénicos (art. 107).

g) Introducir ganado u otros animales domésticos.

h) Provocar contaminación acústica, lumínica o atmosférica.

i) Liberar, vaciar o depositar residuos en lugares no habilitados para el efecto.

j) Liberar, vaciar o depositar sustancias peligrosas en los sistemas hídricos o en el suelo.

k) Alterar las condiciones de un área protegida o de los componentes propios de ésta mediante ocupación, aradura, corta, arranque u otras acciones semejantes.

l) Alterar, remover, rayar, destruir o extraer piezas u otros elementos con significación para las comunidades indígenas que habitan en las áreas protegidas.

m) Alterar, remover, rayar, destruir o extraer piezas u otros elementos con significación histórica o arqueológica.

n) Interrumpir, bloquear, alterar o drenar cuerpos o cursos de agua, incluyendo humedales.

ñ) Rayar, destruir o remover señalética e infografía, e instalar carteles de publicidad.

o) Causar deterioro en las instalaciones o patrimonio natural existente en el área.

p) Usar o portar armas.

q) Pernoctar, comer, encender fuego, instalar campamentos, estacionar, fondear o transitar en lugares o sitios que no se encuentren habilitados o autorizados para ello.

r) Ingresar a las áreas protegidas sin haber pagado el derecho a ingreso, si corresponde.

s) Movilizarse en vehículos motorizados o no motorizados en lugares que no estén establecidos para estos fines.

t) Volar drones.

Sin embargo, están prohibiciones no son absolutas por cuanto la propia ley hizo excepción de ellas para aquellos que cuenten con "permiso" del SBAP (art. 94) y para aquellos que "ejecuten proyectos o actividades al interior del área, en conformidad a la legislación aplicable" (art. 108 inc. final). Debemos entender por aquellos, los títulos conferidos por la legislación sectorial, tales como RCA's, concesiones u otros títulos válidos, que harían excepción a las prohibiciones precitadas.

A estas prohibiciones generales se añaden algunas prohibiciones particulares consignadas para cada categoría de área protegida que analizamos a propósito de cada una de ellas.

Luego, permanecen vigentes otras limitaciones impuestas por la legislación sectorial aún dispersas en distintos textos legales y reglamentarios y que no fueron debidamente armonizadas por la ley SBAP.

La **legislación forestal** ha prohibido históricamente la corta de árboles en sectores sensibles, sin distinción sobre la naturaleza del área. Así lo expresa el centenario art. 5 ley de bosques que prohíbe:

"1° La corta de árboles y arbustos nativos situados a menos de 400 metros sobre los manantiales que nazcan en los cerros y los situados a menos de 200 metros de sus orillas desde el punto en que la vertiente tenga origen hasta aquel en que llegue al plan;

2° La corta o destrucción del arbolado situado a menos de 200 metros de radio de los manantiales que nazcan en terrenos planos no regados; y

3° La corta o explotación de árboles y arbustos nativos situados en pendientes superiores a 45%".

La ley, en todo caso, consagra una excepción importante, por la que se permite cortar en dichos sectores sólo por causas justificadas y previa aprobación de un "plan de manejo" en conformidad a la Ley de Fomento Forestal, de 1974[349], con lo que la prohibición es relativa y más que ello se trataría de normas restrictivas de actividades.

De otra parte, la **legislación de caza** y en particular el art. 10 del reglamento de la ley de Caza[350] establece la prohibición de la caza o la captura en áreas que forman parte del Sistema Nacional de Áreas Protegidas, áreas que constituyen reservas de la biósfera conforme al Programa del Hombre y la Biósfera de la Organización de las Naciones Unidas para la Educación, la Ciencia y la Cultura, áreas prohibidas de caza, zonas urbanas, líneas de ferrocarriles, aeropuertos, en y desde caminos públicos, en lugares de interés científico y de aposentamiento de aves guaníferas o aves migratorias protegidas bajo el Convenio sobre la Conservación de Especies Migratorias de la Fauna Salvaje, en Sitios Prioritarios para la Conservación y en Corredores Biológicos".

---

[349] Contenida en DL 701 cuyo texto fue reemplazado por DL N° 2565 de 1979.
[350] Contendido en el Decreto N° 5 del MINAGRI de 1998.

De igual modo que en la legislación forestal, esta prohibición se encuentra atenuada por la autorización que puede dar ahora el SBAP (antes el SAG) en AP para:

a) Fines científicos.

b) Controlar la acción de animales que causen graves perjuicios al ecosistema.

c) Establecer centros de reproducción o criaderos.

d) Permitir una utilización sustentable del recurso.

La **legislación pesquera y acuícola** establecía antiguamente una norma prohibitiva de actividades pesqueras, sean estas extractivas[351] o de acuicultura[352]. Se trataba del art. 158 de la Ley de Pesca que señalaba que "las zonas lacustres, fluviales y marítimas que integren el sistema nacional de áreas silvestres protegidas del Estado en conformidad a la ley 18.362, quedarán excluidas de toda actividad pesquera extractiva y de acuicultura". Sin embargo, por ley N° 19.800[353] que reforma la ley de pesca se atenuó esta prohibición agregando como excepción que "...en las zonas marítimas que formen parte de Reservas Nacionales y Forestales, podrán realizarse dichas actividades" (inciso 2°) y que "previa autorización de los organismos competentes, podrá permitirse el uso de porciones terrestres que formen parte de dichas reservas, para complementar las actividades marítimas de acuicultura".(inciso 3°). Hay que considerar, que antiguamente las ASP terrestres no incluían de pleno derecho porciones marítimas que sólo se incluyeron por el art. 36 de la Ley 19.300.

La disposición —que fue objeto de un fuerte debate legislativo en la ley SBAP— mantuvo la prohibición general a "toda" pesca y

---

[351] Actividad pesquera extractiva es aquella que tiene por objetivo capturar, cazar, segar o recolectar recursos hidrobiológicos (art. 2 Ley de Pesca)

[352] Es "concesión de acuicultura" el acto administrativo mediante el cual el Ministerio de Defensa Nacional otorga a una persona los derechos de uso y goce, por tiempo indefinido sobre determinados bienes nacionales, para que ésta realice en ellos actividades de acuicultura y "acuicultura" la actividad que tiene por objeto la producción de recursos hidrobiológicos organizada por el hombre (art. 2 Ley de Pesca).

[353] Publicada en el Diario Oficial el 25 de mayo de 2002.

acuicultura aplicable al "SNASPE", que habría que entender referido hoy al SNAP del Estado, y también mantuvo, como excepción, la autorización para dichas actividades en Reservas (Nacionales y Forestales). Tampoco definió que otras autoridades deberán otorgar la autorización adicional para el uso limitado de porciones terrestres que deberemos entender, aparte de la autoridad pesquera, al SBAP o CONAF, según quien mantenga su administración.

La legislación pesquera establece algunas limitaciones y prohibiciones, aunque menores, respecto de las actividades que pueden o no efectuarse o afectar a AP sean estas terrestres o marinas.

Respecto a las concesiones de acuicultura establece que se encuentran limitadas por los fines de protección ambiental, entre ellos la existencia de áreas protegidas. Señala el art. 67 que es de responsabilidad de la Subsecretaría de Pesca la elaboración de los estudios técnicos para la determinación de las áreas apropiadas para el ejercicio de la acuicultura (AAA), la debida consulta a los organismos encargados de los usos alternativos de esos terrenos o aguas, considerando especialmente la protección del medio ambiente y la existencia, entre otras, de áreas protegidas que se encuentren contempladas en la zonificación del borde costero.

Asimismo, los cultivos intensivos o cultivos extensivos de especies hidrobiológicas exóticas mantendrán una distancia mínima de 1,5 millas náuticas de "parques marinos y reservas marinas" (nomenclatura en extinción sujeta a homologación según la ley SBAP).

Fuera de los territorios de AP, la Ley de Pesca estableció prohibición de actividades de acuicultura en "aquellas áreas en que existan bancos naturales de recursos hidrobiológicos incluidas las praderas naturales de algas,…"[354].

La **legislación minera**, por su parte, limitaba la facultad de catar y cavar; y la de efectuar exploraciones y explotaciones mineras en AP (Parques, Reservas y Monumentos) requiriendo para ello el permiso previo del Intendente respectivo. Uno de los pocos casos en que por ley autorizaba la intervención industrial de un AP. Sin embargo, la

---

[354]   Art. 67.

ley SBAP derogó esta disposición, debiendo entenderse que ya no es posible efectuar minería industrial en estas AP[355].Ello particularmente por incompatibilidad con los fines y objetivos establecidos para el SNAP y para las AP.

Sólo se mantiene la posibilidad de ejecutar actividades mineras en lugares que hayan sido declarados de interés histórico o científico, que exige como condición del otorgamiento del permiso que el acto que los declaró haya sido efectuado expresamente para efectos mineros (art. 17 N° 6 e incisos siguientes).

Vemos aquí claramente la preeminencia del interés minero por sobre el de conservación cultural y ambiental, lo que puede explicarse fundamentalmente debido al perfil productivo minero del país[356], situación que ciertamente contradice lo establecido en los convenios internacionales suscritos por Chile en materia de protección del patrimonio cultural y natural[357].

Señalemos, finalmente, que existen algunas prohibiciones especiales dispersas en algunos otros cuerpos legales, como las que prohíben a los particulares efectuar radicaciones, ocupaciones y otorgar títulos de dominio en los terrenos fiscales que hayan sido declarados Reservas Forestales o Parques Nacionales de Turismo (AP que tampoco fueron armonizadas por la ley SBAP)[358].

A las prohibiciones ambientales anteriores, se suman las contenidas en las convenciones internacionales a las que hemos hecho

---

[355] Art. 17 N° 2 C° de Minería.
[356] Chile sustenta su economía básicamente en la minería del cobre, primera actividad productiva del país. Cfr. ASTORGA JORQUERA, Eduardo. *Sistema de Evaluación de impacto ambiental, régimen especial aplicado a la actividad minera*. Editorial Conosur, Santiago de Chile, 2000.
[357] Sobre la prevalencia de los compromisos internacionales asumidos por Chile en materia ambiental, en particular, los contenidos en la "Convención de Washington", consultar revista Gaceta Jurídica, sentencia de 19 de diciembre de 1985, año X-1985, N° 66, Editorial Cono Sur Ltda. (caso del Lago Chungará).
[358] Art. 1 y 3 transitorio del DFL 65 del MINHA de 1960 y art. 401 del DL 574 de 1974.

referencia y en particular las de la "Convención de Washington" que se sintetizan de la siguiente manera:

a) los límites de los Parques Nacionales no serán alterados ni enajenada parte alguna de ellos sino por acción de la autoridad legislativa;

b) las riquezas existentes en ellos no se explotarán con fines comerciales;

c) se prohibirá la caza, la matanza y la captura de especímenes de fauna existentes en los Parques Nacionales, excepto cuando se hace por las autoridades del parque o con su autorización para fines científicos;

d) se prohibirá la recolección de ejemplares de flora existentes en los Parques Nacionales, excepto cuando se hace por las autoridades del parque o con su autorización para fines científicos;

Los "santuarios de la naturaleza", bajo el régimen legal de transición y los decretos que los crean y mientras no sean recategorizados, se mantienen bajo la custodia directa del MMA y consideran las siguientes restricciones sectoriales[359]:

a) iniciar trabajos de construcción o excavación;

b) desarrollar actividades como pesca, caza, explotación rural; y,

c) desarrollar cualquiera otra actividad que pudiera alterar su estado natural.

Se trata de restricciones y no prohibiciones por cuanto cualquiera de estas actividades puede verificarse con autorización previa del Consejo de Monumentos Nacionales, y siempre que se trate de actos que cumplan los objetivos de la AP, principalmente los de investigación científica, además de las obligaciones de velar por su protección y de denunciar al Consejo los daños que se causen por causas ajenas a su voluntad.

Para los santuarios situados en terrenos particulares, la ley señala que "sus dueños deberán velar por su debida protección denuncian-

---

[359] Art. 31 inciso 3°, ley 17.288.

do ante el Consejo los daños que por causas ajenas a su voluntad se hubieren producido en ellos"[360].

A las restricciones anteriores, sin embargo, hay que agregar todas las prohibiciones y restricciones establecidas de modo general para el SNAP por cuanto por el sólo ministerio de la ley los Santuarios de la Naturaleza han pasado a formar parte de este Sistema, sin perjuicio del proceso de transición y recategorización de que sean objeto (art. 4 transitorio).

Sobre las "áreas de protección turística" la ley 18.378 establece una prohibición aparente por cuanto una vez decretada la prohibición, se podrán efectuar explotaciones de árboles "en la forma y condiciones que señale el Ministerio de Agricultura".

2. *Planes de Manejo y Uso de Áreas Protegidas*

La ley SBAP estableció y distinguió entre 2 tipos de planes de gestión de áreas protegidas: los Planes de Uso Público y los Planes de Manejo.

Los Planes de uso público —instrumento creado por la ley SBAP— corresponde al instrumento administrado por el SBAP destinado a planificar y mejorar la calidad de atención del público, en el ámbito del turismo, la educación y la investigación científica, en forma compatible con el plan de manejo del área protegida (art. 67).

Los Planes de Manejo son instrumentos para la gestión racional de los recursos naturales. De acuerdo a UICN es el "documento que establece el enfoque y los objetivos de manejo, y un marco para la toma de decisiones, que se aplicará en el área protegidas en cuestión durante un período de tiempo determinado".[361] Tienen un contenido eminentemente técnico y normalmente están sujetos a la visación, autorización o control de la autoridad sectorial correspondiente.

---

[360] Art. 31 inciso 4°.
[361] LAUSCHE, Bárbara. (2011). *Guidelines for Protected Areas Legislation*. IUCN, Gland, Switzerland. xxvi + 370 pp, pág. 34 citando a Thomas y Middleton, 2003.

El principio rector en esta materia es que el uso y aprovechamiento de los recursos naturales renovables se efectuará asegurando su capacidad de regeneración y la diversidad biológica asociada a ellos, según lo exige el art. 41 de la Ley 19.300 aspiración para la cual se ha contemplado la existencia de los planes de manejo.

Hasta la ley SBAP los planes de manejo de recursos naturales, en general, debían contener a los menos las siguientes consideraciones ambientales:

a) Mantención de caudales de aguas y conservación de suelos.

b) Mantención del valor paisajístico, y;

c) Protección de especies en peligro de extinción, vulnerables, raras o insuficientemente conocidas.

Sin embargo, con la ley SBAP estos requisitos se excluyen para los PM de AP que por primera vez en la legislación tienen su regulación propia (art. 144 N° 5).

El Plan de manejo de áreas protegidas es aquel destinado a resguardar el patrimonio natural de las áreas protegidas (art. 3 N° 22).

El PM de AP es el marco regulatorio específico por el que se rige toda área protegida que integra el SNAP en el que se definen las actividades permitidas y prohibidas en ella y cuyo cumplimiento es obligatorio. Es elaborado por resolución del SBAP. Sin embargo, el PM de AP debe respetar lo siguiente:

– Debe respetar el objeto de protección del AP: es decir las especies, ecosistemas, los servicios ecosistémicos o funciones o procesos ecológicos que se pretende proteger a través de la creación del área.

– Debe ser consistente con la categoría de AP: es decir, con sus objetivos y sus actividades prohibidas y permitidas.

Los PM de AP deben contener, al menos, lo siguiente (art. 72):

a) El objeto u objetos de protección.

b) El diagnóstico de presiones y amenazas sobre el o los objetos y las estrategias de manejo para mitigarlas o suprimirlas.

c) El plan de monitoreo y seguimiento, con metas medibles e indicadores de seguimiento.

d) Los antecedentes jurídicos del área, la normativa general del área y las normas específicas de las diferentes zonas de uso.

e) La zonificación.

f) La definición de la zona de amortiguación, cuando corresponda.

g) Los usos o costumbres ancestrales desarrollados al interior y en las inmediaciones del área protegida.

h) Las actividades compatibles e incompatibles con el área.

i) Un plan de prevención y contingencia contra incendios, si corresponde.

3. Concesiones y permisos en Áreas Protegidas

Es factible que una AP sea objeto de concesión, es decir, de un acto administrativo que implica la "adjudicación de determinadas potestades, originariamente administrativas, a un sujeto, lo cual lleva aparejado ciertos controles por parte de la Administración"[362].

El tercero por medio de la concesión ejecuta actos de uso, gestión y/o administración, que implican usar o aprovechar el bien en beneficio propio —de allí su incentivo— sin que ello implique disposición material o jurídica del bien, pero generándole mejoras a través de inversiones que luego de un tiempo determinado quedan en beneficio del Estado —de allí el incentivo estatal— y que de otra manera no se efectuarían por los recursos económicos siempre escasos del Estado. De este modo, el Estado cumple de manera eficiente y efectiva su función pública en materia ambiental —que tal vez de otra manera no efectuaría— y el particular se beneficia con un activo natural, que si bien no le pertenece, puedo gestionar con las debidas certezas,

---

[362] MARTIN MATERO, Ramón. *Manual de Derecho Administrativo*. 21ª Edición, Trivium, España, 2002, pág. 311.

sacando un provecho económico de ello, y de paso beneficiando a la sociedad y al medio ambiente.

Como bien lo señala el afamado administrativista GARCÍA ENTE-RRIA, a propósito de la concesión de obras públicas, este instituto corresponde a "…una figura más compleja porque la contraprestación de la ejecución de la obra pública no es simplemente un precio alzado a percibir en los términos ya vistos por el contratista, sino el derecho que se reconoce a explotar la obra construida…"[363]. Analógicamente, en la concesión de uso sobre AP se entrega al concesionario la facultad de explotarla para beneficio propio.

En consecuencia, debemos insertar este instituto, primero, como un mecanismo que hace excepción a la potestad administrativa general del órgano encargado de la administración de los componentes de la biodiversidad y, en segundo lugar, como uno más de los mecanismos para gestionarlos, entre otros que pueden ser considerados.

De acuerdo al DL 1939 el Ministerio de Bienes Nacionales puede otorgar concesiones sobre bienes fiscales, con un fin preestablecido y en las condiciones que para cada caso se determine a personas jurídicas de nacionalidad chilena (art. 57).

Sin embargo, el nuevo art. 21 de esta ley, por reforma de la ley SBAP estableció que "Los predios que hubieren sido declarados como áreas protegidas del Estado, conforme a la legislación respectiva, no podrán ser destinados a otro objeto ni perderán esa calidad sino en la forma establecida en la Ley que crea el Servicio de Biodiversidad y Áreas Protegidas".

Por otro lado, la Ley de Turismo de 2010 entregaba a la institucionalidad de turismo la potestad superior para concesionar las AP al menos en cuanto al desarrollo de actividades de turismo ciñéndose al procedimiento del DL 1939. Sin embargo, esta situación quedó resuelta en el art. 18 reformado por la ley SBAP que estableció que "Las concesiones de servicios turísticos en áreas protegidas se regirán

---

[363] GARCÍA ENTERRÍA, Eduardo y FERNÁNDEZ, Tomás-Ramón. *Curso de Derecho Administrativo*…,Op. cit. pág. 716.

por lo dispuesto en la Ley que crea el Servicio de Biodiversidad y Áreas Protegidas".

La legislación chilena sobre ASP, contenida en la ley de SNASPE creaba las llamadas "concesiones de uso" como instrumento central para su gestión privada. Sin embargo, este sistema nunca tuvo la aplicación que el legislador pensaba. Recuérdese que el principio rector en esta materia es que el uso y aprovechamiento de los recursos naturales renovables se efectuará asegurando su capacidad de regeneración y la diversidad biológica asociada a ellos[364].

La ley SBAP adoptó este instituto, pero desconfiando del uso y aprovechamiento de los recursos naturales contenidos en un AP y más bien pensando sólo en y para actividades de investigación científica, educación o turismo que requieran la instalación de infraestructura y tengan una duración mayor a un año y hasta por el periodo de 30 años (art. 79).

Al mismo régimen regulado para las concesiones se someten las cesiones de uso de las que no se efectúa mayor mención.

3.1. Constitución

La ley faculta la constitución de concesiones mediante licitación pública o privada[365], y excepcionalmente en forma directa y en casos debidamente fundados[366].

---

[364]   Art. 41 Ley 19.300.

[365]   Corresponde a un mecanismo de la contratación administrativa caracterizado por la existencia de pliegos de base o condiciones. Vid. GARCÍA ENTERRÍA, Eduardo y FERNÁNDEZ, Tomás-Ramón. *Curso de Derecho Administrativo...,op.cit.* pág. 696 y siguientes.

[366]   El artículo 8° bis de la ley 19.653 modificó la ley 18.575 sobre Bases Generales de la Administración del Estado, reconociendo la existencia de los contratos administrativos en el derecho público chileno. Señala: "Los contratos administrativos se celebrarán previa propuesta pública, en conformidad a la ley.
El procedimiento concursal se regirá por los principios de libre concurrencia de los oferentes al llamado administrativo y de igualdad ante las bases que rigen el contrato.

Las concesiones por regla general se otorgan a título oneroso, aunque excepcionalmente pueden otorgarse concesiones de investigación científica o de educación a título gratuito, en favor de municipalidades, organismos estatales que tengan patrimonio distinto del Fisco, o en que el Estado tenga aportes de capital, participación o representación, y personas jurídicas privadas sin fines de lucro.

Es decir, las concesiones de turismo serán siempre onerosas, lo que importa que deberán generar una renta que además supere las limitaciones que la ley establece y que para el caso consisten además en "desarrollarse bajo la modalidad de un turismo accesible universalmente, ambientalmente responsable, de bajo impacto sobre el entorno natural y sociocultural, y ajustadas al respectivo programa de uso público".

En el caso de las concesiones de investigación científica también se establecen limitaciones consistentes en "colaborar" como instrumento de apoyo y soporte científico en el proceso de toma de decisiones para la gestión y logro de los objetivos de protección definidos para las áreas protegidas, tales como las investigaciones orientadas a cubrir vacíos de información sobre biodiversidad, y aquéllas que apunten a la identificación de amenazas y ser "difundidas" en los establecimientos educacionales aledaños a las áreas protegidas en que se sitúa la concesión.

Por último, las concesiones de educación también están establecidas con la limitación de además "promover" programas y mecanismos a través de los cuales la comunidad tome conciencia del valor de la biodiversidad y en particular del rol de las áreas protegidas en la conservación, así como "difundir" el conocimiento y capacitación en conservación de la biodiversidad. Además, deberán promover el conocimiento de la cosmovisión indígena, si la concesión se ubica en tierras indígenas.

La licitación privada procederá, en su caso, previa resolución fundada que así lo disponga, salvo que por la naturaleza de la negociación corresponda acudir al trato directo."

Estas limitaciones o condiciones se explican en parte, por la fuerte desconfianza que dominó la discusión legislativa sobre el instrumento concesional aplicado a AP.

3.2. Derechos y obligaciones del concesionario

Los derechos y obligaciones constituyen uno de los requisitos de fondo del contrato de concesión. Además, ha de entenderse que en la concesión se entenderán incluidas, por el solo ministerio de la ley, las prohibiciones establecidas en la ley.

3.3. Extinción

Las causales de término de la concesión son (art. 89):

a) Vencimiento del plazo.

b) Mutuo acuerdo entre las partes.

c) Pérdida por parte del concesionario de los requisitos o condiciones exigidos para obtener la concesión.

d) Incumplimiento de las obligaciones del concesionario, en conformidad al procedimiento sancionatorio.

e) Ocurrencia de algún hecho o circunstancia que haga imposible el objeto de la concesión.

f) Cancelación o extinción de la personalidad jurídica del concesionario.

g) Las demás causales que se estipulen en las bases de licitación.

Al término de la concesión las mejoras queden a beneficio fiscal, sin derecho a indemnización, como razón que justifica el interés del Estado en concesionar (art. 90).

4. *Sistema de Evaluación Ambiental y Áreas Protegidas*

La Ley Ambiental impone que todos los proyectos o actividades susceptibles de causar impacto ambiental que se ejecuten en AP el deber de ingresar al Sistema de Evaluación de Impacto Ambiental. En efecto los proyectos o actividades susceptibles de causar impacto ambiental, en cualesquiera de sus fases, que deberán subordinarse al sistema de evaluación de impacto ambiental, son los siguientes:

"p) Ejecución de obras, programas o actividades en áreas que formen parte del *Sistema Nacional de Áreas Protegidas,* humedales urbanos y en otras áreas colocadas bajo protección oficial, en los casos en que la legislación respectiva lo permita"(art. 10 letra p)).

Así cualquier proyecto o actividad susceptible de causar impacto ambiental y que pretenda ser desarrollado en un AP del SNAP debe ser sometido al Sistema de Evaluación de Impacto Ambiental reglado en la Ley 19.300.

El proyecto o actividad que deberá ser sometido al SEIA será aquel que cualesquiera sean sus actos o acciones, causen impacto ambiental e impliquen de cualquier modo intervención, ya sea material o jurídica sobre el AP. Lo que interesa en consecuencia, es que el acto, actividad o acción sea idóneo para alterar o afectar las bellezas escénicas, la flora, la fauna y las riquezas naturales comprendidas en el AP, cuestión por lo demás será materia de la propia evaluación ambiental.

La disposición sin embargo plantea dificultades en torno a la definición de la entidad y naturaleza de la actividad. Dado que la norma no distingue, no podría el intérprete de ella distinguir. No obstante ello, un análisis e interpretación armónica y axiológica de los términos del SEIA y de las normas de conservación ambiental nos lleva a la necesaria conclusión que aquellas obras, programas o actividades que se adecúan a los fines del AP establecidas en su plan de manejo, como demarcación de áreas o circuitos turísticos, instalación de una caceta de vigilancia, infraestructura básica o los medios para su necesaria mantención o conservación, autorizar una campaña de investigación, observación, monitoreo o seguimiento para cumplir los fines del AP, etc. no requerirían ingresar al SEIA en tanto que aquellas que escapan a sus fines sí lo deberían hacer en tanto constituyan actividades que puedan causar impacto ambiental.

Adicionalmente un proyecto o actividad deberá ser sometido al SEIA mediante un Estudio de Impacto Ambiental (EIA) cuando presente "Localización en o próxima a poblaciones, recursos y áreas protegidas, sitios prioritarios para la conservación, humedales protegidos, glaciares y áreas con valor para la observación astronómica con fines de investigación científica, susceptibles de ser afectados, así como el valor ambiental del territorio en que se pretende emplazar (art. 11 letra d)). Esto es, si la actividad o proyecto se emplaza dentro del AP o cerca de ella deberá ingresar al SEIA necesariamente vía EIA si dichos lugares, poblaciones y recursos pueden afectarse, entendiéndose que la afección debe ser significativa, lo que se establecerá caso a caso[367]. La cercanía a efectos del ingreso por esta vía será una cuestión que se deberá determinar y calificar por la autoridad ambiental en atención al impacto real y efectivo que se genere o pueda generarse sobre el AP donde un factor puede ser la distancia aunque no el único, ya que habrá obras que por la generación de emisiones u otros impactos pueden cualitativamente ser más impactantes no obstante emplazarse más alejadas de otras que estando más cerca podrían autorizarse.

La norma habla de "áreas protegidas" de un modo genérico lo que plantea la cuestión de cuantas o cuales áreas son la que deben ser consideradas como tales a estos efectos. Como la ley 19.300 no definió "área protegida" debemos recurrir a las definiciones en otros cuerpos legales, entre ellos la ley SBAP que las define como "espacio geográfico específico y delimitado, reconocido mediante decreto supremo del Ministerio del Medio Ambiente, con la finalidad de asegurar, en el presente y a largo plazo, la preservación y conservación de la biodiversidad del país, así como la protección del patrimonio natural, cultural y del valor paisajístico contenidos en dicho espacio". Sin embargo, esta es una definición para los efectos "de esta ley"(art. 3) por lo que debemos entender que pueden ser incluidas otras "áreas protegidas" que cumplan el criterio de definición de tales, como la que nos entrega la Convención de Biodiversidad, que también es ley en Chile y que las define como "un área definida geográficamente

---

[367] Cfr. Instructivo ORD. D.E. N° 130844, del 22 de mayo de 2013 del SEA que "Uniforma criterios y exigencias técnicas sobre áreas colocadas bajo protección oficial y áreas protegidas para efectos del Sistema de Evaluación de Impacto Ambiental, e instruye sobre la materia".

que haya sido designada o regulada y administrada a fin de alcanzar objetivos específicos de conservación". Así, debemos entender para los efectos del SEIA que área protegida comprende todas las AP de la ley SBAP y las fuera de ellas que cumplan los criterios conceptuales señalados.

Luego, los "sitios prioritarios para la conservación de la biodiversidad" son aquellos lugares establecidos por su especial importancia y valor ambiental desde el punto de vista de su biodiversidad definido en los programas gubernamentales por la autoridad ambiental y que para los efectos del SEIA son considerados para ingresar vía EIA[368].

Los humedales protegidos en tanto serán aquellos que ostentan ese carácter en virtud de la Convención RAMSAR o de cualquier otro instrumento jurídicamente válido para dicho fin. En este sentido los humedales declarados sitios prioritarios para la conservación de la biodiversidad, los humedales urbanos y los que se encuentren reconocidos como tales en los inventarios que la autoridad mantenga, han de entenderse como sitios o áreas protegidos para efectos del SEIA (arts. 37, 39 Ley SBAP; art. 17 de la Ley de Bosque Nativo; Ley humedales urbanos y arts. 10 y 12 del DS 82 del MINAGRI) y la jurisprudencia administrativa[369].

Los glaciares en tanto, dado que se encuentran aun escasamente regulados serán todos aquellos, estén o no protegidos —dado que la ley no predica de ellos dicha condición—, que detenten técnicamente esa calidad, esto, aquellos que la ciencia defina como tales, independiente de su condición, ubicación o régimen legal de protección y desde luego todos aquellos incluidos en los inventarios de glaciares que mantiene la autoridad (DGA)[370].

Sectorialmente la Ley de Bosque Nativo contempla una disposición legal que sin definirlos prohíbe la corta, destrucción, elimina-

---

[368]   Of. Ord. D.E. N° 100143 de 15 de noviembre de 2010 del SEA que actualiza y complementa instructivo sobre "Sitios prioritarios para la conservación en el SEIA".

[369]   Dictamen de la CGR N° 48.164 de 30 de junio de 2016 y Ord. SEA N° 161081 de 17 de agosto de 2016.

[370]   Cfr. IZA, Alejandro y ROVERE, Marta (Editores). *Aspectos Jurídicos de la Conservación de los Glaciares*. UICN, Gland, Suiza, 2006.

ción o menoscabo de árboles y arbustos nativos en una distancia de 500 metros de los glaciares, medida en proyección horizontal en el plano (art. 17).

Además de la hipótesis analizada, la exigencia de presentar un Estudio de Impacto Ambiental se presenta cuando el proyecto y sus actividades pudiesen representar una alteración significativa al valor turístico o paisajístico del área[371].

5. Concesiones sectoriales en Áreas Protegidas

La ley SBAP ha prohibido las concesiones sectoriales "necesarias para el desarrollo de las actividades de explotación de recursos naturales con fines comerciales, correspondientes a extracción de recursos naturales y actividades o infraestructura industrial, en las reservas de región virgen, parques nacionales y monumentos naturales (art. 93). En el resto de las AP, la ley SBAP posibilita el ejercicio de dichas actividades al señalar que "se regirán por sus leyes respectivas" (art. 92) aunque con ciertas limitaciones o requisitos a saber:

– Que el área cuente con un plan de manejo.

– Que la respectiva actividad sea compatible con los objetivos de la categoría.

– Que la respectiva actividad sea compatible con el objeto de protección del área.

– Que la respectiva actividad sea compatible con el referido plan de manejo del área.

– Informe favorable del SBAP sobre las compatibilidades referidas. El ejercicio de esta potestad debe ser entendida como una de verificación técnica de compatibilidad y no como un arbitrio o facultad discrecional de la autoridad[372].

---

[371] D.S. N° 40/12 Reglamento del SEIA, artículo 9.
[372] A diferencia por ej. de la facultad discrecional que el art. 19 de la Ley de Bosque Nativo entrega a CONAF para calificar el interés nacional de una obra que interviene especies forestales.

Con todo, la creación de un área protegida tampoco obstará el desarrollo de aquellas actividades que, al interior de esta área, contaren con una resolución de calificación ambiental favorable y que podrían a su vez sustentarse en una concesión sectorial (art. 6 transitorio).

5.1. Concesiones Forestales en Áreas Protegidas

La Ley de Bosques (art. 14) establece que "Las concesiones para explotar bosques fiscales, cualesquiera que ellos sean, se otorgarán por la CONAF, conforme a las normas y en las condiciones que, en cada caso, establezca su Consejo, sin perjuicio de la facultad de ese servicio para explotarlos directamente. Las concesiones que se otorguen podrán ser dejadas sin efecto, en cualquier momento, por acuerdo del Consejo, en caso de que se compruebe que se han infringido dichas normas y condiciones. Los derechos y prestaciones que se fijen ingresarán al patrimonio del Servicio".

Adicionalmente la propia Ley de Bosques (art. 10) establece que la CONAF es la institución que, con la finalidad de obtener un mejor aprovechamiento de las Reservas Forestales, podrá:

a) celebrar toda clase de actos y contratos que afecten a sus bienes;

b) ejecutar los actos que sean necesarios para lograr esa finalidad, y;

c) establecer y cobrar derechos y tarifas por el acceso de público a ellas y por la pesca y caza en los lugares ubicados dentro de ellas.

El aprovechamiento incluye entonces el poder servirse de los recursos naturales existentes en la Reserva Forestal siempre que ello se haga de manera sustentable y garantizando su conservación y regeneración. Puede, entonces, CONAF efectuar directamente y autorizar por la vía contractual, podas, raleos y corta de especies vegetales, siempre que ello no implique menoscabo en la integridad del AP.

La ley del SBAP intento resolver esta situación mediante la disposición 6 transitoria otorgando certeza a los contratos preexistentes y declarando al SBAP como sucesor legal de CONAF para estos efectos.

Sin embargo, añadió que aquello aplicaría sólo respecto a los actos celebrados en virtud del inciso 2° del art. 10 de la Ley de Bosques y no respecto de otros actos como las concesiones forestales del art. 14. Las características propias de estas concesiones forestales son:

- Se trata de contratos administrativos suscritos entre CONAF y un tercero que tienen el objeto la explotación de bosques, es decir, su aprovechamiento, uso o goce.

- El objeto concesible son los bosques de cualquier naturaleza, debiendo entenderse por tanto que se incluyen los bosques de las Reservas Forestales.

- Las condiciones y normas particulares de cada concesión son materia no reglada y determinada por CONAF.

- Las concesiones de explotación forestal son actos jurídicos bilaterales esencialmente precarios por cuanto pueden ser dejados sin efecto en cualquier tiempo por la autoridad.

- Sin embargo, en el ejercicio de la potestad revocatoria discrecional, la autoridad no puede incurrir en arbitrariedad por cuanto la propia ley fija el límite de la revocación de las concesiones dado por el incumplimiento del contrato en alguna de sus condiciones o normas.

- Finalmente, el beneficio —canon u otros— que reporten las concesiones para la autoridad ingresan al patrimonio de ésta.

Estas potestades por tanto permanecen en CONAF por no haber sido derogadas por la ley SBAP a pesar de que las Reservas Forestales han pasado a homologarse a las Reservas Nacionales y por tanto bajo la tuición del SBAP, lo que representa una evidente incongruencia legislativa.

5.2. Concesiones de acuicultura en Áreas Protegidas

En el caso de concesiones de acuicultura la ley SBAP establece que las existentes continuarán vigentes pudiendo facultativamente relocalizarse para lo que gozarán de las preferencias que establece la ley. La relocalización es una opción que otorga la ley de Pesca de trasladar el área concesionada a otras AAA, opción que si bien establece con preferencia ante otras solicitudes no cuenta con mayores incentivos lo que ha hecho del instituto una opción poco eficaz.

Las nuevas concesiones en tanto se regirán por sus "leyes respectivas" que para el caso es la legislación sobre concesiones de acuicultura contenida en la Ley de Pesca. En el caso de AP como hemos visto no se innovó mayormente en esta materia autorizando la actividad en Reservas Nacionales y Forestales (art. 158). Ello sumado a lo dispuesto en el art. 93 de la ley SBAP que ha prohibido concesiones sectoriales en Parques Nacionales, Reservas de Región Virgen y Monumentos Naturales.

Complementariamente a ello hay que recordar que la propia ley SBAP estableció que en estas áreas "podrán desarrollarse actividades de uso sustentable, siempre que no pongan en riesgo los servicios ecosistémicos que esta área provee" (art. 60) en línea con la definición de la Washington que las destina a "la conservación y utilización, bajo vigilancia oficial, de las riquezas naturales" (art. 1 N° 2).

El juicio de compatibilidad es una verificación de carácter técnico que ha sido entregada al SBAP para cada caso en particular y que por tanto no puede ser entendida como una facultad discrecional. En tanto que el carácter sustentable de la actividad, así como la ausencia de riesgos son evaluaciones propias del proceso de evaluación ambiental que debe concurrir para estos casos conforme al art. 10 letra p) de la Ley 19.300 y que también deberá contar con una calificación caso a caso.

6. *Otras prohibiciones y limitaciones en el SNAP*

Otras limitaciones impuestas por la legislación ambiental y a fin de que las AP cumplan con los objetivos de conservación para los cuales fueron creados, existen dispersas en distintos textos legales y reglamentarios, varias prohibiciones o restricciones de actividades que puedan dañar sus territorios, a su flora y a su fauna, como por ejemplo, el DFL N° 65 del Ministerio de Hacienda de 1960, el DL N° 574 de 1974, la Ley de Caza y su Reglamento.

Estas son, entre otras, las siguientes:

a) Se prohíbe la caza o captura de las especies de fauna silvestre que habitan en áreas del SNAP.

La actividad cinegética sólo podrá ser realizada en las tierras propias o en las ajenas, con permiso expreso del dueño o su representante legal. No obstante lo anterior, "se prohíbe la caza o la captura en áreas que forman parte del Sistema Nacional de Áreas Protegidas"[373].

Sin embargo, el Servicio podrá autorizar la caza o la captura de determinados especímenes en los lugares señalados en el inciso precedente, pero sólo para fines científicos, para controlar la acción de animales que causen graves perjuicios al ecosistema, para establecer centros de reproducción o criaderos, o para permitir una utilización sustentable del recurso. En todos estos casos, deberá contarse, además, con el permiso de la autoridad que tenga a su cargo la administración del área.

b) Se prohíbe toda actividad pesquera extractiva y de acuicultura en las zonas lacustres, fluviales y marítimas que integren el sistema nacional de áreas silvestres protegidas por el Estado.

El artículo 158 del D.S. N° 430, de 1992, que fijó el texto refundido, coordinado y sistematizado de la Ley de Pesca N° 18.892, señalaba que las zonas lacustres fluviales y marítimas que integren el "sistema nacional de áreas silvestres protegidas del Estado", quedarán excluidas de toda actividad pesquera extractiva y de acuicultura, como ya hemos visto.

La regla anterior exceptúa legalmente de dicha prohibición a las zonas marítimas que formen parte de Reservas Nacionales y Forestales.

A su vez, la norma fue modificada y restringidos sus efectos por la ley N° 19.800 en 2002 que estableció que previa autorización de los organismos competentes, podrá permitirse el uso de

---

[373] Artículo 7 de la Ley de Caza en su versión modificada por la ley SBAP.

porciones terrestres que formen parte de dichas reservas, para complementar las actividades marítimas de acuicultura.

c) Se prohíbe efectuar radicaciones y otorgar títulos de dominio en terrenos fiscales declarados Reservas Forestales o Parques Nacionales de Turismo[374].

d) Se prohíbe a los particulares entrar a ocupar los terrenos que componen las Reservas Forestales y Parques Nacionales de Turismo[375].

A las prohibiciones ambientales anteriores, se suman las contenidas en las convenciones internacionales que se analizaron.

7. *Derecho Legal de Uso Indígena*

De acuerdo a la Ley Indígena "En la administración de las áreas silvestres protegidas, ubicadas en las áreas de desarrollo indígena, se considerará la participación de las comunidades ahí existentes. La Corporación Nacional Forestal o el Servicio Agrícola y Ganadero y la Corporación, de común acuerdo, determinarán en cada caso la forma y alcance de la participación sobre los derechos de uso que en aquellas áreas corresponda a las Comunidades Indígenas".[376]

Esta disposición consagra una norma imperativa para la gestión del área, consistente en el deber del Estado de considerar la intervención de las comunidades indígenas en la gestión del ASP[377]. De modo

---

[374] DFL 65 del MINHA de 1960 y art. 401 del DL 574 de 1974.
[375] *Ibidem* nota anterior.
[376] Art. 35.
[377] Cfr. Resolución N° 1.53 sobre Pueblos Indígenas y Áreas Protegidas, adoptada en el Congreso Mundial de la Naturaleza el 14 de octubre de 1996 en virtud de la cual se solicita a la UICN el establecimiento de una política con respecto a las áreas protegidas establecidas en las tierras o territorios de los pueblos indígenas, que se base en los siguientes principios:
　　a) el reconocimiento de los derechos de los pueblos indígenas en cuanto a sus tierras o territorios y recursos naturales que se encuentren dentro de las áreas protegidas;

particular se reconoce un derecho legal de uso a favor de ellas que podrá ser ejercido concurriendo los siguientes requisitos:

a) Se trate de una ASP que coincida territorialmente con un "área de desarrollo indígena".

b) Se trate de una ASP que de acuerdo a su naturaleza, permita el uso de sus recursos naturales, es decir, se excluirían en principio los parques nacionales, los monumentos naturales y las reservas de regiones vírgenes.

Adicionalmente, la legislación indígena y de aguas ampara legalmente la propiedad de ciertas comunidades indígenas sobre las aguas ancestrales que se sitúen en su territorio, lo que constituye una manifestación especial de derecho legal de propiedad y uso de aguas, que importaría un conflicto con los derechos que pudieran establecerse respecto a la gestión de ASP[378].Este derecho legal no resulta baladí al encontrarse en Chile separada la propiedad de la tierra respecto de las aguas, pero que en el caso de tierras indígenas deberán estar integradas y protegidas (art. 5 C° Aguas).

La ley indígena no se hace cargo cabalmente de los desafíos que plantea la relación entre ASP y pueblos indígenas y hoy a la luz de las prescripciones introducidas por las tendencias del derecho inter-

---

b) el reconocimiento de la necesidad de lograr un acuerdo con los pueblos indígenas previo al establecimiento de áreas protegidas en sus tierras o territorios;

c) el reconocimiento de los derechos de los pueblos indígenas a participar efectivamente en el manejo de las áreas protegidas establecidas en sus tierras o territorios, y a ser consultados sobre cualquier decisión que afecte a sus derechos e intereses sobre tales tierras o territorios"

Finalmente la resolución "insta" a la UICN y a sus miembros a establecer los mecanismos para el desarrollo e implementación de políticas sobre ASP; a establecer establezca vínculos más estrechos con las organizaciones indígenas; y a incorporar en el programa sobre Áreas Protegidas y Patrimonio Natural acciones para el desarrollo de la política señalada.

[378] El art. 64 de la Ley 19.253 consagra el derecho de propiedad y de uso de las aguas que se encuentren en terrenos de las Comunidades indígenas aimara y atacameñas del norte del país.

nacional moderno donde debemos situar el Convenio N° 169 de la OIT[379], resulta claramente insuficiente[380].

XII. ACTIVIDADES MINERAS Y ÁREAS PROTEGIDAS[381]

Las actividades mineras cobran especial interés en Chile tanto por su vocación minera como porque importantes territorios de interés minero se encuentran bajo un régimen de protección ambiental que incluye AP.

En materia de derecho minero rige como principio general el libre cateo en terrenos de cualquier dominio[382]. Este principio tiene limitaciones y excepciones como acontece con cualquier principio o norma general, establecidas por el propio derecho minero así como por otras ramas del derecho entre las que cobra fundamental importancia para nuestro análisis el derecho ambiental.

Es importante tener en cuenta que estas limitaciones no son un capricho del legislador; tratándose del derecho ambiental su fundamento está en que "las necesidades de conservación pueden hacer inviable la continuidad de algunas actividades o afectar a determinados derechos ya consolidados".[383]

[379] El 27 de junio de 1989 la Conferencia General de la Organización Internacional del Trabajo, adoptó el Convenio N° 169 sobre Pueblos Indígenas y Tribales en Países Independientes. En Chile en tanto recién está vigente desde el 15 de septiembre de 2009.

[380] Cfr. AYLWIN, José y CUADRA, Ximena. *Los Desafíos de la Conservación en los territorios indígenas en Chile*, IDRC, Temuco, Chile, 2011.

[381] Para un acabado estudio de la relación entre actividad minera y medio ambiente en Chile véase ASTORGA JORQUERA, Eduardo. *Sistema de evaluación de impacto ambiental, Régimen especial aplicado a la actividad minera.* Editorial Conosur, Santiago de Chile, 2000.

[382] Art. 15 C° Minero.

[383] JIMÉNEZ JAÉN, Adolfo. *El régimen jurídico de los Espacios Naturales Protegidos.* Mc Graw Hill, Madrid, 2000, pág. 282.

1. Permisos

En primer término, el principio de libertad de cateo en materia minera se ve fuertemente atenuado para las siguientes categorías de terrenos[384]:

- Aquellos que teniendo dueño se encuentran abiertos y cultivados.

- Aquellos que teniendo dueño se encuentran cerrados estén o no cultivados.

En ambas situaciones se requiere el permiso escrito del dueño del suelo, de su poseedor o su tenedor que en el caso de ser la Nación será otorgado por el Gobernador y en el caso de ser una municipalidad será otorgado por su alcalde.

Esta limitación es precaria en el sentido de que ante la negativa del titular del suelo el interesado en el cateo puede recurrir a la justicia para que ella autorice la actividad minera, debiendo en todo caso darse cumplimiento a las exigencias y limitaciones legales establecidas en el art. 16 del C° de Minería.

Existen además 2 categorías de "cateo prohibido", esto es, de situaciones en las que de existir negativa para efectuar labores mineras no es posible obtener autorización judicial que supla la negativa. Estas situaciones están consagradas en los arts. 15 y 17 del C° de Minería y versan sobre lo siguiente.

a) *Limitación del art. 15 del Código de Minería*

Esta disposición establece que sólo el dueño puede otorgar el permiso cuando la actividad afecte los terrenos que comprenden la casa del dueño del predio y sus dependencias o en sus terrenos siempre que ellos estén plantados o contengan viñedos, árboles frutales o arbolados[385].

---

[384] Art. 15 Código Minero.
[385] Art. 15 inciso final C° Minero y art. 7 LOC Concesiones Mineras.

Los alcances de estas disposiciones no son idénticos y pueden llevar a efectos jurídicos distintos dependiendo del alcance que se le otorgue.

En primer término, ambas disposiciones están contestes en incluir las casas y sus dependencias como territorios que sólo pueden explorarse y explotarse con el permiso del dueño.

Sin embargo, ambas disposiciones incluyen luego los terrenos con vides y árboles de distinta manera. Mientras la Ley de Concesiones Mineras habla de "terrenos que contengan arbolados o viñedos" el C° Minero habla de "terrenos plantados de vides o de árboles frutales".

En este ámbito ambas disposiciones comparten la exclusión de la actividad minera para una especie particular de vegetales: las vides o viñedos, es decir, aquellas plantaciones cuyo fruto es la uva. Sin embargo, difieren en cuanto al resto de las especies vegetales que ameritan exclusión de actividad minera. Mientras el C°Minero sólo menciona a los "árboles frutales", la Ley de Concesiones Mineras habla de "arbolados", es decir, este último cuerpo legal es mucho más amplio que el primero por cuanto no distingue acerca de la naturaleza de la especie arbórea —como lo hace el C°Minero al referirse sólo a los del tipo frutales— sino que tan sólo se contenta con que se trate de un "arbolado".

b) Limitación del art. 17 del Código de Minería.

Referida a determinados lugares definidos por la ley en cuyo caso se requiere del permiso escrito de la autoridad que contempla la ley para cada caso (art. 17). La ley SBAP derogó entre aquellos lugares el que se establecía en el numeral 2 siguiente:

"2° En lugares declarados parques nacionales, reservas nacionales o monumentos naturales: autoriza el Intendente respectivo".

Con ello debemos entender excluida, por regla general, la posibilidad de autorizar actividad minera en estas AP en concordancia con el régimen jurídico de las mismas regulado en la ley SBAP, salvo algún tipo de minería de baja escala que consideren algún tipo de usos o aprovechamientos de recursos naturales en aquellas otras áreas protegidas que lo permitan, lo que habrá que ver caso a caso en función del área y la actividad en particular.

Con todo, creemos que para el caso de los Parques Nacionales, Reservas de Región Virgen y Monumentos Naturales, categorías de protección estricta, no sería posible compatibilizar actividad minera con su estatus jurídico de preservación casi absoluta. En otras palabras, estos serían casos en que la legislación no lo permite[386].

2. Prohibiciones legales

Las actividades mineras, como cualquier otra actividad humana debe sujetarse íntegramente al ordenamiento jurídico, de tal suerte que no es posible sostener que únicamente les son aplicables los imperativos contenidos o dados por el derecho minero.

Más concretamente, toda actividad minera que pretenda desarrollarse en un AP debe respetar íntegramente el régimen jurídico general aplicable al SNAP y el particular aplicable a cada AP. Estas limitaciones pueden resumirse en términos generales en que las actividades mineras son, por regla general, incompatibles con los fines y objetivos establecidos para el SNAP por los convenios internacionales sobre la materia y por la propia legislación interna.

3. Permiso ambiental

Veamos ahora de qué manera las actividades mineras inciden o son recogidas en la evaluación ambiental de proyectos de inversión minera bajo los términos del llamado sistema de evaluación de impacto ambiental (SEIA)[387].

---

[386] Art. 10 letra p) Ley 19.300.
[387] Chile cuenta con innumerables conflictos históricos entre AP y actividades mineras. Así, por ejemplo, existen peticiones de exploración y explotación en los parques nacionales Lauca, Volcán Isluga, Llullaillaco, Pan de Azúcar y Llanos de Challe; en la Reserva Nacional Los Flamencos y el Monumento

210   LORENZO SOTO OYARZÚN

Varios de los proyectos o actividades mencionados en el artículo 10 de la ley 19.300 se refieren a aspectos relacionados con las actividades mineras, entre los que se pueden señalar los siguientes:

- Proyectos de desarrollo minero, incluidos los de carbón, petróleo y gas, comprendiendo las prospecciones, explotaciones, plantas procesadoras y disposición de residuos y estériles, así como la extracción industrial de áridos, turba o greda (letra i);

- Oleoductos, gasoductos, ductos mineros u otros análogos (letra j); y

- Proyectos de saneamiento ambiental, tales como sistemas de alcantarillado, plantas de tratamiento de aguas o residuos sólidos de origen domiciliario, rellenos sanitarios, emisarios submarinos, sistemas de tratamiento y disposición de residuos industriales líquidos o sólidos (letra o).

Si los proyectos o actividades señalados generan o presentan, "riesgo para la salud de la población, debido a la cantidad y calidad de efluentes, emisiones o residuos", deberán presentar un estudio de impacto ambiental (EIA). En caso contrario, y si no reúnen ninguna de las características del Artículo 11, sólo deberán presentar una declaración de impacto ambiental (DIA).

La ley 19.300 y su reglamento sobre SEIA establecen que requieren del ingreso al SEIA la "ejecución de obras, programas o actividades en áreas que formen parte del *Sistema Nacional de Áreas Protegidas*, humedales urbanos y en otras áreas colocadas bajo protección oficial, en los casos en que la legislación respectiva lo permita"[388].

El Reglamento del SEIA establece como PAS 121[389] que *"El permiso para ejecutar labores mineras en lugares declarados parques nacionales, reservas nacionales o monumentos naturales expresamente para efectos mineros por Decreto Supremo que además señale los deslindes correspondientes y que*

Natural Salar de Surire. Para una revisión de estos conflictos vid. PRAUS, Sergio. La situación jurídica..., op. cit., 245.

[388] Art. 10 letra p) y art. 3 letra p) del DS 40/12 Reglamento del SEIA.

[389] DS 40/13 en su versión aún vigente, aunque tácitamente derogada por Ley SBAP.

lleve la firma del Ministro de Minería, será el establecido en el artículo 17 N° 2°, de la Ley N° 18.248, Código de Minería.

Sin embargo, con la derogación del artículo referido del Código de Minería debe entenderse tácitamente derogado este permiso.

La ley SBAP no modificó el permiso del art. 17 N° 6 del Código de Minería para efectuar labores mineras en covaderas o en lugares declarados de interés histórico o científico, por lo que en aquellas áreas habría de requerirse el permiso del SBAP en virtud del art. 5 letra i) sobre todo considerando que debe evaluarse la conservación de esos ecosistemas.

XIII. PROTECCIÓN Y DERECHOS DE AGUAS EN ÁREAS PROTEGIDAS[390]

El derecho nacional sobre áreas protegidas contenido fundamentalmente en la ley SBAP no efectúa un tratamiento particular del recurso agua en estos territorios bajo protección oficial.

La situación de la protección y eventual uso y aprovechamiento de las aguas en AP es un ámbito de vasta desregulación e incongruencias normativas, derivadas fundamentalmente de la ausencia de una concepción integrada en el manejo del recurso hídrico, que ya ALEJANDRO VERGARA concebía como emanación del "concepto unitario de cuenca hidrográfica", del que, en sus palabras, "…se desprende la necesidad de que su manejo sea integrado, tanto en su planificación como en su distribución".[391]

Esta concepción parcial o segmentada del recurso hídrico ha dado origen a diversos conflictos jurídico-ambientales. Ejemplos emblemáticos de ellos han sido el intento de aprovechamiento de

---

[390] Vid. estudio especializado efectuado sobre esta materia por este autor titulado *Gobernabilidad del Agua,* Serie de publicaciones de Derecho Ambiental del Centro de Derecho Ambiental de UICN, 2004; CELUME BYRNE, Tatiana. *Régimen Público de las Aguas.* Thomson Reuters.Primera Edición, 2013.

[391] VERGARA BLANCO, Alejandro. *Derecho de Aguas.* Editorial Jurídica de Chile. Tomo I. Primera Edición, 1998, pág. 253.

las aguas del lago Chungará por parte de la Dirección de Riego en 1985, el intento de la Dirección de Obras Hidráulicas del Ministerio de Obras Públicas de explotar pozos del Parque Nacional Lauca en 2004, o las decisiones judiciales de prohibir el otorgamiento de derechos de aprovechamiento de aguas al interior de Parques Nacionales[392] que ha mantenido en pugna histórica a CONAF con la DGA, entre muchos otros.

El Código de Aguas[393]estableció tradicionalmente algunas normas de protección ambiental del agua aplicables a las regiones áridas del norte de Chile que se encuentran vigentes y para las cuales ya hemos analizado los criterios normativos[394].

Sin embargo, no hubo por mucho tiempo reglamentación que abordara de manera integral la conservación y gestión del agua en AP, aplicándose sólo criterios y principios generales, como lo fue por años el denominado *"Acuerdo Marco entre la Corporación Nacional Forestal y la Dirección General de Aguas"*, relativo a la autorización de exploraciones de aguas subterráneas y la constitución de derechos de aprovechamiento de aguas en áreas silvestres protegidas del Estado[395].

De acuerdo a los preceptos de este Convenio, para los Parques Nacionales el criterio utilizado era la prohibición absoluta de la concesión de derecho de aprovechamiento de aguas ya se trate de aguas subterráneas —en la que la prohibición es pura y simple atendido el régimen de protección absoluta del área— como en aguas superfi-

---

[392] Sentencias de la E. Corte Suprema en causas Rol 7423-2010 de 27 de junio de 2012 en caso de CONAF contra DGA por petición de derechos de aguas en Parques Nacionales y en causa Rol 5703-12 "CONAF contra Resolución N° 1686 de 8 de noviembre de 2011, de Director Regional de Aguas, Región de Los Lagos" de 18 de noviembre de 2013.

[393] Contenido en el DFL N° 1.122, promulgado el 13 de agosto de 1981, publicado en el Diario Oficial el 29 de octubre de 1981.

[394] Vid. Áreas protegidas consistentes en vegas, pajonales y bofedales.

[395] Convenio celebrado entre la Corporación Nacional Forestal y la Dirección General de Aguas de fecha 24 de enero de 1997 devuelto por Contraloría, sin valor legal en la actualidad pero que fue utilizado por las partes como criterio rector en la materia.

ciales —en la que el criterio es considerar una demanda ambiental hídrica del 100%, esto es, copada—.

Con posterioridad en 2008 la DGA, atribuyéndose las facultades de conceder derechos de aguas al interior de AP estableció en su *"Manual de Normas y Procedimientos para la Administración de Recursos Hídricos"* [396] que en el caso de solicitudes de constitución de derechos de aprovechamiento de aguas superficiales que recaigan en cualquier área bajo protección oficial, según lo dispuesto en el artículo 10, letra p), de la ley 19.300 sobre Bases Generales del Medio Ambiente, no requieren contar con la correspondiente resolución calificatoria ambiental en forma previa a la resolución final por parte del servicio[397].

Estos criterios dispares han dejado de tener aplicación hasta que la disputa jurídica al interior del Estado entre CONAF y DGA respecto del otorgamiento de derechos de aprovechamiento de aguas en AP debió ser zanjada por la jurisprudencia ambiental que luego de criterios dispares y contrarios a la debida protección de los Parques Nacionales —como el sostenido en el caso central hidroeléctrica "Palmar Correntoso" en el Parque Puyehue en 2008—[398], ha dado paso a la doctrina de prohibir la extracción y explotación comercial de las aguas al interior de Parques, como se establece en un conjunto de reclamaciones efectuadas por CONAF en contra de los actos administrativos de la DGA que otorgaban derechos de aguas en estas AP y que terminaron resolviéndose por el E. Corte Suprema en 2012

---

[396] Contenido en Resolución exenta DGA N° 3.504, de 2008, que en su versión actual consta en Resolución 1.513, de 14 de junio de 2023, adaptándose a la reforma al Código de Aguas por Ley 21.435 de 2022.

[397] La Contraloría mediante Dictamen N° 7932 de 8 de febrero de 2011 estableció sobre este punto que" lo que se encuentra sujeto al Sistema de Evaluación de Impacto Ambiental es la ejecución de obras, programas o actividades en los lugares que ahí se indican, circunstancia que no corresponde a la constitución de un derecho de aprovechamiento de aguas superficiales, toda vez que ésta emana de un procedimiento destinado a verificar el cumplimiento de los requisitos que el Código de Aguas consagra para su otorgamiento a través del acto administrativo respectivo".

[398] Sentencia de la Corte Suprema Rol N° 6397-2008.

brindándole preeminencia y supremacía a la Convención de Washington[399].

---

[399] Así por ejemplo se estableció que "no cabe duda que la Sociedad Inversiones El Caudal Limitada los solicitó (derechos de aguas) con fines comerciales, específicamente para la generación de electricidad, esto es, con fines de lucro, pretendiendo captar aguas desde un punto, para restituirlas en otro, lo que implica que necesariamente el Parque Nacional (Chiloé) resultará gravado con una servidumbre de acueducto, lo que resulta incompatible con la Convención ya citada (Washington), y que vulnera la autoridad administrativa, lo que impide conceder los derechos de aprovechamiento solicitados, constituyendo hechos asentados en la causa, por así haberlo establecido los jueces del grado, los que contrastados con la legislación aplicable, impedían el otorgamiento de los derechos de aprovechamientos cuestionados por la reclamante CONAF. Sentencias de la E. Corte Suprema recaídas en sendos recursos de casación en causas CONAF c/ DGA Nº 7424-2010 a 7435-2010 falladas el 27 de junio de 2012. O como se señala en otro fallo "...no cabe duda que el peticionario don Jaime León Bertín Hipp solicitó la constitución de derechos de aprovechamiento de aguas sobre un caudal al interior del Parque Vicente Pérez Rosales con fines comerciales o de lucro, específicamente para la generación de electricidad mediante una central hidroeléctrica de paso.

Dicha actividad industrial naturalmente deteriorará o degradará los componentes del medio ambiente, es decir, la contaminación del aire, las aguas, el suelo, contaminación por ruidos, la contaminación de la flora, la fauna u otros componentes básicos del ambiente, atentando, en suma, contra el funcionamiento del ecosistema del Parque Nacional. Tal hecho ha sido establecido por los jueces de acuerdo al mérito del proceso como una consecuencia lógica y necesaria de la obra o actividad que motiva al particular a solicitar los derechos de aprovechamiento de la especie y no fue refutado por quien tenía la carga de demostrar que ese resultado, razonablemente esperado, no se producirá. Por ende, si ello resulta incompatible con la Convención y leyes citadas, no es posible conceder los derechos de aprovechamiento solicitados, aun cuando exista disponibilidad del recurso hídrico y sea técnicamente pertinente la solicitud, requisitos que, con todo, no fueron dilucidados por la Dirección General de Aguas al momento de pronunciarse sobre la oposición de la reclamante la que, en cuanto se funda en los aspectos que han venido desarrollándose, debió ser acogida". Sentencia de la E. Corte Suprema recaídas en recurso de casación en causas CONAF c/ DGA Nº 5703-12 de 18 de noviembre de 2013.

Con la ley 21.435 que modificó el Código de Aguas en 2022 y que introdujo importantes normas ambientales a la regulación hídrica, la cuestión se resolvió legislativamente del siguiente modo[400]:

- La DGA está facultada para fijar un caudal ecológico mínimo a los derechos de aguas existentes en AP tales como *parques nacionales, reservas nacionales, reservas de región virgen, monumentos naturales, santuarios de la naturaleza, los humedales de importancia internacional y los sitios prioritarios de primera prioridad*" (art. 129 bis 1), norma que tampoco fue armonizada por la ley SBAP[401].

- Los derechos de aprovechamiento ya existentes en AP sólo podrán ejercerse en la medida que ello sea compatible con la actividad y fines de conservación de éstas. La contravención a lo dispuesto en este inciso se sancionará de conformidad con lo establecido en el artículo 173.

- Se prohíbe otorgar nuevos derechos de aprovechamiento en AP tales como *parques nacionales, reserva nacional, reserva de regiones vírgenes, monumento natural, santuario de la naturaleza, los humedales de importancia internacional y aquellas zonas contempladas en los artículos 58 y 63* (art. 129 bis 2).

- Se hace excepción de aquello a las actividades compatibles con los fines de conservación del área o sitios referidos, lo que deberá ser acreditado mediante informe del Ministerio del Medio Ambiente (art. 129 bis 2), lo que evidentemente excluye a las actividades industriales y queda acotado a las actividades científicas, educativas y de turismo que la ley SBAP admite.

- Por último, en caso de que exista actividad turística en AP, podrán constituirse derechos de aprovechamiento a favor de

---

[400] Vid. Resolución 1.513 DGA de 14 de junio de 2023 "Manual de Normas y Procedimientos para la Administración de Recursos Hídricos".

[401] Nótese además en este caso que se dejó la categoría de sitio prioritario de primera prioridad que la ley SBAP eliminó del proyecto y que por tanto es inexistente en nuestro derecho.

216 LORENZO SOTO OYARZÚN

CONAF para que ésta haga uso de ellos en la respectiva área protegida[402].

XIV. RÉGIMEN DE CONTROL Y SANCIÓN

1. *Fiscalización*

Con la ley SBAP el ente administrador de las AP que ahora es el SBAP es a su vez su fiscalizador (art. 5). Desde el punto de vista del derecho administrativo chileno, el o los órganos con potestades de administración o con otras funciones especiales relativas a AP —como las que tiene el SAG para otorgar concesiones de explotación forestal—, tienen normalmente también las potestades para fiscalizar el cumplimiento de su normativa.

El SBAP tiene la competencia general para fiscalizar el cumplimiento de todos los instrumentos de gestión para la conservación de la biodiversidad creados por la Ley SBAP, incluidos los planes de manejo y para cautelar de modo general los usos y actividades que se desarrollen al interior de las AP del SNAP, para cuyo fin ejercerá sus potestades fiscalizadoras por medio de un cuerpo de guardaparques (art. 76). Sin embargo, como hemos advertido permanecen vigentes potestades concurrentes con otros servicios como en cuanto al aprovechamiento ilegal de recursos naturales y la caza en Reservas Forestales, entre otras materias del orden forestal que siguen siendo fiscalizables por CONAF[403].

En materia de fauna silvestre, por ejemplo, se da una situación que ejemplifica la concurrencia de atribuciones fiscalizadoras. Señala la Ley de Caza[404], en su artículo 39, que "Las funciones de control de caza serán ejercidas por Carabineros de Chile, por la autoridad

---

[402] Habría que entender que a partir de la ley SBAP dichos derechos se constituyen a favor del SBAP desde que este servicio sea creado y tome la administración del área y los derechos que CONAF detente pasarían a la propiedad del SBAP.

[403] DFL 15; arts. 10, 14 y 28 Ley de Bosques.

[404] Ley N° 4.601 de 1929 sustituida por ley 19.473 de 1996.

marítima o por los funcionarios que para estos efectos designe el Servicio Agrícola y Ganadero, el Servicio Nacional de Pesca o la entidad que el Estado designe como administradora del Sistema Nacional de Áreas Protegidas, según corresponda. Las denuncias efectuadas por las personas antes enumeradas constituirán presunción de la existencia de los hechos denunciados". Llama la atención, además, en esta norma que habiendo sido armonizada por la Ley SBAP no mencionara expresamente a este servicio como lo hizo en otras leyes.

En cuanto a la competencia para controlar y fiscalizar las actividades ilegales en "santuarios de la naturaleza" el CMN mantiene hasta que se complete el periodo de transición que resuelva la recategorización de estas AP, sus competencias sobre estas áreas[405], además del deber de denunciar a la justicia las infracciones que se cometan en ellas[406],sin perjuicio de la custodia del MMA.

Tratándose de "distritos de conservación de suelos, bosques y aguas" y de "áreas de protección turística" su control corresponde a la CONAF, en virtud de sus competencias generales en materia forestal[407] y en virtud de la asignación de funciones que le da la propia ley 18.378 entre ellas la de denunciar las infracciones a ella[408].

Finalmente, respecto de las AP marinas la ley SBAP traspasa la fiscalización de SERNAPESCA al SBAP. Sin embargo, persiste a lo menos cual será la condición definitiva de las reservas marinas, las que si bien pasan en principio al SNAP, podrían quedan bajo la condición de Reserva de Interés Pesquero (a cargo de SERNAPESCA) en el proceso de recategorización y mientras no sean recategorizadas debemos entender que quedan en manos del SBAP por homologación a la categoría de Reserva Nacional.

Por último, la SMA pierde sus potestades fiscalizadoras sobre los planes de manejo de recursos naturales, los que pasan al SBAP. Con todo mantiene su competencia aun si las infracciones han sido co-

---

[405] Art. 6 N° 5.
[406] Art. 44.
[407] Art. 24 bis y 31 DL 701.
[408] Art. 5 inciso 5°.

metidas en un AP si ellas forman parte de las normas y condiciones sobre la base de las cuales se ha aprobado un EIA o DIA (art. 17)

2. Régimen general de sanción en Áreas Protegidas

El SBAP está dotado de potestades sancionatorias para el más amplio espectro de infracciones a la Ley que lo crea, lo que ciertamente incluye las sanciones cometidas a las unidades que integran el SNAP y de las que carecía CONAF bajo el antiguo régimen.

Ahora, si bien la ley SBAP suprimió los planes de manejo como instrumento sujeto a la fiscalización de SMA, mantuvo, o más bien no derogó, entre sus competencias la facultad de sancionar el incumplimiento a los planes de manejo de recursos naturales renovables a que se refiere la ley 19.300 (art. 36 letra k), de tal suerte que podría sostenerse cierta discusión sobre un virtual concurso de competencias e infracciones. En materia de infracción a un PM de AP la cuestión debiera resolverse en favor de la competencia del SBAP por cuanto la ley SBAP considera un régimen especial de sanción para este instrumento (art. 115), a menos que la infracción al plan de manejo de AP forme parte de las condiciones o normas de un EIA o DIA en cuyo caso se deberá sancionar por la SMA.

Es así como se establece en la Ley SMA que son infracciones graves, los hechos, actos u omisiones que contravengan las disposiciones pertinentes y que, alternativamente se ejecuten al interior de áreas silvestres protegidas del Estado, sin autorización.

A su turno el art. 40 consagró una agravante de la responsabilidad administrativa ambiental cuando la infracción, cualquiera sea esta, cause "detrimento o vulneración de un área silvestre protegida del Estado".

Por su parte la Ley SBAP estableció como infracciones específicas cometidas en áreas protegidas las siguientes:

a) Contravenir las prohibiciones establecidas en el artículo 108.

b) Contravenir lo dispuesto en los planes de manejo de áreas protegidas.

c) Contravenir las obligaciones establecidas en los contratos de concesión.

d) Realizar actividades sin contar con el permiso a que se refiere el artículo 94, cuando lo requiriese, o contravenir las condiciones establecidas para su otorgamiento.

e) Contravenir las obligaciones que conlleva ser propietario o administrador de un área protegida privada.

f) Impedir u obstaculizar las labores de fiscalización.

g) Entregar información falsa u ocultar cualquier antecedente relevante con el fin de encubrir una infracción.

La ley exime de infracción las conductas que, no obstante su tipificación, hayan sido realizadas en el marco de aquellos usos o costumbres ancestrales de comunidades indígenas reconocidas en el decreto de creación de la respectiva área o en el plan de manejo de la misma, o en aplicación de normativa especial en materia de sanidad vegetal y animal, en tanto no constituya un menoscabo a la conservación de la diversidad biológica y a la protección del patrimonio natural del país, como tampoco en el contexto del combate de incendios forestales,(art. 115 inc.final) cuestión que debiera ser debidamente acreditada en el proceso sancionatorio.

3. Regímenes sancionatorios sectoriales

En materia forestal se establecen sanciones generales por la contravención a sus disposiciones y algunas especiales por uso, aprovechamiento o explotación indebida de bosques o no autorizada. Debemos entender que las infracciones que se cometan en Reservas Forestales, no obstante la duplicidad de competencias administrativas sobreviniente entre CONAF y SBAP, se sancionan conforme a la ley de éste servicio por cuanto este régimen no hace distinción a estos efectos entre AP y siempre que la sanción sea mayor conforme a la regla concursal del art. 117.

Existen también sanciones especiales en el orden forestal como la que establece la ley de fomento forestal que sanciona al propietario del terreno o a quien efectuare la corta o explotación no autorizada de bosque nativo, según determine la CONAF, con "multa ascendiente al doble del valor comercial de los productos, cualesquiera que fuera su estado o su grado de explotación o elaboración".[409]Agrega la disposición que "Si los productos provenientes de la corta o explotación ejecutada en contravención a lo dispuesto en este artículo fueren enajenados, el infractor será sancionado con una multa equivalente al triple de su valor comercial".[410]Además de la sanción pecuniaria CONAF puede aplicar la sanción de comiso de las especies y su enajenación posterior[411]. Finalmente, CONAF puede "ordenar la inmediata paralización de las faenas, para cuyo efecto podrá requerir el auxilio de la fuerza pública al juzgado de policía local competente"[412]

En la misma línea muchos de los decretos vigentes que crean AP pertenecientes al antiguo SNASPE establecen un régimen sancionatorio especial frente a sus infracciones[413],e incluso un régimen especial para su uso y explotación[414], los que habría que entender tácitamente derogados por el nuevo régimen legal de la ley SBAP.

También el DFL N° 15/68 del MINAGRI —modificado por la ley 21.488— de manera muy particular y acotada establece un régimen sancionatorio especial frente a la explotación y aprovechamiento ilegal de los recursos forestales existentes en AP, consistente en la retención de las maderas, entre otras atribuciones conferidas a CONAF.

---

[409]   Art. 21 inciso 4° DL 701.

[410]   Art. 21 inciso 5° DL 701.

[411]   Art. 21 DL 701 y D.S. sobre monumentos naturales, por ejemplo.

[412]   Art. 21 incisos 4° y 6° del DL 701.

[413]   El establecimiento de sanciones vía DS merece fuertes reparos desde el punto de vista de su constitucionalidad. No obstante ello, ha constituido una práctica común y generalizada de la Administración. Por ejemplo, las acciones de corta o explotación ilegal de Araucaria contemplan una sanción de multa de hasta 10 sueldos vitales anuales de la provincia de Santiago y en caso de reincidencia con el duplo (art. 6 DS N° 29 de 1976). En el caso del Alerce la multa es de hasta 3 sueldos vitales anuales de la Región Metropolitana, debiendo aplicarse dicho monto en caso de reincidencia cometida dentro de 2 años (Art. 8 DS N° 490 de 1976).

[414]   Vid. fallo de Corte de Apelaciones de Valdivia de 21/10/87 recaída en recurso de protección Rol N° 11.086 "Forestal Venecia Ltda. (apelación queja civil) publicada en Revista fallos del Mes, año 1987, N° 347, pág. 672 y ss.

En el ámbito sancionatorio correspondiente a las AP marinas, no existen sanciones especialmente previstas para ellas, por lo que su régimen será el de la ley SBAP. Sin perjuicio de ello, la legislación pesquera se ha preocupado de establecer un completo régimen sancionatorio, en virtud del cual se aplican las siguientes reglas supletorias[415]:

- Infracciones a la ley que no tenga prevista una sanción especial: Multa equivalente a una o dos veces el resultado de la multiplicación del valor de sanción de la especie afectada, a la fecha de la dictación de la sentencia, por cada tonelada o fracción de tonelada, de peso físico de los recursos hidrobiológicos objeto de la infracción.

- Infracciones a la ley que no pudieren sancionarse conforme con lo dispuesto precedentemente: Multa de 3 a 300 unidades tributarias mensuales.

- Infracciones de la normativa sobre acuicultura que no tuvieren prevista una sanción especial en la ley: Multa de 3 a 300 unidades tributarias mensuales.

- Reincidencia: Doble de la sanción.

Sobre los "santuarios de la naturaleza" se contempla una sanción especial de cincuenta a quinientas UTM en la Ley 17.288 cuya derogación sólo regirá a partir de la recategorización de estas áreas.

Respecto a las denominadas "áreas de protección turística" así como a los "distritos de conservación de suelos, bosques y aguas" de la ley 18.378, las infracciones establecidas son igual para las dos: "multa de una a cincuenta UTM".[416]

Ahora si la infracción consistiere en haber cortado árboles o explotado bosques, la sanción será, además, "una multa igual al doble del valor comercial de los productos cortados o explotados, cualquiera que fuese su estado o grado de explotación o elaboración", y "...si los productos provenientes de la corta o explotación hubieren sido

---

[415] Art. 116 Ley de Pesca.
[416] Art. 5.

enajenados por el infractor, éste será sancionado con una multa equivalente al triple de su valor comercial"[417].

Tratándose de los "lugares de interés histórico-científico" las infracciones podrán ser castigadas con multa de una a cincuenta unidades tributarias mensuales, sin perjuicio de la indemnización por daños que proceda. En caso de reincidencia, la multa se duplica, no pudiendo exceder de 100 UTM[418].

Respecto a las denominadas "áreas de protección turística" así como a los "distritos de conservación de suelos, bosques y aguas" de la ley 18.378 la competencia la tienen los Juzgados de Policía Local quienes aplicarán el procedimiento general establecido para ellos, esto es el consagrado en la ley 18.287[419].

En el caso de los "lugares de interés histórico-científico" la competencia por infracción a las disposiciones que lo regulan es del juzgado civil ordinario del lugar de la AP[420]. Respecto al procedimiento, el artículo 234, establece que se aplicará el procedimiento sumarísimo (especial) contemplado en el artículo siguiente (art. 235) en lo relativo a la procedencia y el monto de las indemnizaciones[421].

---

[417] Art. 5 inciso 2°.
[418] Art. 18 C° de Minería.
[419] Art. 5 inciso 4°.
[420] Art. 231 C° de Minería.
[421] El artículo 235 referido, establece:
"El procedimiento sumarísimo que se observará en los casos del artículo anterior, será el siguiente:
1°. Deducida la demanda, citará el tribunal a la audiencia del quinto día hábil después de la última notificación, ampliándose este plazo si el demandado no está en el lugar del juicio, con todo o parte del aumento que concede el artículo 259 del Código de Procedimiento Civil;
2°. La audiencia se celebrará con sólo el que asista y en ella se recibirá la contestación y se rendirán las pruebas. La parte que quiera rendir prueba testimonial deberá presentar, antes de las doce horas del día anterior al de la audiencia, una lista de los testigos de que piensa valerse;
3°. Si el juez lo estima conveniente, oirá el informe de un perito, nombrado en la misma audiencia por los interesados y, a falta de acuerdo, por él. El juez fijará un plazo al perito para que presente su informe;
4°. La sentencia se dictará dentro de quinto día contado desde la fecha de la audiencia, o de la presentación del informe, en su caso;

4. Régimen de sanción penal por atentados a Áreas Protegidas

4.1. Delito de afectación de áreas protegidas (art. 310 CP)

La ley 21.595 sobre Delitos Económicos y Ambientales (DEA) crea una figura penal, tanto dolosa como pulposa, especialmente referida a áreas protegidas. Sin embargo, no consideró la recategorización de AP que haría luego la ley SBAP por lo que el delito se tipifica sólo si se comete a las AP que considera.

En efecto el tipo penal sanciona a "El que afectare gravemente uno o más de los componentes ambientales de una reserva de región virgen, un parque nacional, un monumento natural, una reserva nacional o un humedal de importancia internacional" con la pena de presidio o reclusión mayor en su grado mínimo.

Sin embargo, hay que recordar que la ley SBAP homologa a las anteriores categorías otras que técnicamente no lo son y ordena un proceso de recategorización que se deberá realizar en los plazos que establece la ley. Las homologaciones establecidas por el sólo ministerio de la ley, por tanto, tiene implicancias penales de tal suerte que a los hechos ilícitos cometidos en las categorías homologadas se les podría aplicar esta figura penal.

Para el tipo culposo el inciso 3°agrega que la pena será de presidio o reclusión menor en su grado máximo si cualquiera de los hechos señalados en los incisos anteriores, es decir, afectar gravemente uno o más de los componentes ambientales, fuere perpetrado por imprudencia temeraria o por mera imprudencia o negligencia con infracción de los reglamentos.

Aquí llama la atención que la figura dolosa no requiere de infracción reglamentaria que sí forma parte del tipo culposo. Dada la abundante reglamentación existente y que se añadirá a la legislación

---

5°. La sentencia definitiva será apelable en el solo efecto devolutivo, salvo que el juez, por resolución fundada no susceptible de apelación, conceda el recurso en ambos efectos. Las demás resoluciones son inapelables, y
6°. La apelación se tramitará como en los incidentes y gozará de preferencia para su vista y fallo".

sobre áreas protegidas con la nueva ley SBAP, habrá que discriminar cual de toda ella integraría el tipo penal.

Este delito además trae aparejada una pena de multa que va de las 120 a las 120.000 UTM (art. 310 ter) y el comiso de todas las ganancias obtenidas por el delito (art. 24 bis), y en el caso de una AP la prohibición perpetua de ingresar al área afectada (art. 311 bis). Ademas, es el único delito ambiental en que se excluye la aplicación de la atenuante calificada de reparación del daño ambiental (art. 311 ter).

Los delitos descritos pueden ser cometidos por personas naturales como personas jurídicas (art. 311 quinquies).

4.2. Delito Falta en Áreas Protegidas (art. 494 N° 3 CP)

De manera muy acotada en este ámbito se establece y sanciona, con anterioridad a la ley DAE, como delito-falta, en virtud de la **Ley 21.123**, a "el que ensuciare, arrojare o abandonare basura, materiales o desechos de cualquier índole en playas, riberas de ríos o de lagos, parques nacionales, reservas nacionales, monumentos naturales o en otras áreas de conservación de la biodiversidad declaradas bajo protección oficial". [422]

Este delito aplicaría para aquellas afecciones no graves, pero acotadas a aquellas producidas por residuos o materiales de "cualquier índole" producidas en un amplio espectro de AP en tanto tengan fines de conservación ambiental y reconocimiento oficial.

La pena asignada es de multa de una a cuatro UTM.

Este delito no fue incorporado como delito económico en la ley DEA.

---

[422] Artículo único de la esta ley que modifica el art. 494 del Código Penal incorporando un numeral 3° que tipifica como falta el supuesto descrito, promulgada el 27 de noviembre de 2018 y publicada en el D.O. el 10 de diciembre de 2018.

4.3. Delito especial de daños a Monumentos Nacionales

El artículo 38 de la Ley sobre Monumentos Nacionales establece un delito especial con la finalidad de resguardar la integridad de los Monumentos Nacionales, concepto que como sabemos comprende y por tanto aplica a los Santuarios de la Naturaleza, al menos hasta que la disposición que los considera como tales deje de estar vigente y haya concluido el proceso de reclasificación conforme a la ley SBAP. (art. 4 transitorio).

El citado artículo señala que: "Los particulares que destruyan u ocasionen perjuicios en los Monumentos Nacionales o en los objetos o piezas que se conserven en ellos o en los Museos, sufrirán las penas que se establecen en los artículos 485° y 486° del Código Penal, sin perjuicio de la responsabilidad civil que les afecte, para la reparación de los daños materiales que hubieren causado en los aludidos monumentos o piezas".

Las penas del art. 485 son reclusión menor en sus grados medio a máximo y multa de once a veinte unidades tributarias mensuales para los que causaren daño cuyo importe exceda de cuarenta unidades tributarias mensuales, en tanto que las penas del art. 486 son reclusión menor en sus grados mínimo a medio y multa de seis a diez unidades tributarias mensuales cuando concurren las circunstancias expresadas en el artículo anterior[423] y se causare daño cuyo importe exceda

---

[423] Las circunstancias expresadas consisten en cometer el daño:
"1.° Con la mira de impedir el libre ejercicio de la autoridad o en venganza de sus determinaciones, bien se cometiere el delito contra empleados públicos, bien contra particulares que como testigos o de cualquiera otra manera hayan contribuido o puedan contribuir a la ejecución o aplicación de las leyes.
2.° Produciendo por cualquier medio infección o contagio de animales o aves domésticas.
3.° Empleando sustancias venenosas o corrosivas.
4.° En cuadrilla y en despoblado.
5.° En archivos, registros, bibliotecas o museos públicos.
6.° En puentes, caminos, paseos u otros bienes de uso público.
7.° En tumbas, signos conmemorativos, monumentos, estatuas, cuadros u otros objetos de arte colocados en edificios o lugares públicos.
8.° Arruinando al perjudicado".

de cuatro unidades tributarias mensuales y no pase de cuarenta unidades tributarias mensuales. En tanto que cuando dicho importe no excediere de cuatro unidades tributarias mensuales ni bajare de una unidad tributaria mensual, la pena será reclusión menor en su grado mínimo y multa de cinco unidades tributarias mensuales.

Este delito ha sido incorporado por la ley DEA como delito económico.

Capítulo IV

Régimen jurídico especial de las áreas protegidas

I. PARQUES NACIONALES

1. Introducción

El régimen jurídico chileno de los Parques Nacionales, en particular, es un ámbito del derecho ambiental poco estudiado a nivel de monográficas y estudios particulares en Chile. Se trata de un tema desatendido desde el punto de vista jurídico y que desde luego no está a la altura de la importancia y trayectoria histórica que ha tenido esta institución en el derecho chileno. Sólo en los últimos años, como se verá, se ha generado en Chile una doctrina por la vía jurisprudencial[424] que nos permitirá conocer mejor los contornos del derecho ambiental chileno sobre parques[425].

Los Parques Nacionales son, sin duda, una de aquellas instituciones mejor cimentadas en la cultura e institucionalidad chilena ya por un siglo; en todo ese período han cumplido a cabalidad las funciones que históricamente se les han encomendado de ser expresión de las bellezas escénicas de nuestro país y de reductos de la naturaleza para su preservación. Hoy sin embargo, se requiere de un replantea-

---

[424]   Chile ha seguido así el proceso histórico vivido en Estado Unidos en los años 70 en la que por la vía jurisprudencial se fue moldeando el auténtico derecho ambiental norteamericano a pesar de las deficiencias constitucionales y la oposición política y empresarial. Cfr. RUIZ-RICO RUIZ, Gerardo. *Constitución y Medio Ambiente en los Estados Unidos* en RUIZ-RICO RUIZ, Gerardo (coordinador). Derecho comparado del medio ambiente…,*op.cit.*

[425]   Cfr. Sentencias de la E. Corte Suprema en causas Rol 7423-2010 de 27 de junio de 2012 en caso de CONAF contra DGA por petición de derechos de aguas en Parques Nacionales; Rol 10.220-2011 de 4 de abril de 2011 en caso conocido sobre Proyecto Hidroeléctrico de Aysén que pretendía intervenir parte del Parque Nacional Laguna San Rafael en Patagonia.

miento de las políticas, programas y acciones que el Estado ha tenido tradicionalmente hacia los Parques, pasando desde el rol escénico o puramente recreacional a cumplir ahora un rol en las estrategias sobre cambio climático y el otorgamiento de servicios ecosistémicos o ambientales.

En el marco de estos desafíos es que conviene analizar el estatuto que el derecho nacional e internacional del siglo XXI establece y propone para los Parques Nacionales.

Nuestro análisis considerará los diversos tópicos jurídico más problemáticos a que se enfrenta la institución de los Parques Nacionales actualmente como lo es el de la pretensión de desarrollo de actividades productivas en ellos, la extracción y aprovechamiento de sus recursos naturales particularmente aguas y yacimientos mineros, y las pretensiones de títulos de dominio o propiedad privada al interior de sus deslindes, como acontece con el clásico e irresoluble conflicto con títulos de propiedad indígena en Chile.

2. Antecedentes sobre los Parques Nacionales en Chile

Tradicionalmente administrados por la Corporación Nacional Forestal (CONAF), institución de recursos exiguos que ha demostrado en el tiempo aptitud, actitud y vocación conservacionista y de defensa del Sistema Nacional de Áreas Silvestres Protegidas del Estado (SNASPE)[426],hoy se enfrenta al desafío de cambio de su entidad administradora: el SBAP. Su realidad precaria[427] sin embargo no se condice con su historia y su valor ecosistémico y económico[428].

---

[426]   Recuérdese que el SNASPE fue creado por ley 18.362/84 (ley no vigente) y se encuentra conformado por Parques Nacionales, Reservas Nacionales, y Monumentos Naturales. Además de acuerdo a la ley 19.300, art. 34, el SNASPE incluye los parques y reservas marinas.

[427]   Chile se sitúa entre los países que menos invierte en la gestión de sus AP, según el estudio "Estimación presupuestaria de dieciocho parques nacionales de la Patagonia chilena" de la Universidad Austral de Chile, 2023.

[428]   Para una revisión acerca de la valoración económica de las ASP en Chile Vid. FIGUEROA. Eugenio, *Valoración Económica detallada de las áreas protegi-*

Si se revisan los antecedentes históricos sobre el establecimiento de áreas protegidas en Chile podremos constatar que hace a lo menos un siglo el Estado ha reconocido el valor de contar con áreas especialmente reservadas a la naturaleza. En efecto, el primer paso decisivo se dio a fines del siglo XIX en 1889 bajo la administración del Presidente Manuel Montt con la contratación del naturalista alemán Federico Albert, precursor de la institucionalidad forestal chilena y luego con el establecimiento de la Reserva Forestal Malleco, en 1907.

Como hemos señalado[429] en el año 1925, se crea el primer Parque Nacional en Latinoamérica, el Parque Nacional Benjamín Vicuña Mackenna, ubicado en la provincia de Cautín, desafectado cuatro años más tarde. En 1926, se creó el Parque Nacional Vicente Pérez Rosales, en la provincia de Llanquihue, el que a la fecha aún está vigente. A partir de estos importantes hitos se desarrolla progresivamente el movimiento conservacionista en Chile, creándose nuevos parques nacionales, reservas forestales y monumentos naturales[430].

Un hito clave en la protección jurídica de los parques está dado por la promulgación de la Ley N° 18.362 el año 1984 que crea el Sistema Nacional de Áreas Silvestres Protegidas del Estado. Esta ley si bien nunca estuvo vigente, fue reconocida incluso por la jurisprudencia nacional, por ejemplo, en el fallo de la E. Corte Suprema de 19 de diciembre de 1985 sobre recurso de protección caratulado *Palza con Director de Riego*, en un caso sobre uso de los recursos hídricos y contaminación del Lago Chungará, inserto en el Parque Nacional Lauca[431].

En otro caso de relevancia ambiental la E. Corte Suprema estableció que "en armonía y dando cumplimiento a lo preceptuado por la

---

das de Chile. *Creación de un Sistema Nacional Integral de Áreas Protegidas para Chile.* Proyecto GEF-MMA-PNUD. Santiago de Chile, Diciembre, 2010.

[429] Vid. *Supra* Cap.I

[430] Una completa descripción de cada una de las unidades que componen los Parques y demás áreas protegidas es posible encontrar en PRAUS, Sergio y otros. *La Situación Jurídica de las Actuales Áreas Protegidas de Chile.* PROYECTO GEF-PNUD-MMA, Diciembre de 2011. Vid. también www.conaf.cl y www.areasprotegidas.mma.gob.cl.

[431] R.D.J. Tomo LXXXII, N° 3, 1985.

Carta Fundamental en la disposición citada procedentemente, se dictó la ley N° 18.362 de 27 de diciembre de 1984, que estableció el sistema nacional de áreas silvestres protegidas por el Estado. Constituye un hecho no controvertido que por decreto supremo N° 734, citado en la parte expositiva de esta sentencia, se declaró Parque Nacional a una porción de la Isla Grande de Chiloé que limita en la forma referida en el considerando tercero de la sentencia en recurso. Y que el artículo 2° de la ley citada N° 18.362 define las áreas silvestres protegidas como "los ambientes naturales terrestres o acuáticos, pertenecientes al Estado y que éste protege y maneja para la consecución de los objetivos señalados en cada una de las categorías de manejo contempladas por el artículo 3°"[432].

La ley ambiental marco en Chile N° 19.300 de 1994 si bien abordó en términos básicos el estatus jurídico de las áreas protegidas y los parques, reconociendo la existencia de un sistema nacional de áreas silvestres protegidas, tanto público como privado, no reguló esta materia sino hasta la dictación de la Ley SBAP de 2023[433].

Los Parques Nacionales chilenos han sido objeto de diversos dictámenes y sentencias judiciales siendo más bien la vía jurisprudencial[434] la que ha contribuido a dar contorno y definición a su estatus jurídico antes que la legislación, como veremos.

3. Conceptualización y Fines

La Convención de Washington, la ley SBAP y la jurisprudencia[435] los definen en términos más o menos similares como un área terres-

---

[432] Sentencia dictada por la E. Corte Suprema de 24/11/87 en Recurso de Protección.

[433] Art. 34 de la Ley 19.300. Esta disposición indica que "La administración y supervisión del Sistema Nacional de Áreas Silvestres Protegidas del Estado corresponderá al Servicio de Biodiversidad y Áreas Protegidas".

[434] Para un análisis del rol que ha tenido la jurisprudencia en el modelo español de protección de espacios naturales véase TEROL, Manuel José. *Espacios Naturales Protegidos y medio ambiente*. Centro de Estudios Políticos y Constitucionales, España, 2002.

[435] R.D.J. Tomo LXXXII, N° 3, 1985.

tre, acuática, marina, insular o continental, generalmente amplia, en la que existen diversos ambientes únicos o representativos del patrimonio natural del país, no alterados significativamente por la acción humana, y en que la biodiversidad o las formaciones geológicas son de especial interés educativo, científico o recreativo[436].

Así del tenor de la normativa internacional así como del derecho nacional se desprende claramente que los Parques Nacionales son reductos de la diversidad biológica en los que sólo es posible admitir actividades compatibles con dicho régimen de protección, tales como investigación, educación y recreación (turismo), entendiéndose permitidas por cierto las actividades u obras que constituyan medios para el servicio de las actividades principales autorizadas, encontrándose vedada la explotación o intervención industrial o comercial.

Su objeto es:

– La preservación del patrimonio natural junto a su valor escénico o cultural asociado, es decir, una protección estricta; y

– La continuidad de los procesos evolutivos y de las funciones ecológicas, junto con las poblaciones de especies y ecosistemas característicos del área.

La ley SBAP estableció como prohibición explícita para los Parques distinguiendo entre (art. 58):

– Parques terrestres: Se prohíbe "la explotación de recursos naturales con fines comerciales".

– Parques marinos: Se prohíbe todo tipo de actividad, salvo aquéllas que se autoricen con propósitos de investigación científica, educación o turismo de baja escala.

Para los efectos legales, se entiende por explotación de recursos naturales con fines comerciales las actividades de extracción de re-

---

[436]   En armonía con lo dispuesto en el artículo 7° de la Ley 19.473 de Caza que "prohíbe la caza o la captura en reservas de regiones vírgenes, parques nacionales, reservas nacionales, monumentos naturales, santuarios de la naturaleza, áreas prohibidas de caza, zonas urbanas, líneas de ferrocarriles, aeropuertos, en y desde caminos públicos y en lugares de interés científico y de aposentamiento de aves guaníferas".

cursos naturales, como asimismo actividades o infraestructura industrial.

4. *Regulaciones especiales*

En el caso de los Parques la desafectación requiere de ley según nuestros tribunales[437]y por lo establecido en la Convención de Washington y ahora por la ley SBAP que establece que sólo es posible desafectar por ley un Parque Nacional.

La principal base de este resguardo se contempla en el art. 3 de Convenio por la cual *"Los Gobiernos Contratantes convienen en que los límites de los parques nacionales no serán alterados ni enajenada parte alguna de ellos sino por acción de la autoridad legislativa competente. Las riquezas existentes en ellos no se explotarán con fines comerciales"*.

Del estatuto de la Convención es posible señalar:

– Sólo por ley pueden alterarse sus límites, es decir, no puede mudarse su estatus jurídico, si no es por ley. Esto incluye cualquier acto jurídico que implique alteración de sus deslindes como una desafectación, venta total o parcial, cesión, regularización o cualquier otro acto civil o administrativo que de cualquier modo modifique sus deslindes.

– Sólo por ley puede enajenarse parte de él, es decir, venderse, arrendarse, hipotecarse, prestarse o ejecutarse cualquier otro acto de disposición entendido en sentido amplio, como es propio del acto enajenatorio.

– Sus riquezas no pueden explotarse comercialmente, es decir, ni el suelo, el agua, su flora o fauna o cualquier otro componente natural puede ser utilizado a objeto de explotación comercial. Especialmente aplicable es la norma a los productos

---

[437] Vid. a modo de ejemplo, fallo de la E. Corte Suprema de 19 de diciembre de 1985 sobre recurso de protección caratulado Palza con Director de Riego, Rol 775, más conocido como caso del "Lago Chungará"; causa Rol N° 7258-04 caratulada "Girardi y otros con Ministro Secretario General de la Presidencia, en recurso de protección por Parque Nacional La Campana.

minerales que desde todo punto de vista comparten el calificativo de riquezas.

- Se prohibirá la caza, la matanza y la captura de especímenes de fauna existentes en los Parques Nacionales, excepto cuando se hace por las autoridades del parque o con su autorización para fines científicos.

- Se prohibirá la recolección de ejemplares de flora existentes en los Parques Nacionales, excepto cuando se hace por las autoridades del parque o con su autorización para fines científicos.

- Proveerán a los Parques Nacionales de las facilidades necesarias para el solaz y educación del público.

Siguiendo a LYSTER, la Convención prohibiría incluso aquellas actividades que se ejecutan fuera de un Parque pero que generan sus efectos dentro de él como por ejemplo actividades que causan resedimentación, erosión o polución[438].

Por último, en cuanto al medio marino de Parques la jurisprudencia administrativa de la Contraloría General de la República ha deslindado conflictos competenciales y de actividades permitidas o prohibidas en el siguiente sentido:

Hace ya larga data se ha establecido la procedencia de la ocupación y ejecución de obras de infraestructura y equipamiento ejecutadas, por ejemplo, en el Puerto Gaviota, en terrenos del Parque Nacional Isla Magdalena, declarada Área Silvestre Protegida, deslindando la competencia entre CONAF —hoy SBAP— y Subsecretaria de Marina[439].

El dictamen se refiere al caso de Parques Nacionales sujetos a la administración de la CONAF —SBAP— donde existan terrenos de playa.

El párrafo 17 del dictamen resulta de gran importante en la materia por cuanto divide los ámbitos territoriales de competencia entre

---

[438]   Cfr. LYSTER, Simon, op. cit., pág. 102.
[439]   Dictamen de la Contraloría N° 18.396 de 1994.

CONAF —hoy SBAP— y la Subsecretaría de Marina (hoy FF.AA.) de la siguiente manera:

"Ahora bien del tenor de los informes evacuados por los organismos a que se ha hecho referencia, se advierte que la ocupación del mencionado Parque Nacional no ha contado con las autorizaciones que, en conformidad al ordenamiento jurídico vigente, compete otorgar a los órganos a los cuales corresponde su administración, —Corporación Nacional Forestal— en la medida que la radicación afecte a terrenos fiscales incluidos en el Parque Nacional "Isla Magdalena" o, del Ministerio de Defensa Nacional, Subsecretaria de Marina, en el evento que el sector ocupado corresponda a sectores de playa comprendidos en la faja de 80 metros de ancho medidos desde la línea de más alta marea de la costa del litoral, excluidos de tal declaratoria, cuya administración y fiscalización atañe en forma privativa a esa Secretaría de Estado, de acuerdo a lo prescrito en el D.F.L. 340 de 1960 y su reglamento, decreto N° 660 de 1988, del Ministerio de Defensa Nacional (M)".

Por medio de este dictamen y en particular con este párrafo se ha establecido claramente por la Contraloría General de la República que compete a CONAF —hoy SBAP— la administración de los Parques Nacionales y a la Subsecretaría de Marina —hoy de FF.AA.— los terrenos de playa hasta los 80 metros de ancho medidos desde la línea de más alta marea, en tanto ellos estén excluidos de la declaratoria de Parque Nacional. Si ello no acontece, es decir, si los terrenos de playa se encuentran incluidos en los terrenos del Parque, cuyos deslindes son fijados por el decreto que lo crea, entonces lógicamente la administración corresponde al SBAP. Ello no podría ser de otro modo ante la voluntad manifiesta de la autoridad política de entregar, expresamente por medio de un Decreto Supremo, terrenos fiscales para fines de preservación ambiental y bajo tutela de CONAF.

En materia de acuicultura ha establecido que "de la interpretación armónica de los artículos 158 de la ley N° 18.892 y 36 de la ley N° 19.300, puede advertirse que no es posible desarrollar actividades de acuicultura en aguas marítimas que formen parte de parques nacionales, lo que guarda concordancia, además, con la Convención de Washington, en virtud de la cual nuestro país se obligó a no explotar las riquezas existentes en esa categoría de protección con fines comerciales".[440]

II. MONUMENTOS NATURALES

Los monumentos naturales han presentado una deficitaria regulación legal que recién la Ley SBAP vino a subsanar. Fuera de ella su marco jurídico ha estado dado fundamentalmente por el "Convenio de Washington", los decretos que los crean y cierta jurisprudencia que ha emanado sobre la materia[441].

Los Monumentos Naturales pueden ser:

a) Áreas geográficas determinadas[442].

b) Objetos de interés estético o valor histórico o científico[443].

c) Especies vivas de animales, algas, hongos, líquenes o plantas de interés estético o valor histórico o científico[444].

---

[440]   Dictamen N° 38.429 de 18 de junio de 2013 que aplica criterio de dictamen N° 56.465, de 2008.

[441]   Vid., por ejemplo, reconocimiento de la calidad de Monumento Natural para el Alerce en caso "Forestal Venecia Ltda. Apelación de Queja Civil", en "Fallos del Mes", N° 347, págs. 672 y ss. octubre de 1987; y reconocimiento de la calidad de Monumento Natural a la Araucaria en caso "García Sabugal, Mario con Ministro de Agricultura" (Recurso de Protección), en "Revista de Derecho y Jurisprudencia", Tomo LXXXVIII, N° 2, 2ª parte-sección V, págs. 122 y ss., 1990.

[442]   Por ejemplo, el cerro Ñielol en la región de la Araucanía, reconocido como monumento natural por DS N° 617 del MINBNAC de 1988.

[443]   Por ejemplo, la formación geológica denominada "La Portada" de Antofagasta reconocida como monumento natural por DS N° 51 del MINAGRI de 1990.

[444]   Las especies vegetales araucaria y alerce, por ejemplo. Vid. Dictamen N° 1.797 de la Contraloría General de la República de 22/01/88.

1. Especies, lugares y objetos protegidos bajo el régimen de Monumentos Naturales

Chile cuenta con un número importante y diverso de componentes ambientales protegidos bajo la categoría de Monumento Natural. Hablamos de componentes ambientales porque —como veremos— los Monumentos Naturales pueden, bajo nuestra legislación, corresponder a ejemplares de especies de flora o fauna, pero también a lugares o determinados territorios de la Nación, e inclusive, a cosas u objetos inertes tales como formaciones geológicas o rocosas, etc.

Entre las especies animales destaca el Huemul, el Cóndor, la Chinchilla Costina y Cordillerana y el Picaflor de Juan Fernández y Arica (DS 2 de 2006) y entre las vegetales de mayor importancia, escasez, belleza y valor de Chile se encuentra el "alerce" o *fitzroya cupressoides*[445], protegida bajo esta categoría de conservación por el DS N° 490 de 1976, aunque ya desde 1859 se registra el primer decreto que regula su explotación.

El "alerce" es una conífera —tal vez la más longeva del mundo[446]— perteneciente a la familia de las cupresáceas, endémica de los bosques templados de la X Región y de áreas adyacentes en Argentina. Crece a lo largo de la Cordillera de la Costa desde Corral a la Isla de Chiloé y por la Cordillera Andina, desde el Volcán Puntiagudo hasta el sur de Chaitén (Donoso, 1993)".[447]

La "Araucaria Araucana" es otro de los Monumentos Naturales paradigmáticos de Chile; especie nativa de las más longevas que podemos encontrar en nuestro país, de lento crecimiento y que puede

---

[445] Puede alcanzar una altura de hasta 50 metros, posee una copa estrecha de hábito piramidal y un tronco recto cuyo diámetro puede superar los cinco metros, siendo la segunda especie más longeva del mundo con individuos de más de 3.600 años, según REYES, René y LOBOS, Héctor. "Estado de conservación del tipo forestal alerce (Fitzroya cupressiodes (Mol.) Johnston): amenazas y oportunidades"., en revista Bosque Nativo, N° 27, octubre de 2000, pág. 14.

[446] Se han reportado individuos de una vida estimada en unos 2.500 años.

[447] LARA, Antonio. "Importancia científica, protección legal y uso destructivo de los bosques de alerce (Fitzroya cupressiodes): Una contradicción que debe resolverse"., en revista Bosque Nativo, N° 27, octubre de 2000, pág. 3

vivir en promedio unos 500 a 600 años ha sido objeto de una explotación intensiva que la tuvo al borde de la extinción en las últimas décadas del siglo XX. Si bien desde el año 1976 goza de protección oficial no fue sino hasta 1990 cuando por DS N° 43 se le otorga la calidad de Monumento Natural.

Complementariamente el SNASPE también ha contribuido a la preservación de la araucaria con categorías de parques y reservas que las protegen tales como: los parques nacionales "Laguna del Laja", "Conguillio", "Huerquehue" y "Villarrica" fundamentalmente; y las reservas nacionales "Villarrica" (Hualalafquen), "Alto Bío-Bío", "Ralco", "Malleco", entre otras.

En tercer lugar, existe un grupo de especies vegetales, todas ellas únicas, endémicas de nuestro país y en delicado estado de conservación, que han sido calificadas y declaradas como Monumentos Naturales bajo el DS N° 13 de 1995; se trata de las especies "Queule (Gomortega keule), Pitao (Pitavia punctata), Belloto del Sur (Beilschmiedia berteroana), Ruil (Nothofagus alessandrii) y la especie Belloto del Norte (Beilschmiedia miersii)"[448].

Gozan de la calidad de Monumentos Naturales en Chile[449] además de las especies vegetales mencionadas un conjunto destacado de lugares, bienes naturales y especies de fauna, tales como el Cerro Ñielol, la Cueva del Milodón, El Morado, entre otros[450].

2. Concepto y Fines

Su marco jurídico, aunque restringido, está dado fundamentalmente por el "Convenio de Washington", la ley SBAP, los decretos que los crean y cierta jurisprudencia que ha emanado sobre la materia[451].

---

[448]   Ibídem
[449]   Vid. http://www.conaf.cl/parques-nacionales/
[450]   PRAUS. Sergio…, op. cit., pág. 221.
[451]   Vid., por ejemplo, reconocimiento de la calidad de Monumento Natural para el Alerce en caso "Forestal Venecia Ltda. Apelación de Queja Civil", en "Fallos del Mes", N° 347, págs. 672 y ss. octubre de 1987; y reconocimiento

El Convenio de Washington en su art 1 N° 3 define y señala que los "Monumentos Naturales" corresponden a "Las regiones, los objetos o las especies vivas de animales o plantas de interés estético o valor histórico o científico, a los cuales se les da protección absoluta. Los Monumentos Naturales se crean con el fin de conservar un objeto específico o una especie determinada de flora o fauna declarando una región, un objeto o una especie aislada, monumento natural inviolable excepto para realizar investigaciones científicas debidamente autorizadas, o inspecciones gubernamentales".[452]

La ley SBAP en tanto indica que su objetivo es la "preservación de un componente específico de la biodiversidad o de elementos o sitios de especial interés geológico, paisajístico, educativo o científico, y los hábitats asociados a dichos elementos" (art. 59).

La norma internacional es clara: la institución del Monumento Natural goza de protección absoluta, derivada de su "inviolabilidad", esto es de su carácter intangible, que impide todo acto de intervención material sobre él, que implique detrimento, menoscabo o pérdida de la integridad de los bienes que lo integran.

Sólo actos de investigación científica o de inspección gubernamental pueden hacer excepción al carácter inviolable del Monumen-

---

de la calidad de Monumento Natural a la Araucaria en caso "García Sabugal, Mario con Ministro de Agricultura" (Recurso de Protección), en "Revista de Derecho y Jurisprudencia", Tomo LXXXVIII, N° 2, 2ª parte-sección V, págs. 122 y ss., 1990.

[452] El reconocimiento del Convenio ha sido efectuado también por la jurisprudencia de los tribunales que han señalado "Que el referido decreto supremo 490 tuvo como basamento para su dictación lo dispuesto en el decreto supremo del Ministerio de Relaciones Exteriores 531, de 23 de agosto de 1967, publicado en el Diario Oficial el 4 de octubre del mismo año que, previa aprobación del Congreso Nacional, ordenó cumplir como Ley de la República la Convención para la Protección de la Flora, Fauna y las Bellezas Escénicas Naturales de América, firmada en la ciudad de Washington, el 12 de octubre de 1940, y en esta virtud declaró Monumento Natural a la especie vegetal, de carácter forestal denominado Alerce o Lahuén cuyo nombre científico corresponde al de Fitzroya Cupressoides, y prohibió su corta y destrucción en la forma que señala. Sentencia de la E. Corte Suprema de 21 de octubre de 1987 en causa Forestal Venecia Ltda. Publicada en Revista Fallos del Mes, año 1987, N° 347, pág. 672.

to Natural. En el primero de los casos, se deberá tratar de actividades enmarcadas en proyectos científicos debidamente reconocidos y autorizados por el Gobierno y en el segundo, sólo en actividades inspectivas, esto es de reconocimiento o examen[453], ejecutadas por el Gobierno[454] y no de otro tipo, como ejecutivas de obras, construcciones u otras que causen por su sola naturaleza menoscabo o detrimento ambiental o al bien protegido.

La Convención parte del principio de conservación y se contrapone al de utilización productiva en las áreas de conservación que regula. Siendo así, no es posible entender el Convenio como autorizando actividades en los casos de desregulación o en su silencio, lo que junto con delatar desconocimiento de sus directrices y principios constituiría una trasgresión a su espíritu y normas. En todo caso, los problemas interpretativos que suelen causar estas prescripciones internaciones deben necesariamente ser interpretadas restrictivamente en relación a las autorizaciones o excepciones que establecen respecto a su objeto de protección, como necesaria emanación del "principio pro ambiente".

Esta preceptiva internacional, principal fuente formal de la institución de los monumentos naturales ha tenido reconocimiento jurisprudencial en esta materia señalándose que "...una vez aprobada por el Congreso y ordenada cumplir como ley de la República, como sucedió en este caso, sus disposiciones o acuerdos pasaron a formar parte de la legislación nacional, con el carácter de ley, de modo que es una ley la que acepta que se protejan especies de la fauna o de la flora y aún en forma absoluta, teniéndolas como inviolables, si se las declara monumento natural"[455].

---

[453]   Según define el Diccionario de la Real Academia de la Lengua Española. XXI Edición, Tomo II,1992.

[454]   Debemos entender Gobierno, conforme al Derecho Constitucional, al definido en la Constitución Política de la República y conformado por el Presidente de la República, sus Ministerios y los órganos dependientes de ellos, tales como Intendencias, Gobernaciones, Seremías.

[455]   Sentencia de 7 de agosto de 1984 de la I. Corte de Apelaciones de Santiago en causa "Comunidad Galletué con Fisco" publicada en Revista Fallos del Mes, año 1984, pág. 385.

3. Evaluación Ambiental y Monumentos Naturales

En el caso de los monumentos naturales existen permisos sectoriales especiales que deben ser otorgados por CONAF y que hoy constituyen permisos ambientales sectoriales: PAS 127 para el alerce, PAS 128 para la araucaria y PAS 129 para el Queule, Pitao, Belloto del Sur, Ruil y Belloto del Norte.

Estos PAS[456], adolecen de dudosa legalidad en la medida que establecen vías de intervención de las especies u objetos declaradas monumento natural que vayan más allá de las autorizadas por la Convención de Washington y por la Ley SBAP.

4. Regulaciones especiales de Monumentos Naturales

Las reglamentaciones especiales existentes —y nos referiremos en particular a la del Alerce[457], Araucaria[458], Queule, Pitao, Belloto del Sur y Ruil y Belloto del Norte[459]— tienen con algunas variantes una estructura normativa similar que partiendo por reconocer y declarar la condición de Monumento Natural de la especie prohíben su corta, tala y aprovechamiento, estableciendo luego las situaciones excepcionales en que ello es posible.

Las preocupaciones por la conservación de las especies Alerce y Araucaria parten hacia el año 1969, pero sólo en 1976 y 1990 respectivamente alcanzan la declaratoria de Monumento natural. Las especies Queule, Pitao, Belloto del Sur y Ruil y Belloto del Norte en tanto gozan de protección oficial desde 1995.

---

[456] Vid. *Infra* capítulo V, numeral VI.
[457] DS 490 de 1976 del Ministerio de Agricultura.
[458] DS 43 de 1990 del Ministerio de Agricultura.
[459] DS 13 de 1995 del Ministerio de Agricultura.

Para el caso del Alerce[460] y la Araucaria[461], debe considerarse además la restricción del Convenio CITES que las incluye en su apéndice I reservado para especímenes en peligro de extinción cuyo comercio debe estar rigurosamente regulado, autorizándose sólo en circunstancias excepcionales y generalmente para fines de investigación.

Sin embargo, Chile mantiene una reserva a esta Convención para el Alerce consistente en excluir de las restricciones del Apéndice I a las poblaciones costeras de alerce, lo que permitiría su comercialización regulada. Sin embargo, esta reserva no debiera tener efecto jurídico práctico por cuanto por aplicación del Convenio de Washington y del DS 490 la comercialización del alerce vivo se encuentra prohibida.

La declaración de monumentos naturales sólo beneficia a los ejemplares o individuos vivos de las especies vegetales y además a todos los individuos que habiten el territorio nacional, cualquiera sea su edad o estado. Así se desprende del tenor de los reglamentos correspondientes y del texto de la Convención de Washington que en su art. 1 N° 3 señala que "monumento natural" pueden serlo las "...especies vivas de animales o plantas...".

Esta situación ha llevado a que se hayan quemado intencionalmente bosques de alerce y, posteriormente, se haya solicitado y obtenido permiso de CONAF para la explotación de la madera muerta[462].

Así lo ha establecido también la Contraloría General de la República que señala que "es necesario tener presente que de los principios que inspiraron la Convención para la Protección de la Flora, la Fauna y las Bellezas Escénicas Naturales de América, aprobada como ley de la República por el decreto N° 531, de 1967, del Ministerio de Relaciones Exteriores, como de lo señalado en su artículo 1, que al

---

[460] Esta especie fue objeto de querellas criminales por tráfico ilícito en 2000 y 2001 obteniéndose recién una sentencia condenatoria en 2012 que condenó al ex alcalde de la localidad sureña de Fresia a 21 días de prisión por receptación de la especie.

[461] Existe para esta especie sentencia de 07/08/1984 de la Corte Suprema sobre la araucaria araucana.

[462] Informe País. Estado del Medio Ambiente en Chile-1999. Universidad de Chile, pág. 156

definir los Monumentos Naturales, se refiere expresamente a especies vivas de animales o plantas, se puede concluir que la protección que en virtud de dicha Convención se pretenda obtener, está relacionada con especies vivas, esto es, con ejemplares que puedan conservarse en su estado natural, de tal forma que eviten la extinción de su especie. El criterio antes señalado fue recogido en el decreto N° 29, de 1976, del Ministerio de Agricultura. hoy derogado por el decreto N° 141, de 1987, de esa Secretaria de Estado, ya que de sus considerandos y especialmente de sus disposiciones, se desprende que la declaración de Monumento Natural que en él se contenía y que se fundamentó en la citada Convención, se refería a los ejemplares vivos de la especie forestal denominada Araucaria Araucana"[463].

La inviolabilidad implica una protección absoluta de acuerdo a la Convención de Washington[464]; excepcionalmente sólo son admisibles las siguientes actividades:

a) Actividades de investigación científica.

b) Inspecciones gubernamentales.

Sin embargo, las normas reglamentarias sobre monumentos naturales para el caso de especies vegetales, contemplan 3 tipos de excepciones adicionales a las establecidas en el tratado y que por estar fuera de los supuestos de la norma internacional y ahora de la ley SBAP devienen en ilegales e inconstitucionales[465/466].

---

[463] Contraloría General de la República. Dictamen N° 1797 de 22 de enero de 1988.

[464] Art. 1 N° 3.

[465] Estas son habilitación de terrenos para la construcción de obras públicas; para la defensa nacional y Planes de Manejo Forestal, por parte de organismos oficiales del Estado y cuyo exclusivo objeto sea el de conservar y mejorar la especie.

[466] En 2003 el Ministerio de Agricultura dicta el DS 525 que establece además un régimen de excepción especial que permitía la corta o eliminación de especies declaradas Monumento Natural en otras circunstancias adicionales y que luego fue derogado, decreto que hizo excepción para la corta de Belloto del Norte. Sin embargo, luego a fines de 2009 el Ministerio de Agricultura de la época promulgó el decreto N° 654, que no era más que una variante del antiguo decreto N° 525 con fines de flexibilizar la condición de Monumento Natural para fines productivos, especialmente mineros. Este

Estas prescripciones han sido concebidas y replicadas normativamente como PAS N° 127, 128 y 129 en el Reglamento del SEIA, disposiciones que igualmente deben entenderse derogadas tácitamente por la ley SBAP.

La inviolabilidad de todo Monumento no implica que quienes sean propietarios de las especies o los lugares declarados monumento natural no puedan efectuar actos jurídicos de cualquier clase respetando las limitaciones relativas a su corta y explotación como lo reconoce la jurisprudencia nacional al señalar "que aun cuando la prohibición de corta y destrucción del alerce constituye una importante limitación a la facultad de gozar y disponer de sus propietarios, tal prohibición en caso alguno llega a configurar privación del dominio que haga necesaria la dictación de una ley de expropiación, en los términos contemplados en la Carta Fundamental. En efecto, por una parte, el mismo decreto supremo 490 considera la posibilidad de procesar y movilizar para su comercialización los árboles o bosques muertos de alerce, sea que éstos estén en pie, derribados o enterrados, con la autorización expresa de la CONAF, sin necesidad de que el interesado cumpla con los requisitos, establecidos en el decreto ley 701, de 1974, y su reglamento y por otra, dado que estos árboles o bosques permanecen dentro del comercio humano, también pueden ser objeto por sus dueños de actos y contratos, como los de prenda, compraventa, etc., lo que está demostrando que la propiedad se conserva para sus titulares, sobre los cuales sólo pesan las limitaciones impuestas por el ordenamiento jurídico general, en razón de su función social"[467].

La jurisprudencia de nuestros tribunales ha determinado, dado forma y refrendado desde larga data la inviolabilidad de los monumentos naturales[468].

---

decreto fue igualmente derogado a través del decreto N° 402., con los mismos argumentos con que fue derogado el decreto N° 525: no haber sido utilizado. Sin embargo, ambos fueron utilizados y aplicados para intervenir una especie de Monumento Natural denominada "Belloto del Norte" en favor de la mina El Soldado de Anglo American.

[467] Sentencia de la E.Corte Suprema de 21 de octubre de 1987..., op. cit.

[468] Respecto de la araucaria por sentencia definitiva de 7 de agosto de 1984 de la I. Corte de Apelaciones de Santiago en causa "Comunidad Galletué con

Fisco" publicada en Revista Fallos del Mes, año 1984, pág. 385 estableció:
"5)...el decreto supremo N° 29 aludido, no hizo sino poner en ejecución
dicha ley (en referencia al tratado), singularizando una especie de la flora
chilena, a la araucaria araucana, como tal monumento natural y por tanto
absolutamente protegida;
6) Que, es evidente, entonces, que los falladores no dieron su verdadero
alcance a la Convención internacional sobre Protección a la fauna y a la
flora, que no constituye una mera recomendación para que los gobiernos
americanos adopten medidas de protección, sino que respecto de nuestro
país es una ley que autoriza tomar tales medidas; ni tampoco se lo dieron
al decreto supremo N° 29 de 1976, que no es una mera resolución administrativa que discurre sobre materias propias de ley, sino un decreto supremo
que pone en ejecución y que aplica esa ley sobre Protección a la fauna y
flora, en relación con una especie determinada, la araucana araucana que,
al declararla monumento natural, extiende sobre ella una protección total
y absoluta, aceptada por esa ley.(...)
7) Que, en cuanto a la naturaleza de la prohibición que impone el decreto
supremo N° 29, no tiene desde luego, el alcance de una expropiación que
el propio fallo recurrido le niega, puesto que no desconoce el derecho de
propiedad a los dueños de esa especie arbórea; ni tampoco se traduce en
una privación absoluta de alguno de los atributos esenciales del dominio,
entre los que se encuentran la facultad de gozar y de disponer libremente
del objeto de la propiedad; la prohibición de cortar, explotar y comerciar la
araucaria no impide toda forma de goce ni tampoco toda suerte de disposición ya que no obstaculiza, por ejemplo, la venta de los bosques juntamente
con el terreno, y por ende, se trata tan sólo de una limitación del dominio
que, en este caso, se basa en una autorización de la ley, acorde con el inciso
2° del N° 24 del artículo 19 de la Constitución".
Por sentencia definitiva de la E. Corte Suprema de 25 de junio de 2013
dictada en causa Rol 3579-2012 Fisco de Chile c/ Soc.Forestal Sarao y otros,
respecto del alerce, la jurisprudencia ha establecido que "...los artículos
primero y segundo del D.S.N° 490 declaran monumento natural de acuerdo a la definición y espíritu de la Convención para la Protección de la Flora,
Fauna y Bellezas Escénicas Naturales de América al alerce o lahuén, afectando esta declaración a cada uno de los pies o individuos de la citada especie, cualquiera sea su edad o estado que habitan dentro del territorio nacional. Se declara inviolable y se prohíbe la corta y destrucción del alerce,
salvo autorización expresa, calificada y fundamentada de la Corporación
Nacional Forestal, la que procederá solamente cuando estas operaciones
tengan por objeto llevar a cabo investigaciones científicas debidamente autorizadas, habilitación de terrenos para la construcción de obras públicas
de defensa nacional o la consecución de planes de manejo forestal, por

Los referidos Decretos especiales en cuanto establecen excepciones adicionales de intervención de la especie, adolecen de defectos insubsanables de orden constitucional, contraviniendo el Derecho internacional, los tratados sobre conservación ambiental y en particular la convención de Washington, e incluso algunos tratados de libre comercio en lo que sus capítulos y normas ambientales se refiere[469].

En el plano internacional esta categoría, conforme a UICN corresponde a la CATEGORIA III definida como el *"área que contiene una o más características naturales o naturales/culturales específicas de valor destacado o excepcional por su rareza implícita, sus calidades representativas o estéticas o por importancia cultural"*.[470]

III. RESERVAS NACIONALES

1. Antecedentes

Las reservas forestales —hoy reservas nacionales— son de aquellas AP más antiguas en el orden jurídico interno, concebidas originariamente hacia principios del siglo XX como reservas de bosques

---

parte de organismos forestales del Estado o de aquellos en los cuales éste tenga interés directa o indirectamente.

[469] De modo especial, se configura infracción al TLC con Canadá y con Estados Unidos. Al primero en cuanto se obliga a Chile al cumplimiento efectivo de su propia legislación ambiental entre las que se encuentra la Convención de Washington como Ley de la República; y al segundo, en cuanto obliga a Chile a mantener y progresar en los estándares de protección ambiental que actualmente tiene, no pudiendo retroceder a este respecto, conocido como "principio de no regresión".

[470] En España la Ley 4/89 de 24 de marzo, sobre Conservación de los Espacios Naturales y de la flora y fauna silvestres es la que de modo particular concibió la categoría de Monumento Natural, aunque —hacemos la salvedad— son las comunidades autónomas las que tienen la mayores facultades normativas y regulatorias sobre la creación de áreas o espacios protegidos. En México en tanto la Ley General del Equilibrio Ecológico y la Protección del Ambiente de 1988 contempla en su Título II capítulo I una regulación para las áreas naturales protegidas que considera la institución de los Monumentos Naturales.

excluidas a la explotación indiscriminada que padeció el sur del país durante el siglo XIX como método de colonización y desarrollo.

La antigua Ley de Bosques chilena de 1925 es tal vez la primera y principal fuente que las consagró denominándolas "reservas de bosques o forestales". Luego con la Ley 18.362 y al amparo de la Convención de Washington esta categoría se redefine bajo la denominación de "Reservas Nacionales", queriéndose en todo caso hacer referencia a las antiguas reservas forestales. Como la referida ley nunca entró en vigencia pero la legislación posterior a ella, como la Ley 19.300 siguió hablando de reservas nacionales, podría entenderse que han pervivido técnicamente 2 subcategorías; las reservas forestales (20 unidades), creadas al alero de la antigua Ley de Bosques y las reservas nacionales (26 unidades), creadas al alero de la Ley 18.362, 19.300 y Convenio de Washington[471], aunque ambas categorías debiéramos entenderlas como referidas a un mismo concepto, espíritu y fines, lo que ha sido resuelto definitivamente por la ley SBAP homologando unas con otras aunque dejando imperfecciones y duplicidades en la legislación que dejan aún confusión sobre la materia como hemos advertido y aún veremos.

De acuerdo al Convenio de Washington *"Se entenderá por "Reservas Nacionales": Las regiones establecidas para la conservación y utilización, bajo la vigilancia oficial, de las riquezas naturales, en las cuales se dará a la flora y la fauna toda protección que sea compatible con los fines para los que son creadas estas reservas".*(art. 1 N° 2).

La ley SBAP denomina Reserva Nacional como *"un área terrestre, acuática, marina, insular o continental, cualquiera sea su tamaño, en la que existen comunidades biológicas, especies nativas, hábitats y sitios de reproducción relevantes para la protección de determinadas especies y ecosistemas en condiciones predominantemente naturales que son relevantes para la educación, ciencia y turismo"* (art. 60).

Sin embargo, permanece en la ley de Bosques la Reserva Forestal como aquella AP que tiene por objeto de regularizar el comercio de maderas, garantizar la vida de determinadas especies arbóreas y conservar la belleza del paisaje (art. 10)

---

[471]   Vid. http://www.conaf.cl.

Con todo, ambas categorías comparten criterios de flexibilidad en su intervención permitiendo actividades económicas o productivas sostenibles y compatibles con los objetivos de conservación del área, diferenciándose tal vez en que las reservas forestales albergan necesariamente ecosistemas forestales a diferencia de las reservas nacionales que pueden incluirlos o no.

2. *Naturaleza jurídica*

Interesa conocer la naturaleza jurídica de las Reservas Nacionales por cuanto la ley sobre bienes del Estado distingue entre bienes fiscales y nacionales de uso público entregando distintas potestades a la autoridad dependiendo de si se trata de una u otra categoría de bienes.

En primer lugar, ciertamente que las Reservas, así como las demás AP del Estado son bienes nacionales, es decir, aquellos cuyo dominio pertenece a la nación toda, bajo los términos de la legislación civil[472]. Por su parte los bienes del Estado o fiscales de que habla la ley son aquellos que perteneciendo jurídicamente a toda la Nación pero su uso no pertenece a todos los habitantes sino que sólo a la persona jurídica fisco[473]. Por el contrario, los bienes nacionales de uso público son aquellos que pertenecen a toda la Nación y además su uso pertenece a todos los habitantes de la República, tales como calles, puentes, las playas el mar, las aguas, etc[474].Siendo las Reservas Nacionales, bienes representativos de porciones de la naturaleza asimilables a los bienes que el legislador civil le ha dado el carácter de bienes nacionales de uso público, como las playas, el mar, etc., no cabe sino concluir que aquellas tienen por definición este último carácter, es decir, son bienes nacionales de uso público, sin perjuicio de que puedan incluir en todo o parte propiedad inscrita a nombre del Fisco y que en cuanto tales el Ministerio de Bienes Nacionales o el Ministerio de Defensa Nacional, según se trate de territorio terrestre o marítimo (art. 65 ley

---

[472]   Art. 589 del C° Civil.
[473]   Arts. 589 y siguientes del C° Civil.
[474]   Art. 589 inc. 2° del C° Civil.

SBAP), tienen el control superior[475] que podríamos entender como una suerte de supervigilancia, quedando derechamente la administración y gestión del área en manos del SBAP.

3. Régimen de Usos y Actividades

El objetivo de esta categoría es la conservación de las comunidades biológicas, especies y hábitats, a través de una gestión activa para la recuperación, mantención y provisión de servicios ecosistémicos.

En esta área podrán desarrollarse actividades, productivas o no, de uso y aprovechamiento sustentable, siempre que no pongan en riesgo los servicios ecosistémicos que esta área provee, es decir, es un área en la que no sólo es posible las actividades turísticas, científicas o educativas.

La Contraloría ha fijado estos límites de estas actividades al señalar que "en lo que concierne a las reservas nacionales, en ellas se permite la utilización, bajo vigilancia oficial, de sus riquezas naturales, pudiendo, por lo tanto, llevarse a cabo emprendimientos económicos siempre que se otorgue a la flora y fauna allí existente una protección que resulte compatible con los fines para los que han sido creadas; mientras que tratándose de parques nacionales, se prohíbe expresamente la explotación comercial de dichas riquezas. Respecto de las reservas de regiones vírgenes está vedada toda explotación que tenga ese carácter; en lo que atañe a los monumentos naturales, son inviolables y se le da un amparo absoluto a la región, objeto o especie declarada como tal, y, finalmente, en el caso de las reservas forestales y de los parques nacionales de turismo regidos por la Ley de Bosques, su establecimiento tiene por objeto regularizar el comercio de maderas, garantizar la vida de determinadas especies arbóreas y conservar la belleza del paisaje"[476].

Además, habrá que agregar de modo expreso entre su objeto *"regularizar el comercio de madera, garantizar la vida de determinadas especies*

---

[475] Art. 1 Decreto Ley 1.939 y art. 1 del DFL 340 sobre concesiones marítimas.
[476] Dictamen N° 56465 de Contraloría de 28 de noviembre de 2008.

arbóreas y conservar la belleza del paisaje" que la ley de Bosque designa para las reservas (art. 10).

Además, en ellas se prohíbe la caza o la captura de fauna conforme a la Ley de caza, excepto con autorización del SBAP pero sólo para fines científicos, para controlar la acción de animales que causen graves perjuicios al ecosistema, para establecer centros de reproducción o criaderos, o para permitir una utilización sustentable del recurso[477].

A su turno la Ley de Pesca en su art. 158 establece que en las zonas marítimas que formen parte de Reservas Nacionales y Forestales, podrán realizarse actividades de pesca y acuicultura y que con la autorización de los organismos competentes[478] podrá permitirse el uso de porciones terrestres que formen parte de dichas reservas, para complementar las actividades marítimas de acuicultura. "Atendido que la creación de las reservas nacionales y forestales apuntan a la consecución de objetivos de conservación y protección ambiental, cabe manifestar que el desarrollo de la actividad de acuicultura en las zonas marítimas que forman parte en estas áreas únicamente puede ser autorizado, en la medida que tal actividad resulte compatible con los fines ambientales en cuya virtud esos espacios se encuentran bajo protección oficial, para lo cual debe tenerse en consideración lo establecido en los cuerpos normativos que regulan aquellas reservas, en el acto administrativo que las crea y en el respectivo plan de manejo"[479].

Las Reservas conforme a la ley de Bosques se podrán establecer "en los terrenos fiscales apropiados a dichos fines y en terrenos particulares que se adquieran por compra o expropiación"[480].

---

[477] Art. 7 de la Ley 19.473 en su versión modificada por la Ley SBAP
[478] Entendemos que la referencia está hecha a CONAF como administrador de las Reservas.
[479] Dictamen N° 83278 de la CGR de 16/11/16.
[480] La expropiación se sujetará a lo dispuesto en el artículo 8 de la ley, esto es, se hará con sujeción al procedimiento establecido en la Ley N° 3.313, de 21 septiembre de 1917, para lo cual se declararán de utilidad pública. Esta disposición ha sido derogada tácitamente, por lo cual resultará aplicable la actual Ley Orgánica de Procedimiento de Expropiaciones, de 1978. En

La administración de las Reservas corresponde al SBAP. Sin embargo, la ley SBAP dejó vigentes las facultades de CONAF sobre reservas forestales con la finalidad de obtener un mejor aprovechamiento de éstas para lo que podrá (art. 151):

a) celebrar toda clase de actos y contratos que afecten a sus bienes;

b) ejecutar los actos que sean necesarios para lograr esa finalidad; y,

c) establecer y cobrar derechos y tarifas por el acceso de público y por la pesca y caza en los lugares ubicados dentro de éstos.

Como el resto de las AP la desafectación de las Reservas de su calidad de tales se efectuará por decreto supremo fundado (art. 66). Sin embargo, la ley SBAP no derogó la disposición de la ley de Bosques que establece que *"las reservas de bosques existentes en la actualidad y los que se establezcan de acuerdo con esta ley, no podrán ser destinados a otro objeto sino en virtud de una ley"*.(art. 151 N° 2)[481].

La ley SBAP derogó las anteriores facultades del Ministerio de Bienes Nacionales radicando en el Ministerio del Medio Ambiente la potestad de crear Reservas Nacionales por DS el que ahora deberá contar con la firma del Ministro de Bienes Nacionales cuando recaiga, en todo o parte, sobre inmuebles fiscales, y con la firma del Mi-

---

efecto, el artículo 1° de esta ley dispone que "toda expropiación por causa de utilidad pública o de interés social o nacional, cualquiera que sea la ley que la autorice o la institución que la decreta, se sujetará al procedimiento establecido en el presente texto". Por su parte, el artículo 41 establece que "desde la fecha de vigencia de la presente ley, quedarán derogadas todas las leyes preexistentes sobre las materias que en ellas se tratan, aun en la parte que no le sean contrarias".

[481]   Antes, el inciso 1° del artículo 21 del DL 1.939, entregaba al Ministerio de Bienes Nacionales la facultad de "declarar Reservas Forestales o Parques Nacionales a aquellos terrenos fiscales que sean necesarios para estos fines", y el inciso 2° del mismo artículo establecia que "los predios que hubieren sido comprendidos en esta declaración no podrán ser destinados a otro objeto ni perderán esta calidad, sino en virtud de decreto del Ministerio (de Bienes Nacionales), previo informe favorable del Ministerio de Agricultura o el Ministerio del Medio Ambiente, según corresponda".

nistro de Defensa Nacional, cuando recaiga, en todo o parte, sobre áreas que se encuentran bajo su control a través de la Subsecretaría para las Fuerzas Armadas (art. 65).

En cuanto a la desafectación se produce una contradicción no resuelta por la ley SBAP al menos respecto de las reservas forestales existentes donde es válido sostener tanto la derogación tácita de la primitiva disposición de la Ley de Bosques como lo plantea PRAUS[482], como la preeminencia de la ley de Bosques dada su especialidad. Creemos que el olvido del legislador debe resolverse aplicando la nueva normativa que ha destinado sólo la desafectación por ley para las categorías de protección más estricta (Parques y Reservas de Regiones Vírgenes) lo que además no contraviene la Convención para la Protección de la Flora, la Fauna y las Bellezas Escénicas Naturales de América que proscribe la desafectación por decreto sólo para los Parques.

4. Las facultades de CONAF sobre Reservas Forestales

La CONAF conserva facultades sobre las Reservas Forestales que no fueron debidamente armonizadas en la ley SBAP.

Las facultades administrativas de CONAF se encuentran en ley de bosques que señala en su inciso 2° que *"Con el objeto de obtener un mejor aprovechamiento de las Reservas Forestales, la Corporación Nacional Forestal podrá celebrar toda clase de contratos que afecten a dichos bienes y ejecutar los actos que sean necesarios para lograr esa finalidad*[483].

La ley habla expresamente de "aprovechamiento" de tal manera que queda absolutamente claro que la CONAF puede directamente o a través de terceros ejecutar actos destinados a usar y gozar de los

---

[482] PRAUS, Sergio y otros. *La Situación Jurídica de las Actuales Áreas Protegidas de Chile. Creación de un Sistema Nacional Integral de Áreas Protegidas para Chile*, op. cit., pág. 95.

[483] Agrega que "Asimismo, podrá establecer y cobrar derechos y tarifas por el acceso de público a los Parques Nacionales y Reservas Forestales que él determine, y por la pesca y caza en los lugares ubicados dentro de esos Parques y Reservas. Los dineros y productos que se obtengan ingresarán al patrimonio de dicho servicio".

bienes y recursos existentes en las Reservas Forestales, en tanto, se respete siempre la finalidad central del AP, cual es la conservación de la riqueza natural en ella existente[484].

El aprovechamiento incluye entonces el poder servirse de los recursos naturales existentes en la Reserva Forestal siempre que ello se haga de manera sustentable y garantizando su conservación y regeneración. Puede, entonces, CONAF efectuar directamente podas, raleos y corta de especies vegetales.

En el evento de que CONAF celebre convenios o determinados contratos con terceros para el aprovechamiento de dichos recursos la obligación principal de la conservación y adecuado uso de los recursos será siempre de CONAF.

Entre las posibilidades contractuales que franquea la ley está la figura jurídica de las concesiones de uso y explotación de bosques[485]. En este caso, al igual que en cualquier otra modalidad contractual, el responsable principal es CONAF siendo el concesionario una especie de mandatario sin mayores derechos que los que establece el contrato de concesión. Además, todo contrato o convención que se celebre respecto de una Reserva Forestal quedará limitada en cuanto a su objeto al cumplimiento de los fines de preservación y aprovechamiento sustentable de los recursos naturales en ellas existentes.

Las concesiones sobre recursos naturales constituyen un interesante instrumento para la gestión moderna de las AP que podrían permitir cumplir los fines de conservación, bajo un régimen regulado de incentivos, cuando el Estado no pueda o no cuente con los medios para hacerse cargo de la administración y/o gestión del AP. Sin embargo, esta no fue la opción adoptada por la ley SBAP que

---

[484]   La Contraloría ha dicho que la administración a que se refiere el decreto N° 127, de 1985, que crea la reserva en comento (Cipreses), permite a la Corporación celebrar actos y contratos sobre el área involucrada, no la habilita de modo alguno para establecer gravámenes que afectando ese predio incidan o limiten las facultades de disposición radicadas en el Ministerio de Bienes Nacionales. Dictamen N° 15264 de Contraloría de 15 de marzo de 2012.

[485]   Las concesiones de uso emanan del Decreto Ley 1.939 y las de explotación forestal de la ley de bosques. La ley SBAP en tanto habla de cesiones de uso.

limitó de manera significativa esta herramienta sólo a fines científicos, educacionales y de turismo acotado. Otros países vecinos como Perú por ejemplo han avanzado un poco más contemplando en su ley sobre uso y aprovechamiento de recursos naturales de 1997 esta figura de gestión[486].

Las características propias de la concesión forestal son:

- Se trata de contratos administrativos suscritos entre CONAF[487] y un tercero que tienen el objeto la explotación de bosques, es decir, su aprovechamiento, uso y goce.

- El objeto concesible son los bosques de cualquier naturaleza, debiendo entenderse por tanto que se incluyen los bosques de las Reservas Forestales.

- Las condiciones y normas particulares de cada concesión son materia no reglada y determinada por el CONAF para cada caso.

- Las concesiones de explotación forestal son actos jurídicos bilaterales esencialmente precarios por cuanto pueden ser dejados sin efecto en cualquier tiempo por la autoridad.

- Sin embargo, en el ejercicio de la potestad revocatoria discrecional, la autoridad no puede incurrir en arbitrariedad por cuanto la propia ley fija el límite de la revocación de las concesiones dado por el incumplimiento del contrato en alguna de sus condiciones o normas.

- Finalmente, el beneficio que reporten las concesiones para la autoridad ingresan al patrimonio de ésta.

---

[486] Véase CHIRINOS, Carlos y otro. *Concesiones sobre Recursos Naturales: una oportunidad para la gestión privada.* Sociedad Peruana de Derecho Ambiental, 2012.

[487] Antiguamente esta facultad era del SAG. Los convenios suscritos entre ambas instituciones tienen como fuente jurídica el estatuto jurídico del SAG de la época contenido en el DS N° 44/68 y la ley 18.113 que entrega la potestad al Ministerio de Agricultura para celebrar convenios con cualquier clase de instituciones "...que tengan por finalidad desarrollar programas y planes de trabajo comprendidos dentro de las funciones propias del Ministerio".

Esta práctica se ampara también en los Estatutos de CONAF[488] que en su art. 3 letra c) establecen la función de *"Participar o colaborar en la administración y el desarrollo del patrimonio forestal del Estado, formado por los Parques Nacionales, Reservas Forestales y Bosques Fiscales".*

IV. RESERVAS DE REGIONES VIRGENES

Las reservas de regiones vírgenes han carecido de regulación jurídica hasta la Ley SBAP y de existencia fáctica en Chile. Salvo el caso de la AP Cabo de Hornos no han tenido mayor atención, gestión ni regulación en el ordenamiento jurídico chileno.

El artículo 4 de la Convención establece como una de las características fundamentales de esta categoría su inviolabilidad "en tanto sea factible, excepto para la investigación científica debidamente autorizada y para la inspección gubernamental, o para otros fines que estén de acuerdo con los propósitos para los cuales la reserva ha sido creada".

Podría aplicarse esta calificación a la "Reserva de Región Virgen Parque Nacional "Cabo de Hornos"", creada por DS N° 995 del Ministerio de Tierras y Colonización de la época, de 1945, aunque ello resulta discutible. Creemos que dadas las condiciones naturales del área, de especial aislamiento, otorgan a este territorio las características propias que el legislador tuvo en cuenta para una Reserva de Región Virgen; ello junto con el hecho de que el Decreto 995/45 del Ministerio de Tierras y Colonización que lo crea indica que lo hace "con el carácter de Reserva de Región Virgen".

V. SANTUARIOS DE LA NATURALEZA

1. Antecedentes

Considerada una categoría especial del SNAP, en transición, tenemos a los Santuarios de la Naturaleza de extendido uso en Chile.

---

[488] Decretos Supremos N° 728/70; 455/73 y 733/83.

Esta categoría puede ser pública o privada, y puede abarcar tanto territorio marino como terrestre, que combina elementos de las otras áreas del SNAP, bajo custodia del MMA.

2. Regulación especial de la Ley de Monumentos Nacionales

La categoría de conservación corresponde a un tipo especial de área protegida consagrada en el ordenamiento jurídico chileno pero que no ha formado tradicionalmente parte del SNASPE, sino recién a contar de la reforma ambiental de 2010, y que corresponde a una subcategoría de Monumento Nacional, perteneciente al patrimonio cultural consagrado y protegido por la ley N° 17.288 sobre Monumentos Nacionales del año 1970. Esta ley si bien trata y protege sitios y áreas valiosas desde el punto de vista cultural considera esta figura especial cuyo fin es proteger los valores ambientales del territorio y que presenta, entre otras particularidades, la de admitir la propiedad privada sobre el bien en que recae la declaratoria, a diferencia de las categorías tradicionales del SNAP, que corresponden por regla general a predios o bienes públicos o fiscales[489].

La ley SBAP establece un régimen de transición, en extinción, para estas áreas que tomará algunos años por lo que cabe referirse a su régimen jurídico mientras subsistan[490].

---

[489] Las áreas pertenecientes al SNAP debieran ser por definición de propiedad pública o fiscal; sin embargo, existe controversia acerca de la convivencia entre estas categorías y cierta propiedad particular como la propiedad indígena situada al interior de ellas, además de las áreas de conservación para pueblos indígenas que se crean y asimismo sobre el estatus dominical de ciertos bienes declarados monumento natural como el caso de especies vegetales como el alerce o la araucaria cuando se sitúan en predios particulares.

[490] La ley SBAP considera la derogación del estatuto regulado en la ley 17.288. Sin embargo, la misma ley establece —por medio de una muy mala técnica legislativa— que ello ocurrirá "una vez concluido el proceso de reclasificación, manteniéndose plenamente vigentes los elementos de protección establecidos para dicha categoría" (art. 4 transitorio), proceso para el que a su vez se fija un plazo de 5 años.

El artículo 31° de la ley 17.288 los define como *"todos aquellos sitios terrestres o marinos que ofrezcan posibilidades especiales para estudios e investigaciones geológicas, paleontológicas, zoológicas, botánicas o de ecología, o que posean formaciones naturales, cuya conservación sea de interés para la ciencia o para el Estado".*

En ellos *"No se podrá, sin la autorización previa del Servicio[491], iniciar en ellos trabajos de construcción o excavación, ni desarrollar actividades como pesca, caza, explotación rural o cualquiera otra actividad que pudiera alterar su estado natural.*

Si estos sitios estuvieren situados en terrenos particulares, sus dueños deberán velar por su debida protección, denunciando ante el Servicio los daños que por causas ajenas a su voluntad se hubieren producido en ellos" (art. 31).

De otra parte, la ley 19.300 en su artículo 10° letra p) señala que cualquier ejecución de obras, programas o actividades, susceptibles de causar impacto ambiental en el SNAP —del que forma parte un Santuario de la Naturaleza—, deberá someterse al Sistema de Evaluación de Impacto Ambiental, el que determinará la pertinencia ambiental de realizar cualquier proyecto en el área.

Esto implica que la declaratoria de Santuario de la Naturaleza que se efectúa sobre un predio particular impone a su titular una serie de cargas y limitaciones de carácter ambiental que restringen las facultades inherentes al dominio privado[492], entre ellas las de tener que respetar el objeto, fin y características, en virtud de los cuales fue establecido el Santuario, y el de tener que someterse a un procedimiento complejo como el sistema de evaluación de impacto ambiental, frente a cualquier obra o actividad que teniendo impacto ambiental se pretende realizar en él.

---

[491]   La ley 20.417 reemplazó el vocablo "Consejo" por "Servicio" pero como veremos la ley no indicó a que servicio se refería. Deberemos entender que ese servicio hoy es el SBAP.

[492]   Cfr. Dictamen de la CGR N° 77.856 de 21/10/16 en virtud del cual se reconocen "ciertas limitaciones y obligaciones para los propietarios de predios privados que sean declarados santuario de la naturaleza con la finalidad de conservar el patrimonio ambiental".

Esta condición ha tenido reconocimiento jurisprudencial como en el caso llamado de las "Dunas de Con-Con" donde se le restringió el dominio a un propietario inmobiliario de un predio dunar que albergaba rica vida silvestre y que ostentaba la calidad de santuario de la naturaleza impidiéndole cercarlo o destinarlo a otros fines[493].

Conforme a su marco de regulación legal los Santuarios de la Naturaleza tienen restricciones y no prohibiciones de uso o actividades. Sin embargo, fuera de este ámbito, es posible considerar la aplicabilidad de otros ordenes normativos que contemplarán restricciones o prohibiciones, según cada caso; así, la flora, la fauna, el agua, el suelo y demás recursos naturales quedarán sujetos a las prescripciones que contemplen dichas regulaciones. A modo de ejemplo, las pendientes superiores a 45% quedarán sujetas al resguardo de la Ley de Bosques, y la prohibición o restricción de caza o captura de fauna a la Ley de Caza, entre otras.

No obstante ello, los Santuarios de la Naturaleza atendida su consideración como bien patrimonial en el contexto de la Ley de Monumentos Nacionales, gozan de los beneficios tributarios establecidos por la Ley de Donaciones Culturales que en su última modificación legal los incorporó, aunque sin proponérselo, bajo la nomenclatura de Monumentos Nacionales, de tal suerte que con ello se convirtieron en la primera área protegida natural que ostenta franquicias tributarias por la vía de donaciones que pueden ser rebajadas o descontadas de la tributación del donante[494].Sin embargo, con la ley SNAP al perder la calidad de Monumento Nacional podría considerarse

---

[493]   Sentencia de la E. Corte Suprema de 27 de junio de 2012 en causa Rol 2138-2012.

[494]   Ley 18.985 reformada por Ley 20.675 publicada en el D.O. el 5 de junio de 2013 establece en su art. 8° que "Además, serán beneficiarios los propietarios de inmuebles que hayan sido declarados Monumento Nacional, en sus diversas categorías, de acuerdo a la ley N° 17.288, sobre Monumentos Nacionales, sean estos públicos o privados, y los propietarios de los inmuebles de conservación histórica, reconocidos en la ley General de Urbanismo y Construcciones y en la respectiva Ordenanza.
De la misma forma, serán beneficiarios los propietarios de inmuebles que se encuentren ubicados en zonas, sectores o sitios publicados en la Lista del Patrimonio Mundial que elabora el Comité del Patrimonio Mundial de

que pierden esta franquicia, lo que representa un contrasentido, no advertido por el legislador.

De acuerdo a esta franquicia los contribuyentes de la Ley que hagan donaciones a los beneficiarios, tendrán derecho a un crédito equivalente al 50% del monto de tales donaciones, el que se imputará contra los impuestos que correspondan al ejercicio o período en que efectivamente se efectúe la donación.

Los Santuarios de la Naturaleza se encontraban sujetos a la tuición del Consejo de Monumentos Nacionales, agencia gubernamental dependiente del Ministerio de Educación[495],entidad encargada de evaluar las solicitudes de declaración de Santuario, proponerlas al Ministro de Educación y mantener un permanente control administrativo sobre ellos. Sin embargo, por la reforma ambiental de la Ley 20.417 de 2010 dicha dependencia pasó al MMA. Ello sin perjuicio de la competencia especial que tengan otras agencias gubernamentales.

3. Regulación en la Legislación Ambiental

La ley 19.300 modificada por la Ley 20.417 efectuó una consideración especial y relevante para esta categoría especial de AP.

Primero, por cuanto los consideraba expresamente a efectos del ingreso de proyectos al SEIA junto con otras categorías de AP en el art. 10 letra p) "Ejecución de obras, programas o actividades en parques nacionales, reservas nacionales, monumentos naturales, reservas de zonas vírgenes, *santuarios de la naturaleza*, parques marinos, reservas marinas o en cualesquiera otras áreas colocadas bajo protección oficial, en los casos en que la legislación respectiva lo permita"

La ley SBAP eliminó, sin embargo, esta mención, pero el art. 4 transitorio los considera expresamente como parte del SNAP por lo

---

la Organización de las Naciones Unidas para la Educación, la Ciencia y la Cultura".

[495] Art. 31 de Ley de Monumentos Nacionales. Cfr. www.monumentos.cl

que no podríamos entender su exclusión de las hipótesis de ingreso al SEIA.

Si bien no son expresamente mencionados a efectos de requerir la presentación de un EIA (art. 11) sí debe entenderse que la condición de santuario de la naturaleza es condición para presentar EIA respecto de toda actividad o proyecto que se ejecute en él susceptible de afectarle por cuanto cae dentro de la nomenclatura "área protegida" que refiere dicho artículo.

Luego entre las atribuciones del MMA debemos entenderlo incluido a efectos de la facultad de éste para "Proponer políticas, planes, programas, normas y supervigilar el Sistema Nacional de Áreas Protegidas" (art. 70).

En cuanto a las atribuciones del Consejo de Ministros para la Sustentabilidad antes de la reforma de la ley SBAP podía "proponer al Presidente de la República la creación de las Áreas Protegidas del Estado, que incluye parques y reservas marinas, así como los santuarios de la naturaleza y de las áreas marinas costeras protegidas de múltiples usos (art. 71 letra c)). Sin embargo, esta facultad fue reemplazada por "c) Pronunciarse sobre las propuestas de creación de áreas protegidas del Estado que efectúe el Ministerio del Medio Ambiente".. La pregunta que cabe formular es si aplica esto a la categoría de Santuario de la Naturaleza. La ley SBAP definió "Área protegida del Estado" como aquella "área protegida creada en espacios de propiedad fiscal o en bienes nacionales de uso público, incluyendo la zona económica exclusiva". Es decir, a juicio nuestro, aplicaría la referida potestad sólo y en tanto el santuario a crear recaiga sobre propiedad del Estado y no en los casos en que comprenda propiedad privada, existiendo 2 subcategorías de Santuarios: aquellos que son área protegida del Estado y aquellos que no los son, sin perjuicio de que ambas formen parte del SNAP y por tanto se sujeten a los efectos jurídicos atribuidos a este sistema.

Como sabemos la modificación introducida por la Ley 20.417 que creó el Ministerio del Medio Ambiente trasladó parte de las competencias que tenía el CMN al nuevo MMA y SBAP entre ellas entregando la tuición de los Santuarios desde el CMN al SBAP. Sin embargo, al no existir aún este último Servicio se ha producido un

nuevo conflicto jurídico que ha sido resuelto por la Contraloría que
ha establecido:

1) Conforme al artículo 31 de la ley N° 17.288, la custodia de estos
   sitios corresponde al Ministerio del Medio Ambiente;

2) La autorización para efectuar en ellos obras y actividades, además de recibir la denuncia de daños interpuesta por los dueños de tales inmuebles, se efectúa a un "Servicio" que no se
   individualiza;

3) La emisión del informe previo para su declaración como santuarios de la naturaleza, correspondería al Consejo de Monumentos Nacionales.

El organismo al que se refieren los incisos tercero y cuarto del
señalado artículo 31, sería el Servicio de Biodiversidad y Áreas Protegidas, por cuanto dicha entidad es el administrador del Sistema
Nacional de Áreas Silvestres Protegidas del Estado y el supervisor de
las áreas silvestres protegidas de propiedad privada, que incluyen los
santuarios de la naturaleza.

Atendido lo expuesto, cumple indicar que las facultades conferidas por las disposiciones precitadas no pueden ser ejercidas por ese
Servicio, porque éste aún no existe, de manera que, de acuerdo al
principio de continuidad de la función pública, establecido en los
artículos 3° y 28 de la ley N° 18.575 —en virtud del cual los órganos
de la Administración tienen por finalidad promover el bien común
atendiendo las necesidades públicas en forma continua y permanente—, la potestad para autorizar las obras o actividades que se efectúen
en los santuarios de la naturaleza, se mantiene en el Consejo de Monumentos Nacionales hasta la creación del Servicio de Biodiversidad
y Áreas Protegidas, correspondiendo a esa entidad colegiada, aplicar
las orientaciones que sobre la materia, y conforme a su competencia,
señale el Ministerio del Medio Ambiente"[496].

Conforme a lo expuesto, el CMN mantendría estas facultades hasta la entrada en funcionamiento del SBAP, lo que ocurrirá al menos
a partir de la fecha fijada para ello por medio del DFL que dicte el

---

[496] Dictamen N° 26190 de la Contraloría de 7 de mayo de 2012.

Pdte. de la Rep. en el plazo de 1 año de publicada la ley SBAP (art. 1 transitorio).

Los Santuarios de la Naturaleza, finalmente, han sido objeto, a efectos de la evaluación ambiental de proyectos, de un PAS específico N° 120 en virtud del cual hoy debe ser otorgado al interior del SEIA[497].

Este permiso corresponde al necesario para iniciar trabajos de construcción, excavación, o para desarrollar actividades como pesca, caza, explotación rural o cualquier otra actividad que pudiera alterar el estado natural de un Santuario de la Naturaleza, establecido en el inciso 3° del artículo 31 de la Ley N° 17.288 sobre monumentos nacionales.

El requisito para su otorgamiento consiste en preservar el estado natural del Santuario de la Naturaleza[498].

VI. ÁREAS MARINAS PROTEGIDAS

Chile ha desatendido históricamente la conservación de su medio marino. A pesar de tener una de las costas más extensas del mundo, —de unos 4.500 kms. en extensión y 6.435 kms. de costas— la idiosincrasia chilena ha tendido a mirar su territorio de espaldas al mar. Sin

---

[497] Art. 120 del DS 40/12 Reglamento del SEIA.

[498] Los contenidos técnicos y formales que deben presentarse para acreditar su cumplimiento son los siguientes:
a) Identificación y descripción del Santuario de la Naturaleza a intervenir.
b) Descripción y localización de la zona del Santuario donde se pretende construir, excavar o realizar actividades.
c) Identificación de las construcciones, excavaciones o actividades a realizar.
d) Identificación y descripción del o los componentes ambientales que pueden ser alterados por las construcciones, excavaciones o actividades a realizar.
e) Descripción del tipo de alteración sobre cada componente y su duración.
f) Identificación y descripción de las medidas apropiadas de preservación del estado natural del Santuario de la Naturaleza.

embargo, sólo a contar del presente siglo XXI se ha producido un cambio de mirada hacia el mar fruto de la generación de una fluida relación de intercambio comercial con los países de Asia Pacífico y que avanza hacia la institución de un área de libre mercado, sumado a la constante y creciente presión sobre los recursos pesqueros en este lado del hemisferio, lo que irremediablemente se ha ido traduciendo en la institución de distintos instrumentos para la conservación y gestión de sus recursos y su territorio, a través, entre otros, del establecimiento de áreas marinas.

Nominalmente, como veremos, Chile ha contemplado y ha establecido AMP en su legislación pesquera, de corte fuertemente productivista, lo que ha mermado su atención conservacionista y su mirada ambiental.

Este enfoque, —como dijéramos— sería prontamente superado por las tendencias internacionales más modernas que han incorporado el enfoque ecosistémico en todas las políticas aplicables al medio marino. En efecto, a nivel europeo, por ejemplo, existe la Directiva Marco de la Estrategia Marina de 2008 que tiene por propósito "alcanzar o mantener un buen estado medioambiental del medio marino comunitario, perseverar en su protección y conservación y evitar un nuevo deterioro", para lo cual se propone "fomentar la integración de las inquietudes medioambientales en otras políticas, tales como la política pesquera común, la política agrícola común y otras políticas comunitarias pertinentes".[499]

ESPAÑA en tanto ha dado una especial atención a las AMP en la Ley 42/2007, considerada a juicio de MERCEDES ORTIZ, como una "ley muy marina", que "apuesta por la protección del mar" atendido su enfoque ecosistémico, integrador o global sobre la biodiversidad[500].

---

[499]   DIRECTIVA 2008/56/CE DEL PARLAMENTO EUROPEO Y DEL CONSEJO, de 17 de junio de 2008, por la que se establece un marco de acción comunitaria para la política del medio marino (Directiva marco sobre la estrategia marina).

[500]   ORTIZ GARCÍA, Mercedes. "La Protección del Medio Marino", en *Noticias de la Unión Europea* N° 307, Monográfico. Patrimonio Natural y Biodiversidad. Año XXVI, agosto 2010.

1. Marco internacional especialmente referido a Áreas Marinas Protegidas.

Las regulaciones internacionales han sido el referente para la dictación de la normativa interna donde podemos destacar convenciones, protocolos y resoluciones de índole preferentemente comercial y ambiental[501].

UICN asimismo, ya desde los años 90' ha cumplido un rol fundamental en la promoción del establecimiento de áreas protegidas

---

[501] Chile ha suscrito o ratificado los siguientes tratados internacionales sobre esta materia:

1. Convenio Internacional para Prevenir la Contaminación de las Aguas del Mar por Hidrocarburos, 1954, con sus enmiendas de 1962 y 1969 y un anexo sobre Libro de Registro de Hidrocarburos, promulgado mediante el Decreto Supremo N° 474, 1977, del Ministerio de Relaciones Exteriores, Diario Oficial 06/10/77.

2. Convenio Internacional sobre Responsabilidad Civil por Daños Causados por la Contaminación de las Aguas del Mar por Hidrocarburos, con su Anexo de 1969, promulgado por el Decreto Supremo N° 475, 1977, del Ministerio de Relaciones Exteriores, Diario Oficial 08/10/77.

3. Convenio sobre Prevención de la contaminación del Mar por Vertimiento de Desechos y otras materias, con sus anexos I, II y III del año 1972, promulgado mediante Decreto Supremo N° 476, 1977, del Ministerio de Relaciones Exteriores, Diario Oficial 11/10/77.

4. Convenio sobre organización de la Comisión Permanente de la Conferencia sobre explotación y conservación de las riquezas marítimas del Pacífico Sur, Santiago, Chile, 18 de agosto de 1952. Decreto Supremo N° 432 del 23 de septiembre de 1954 (Diario Oficial del 22 de noviembre de 1954).

5. Convenio sobre otorgamiento de permisos para la explotación de las riquezas del pacífico sur. Lima, Perú, 4 de diciembre de 1954. Decreto Supremo N° 102 del 9 de marzo de 1956 (Diario Oficial del 7 de abril de 1956).

6. Acuerdo marco para la conservación de los recursos vivos marinos en la alta mar del Pacífico Sudeste "Acuerdo de Galápagos", Islas Galápagos, Ecuador, 14 de agosto de 2000, Ratificación 30 de agosto de 2001. Fecha de depósito del instrumento de ratificación en la Secretaría General: 12 de noviembre de 2001.

7. Convenio internacional para prevenir la contaminación por los buques, de 2 de noviembre de 1973, "Convenio MARPOL" (modificado por el protocolo de 1978 y protocolo de 1997).

marinas y como siempre, constituyéndose en un referente para las legislaciones nacionales fijando "Directrices para la Aplicación de las

---

8. Convenio para la Protección del Medio Ambiente y la Zona Costera del Pacífico Sudeste, promulgado mediante el Decreto Supremo N° 296, 1986, del Ministerio de Relaciones Exteriores, Diario Oficial 14/06/86.

9. Acuerdo sobre la Cooperación Regional para el Combate contra la Contaminación del Pacífico Sudeste por Hidrocarburos y Otras Sustancias Nocivas en Casos de Emergencia, promulgado por el Decreto Supremo N° 425, 1986, del Ministerio de Relaciones Exteriores, Diario Oficial 11/08/86.

10. Protocolo para la Protección del Pacífico Sudeste contra la Contaminación Proveniente de Fuentes Terrestres y sus anexos, promulgado mediante el Decreto Supremo N° 295, del Ministerio de Relaciones Exteriores, Diario Oficial 19/06/86.

11. Protocolo Complementario del Acuerdo sobre la Cooperación Regional para el Combate contra la Contaminación del Pacífico Sudeste por Hidrocarburos y Otras Sustancias Nocivas en Casos de Emergencias, promulgado por el Decreto Supremo N° 656, 1986, del Ministerio de Relaciones Exteriores, Diario Oficial 24/11/86.

12. Convenio Internacional relativo a la Intervención en Alta Mar en Casos de Accidentes que Causen una Contaminación por Hidrocarburos, adoptado en Bruselas el 29 de noviembre de 1969.

13. Protocolo relativo a la Intervención en Alta Mar en Casos de Contaminación por Sustancias distintas de los Hidrocarburos, adoptado en Londres el 02 de noviembre de 1973.

14. Protocolo para la conservación y administración de las áreas marinas y costeras protegidas del Pacífico Sudeste. Paipa, Colombia, 21 de septiembre de 1989. Depósito del instrumento de ratificación mediante Nota N° 025131 del 16 de diciembre de 1993.

15. Protocolo para la protección del Pacífico Sudeste contra la contaminación radiactiva Paipa, Colombia, 21 de septiembre de 1989. Instrumento de ratificación expedido el 30 de abril de 1992. Fecha de depósito del instrumento de ratificación: 4 de septiembre de 1992.

16. Convención sobre el Derecho del Mar, de 1982, promulgada por DS 1393, de 1997. D.S. de RR.EE. (D.O. 18.11.97).

17. Convenio internacional sobre cooperación, preparación y lucha contra la contaminación por hidrocarburos, de 30 de noviembre de 1990.

18. Protocolo sobre cooperación, preparación y lucha contra los sucesos de contaminación por sustancias nocivas y potencialmente peligrosas y su anexo, promulgado por Decreto Supremo N° 173/08.

Categorías de Gestión de Áreas Protegidas en Áreas Marinas Protegidas[502].

Existen escasos acuerdos internacionales jurídicamente vinculantes que establezcan áreas o reservas marinas protegidas, donde es posible destacar el gran acuerdo internacional logrado al alero de la Convención sobre Derecho del Mar sobre la "Conservación y el uso sostenible de la Diversidad Biológica Marina de las Zonas Situadas fuera de la Jurisdicción Nacional", adoptada en 2023 y que ya hemos analizado en el capítulo relativo al marco internacional de la biodiversidad.

2. Derecho Pesquero y Áreas Protegidas

Chile es una de las cuatro principales potencias pesqueras del mundo con desembarco de capturas marinas y actividades de acuicultura que representan aproximadamente el 10% de las pesquerías mundiales y contribuyen con un 12% del valor de las exportaciones de la economía nacional.

Sólo en las últimas décadas y con motivo de las sobreexplotaciones de las principales pesquerías nacionales[503], se han adoptado nuevos enfoques en la legislación pesquera —contenida principalmente en la Ley de Pesca de 1989[504]— que han tendido al control de las intervenciones humanas sobre especies, por medio de técnicas como cuotas de pesca o vedas biológicas de extracción y de manera supletoria o más bien accesoria, estableciendo territorios marinos bajo regímenes especiales de control de la actividad pesquera incluyendo la conservación de sus recursos, mediante áreas marinas protegidas. Es

---

[502] Day J., Dudley N., Hockings M., Holmes G., Laffoley D., Stolton S. & S. Wells, 2012. *Directrices para la Aplicación de las Categorías de Gestión de Áreas Protegidas de la UICN en Áreas Marinas Protegidas,* Gland, Suiza: UICN. 36pp.
[503] Es así como a contar de 1990 se comienza a implementar la medida de conservación de vedas biológicas y la asignación de cuotas individuales transferibles de pesca con la nueva Ley de Pesca.
[504] El texto refundido, coordinado y sistematizado de la ley N° 18.892, de 1989 y sus modificaciones, ley general de Pesca y Acuicultura fue fijado por Decreto Supremo N° 430 de 28 de septiembre de 1991.

así como en 2003 la CONAMA coordinó el establecimiento de áreas protegidas en la costa marítima, pensando y atribuyendo esta función a la autoridad pesquera: SERNAPESCA, que es y ha sido la que tradicionalmente ha aplicado las normas y medidas de control por la explotación de los recursos naturales marinos.

Sin embargo, la relación entre actividad pesquera y conservación de los recursos marinos no es clara existiendo un grado importante de incertidumbre respecto de los grados de intervención en los distintos territorios marinos regulados y desregulados. Es así como, desde el punto de vista de las áreas marinas destinadas a conservación podemos distinguir desde las AP marinas propiamente tales como Parques, Reservas, pasando por AP terrestres tradicionales —Parques, Reservas, Monumentos, Santuarios— que tienen o incluyen porciones de territorio marino protegido bajo su esquema de protección, hasta llegar a los nuevos instrumentos de gestión de recursos marinos como las AMERB y ciertas concesiones costeras otorgadas para investigación[505].

3. Normas comunes a las Áreas Marinas Protegidas

La ley 19.300 contenía algunas normas expresas referidas al territorio marino con fines de protección ambiental.

Señalaba por ejemplo en su art. 34 que el Estado administrará un Sistema Nacional de Áreas Silvestres Protegidas, que incluirá los parques y reservas marinas, con objeto de asegurar la diversidad biológica, tutelar la preservación de la naturaleza y conservar el patrimonio ambiental.

Sobre las AP, en general, añade el artículo 36 que "Formarán parte de las áreas protegidas mencionadas en los artículos anteriores, las porciones de mar, terrenos de playa, playas de mar, lagos, lagunas, glaciares, embalses, cursos de agua, pantanos y otros humedales, situados dentro de su perímetro.

---

[505] MANZUR, María Isabel. *Situación de la Biodiversidad en Chile: desafíos para La sustentabilidad.* Programa Chile Sustentable, LOM Ediciones, 2005, PAG. 166.

Sobre estas áreas protegidas mantendrán sus facultades los demás organismos públicos, en lo que les corresponda".

El agregado final la verdad no nos dice mucho al señalar que "los demás organismos públicos" mantienen sus facultades en dichas áreas "en lo que les corresponda" y denota lo que hemos venido diciendo en torno a la permanente excusa y renuncia del legislador por resolver el entuerto institucional ambiental.

La administración de las AMP como la fiscalización que antes correspondía a SERNAPESCA, servicio dependiente del Ministerio de Economía, ahora corresponde al SBAP. Sin embargo, permanece vigente que ambas categorías de conservación deben contar con un Plan General de Administración que debe considerar un plan de manejo en conformidad al Reglamento[506].

Respecto a esta misma materia, las concesiones de acuicultura se encuentran limitadas por los fines de protección ambiental que consagra la ley, entre ellos la existencia de áreas protegidas que contemple la zonificación del borde costero, y en la medida que sus aguas queden comprendidas en la declaratoria que fija los límites de dichas áreas[507].

Finalmente, debe tenerse presente sobre esta materia una importante norma limitante de actividades pesqueras. Se trata del art. 158 de la ley pesquera que señala que "las zonas lacustres, fluviales y marítimas que integren el sistema nacional de áreas silvestres protegidas del Estado en conformidad a la ley 18.362, quedarán excluidas de toda actividad pesquera extractiva y de acuicultura".

Sin embargo, dicha prescripción fue flexibilizada por la reforma de 2002[508] que estableció que no obstante, en las zonas marítimas que formen parte de Reservas Nacionales y Forestales, podrán realizarse dichas actividades y que, con la autorización de los organismos competentes —que no menciona—, podrá permitirse el uso de por-

---

Reglamento de Parques Marinos y Reservas Marinas contenido en el D.S. N° 238, de 2004, del Ministerio de Economía, Fomento y Reconstrucción.
[507] Art. 67 inciso 5° Ley de Pesca en relación al art. 36 de la Ley 19.300.
[508] Art. único de la Ley 19.800.

ciones terrestres que formen parte de dichas reservas, para complementar las actividades marítimas de acuicultura.

Esta materia no ha sido pacífica generándose una interesante controversia jurídica entre los límites de la actividad y regulaciones pesqueras y las asociadas a la conservación que merecen las AP en particular en lo atingente a las zonas marítimas de los Parques Nacionales. En el caso de las Reservas, el tema está zanjado legalmente por lo dispuesto en el 158 inciso 2° de la Ley de Pesca que permite expresamente la pesca y la acuicultura en dichos espacios marítimos.

4. Parques marinos

La primera área marina protegida, el área marina y costera protegida "Francisco Coloane" (670 km2), se crea recién en 2003 incluyendo en su interior un área como primer Parque Marino chileno, ubicada en el estrecho de Magallanes, con el apoyo e impulso financiero del Fondo para el Medio Ambiente Mundial.

Luego en 2010 se establece en segundo parque marino en torno a las islas oceánicas de Salas y Gómez "Motu Motivo Hiva" con 150 km2.

En 2016 se crean diversos parques marinos denominados "Nazca-Desventuradas" en torno a las Islas San Ambrosio y San Félix con 300.035 (km²) y el Parque Marino "Montes Submarinos Crusoe y Selkirk" y la Red Lobería Selkirk, el Arenal, Tierra Blanca y el Palillo en torno al Archipiélago de Juan Fernández con 1.078 y 3,45 (km²). En 2018 se agregan el Mar de Juan Fernández (262 km²) e Islas Diego Ramirez y Paso Drake (144.390 km²) y en 2022 el Parque Tic Toc en el Golfo de Corcovado, Chiloé (1.019 km²).

Las AMP señaladas han sido creadas al amparo de la legislación pesquera, contenida principalmente en la Ley de Pesca y Acuicultura, es la que contemplaba la categoría de conservación de los ambientes y recursos marinos en su faz de *"parques marinos"*.

Señalaba el art. 3 letra d) de la ley 18.892 de Pesca y Acuicultura que entre las facultades de conservación de los recursos hidrobiológicos de la autoridad pesquera puede establecer *parques marinos. "des-*

tinados a preservar unidades ecológicas de interés para la ciencia y cautelar áreas que aseguren la mantención y diversidad de especies hidrobiológicas, como también aquellas asociadas a su hábitat".

Sus objetivos son eminentemente conservacionistas a tal punto que la propia ley agregaba luego en la misma disposición que en ellos no puede efectuarse ningún tipo de actividad, salvo aquellas con propósitos de observación, investigación o estudio. En este contexto, podríamos decir que son el símil de los Parques o los Monumentos Naturales en tierra. Por esta razón la ley SBAP ha asimilado y homologado las categorías designándolas simplemente como Parques Nacionales.

Por último, el Reglamento sobre Parques y Reservas Marinas[509] que regula su establecimiento, administración, actividades reguladas y régimen de sanción, probablemente tenga que ser reemplazado o adecuado al nuevo régimen establecido en la ley SBAP. Los Parques Marinos quedan homologados por el sólo ministerio de la Ley SBAP a la categoría de Parque Nacional.

5. Reservas marinas

Una reserva marina en Chile, hasta antes de la ley SBAP, era el área de resguardo de los recursos hidrobiológicos con el objeto de proteger zonas de reproducción, caladeros de pesca y áreas de repoblamiento por manejo. Estas áreas estaban bajo la tuición de SERNAPESCA y sólo podía efectuarse en ellas actividades extractivas por períodos transitorios previa resolución fundada de la Subsecretaría de Pesca[510].

Conforme a su definición y al conjunto de referencias aisladas que de ellas se hace podemos establecer que se trata de un área destinada a la conservación de sus recursos en la que es posible efectuar cierta gestión sustentable de sus recursos, por períodos transitorios y en la franja costera y aguas interiores o terrestres.

---

[509]   D.S.238 de la Subsecretaria de Pesca de 16 de septiembre de 2004.
[510]   Art. 2 Nº 43 de la ley de Pesca.

Además de acuerdo al Reglamento que la regula es posible efectuar en ellas pesca deportiva y actividades recreativas sólo en las áreas identificadas para esos fines y en las condiciones establecidas en el programa de manejo de la respectiva reserva[511].

Con la ley SBAP estas áreas han pasado a denominarse "Reservas de Interés Pesquero" (art. 147). Con todo, las preexistentes serán objeto del proceso de homologación y reclasificación de la ley SBAP en virtud del cual se definirá si quedan bajo la categoría ya mencionada o bien pasan a ser Reservas Nacionales (art. 5 transitorio). Mientas eso no ocurra las Reservas Marinas forman parte del SNAP y se sujetan a sus efectos jurídicos, pero a diferencia de los Santuarios de la Naturaleza, en el periodo de transición a estas áreas se les aplicará el estatuto de la Reserva Nacional (art. 4 transitorio)[512].

6. Áreas marinas y costeras protegidas de uso múltiple

Ha de tenerse presente por último las llamadas *áreas marinas y costeras protegidas de uso múltiple* (AMCP-UM)[513] que hasta la ley SBAP no contaban con mayor desarrollo normativo en el derecho interno chileno. "No obstante que no existe un instrumento jurídico nacional o internacional que las establezca y las defina expresamente, es una categoría de protección utilizada en nuestro país".[514] Así, han sido creadas por decreto al amparo o invocando tratados como el "Convenio sobre la protección del medio ambiente marino y zona cos-

---

[511] D.S.238..., Op. cit.
[512] Algunas reservas marinas establecidas son:
   – Bahía Moreno-La Rinconada, de 331 Ha. en Caleta Vieja, Antofagasta (1997).
   – Isla Chañaral, de 2.894 Ha. en Isla Chañaral, Atacama (2005).
   – Isla Choros y Damas, de 3.863 Ha. en Isla Choros y Damas, Coquimbo (2005).
   – Pullinque, de 740 Ha., en estero de Quetalmahue, Chiloé (2004).
   – Putemún, de 751 Ha., en estero de Castro, Chiloé (2004).
[513] Creadas al amparo del proyecto PNUD "Conservación de la Biodiversidad de Importancia Mundial a lo largo de la Costa Chilena", 2007-2011.
[514] PRAUS, Sergio y otros. *La Situación Jurídica...*Op. cit., pág. 113.

tera del Pacífico Sudeste".[515] Constituyen una figura especial de AP marina conformada por "áreas geográficas delimitadas puestas bajo protección oficial con el objeto de establecer una gestión ambiental integrada sobre la base de estudios e inventarios de sus recursos y una modalidad de conservación in situ de los ecosistemas y hábitat naturales, a fin de alcanzar objetivos específicos de conservación".[516]

En estas áreas se puede efectuar un uso y aprovechamiento racional y sustentable de sus recursos acorde a sus fines y limitaciones como actividades de pesca y acuicultura[517].

Con la ley SBAP se integran expresamente al SNAP, pero ahora incluyendo espacios terrestres y adoptando una nueva denominación: Área de Conservación de Múltiples Usos, sin tener que pasar por un proceso de homologación[518].

A las anteriores AMP habría que agregar una larga lista de más de 761 áreas de manejo y explotación de recursos bentónicos (AMERB) que en Chile alcanzan una superficie total de 120 mil hectáreas y que son administradas por organizaciones de pescadores artesanales para extraer y repoblar recursos como el loco, erizos y algas[519].

---

[515] Estudios a nivel mundial sobre áreas marinas protegidas, como los de la Autoridad de la Gran Barrera de Coral Australiana, el Banco Mundial y la Unión Internacional para la Conservación de la Naturaleza y los Recursos Naturales (UICN) (1995) destaca la ausencia de áreas marinas protegidas en el Pacífico Sur Oriental, especialmente en Chile, y fomenta el desarrollo de estas áreas, déficit que ha sido suplido mediante la creación en 2016 de los parques marinos "Nazca-Desventuradas" en torno a las Islas San Ambrosio y San Félix con 300.035 (Km2) y "Montes Submarinos Crusoe y Selkirk" en torno al Archipiélago de Juan Fernández con 1.078 (km2).

[516] Cfr.www.subpesca.cl

[517] Cfr. Dictamen de la CGR N° 94.320 de 04/12/14.

[518] Se han creado progresivamente diversas AMCP-MU ubicadas en la localidad de Caldera en la III Región; en la localidad de Bahía Mansa en la X Región; en la localidad de Carlos III en la XII Región; en Pitipalena Añihue en la XI Región de Aysen, etc.

[519] Si bien en Chile las AMREB no son consideradas desde un punto de vista ambiental estricto, áreas protegidas, la UICN si las reconoce como tales bajo la categoría VI denominada "Área protegida con uso sostenible de recursos naturales".

7. Política y Regulación del Borde Costero

El borde costero chileno carece casi por completo de regulación con fines ambientales. Tal vez el único antecedente conocido es la Ley 13.364 de 1959 que pretendía regular los usos y mantener sin construcciones la franja costera de la ciudad de Viña del Mar.

Se entiende por *Borde Costero del Litoral,* aquella franja del territorio que comprende los terrenos de playa fiscales situados en el litoral, la playa, las bahías, golfos, estrechos y canales interiores, y el mar territorial de la República, que se encuentran sujetos al control, fiscalización y supervigilancia del Ministerio de Defensa Nacional, Subsecretaría de Fuerzas Armadas (ex Marina)[520].

Esta Política Nacional es aplicable respecto de los siguientes bienes nacionales, fiscales o de uso público:

- terrenos de playa fiscales ubicados dentro de una franja de ochenta metros de ancho, medidos desde la línea de la más alta marea de la costa del litoral,

- la playa,

- las bahías, golfos, estrechos y canales interiores, y

- el mar territorial de la República.

Para implementar esta Política Nacional este mismo D.S. 745 crea la "Comisión Nacional de Uso del Borde Costero del Litoral," cuya función principal será la de proponer al Presidente de la República acciones que impulsen la Política de Uso del Borde Costero.

Entre las principales funciones de esta Comisión se encuentra la de "Proponer una zonificación de los diversos espacios que conforman el Borde Costero del Litoral de la República".

Si bien ahora existe competencia sobre un SNAP que integra lo terrestre con lo marítimo, aquí se replican las dificultades compe-

---

[520]   Según lo dispuesto por el inciso segundo del artículo 2 de este D.S. 745.

tenciales de otros casos, que acá se pueden generar con la autoridad marítima respecto del territorio marítimo asociado a AP[521].

Sin embargo, hoy por medio de la reforma de la ley 20.417 de 2010, todas las "zonificaciones del borde costero" deben ser objeto de una evaluación ambiental estratégica, con lo que se muda el carácter sectorial naval que tenía hasta entonces por uno de más amplios alcances donde lo ambiental cobra un rol central.

Hay que tener en consideración que las zonificaciones de uso del borde costero constituyen planificaciones del territorio marítimo, por regla general, de carácter indicativo al expresar "usos preferentes" y "no excluyentes", salvo que el mismo instrumento establezca incompatibilidades de manera expresa, según reza la Ley de Pesca[522].

Finalmente hay que considerar complementariamente al estatuto de las áreas marinas las regulaciones que se efectúan por medio de la Ley General de Urbanismo y Construcciones, que regula el uso de territorios costeros a través de los Instrumentos de Planificación Territorial (IPT) entre ellos los Planes Reguladores Inter-Comunales (PRI) y los Planes Reguladores Comunales (PRC).

---

[521] Por dictamen de la Contraloría N° 18.396 de 1994, *op.cit...*se estableció la procedencia de la ocupación y ejecución de obras de infraestructura y equipamiento ejecutadas en el Puerto Gaviota, en terrenos del Parque Nacional Isla Magdalena, declarada Área Silvestre Protegida, deslindando la competencia entre CONAF y Subsecretaria de Marina.

[522] Art. 2 N° 57: Zonificación del borde costero: proceso de ordenamiento y planificación de los espacios que conforman el borde costero del litoral, que tiene por objeto definir el territorio y establecer sus múltiples usos, expresados en usos preferentes, los que no serán excluyentes, salvo en los casos que se establezcan incompatibilidades de uso con actividades determinadas en sectores delimitados en la misma zonificación y graficados en planos que identifiquen, entre otros aspectos, los límites de extensión, zonificación general y las condiciones y restricciones para su administración, en conformidad con lo dispuesto en la Política Nacional de Uso del Borde Costero establecida en el decreto supremo (M) N° 475, del Ministerio de Defensa Nacional, de 1995, o la normativa que lo reemplace.

8. Espacios Costeros y Marinos de Pueblos Originarios

Mediante la Ley 20.249 publicada en el D.O. el 16 de febrero de 2008 se crea en Chile el espacio costero marino de los pueblos originarios. Conocida también como "Ley Lafkenche" en referencia al grupo étnico mapuche que habita las costas del sur de Chile, esta ley consagra una categoría especial de área protegida que no tiene sólo fines ambientales, también conocida como ECMPO por su sigla.

Hay que tener presente que pueblos originarios o indígenas, de acuerdo al Convenio 169 de la OIT, son tales "por el hecho de descender de poblaciones que habitaban en el país o en una región geográfica a la que pertenece el país en la época de la conquista o la colonización o del establecimiento de las actuales fronteras estatales y que, cualquiera que sea su situación jurídica, conservan todas sus propias instituciones sociales, económicas, culturales y políticas, o parte de ella".

El espacio marítimo que se crea se define como el "espacio marino delimitado, cuya administración es entregada a comunidades indígenas o asociaciones de ellas, cuyos integrantes han ejercido el uso consuetudinario de dicho espacio".

Conforme al art. 3 de la ley el objetivo del área "será resguardar el uso consuetudinario de dichos espacios, a fin de mantener las tradiciones y el uso de los recursos naturales por parte de las comunidades vinculadas al borde costero".

Estas áreas son entregadas "en destinación" por el Ministerio de Defensa Nacional, Subsecretaría de FF.AA., a la Subsecretaría de Pesca la cual suscribirá el respectivo convenio de uso con la asociación de comunidades o comunidad asignataria. Su administración corresponde a las organizaciones de pueblos originarios correspondiente.

La componente ambiental del área queda claramente establecida en su art. 5 cuando señala que "La administración del espacio costero marino de pueblos originarios deberá asegurar la conservación de los recursos naturales comprendidos en él y propender al bienestar de las comunidades, conforme a un plan de administración".

Así, estos espacios pueden asimilarse al régimen que en tierra tienen las Reservas Forestales Nacionales, aunque estimamos que con un grado mayor de flexibilidad de usos. Tal vez su similitud mayor sea con las AMERB diferenciándose de ellas en cuanto éstas normalmente tienen un espacio muy acotado para la gestión de los recursos marinos.

La ley SBAP no se hizo cargo de estas áreas por lo que no es posible considerarlas como parte del SNAP. Sin embargo, sabemos que este se integra por las llamadas "Área de Conservación de Pueblos Indígenas", las que podrían ubicarse en "espacios costeros marinos de pueblos originarios", es decir, se podría producir un acople o superposición de áreas con 2 regímenes jurídicos distintos lo que no resulta inusual por lo demás en nuestro Derecho de áreas protegidas.

Bajo la nomenclatura de UICN estas áreas podrían asimilarse a la categoría V de paisaje terrestre/marino protegido dada la interacción entre elementos naturales y culturales que le es propia a dicha categoría[523].

El proceso de implementación de estas áreas, ha sido de muy lento establecimiento, no exenta de conflictos por los intereses en juego existentes sobre el territorio en el que se superponen ordenes regulatorios muchas veces contrapuestos, que conforme esta herramienta "podría utilizarse para su protección frente a otras concesiones o proyectos que particulares pretendan desarrollar, que sean incompatibles con la iniciativa de conservación propuesta".[524]

VII. ÁREAS PROTEGIDAS PRIVADAS

1. *Antecedentes regulatorios*

Chile aún no ha contado con un régimen jurídico orgánico, sistemático y moderno sobre áreas silvestres protegidas privadas (ASPP) que la ley SBAP intenta subsanar integrándolas expresamente al SNAP (art. 97).

---

[523] LAUSCHE, Bárbara. (2011). *Guidelines for Protected Areas Legislation.* IUCN, Gland, Switzerland. xxvi + 370 pp.

[524] AYLWIN, José y CUADRA, Ximena. *Los Desafíos de la Conservación en los territorios indígenas en Chile,* IDRC, Temuco, Chile, 2011, pág. 42.

Sabemos que las técnicos y mecanismos de conservación privada han sido vastamente desarrolladas en el último tiempo donde a nivel latinoamericano tenemos interesantes experiencias en el modelo costarricense[525] y a nivel europeo y norteamericano, como nos señala CATHERINE GIRAUDEL, en Alemania, Australia, Bélgica, Canadá, España, Estados Unidos, República Checa, Reino Unido y Suiza[526].

Han sido los países del mundo anglosajón los que han iniciado ya hacia fines del siglo XIX las prácticas de conservación privada a través de los denominados *land trusts*, fideicomisos o fondos fiduciarios, figura a través de la cual, normalmente una organización sin fines de lucro adquiere y administra tierras para conservación en un esquema de incentivos y franquicias tributarias[527].

La ley de Medio Ambiente consagra y habla por primera vez de áreas privadas para la conservación al establecer que *"…el Estado fomentará e incentivará la creación de áreas silvestres protegidas de propiedad privada, las que las que formarán parte del Sistema Nacional de Áreas Protegidas"* (art. 35)[528].

Estas APP se definen en la ley SBAP como "área protegida creada en espacios de propiedad privada y reconocida por el Estado conforme a las disposiciones de la presente ley" (art. 3 N° 4).

---

[525]   Cfr. CHACÓN, Carlos Manuel. *Servidumbres Ecológicas. El propietario privado contribuyendo al desarrollo sostenible.* Centro de Derecho Ambiental y de los Recursos Naturales, CEDARENA, Costa Rica. 1998.

[526]   GIRAUDEL, Catherine (Direction Scientifique) *La protection conventionnelle des espaces naturels.* Université de Limoges, PULIM; Comisión Europea, Dirección General XI, Medio Ambiente, Seguridad Nuclear y Protección Civil. Legislación Comunitaria relativa al medio ambiente, Volumen IV-Naturaleza.

[527]   En Estados Unidos en 1982 se crea el Land Trust Alliance (LTA). En el Reino Unido en tanto tenemos el National Trustt y la Royal Society for the Protection of Birds.

[528]   Antes de la ley SBAP se indicaba que las APP "estarán afectas a igual tratamiento tributario, derechos, obligaciones y cargas que las pertenecientes al Sistema Nacional de Áreas Silvestres Protegidas del Estado". El régimen tributario de las ASP es una materia poco estudiada y no regulada de manera uniforme y sistemática. Las áreas del SNAP del Estado estas exentas del pago de impuesto que grava a la propiedad inmueble o raíz por tratarse de bienes fiscales, por regla general.

Si bien su creación ya fue considerada desde los orígenes de la ley 19.300 nunca han sido reglamentadas, existiendo incluso un proyecto de Reglamento de Áreas Protegidas Privadas elaborado el año 2002 por CONAMA sancionado el 5 de junio del 2003 pero que fue objetado en el trámite de toma de razón por la Contraloría por la ausencia de institucionalidad para el SNASPE en aquella época.

El establecimiento de APP es una interesante herramienta para la conservación de la biodiversidad, dada la falta e insuficiente representatividad de los ecosistemas protegidos bajo el SNASPE. Así por medio de las APP podríamos proteger aquellos territorios donde el SNASPE no ha llegado o no puede llegar sobre todo cuanto los tenedores o propietarios de reductos relevantes de conservación son privados, fundamentalmente de la zona centro del país[529].

Así a partir de década de los 90 han surgido espontáneamente iniciativas privadas de conservación que en 1997 fueron integradas en una Red de áreas protegidas privadas (RAPP) por iniciativa de la ONG CODEFF y el apoyo financiero de WWF[530], que agrupa a cientos de propietarios privados, con y sin estatus de área protegida reconocida por el Estado[531].

Entre las áreas protegidas privadas relevantes en Chile tenemos[532]:

- Reserva Biológica Huilo Huilo (100 mil hectáreas).

- Parque Tantauco (115 mil hectáreas).

- Yendegaia y Cabo León, (67 mil hectáreas)

---

[529] Se estima que desde la V región de Valparaíso a la VIII región del Bío Bío, el área total protegida a través del SNASPE es menor a un 10%.

[530] Para una revisión de las iniciativas de conservación privada en Chile y Latinoamérica véase VV.AA. Conservación Privada en Latinoamérica: Herramientas legales y modelos para el éxito. Environmental Law Institute (ELI), 2003.

[531] A modo de ejemplo, destacan entre estas iniciativas el Santuario de la Naturaleza Cascada de las Ánimas con 3.600 hectáreas, Los Huemules de Niblinto predio de 7.530 hectáreas, la reserva ecológica Oasis de La Campana con 2.500 hectáreas y el Rincón con 150 hectáreas.

[532] FUNDACIÓN TERRAM. *Áreas Protegidas Privadas en Chile.* Terram Publicaciones, Chile, 2005, pág. 18.

- Cascada de las Ánimas (3.600 hectáreas).

- Los Huemules del Niblinto (7.530 hectáreas)

- Estación Biológica Senda Darwin (113 hectáreas)

- San Pablo de Tregua (2.200 hectáreas)

- Parque Tepuhueico (20 mil hectáreas)

- Reserva Oasis de la Campana (2.500 hectáreas)

- Alto Huemul (25 mil hectáreas).

- Altos de Cantillana (100 mil hectáreas).

- Predio Chaihuín-Venecia (60 mil hectáreas).

- Ex Proyecto Trillium (270 mil hectáreas).

Entre ellas destacó en su época por su extensión en Chile el "Parque Pumalín"[533], conformado por un territorio natural de 300.000 hectáreas de fiordos, glaciares y bosques vírgenes, situado en la zona denominada Chiloé Continental de la provincia de Palena, en la Patagonia chilena, como primer gran proyecto privado de conservación ambiental implementado en Chile, creado en 2005 ostentando primero la figura jurídica de Santuario de la Naturaleza[534], y luego

---

[533] Vid. VV.AA. *Parque Pumalín. Obstáculo u Oportunidad para el Desarrollo.* Programa Chile Sustentable. 2002; PIZARRO, Rodrigo y VALENZUELA, Rafael. *Evaluación Social del Parque Pumalín,* Terram publicaciones Santiago, Chile, diciembre 2002. NELSON, Michael y GEISSE, Guillermo. Las lecciones del caso Tompkins para la política ambiental y la inversión extranjera en Chile. CIPMA, Ambiente y Desarrollo, Septiembre de 2001,VOL XVII, N° 3, pp. 14-26; RAMÍREZ, FERNANDO Y FOLCHI, MAURICIO. *El caso del Parque Pumalín de Douglas Tompkins. La factibilidad histórico-ecológica de proteger la naturaleza.* U. de Chile, Área de Historia Ecológica, 6° Encuentro científico sobre el Medio Ambiente, Santiago de Chile, enero 1999.

[534] En 1997 se consensuó y suscribió un acuerdo entre Douglas Tompkins, la Fundación norteamericana El Bosque Pumalín Foundation y el Gobierno de Chile, representado por el Ministro Secretario General de la Presidencia, que constituyó el primer documento base del estatuto del futuro Santuario de la Naturaleza. Este acuerdo, fue perfeccionado y complementado luego mediante la suscripción de un documento complementario de acuerdo entre las mismas partes interesadas en diciembre de 2003. Luego

mediante donación modal en 2018 convertido en Parque Nacional con más de 400.000 hectáreas[535].

Esta AP ostenta además desde septiembre de 2007 junto a otras categorías nacionales de áreas protegidas[536] y otros territorios de bosques cordilleranos del tipo "siempreverde" el status internacional de Reserva de la Biosfera denominada "Bosques Templados" integrando así la Red Mundial de Reservas de la Biosfera de la UNESCO[537], que ahora con la ley SBAP conforma una AP especial. Al respecto UNESCO expresa que "al ser colindante este sitio con el de la Reserva de Biosfera Andino Norpatagónica, existe la posibilidad de que se cree en el futuro una reserva transfronteriza compartida por Chile y Argentina"[538].

Ostentando propiamente un carácter privado, sin someterse a categorías especiales de AP reguladas, destaca la Reserva Biológica Huilo Huilo, ubicada en el núcleo de la eco región valdiviana a 40°

---

por Decreto N° 1.137 del 19 de agosto de 2005, expedido por el Ministerio de Educación, se declaró oficialmente el Parque Pumalín. Mediante Resolución Exenta N° 1625 del 26 de abril de 2005, dictada por el Ministerio de Justicia, se otorgó la personalidad jurídica a la Fundación Pumalín, y fueron aprobados sus estatutos. Esta entidad sin fines de lucro sucedió en la titularidad de la propiedad a la fundación norteamericana The Conservation Land Trust, cuyo fundador y actual presidente es Douglas Tompkins. De esta manera culminó un proceso de negociación que se extendió por más de 10 años, cuyo fin era definir el cariz de este proyecto conservacionista.

[535] Creado por Decreto N° 28 del Ministerio de Bienes Nacionales de 28 de febrero de 2018 publicado en el D.O. el 9 de agosto de 2018.

[536] Forman también parte de esta Reserva de la Biosfera el Parque Nacional Villarrica, el Parque Nacional Puyehue, el Parque Nacional Vicente Pérez Rosales, el Parque Nacional Alerce Andino, el Parque Nacional Hornopirén, la Reserva Nacional Mocho Choshuenco, la Reserva Biológica privada Huilo Huilo y la Reserva Nacional Futaleufú.

[537] Las otras reservas de la Biosfera chilenas son el Parque Nacional Bosque Fray Jorge (1977), el archipiélago de Juan Fernández (1977), el Parque Nacional Torres del Paine (1978), la Laguna San Rafael (1979), el Parque Nacional Lauca (1981), Las Araucarias (1983), el Parque Nacional La Campana y el Lago Peñuelas (1984) y Cabo de Hornos (2005).

[538] Cfr. www.unesco.org/new/es/santiago/natural-sciences/man-and-the-biosphere-mab-programme-biosphere-reserves/las-reservas-de-la-biosfera-en-chile

de latitud sur, selva de la Patagonia chilena, en la región de los Ríos. En el año 2007 la UNESCO la declaró parte de la Reserva Mundial de la Biósfera "Bosques Templados"[539]. En sus 100.000 hectáreas alberga bosque húmedo templado, gran diversidad biológica, con un alto grado de endemismo, especies de flora (con el mayor número de especies de helechos de Chile Continental) y fauna única en el mundo, algunas de ellas en categoría de amenaza e incluso en peligro de extinción junto a lagos de origen glaciar e innumerables cursos de agua y cumbres nevadas junto a la Reserva Nacional Mocho-Choshuenco[540].

2. *Régimen de la ley SBAP*

La ley SBAP estableció el marco jurídico especial de las APP, en un párrafo que deberá ser desarrollado reglamentariamente, como parte del SNAP.

Su creación es un acto voluntario del propietario que debe ceñirse a los requisitos y condiciones legales y reglamentarias que se fijen, sometida a la decisión técnica de la autoridad competente: SBAP quien de cumplirse los requisitos la somete al pronunciamiento del MMA que la crea por DS, mismo procedimiento al que queda sujeta su modificación y desafectación.

Sin embargo, las APP no pasan a constituir una categoría propia de AP sino por el contrario deben ser homologadas a las AP que forman parte del SNAP y por tanto someterse a su régimen jurídico. En efecto, las APP existentes que por ejemplo ostentan el estatus de Santuario de la Naturaleza deberán homologarse con algunas de estas categorías del SNAP y regirse por sus normas.

Las APP son administradas por sus propietarios o por quienes éstos designen y requieren contar, al igual de las AP del Estado con un "plan de manejo", que si bien puede ser elaborado por sus propietarios o administradores, deben ceñirse a los requisitos de los PM de toda AP y son autorizados, supervisados e incluso inspeccionados por

---

[539]   Cfr. Cap. III. VI.1
[540]   Vid.www.huilohuilo.com

el SBAP por lo que su incumplimiento puede ser sancionado como cualquier infracción a la ley (art. 102).

Las APP gozan de los siguientes beneficios (art. 105):

a) Exención del impuesto territorial, en tanto cumplan con el plan de manejo del área.

b) Exención del impuesto a la herencia.

c) Participación gratuita en los programas de formación y capacitación para guardaparques, según disponibilidad presupuestaria.

d) Bonificaciones en la postulación al Fondo Nacional de la Biodiversidad.

e) Exención de pago de los derechos arancelarios que correspondan a los notarios, conservadores de bienes raíces y archiveros.

3. Técnicas jurídicas para la conservación privada

Por conservación privada hacemos referencia a las iniciativas no gubernamentales, esto es, que nacen del sector privado, por implementar acciones de conservación ambiental, no obstante, cuenten o no con herramientas del sector público (financiamiento, regulaciones, etc.)

La principal técnica de conservación privada es el establecimiento de áreas o territorios destinados a la conservación ambiental por parte de privados, llamadas pero no asimilables legalmente a las áreas protegidas privadas o APP a las que hemos hecho referencia. Sin embargo, estas técnicas emanan del derecho privado y no forman parte del concepto de APP analizada regida por el derecho público.

Una expresión matizada es también la conservación de territorios por entidades distintas al Estado pero que sin ser propietarios tienen la misión o recomendación de su custodia, bajo las más diversas fórmulas asociativas. Corresponde, siguiendo a FERNANDO DE ROJAS a fórmulas alternativas de protección y gestión de AP denominadas para este caso como "custodias del territorio"[541],que han tenido su origen en diversas fórmulas del derecho anglosajón que podríamos agrupar bajo la denominación de *National Trust.*

La custodia del territorio como instrumento complementario para la protección de AP, en palabras de SANTIAGO ÁLVAREZ CARRE-ÑO, "...se considera una herramienta que permite a los ciudadanos participar, a través de entidades organizadas, como complemento a las actuaciones públicas en determinadas áreas de valores especiales naturales, culturales o paisajísticos[542].

Las APP pueden contar o tener un respaldo jurídico en algún instituto de AP formal previamente establecido como podrían no tenerlo. Tales son, por ejemplo, los casos del antiguo "Parque Pumalín"[543] que adoptó inicialmente la figura de Santuario de la Naturaleza como expresión del primer supuesto, o el caso de la Reserva Biológica "Huilo Huilo"[544] que no cuenta con dicho respaldo siendo meramente un predio privado destinado por opción propio de su dueño a fines de conservación y ecoturismo, como expresión del segundo supuesto.

Sin embargo, con la ley SBAP estas áreas para ser reconocidas como tales deberán acogerse a alguna de las categorías establecidas del SNAP (art. 97).

En la práctica las APP existentes han hecho uso de diversas técnicas para "autoregularse" como tales recurriendo para ello a diversos instrumentos que otorga el derecho privado. Específicamente nos estamos refiriendo a aquellas instituciones que han sido concedidas para limitar el dominio privado, conocidas en el derecho civil como derechos reales, y que permiten su eventual aplicación al cumpli-

---

[541] DE ROJAS MARTÍNEZ-PARETS, Fernando. *Fórmulas Alternativas de Protección y Gestión de los Espacios Naturales.* Monografía, Revista Aranzadi de Derecho Ambiental N° 8, Editorial Aranzadi, Navarra, 2006, págs. 90 y ss.
[542] ÁLVAREZ CARREÑO, Santiago M". La custodia del territorio como instrumento complementario para la protección de espacios naturales" en *REVISTA CATALANA DE DRET AMBIENTAL Vol. II Núm. 1 (2011): 1-22.*
[543] Cfr.www.parquepumalin.cl
[544] Cfr.www.huilohuilo.com

miento de finalidades ambientales. Hablamos en este caso de derechos reales de conservación que "corresponden a derechos reales que recaen sobre un predio y que ceden a favor de una persona natural o jurídica (servidumbre personal), que imponen restricciones al ejercicio del dominio sobre el predio, y que eventualmente establecen obligaciones de hacer al titular del predio o incluso al titular del derecho real, con el objeto de proteger o conservar, en distintos grados, los recursos naturales existentes en tal predio"[545]. A estas técnicas de conservación han recurrido diversos proyectos de conservación privada en Chile, como por ejemplo, para proteger la Palma Chilena[546]. El derecho comparado[547] por su parte, reconoce y ha recurrido en esta materia a las clásicas figuras del fideicomiso, al usufructo y a las servidumbres como instituciones limitadoras del dominio privado, reguladas en el Código Civil[548], además de la copropiedad y el comodato como fuente de obligaciones que presentan interés para los fines ambientales, sin perjuicio que es posible recurrir a cualquier convención para la conservación ambiental[549].

---

[545] UBILLA, Jaime. "La Conservación Privada de la Biodiversidad y el Derecho" en Revista de Derecho Ambiental, N° 1, Facultad de Derecho, Universidad de Chile, 2002.

[546] Cfr. Fundación Palma Chilena en www.fundación.cl

[547] Los casos más vanguardistas son EE.UU., Canadá y Costa Rica.

[548] El derecho civil chileno, contenido fundamentalmente en el Código Civil de Andrés Bello y actualmente vigente contempla en su libro II sobre los bienes, un título destinado a las limitaciones al dominio.
Al respecto señala en su art. 732 que el dominio puede ser limitado de varios modos:
1.° Por haber de pasar a otra persona en virtud de una condición o propiedad fiduciaria.
2.° Por el gravamen de un usufructo, uso o habitación, a que una persona tenga derecho en las cosas que pertenecen a otra.
3.° Por las servidumbres.
Estas, sin embargo, no son las únicas limitaciones al dominio. Cada vez que se afecta uno de los tres atributos del dominio, uso, goce o disposición, podemos estar en presencia de una limitación a la propiedad privada. Siendo así, instituciones como la copropiedad, el comodato, el arrendamiento son limitaciones al dominio y pueden por este hecho ser destinadas a cumplir fines de protección ambiental.

[549] La Ley Forestal de Costa Rica contenida en el Decreto No.25-721 publicado el 23 de enero de 1997 contempla la existencia de contratos civiles para

3.1. Servidumbre Ecológica

Podemos definir servidumbre ecológica como "un acuerdo entre dos o más propietarios, en el cual, al menos uno acepta voluntariamente limitar el uso de su propiedad para conservar los recursos naturales existentes en ella"[550].

Las servidumbres en Chile son de predio a predio "siendo su régimen similar al de todos los países de Latinoamérica que tienen como fuente de sus códigos civiles al Derecho Romano[551]. Es por ello que para su constitución se requiere de un fundo dominante y un fundo sirviente.

En países como Estados Unidos y Canadá, que siguen el sistema del *common law*, las servidumbres pueden constituirse sin fundo dominante, lo cual otorga una mayor libertad para su funcionamiento"[552].

En Costa Rica "al establecer áreas silvestres protegidas, cualquier sea su categoría de manejo, el Poder Ejecutivo, por medio del Ministerio de Ambiente y Energía, queda facultado para incluir, dentro de sus límites, las fincas o partes de fincas de particulares necesarias para cumplir con los objetivos señalados en esta ley y para instrumentarlos de acuerdo con el respectivo plan de manejo o *crear las servidumbres legales para la protección ecológica* y el cumplimiento de la presente ley"[553].

"...en Costa Rica se han establecido servidumbres ecológicas de manera exitosa pues en los últimos años alrededor de treinta servi-

---

conservación ambiental que puede suscribir el Estado con los particulares y que fundamentalmente están orientados a la conservación de bosques.

[550]   CEDAREMA. Conservación de tierras privadas en América Central, Centro de Derecho Ambiental y de los Recursos Naturales,, 1998.

[551]   El Código Civil chileno define la servidumbre como "un gravamen impuesto sobre un predio en utilidad de otro predio de distinto dueño" (art. 820). Luego el art. 821 establece que "Se llama predio sirviente el que sufre el gravamen, y predio dominante el que reporta la utilidad.
Las servidumbres son inseparables del predio a que activa o pasivamente pertenecen. (artículo 825).

[552]   CASTELLI, Luis. *Conservación de la naturaleza en tierras de propiedad privada.* Fundación Ambiente y Recursos naturales, 2001

[553]   Artículo 37 de la Ley Orgánica del Ambiente.

dumbres que abarcan unas mil hectáreas han sido constituidas. Relativamente nuevas en la región, las servidumbres ecológicas y otros contratos privados de conservación pueden resultar un método ideal para la protección de muchas tierras de gran importancia ambiental. (…)

A la fecha en Costa Rica todas las servidumbres ecológicas existentes han sido donadas. Sin embargo, la venta de servidumbres ecológicas ya constituidas puede resultar una alternativa interesante tomando en cuenta que el pago recibido a cambio de la imposición de restricciones al uso de la tierra actúa como un incentivo económico…"[554].

En Argentina[555] "…la servidumbre contemplada en el ordenamiento jurídico argentino, si bien tiene la limitación de requerir de un fundo dominante al cual brinda utilidad, constituye un instrumento que puede utilizarse para la conservación de tierras privadas"[556].

"Las servidumbres ecológicas y otras restricciones legales voluntarias sobre el uso de terrenos privados han demostrado ser herramientas muy útiles para la conservación en otras partes del mundo. En los Estados Unidos y Canadá, por ejemplo, hay millones de hectáreas de tierras privadas protegidos mediante servidumbres ecológicas. No obstante, sólo recientemente se han comenzado a usar en Centro América. En Costa Rica, por ejemplo, más de treinta servidumbres ecológicas que protegen a más de mil hectáreas de bosque se han

---

[554] Conservación de tierras privadas en América Central. Op. Cit.

[555] Algunas expresiones normativas de reconocimiento a los instrumentos jurídicos de conservación ambiental se dan en las siguientes provincias:
Provincia del Chubut: La ley de áreas protegidas N° 4617/2000 contempla la servidumbre a favor del Estado al establecer: "La Autoridad de Aplicación podrá acordar con los titulares de las tierras la constitución de servidumbres ecológicas a favor del Estado Provincial, así como gestionar la obtención de beneficios adicionales para el sirviente.
Provincia de Salta: La Ley N° 7107/2000 crea el Sistema Provincial de Áreas Protegidas y contempla expresamente la figura del contrato de fideicomiso, con fines de protección y desarrollo de las áreas protegidas.

[556] CASTELLI, Luis. Conservación de la naturaleza en tierras de propiedad privada. Fundación Ambiente y Recursos naturales, 2001.

establecido en el curso de los últimos años, y propietarios de tierras han expresado su interés por establecer muchas más"[557].

De este modo siendo la servidumbre una institución del derecho privado puede convenirse el establecimiento de una servidumbre voluntaria cuyo objeto sea la conservación de la naturaleza.

Para los fines de conservación ambiental la servidumbre reviste gran utilidad como instrumento jurídico por cuanto se trata de un derecho real, esto es, aquellos que tiene una persona respecto a una cosa con independencia de quien sea el dueño de ella lo que obviamente entrega mayores garantías de tutela ambiental; así, cualquiera sea el dueño del predio sirviente, se deberán respetar y mantener las limitaciones al dominio destinadas a la conservación ambiental o de los recursos naturales.

Como gran desventaja se puede señalar el carácter predial de la servidumbre en nuestro derecho, esto es, sólo es concebida entre predios. No existe por tanto la servidumbre entre predio y personas, reconocida en el derecho anglosajón y que podría revestir gran utilidad para fines ecológicos.

Esta figura además puede servir para configurar zonas de transición o de amortiguamiento contiguas a las AP tradicionales y en virtud de las cuales el Estado se vea favorecido con un área de transición y con el ahorro en generar una AP para estos fines, y el particular obtener algunos beneficios económicos tales como la posibilidad de cobrar derechos por la transición por el área, generar recursos derivados de la condición de su predio, establecer negocios ecoturísticos además del pago directo fiscal que se puede establecer convencionalmente por la limitación que ha establecido la servidumbre.

Asimismo, "mediante servidumbres ecológicas pueden crearse corredores biológicos y conservarse parches de bosque que sirvan de hábitats a especies animales y les permitan alternar su estadía, constante o permanentemente, entre los parques nacionales, reservas biológicas y, en general, zonas protegidas"[558].

---

[557] Conservación de tierras privadas en América Central, Op. cit.
[558] ATMETLLA CRUZ, Agustín. *Manual de instrumentos jurídicos privados para la protección de los recursos naturales. Conservación y Manejo de Bosques Tropicales*, COMBOS, 1995.

También la servidumbre ecológica reviste gran utilidad para preservar y fomentar la existencia de pequeños bosques que comprenden a veces unos cuantos predios, para el establecimiento y fomento de senderos ecológicos y en general para garantizar la existencia de una zona verde que puede presentarse atractiva turística y económicamente.

La servidumbre finalmente, puede constituirse en un valioso mecanismo de mitigación y compensación de impactos ambientales en el sistema de evaluación ambiental. A través de ella se podría obligar a los titulares de proyectos con impactos ambientales negativos a constituir determinadas servidumbres ecológicas en su propio predio o en el de terceros, para beneficio de los vecinos o de la comunidad en general.

3.2. Usufructo Ecológico

El usufructo ecológico puede ser definido como el derecho real consistente en la facultad de usar y gozar de un bien con valor ambiental con cargo de conservarlo y restituirlo a su dueño o de devolver igual cantidad y calidad del bien una vez terminado el contrato[559].

Las ventajas del usufructo con fines ambientales son evidentes por cuanto se trata de un derecho real, es decir, un derecho que grava al bien con independencia de quien sea el titular del derecho de propiedad sobre él, lo que obviamente garantiza la conservación ambiental. Tanto el nudo propietario como cualquier tercero deben respetar las acciones de conservación ambiental que se ejecuten sobre el bien, derivadas de las facultades de uso y goce; por otra parte,

---

[559] El código civil define el usufructo como un derecho real que consiste en la facultad de gozar de una cosa con cargo de conservar su forma y substancia, y de restituirla a su dueño, si la cosa no es fungible; o con cargo de volver igual cantidad y calidad del mismo género, o de pagar su valor, si la cosa es fungible (art. 764).

El usufructo supone necesariamente dos derechos coexistentes, el del nudo propietario y el del usufructuario. (artículo 765).

Tiene por consiguiente una duración limitada, al cabo de la cual pasa al nudo propietario, y se consolida con la propiedad. (artículo 765).

el dueño del bien conserva la propiedad sobre éste pudiendo transferir el dominio a terceros, e incluso, pudiendo recibir un pago por la transferencia de los derechos de uso y goce y sin tener que hacerse cargo de las acciones de conservación ambiental.

El usufructo puede ser utilizado eficazmente si un grupo de personas o una institución ecologista está interesada en resguardar una determinada zona natural privada pagando al dueño una suma de dinero por la conservación del área y un uso sustentable. De igual modo un propietario conservacionista podría vender su propiedad a terceros y quedarse con el usufructo sobre los recursos naturales de por vida obteniendo con ello el pago por la propiedad; si quisiera desprenderse de la propiedad pero garantizar su conservación podría vender a una institución ecologista y quedarse con un usufructo con restricciones sobre los recursos naturales[560].

Respecto al pago por la transferencia de los derechos de uso y goce este puede consistir en dinero o bien en prestaciones de conservación ambiental en beneficio del bien, tales como rehabilitación de ecosistemas, suelos, medidas de control de incendios, programas de ecoturismo, etc.

Este instituto ha sido utilizado en Costa Rica como una figura con propósitos conservacionistas aunque sin una regulación orgánica y expresa referida a él.

3.3. Fideicomiso Ecológico

Se llama propiedad fiduciaria la que está sujeta al gravamen de pasar a otra persona, por el hecho de verificarse una condición[561].

Existe entonces en la propiedad fiduciaria un constituyente, un propietario fiduciario que tiene el bien sujeto al gravamen de pasar

---

[560]   Cfr. ATMETLLA CRUZ, Agustín. Op. cit.

[561]   Artículo 733 del Código Civil. La constitución de la propiedad fiduciaria se llama fideicomiso.
Este nombre se da también a la cosa constituida en propiedad fiduciaria. La translación de la propiedad a la persona en cuyo favor se ha constituido el fideicomiso, se llama restitución.

a una tercera persona por el hecho de verificarse una condición y un fideicomisario que es quien recibirá la propiedad plena una vez producida la restitución.

"...el fideicomiso presenta varias características que lo convierten en una de las figuras más aptas para la conservación de la naturaleza en tierras de propiedad privada.

En primer lugar, y en miras a desarrollar figuras que alienten la conservación, tiene el beneficio ser una figura flexible que permite, de algún modo, conservar la propiedad de los bienes al finalizar el contrato y que, a su vez, puede utilizarse libremente entre particulares, sin necesidad de que intervenga ningún organismo público que pueda imponer cargas burocráticas.

Seguramente será relevante la persona del fiduciario, de quien dependerá la realización de una buena gestión, que conserve los recursos, para lo cual podrá ser de utilidad la incorporación de alguien que audite regularmente el cumplimiento de sus funciones. Todo esto se complementa con la posibilidad de solicitar al fiduciario que, al menos una vez por año, rinda cuentas de su accionar, de tal forma de poder seguir de cerca la administración y gestión que realice del patrimonio fiduciario.

(...)

Esto se complementa por el hecho de que el contrato de fideicomiso permite al fiduciante imponer, de un modo detallado, las obligaciones del fiduciario. Así, las facultades de administración del fiduciario pueden ser restringidas, constituyendo un factor importante de incentivo para un particular que desea destinar su propiedad a un fin conservacionista, asegurándose de que se cumpla fehacientemente con sus disposiciones y de que el fiduciario no podrá utilizar el patrimonio para otro fin que el establecido en el contrato".[562]

Una aplicación interesante con fines ecológicos podría ser el de constituir un fideicomiso ecológico respecto de inmuebles ricos en recursos naturales a favor de determinadas personas que se sabe

---

[562] Cfr. CASTELLI, Luis. *Conservación de la naturaleza en tierras de propiedad privada.* Fundación Ambiente y Recursos naturales, 2001.

cumplirán los propósitos del constituyente o fideicomitente, como
una institución ecologista a la que se le podría dar la calidad de fiduciario mientras los herederos menores llegan a la mayoría de edad.

Una aplicación ecológica de esta institución se da en el derecho
anglosajón bajo el nombre de *"trust"* o *"land trust"*. "Para conocer el
funcionamiento de la figura conocida como *Land Trust*, muy utilizada en la conservación de tierras en manos privadas, debemos mencionar, como antecedente, la figura del *Use*. El Use consistía en la
transmisión de la propiedad de una cosa por parte de una persona
(*feoffor to use*) a otra (*feoffee to use*), para que esta última, haciendo
de intermediario con facultades restringidas de goce y disposición,
transmitiera el bien a la persona que resultara beneficiaria (*cestui que
use*).

La realidad es que el *use* presentaba el mismo problema de inse-
guridad jurídica que la *fiducia* romana: el *feoffee to use* se transformaba
en propietario sin restricciones, sin que el beneficiario tuviera ningún derecho real ni personal sobre ella. Así, para evitar abusos, los
jueces permitieron el desarrollo de una figura que reconocía la propiedad de la cosa al *feoffee* (*legal owner*) y una propiedad llamada "de
equidad" al beneficiario, permitiendo a éste controlar y evitar abusos
por parte de aquél. Lo cierto es que si bien muchas veces se utilizaba
la figura para operaciones legítimas (guerreros que partían dejaban
los bienes a un amigo para el beneficio de su familia), otras veces, se
utilizaba para liberarse de pagar prestaciones a la Corona o ponerse
a cubierto de la confiscación de sus bienes. Así, luego de varios siglos
de diferentes interpretaciones, en 1893 se promulga la *Trust Act* que
recepta y recopila las decisiones judiciales sobre el tema.

De un modo muy acotado, y al solo efecto de introducir el concepto, podemos definir la figura del *trust* como un acuerdo mediante
el cual una persona (*settlor*) transmite la propiedad formal de un bien
a otra (*trustee*) para que lo administre en beneficio de una tercera
persona (*cestui que trust*), que puede o no coincidir con la persona
que dio el encargo, transmitiéndole a esta última, en un determinado momento, la propiedad o los frutos del bien entregado"[563].

---

[563]   CASTELLI, Luis. Op. cit.

3.4. Comodato Ecológico

El comodato o préstamo de uso es un contrato en que una de las partes entrega a la otra gratuitamente una especie, mueble o raíz, para que haga uso de ella, y con cargo de restituir la misma especie después de terminado el uso (art. 2174 C° Civil).

"En materia ambiental, el comodato puede presentar alguna importancia. Un particular, dueño de un predio, reconocido por su alto valor ambiental, puede entregarlo en comodato a una institución público o privada para que ella se haga cargo de su administración y cuidado por un tiempo prolongado. De esta forma el comodante (dueño del predio) no pierde ningún derecho, salvo los que afecten la facultad de gozar. Por otro lado, el referido comodatario está obligado a restituir la cosa y por lo mismo debe emplear en su conservación el máximo de cuidado que exige la ley"[564].

El comodato puede presentar ciertas ventajas en materia ambiental aunque restringidas. Aplicado a la propiedad raíz constituye una liberalidad del dueño en cuanto cede el uso y goce del inmueble a un tercero quien puede ejercitar actividades de conservación ambiental en virtud de ello. Para el dueño le otorga la ventaja de constituir una institución que no altera en nada su derecho de propiedad; además presenta la ventaja, a diferencia de otras instituciones, que este pacto no está sujeto a formalidad alguna. El comodante, sin embargo, no puede cobrar retribución por esta convención.

Costa Rica posibilita el establecimiento de condominios con fines de conservación ambiental a través del establecimiento de grandes áreas naturales comunes que se mantienen bajo la protección de los dueños, sin perjuicio de las áreas de propiedad privada dentro del condominio[565].

---

[564] Guía de instrumentos jurídicos que favorecen la participación privada en la conservación de áreas silvestres en Chile. CODEFF, 1999.
[565] Ley de Propiedad Horizontal de Costa Rica No.6890 del 13 de septiembre de 1983 reformada por Ley No. 3670 del 22 de marzo de 1996.

3.5. Copropiedad Ecológica

La copropiedad ecológica tendría lugar en todos aquellos casos en que se constituyan dos o más derechos de propiedad sobre un mismo bien con propiedades ambientales, ordinariamente un área silvestre o con atributos naturales, con la finalidad de conservarla o preservarla por medio de las limitaciones propias que impone la copropiedad más aquellas que estipulen las partes[566].

"En materia ambiental la copropiedad puede ser un interesante instrumento jurídico. Es así como diferentes personas interesadas en conservar un área importante para la biodiversidad, pueden lograr su compra y manejo en conjunto, situación que muchas veces por falta de financiamiento no podría darse en forma independiente.

Esto permite a su vez proteger áreas con una superficie adecuada, la cual garantice el normal desarrollo de los ciclos biológicos de las especies de flora y fauna, lográndose una real conservación del patrimonio natural".[567]

Además, en lugar de establecer un condominio preferentemente de casas o de edificios, pisos o departamentos, es posible utilizar la figura a la inversa, esto es, efectuando un condominio de áreas verdes y limitando las casas y construcciones por metro cuadrado.

La copropiedad con fines ambientales puede constituirse en un valioso instrumento de protección ambiental ya que por su propia naturaleza presenta la ventaja de constituir límites para las acciones de los comuneros quienes deben siempre contar con la aprobación de los demás si la cosa común se le quiere dar un uso distinto al derivado o permitido por la comunidad. Otra gran ventaja aplicada al ámbito ambiental es el derecho a vender la propia cuota y a pedir la partición del bien cada vez que no se respeten los términos de la comunidad o un comunero quiera desprenderse de sus compromisos adquiridos de orden ambiental.

---

[566] Cuando existe comunidad respecto al derecho de propiedad estamos en presencia de un "condominio o copropiedad", de acuerdo al C°Civil.

[567] Guía de instrumentos jurídicos que favorecen la participación privada en la conservación de áreas silvestres en Chile. Codeff, 1999.

4. El Derecho Real de Conservación

El 10 de junio de 2016 se promulgó, luego de 8 años de tramitación legislativa, la ley N° 20.930 que instituye en Chile el denominado "derecho real de conservación"[568].

Mediante esta ley lo que se pretende es "propiciar la participación del sector privado en la protección del medio ambiente"[569].

Con dicho fin se instituye un derecho real nuevo, de carácter civil, que consiste en la facultad de conservar el patrimonio ambiental de un predio o de ciertos atributos o funciones de éste. Se trata de un derecho distinto y separado de la propiedad que grava un predio con fines de conservación ambiental.

Se trata de una suerte de servidumbre ecológica tal como se conoce en el sistema anglosajón (EE.UU y Canadá) y en algunos países latinoamericanos que la han implementado (México, Brasil o Ecuador)[570].

Además, este derecho tiene las características de ser transferible, transmisible, inembargable, indivisible e inseparable del inmueble o de la parte de él que se grava, y se puede constituir sobre cualquier bien inmueble. Cualquier persona puede ser titular de él y se constituye por escritura pública que debe inscribirse en el Conservador de Bienes Raíces correspondiente.

Si bien como en todo contrato privado regido por el derecho civil prima la autonomía de la voluntad la ley ha establecido que las partes se encuentran obligadas y por tanto limitadas en dicha libertad en cuanto deberán necesariamente establecer al menos una de las siguientes prohibiciones, restricciones u obligaciones:

---

[568] Publicada en el D.O. el 26 de Junio de 2016.

[569] SEGUNDO INFORME DE LA COMISIÓN DE MEDIO AMBIENTE Y BIENES NACIONALES, de la H. SENADO, recaído en el proyecto de ley, en segundo trámite constitucional, que establece el derecho real de conservación, pág. 2.

[570] Cfr. VV.AA. Conservación Privada en Latinoamérica..., Op. cit.

1. Restricción o prohibición de destinar el inmueble a uno o más determinados fines inmobiliarios, comerciales, turísticos, industriales, de explotación agrícola, forestales o de otro tipo.

2. Obligación de hacerse cargo o de contratar servicios para la mantención, limpieza, descontaminación, reparación, resguardo, administración o uso y aprovechamiento racionales del bien raíz.

3. Obligación de ejecutar o supervisar un plan de manejo acordado en el contrato constitutivo, con miras al uso y aprovechamiento racionales de los recursos naturales del inmueble gravado, dentro del marco de un uso sostenible de los mismos.

Como se trata básicamente de un gravamen sobre un predio con propósitos ambientales, similar a una servidumbre con la diferencia de que aquí no hay predio sirviente ni dominante, a su titular le está vedado percibir los frutos naturales o civiles que deriven de la conservación del inmueble, salvo en aquello que se acuerde explícitamente por las partes.

Ahora, en cuanto derecho real y gravamen, la ley establece que los derechos reales constituidos con anterioridad al derecho real de conservación preferirán a este último, pero que, tratándose de derechos reales convenidos con posterioridad, prevalecerá el derecho real de conservación. Consecuentemente, existiendo hipoteca u otro derecho real preferente en caso de ejecución se producirá la extinción del derecho real de conservación. Sin embargo, la ley consideró una única excepción a esta regla, en virtud de la cual, contra el adquirente de la finca hipotecada en pública subasta ordenada por el juez, habiendo sido citado dicho tercero personalmente, dentro del término de emplazamiento del juicio ordinario, éste podrá optar entre la mantención del derecho de conservación o la extinción del mismo. Si no se ejerciere este derecho de opción, se entenderá que el derecho real de conservación se extingue.

Finalmente, la ley establece que el derecho de conservación se extinguirá por las causales generales de terminación de los derechos reales y, especialmente, por:

1. La transferencia del bien gravado.

2. La disolución de la persona jurídica titular del derecho, salvo estipulación en contrario.

3. La expropiación del inmueble gravado.

El establecimiento de esta regulación en Chile, sin duda es un aporte a la conservación del patrimonio ambiental. Sin embargo, no fue establecido ningún incentivo de carácter económico, como alguna franquicia, exención o beneficio tributario, o de otro orden, que motive o aliente al establecimiento de un gravamen de esta naturaleza sobre un predio propio. Así, el marco establecido en esta ley impone sólo cargas y deberes que hacen poco atractivo el establecimiento de este nuevo derecho real y que más bien ha sido utilizado como "moneda de cambio" en el marco de las compensaciones ambientales de proyectos en el SEIA. Desde esta perspectiva podríamos considerar a este instituto como una herramienta de compensación de biodiversidad.

La ley SBAP no se refirió a esta ley e instituto por lo que las APP que regula son independientes al régimen de conservación privada establecido por medio de esta ley.

VIII. OTRAS ÁREAS PROTEGIDAS COLOCADAS BAJO PROTECCIÓN OFICIAL

1. Lugares declarados de interés histórico o científico para efectos mineros

Se trata de lugares en los que se requiere permiso escrito "del Presidente de la República, para ejecutar labores mineras. El permiso podrá prescribir las medidas que convenga adoptar en interés de la "preservación de dichos lugares" (art. 17 N° 6 del C° Minero)[571].

Se trata en definitiva de lugares que sin corresponder a áreas protegidas clásicas requieren la remoción de un obstáculo habilitante

---

[571] Vid. Infra Capítulo III. Actividades Mineras y Parques Nacionales.

para el ejercicio de la actividad minera que en este caso es el permiso de la máxima autoridad nacional. La justificación de aquello radica en el valor ambiental de una zona o territorio que a su vez reviste interés a efectos mineros[572].

Interesa consignar que los permisos para realizar actividades en estos sitios constituyen un PAS a efectos del SEIA y que debe por tanto ser obtenido en el marco de la evaluación ambiental correspondiente siempre que además se señale los deslindes correspondientes y que lleve la firma del Ministro de Minería.

El requisito para su otorgamiento consiste en conservar el ecosistema asociado a las covaderas o lugares declarados de interés histórico o científico que serán intervenidos[573].

2. *Distritos de Conservación de Suelos, Bosques y Agua*

Corresponde a áreas afectadas por la erosión, en las que se deben aplicar técnicas y programas de conservación definidos por el Ministerio de Agricultura, para las cuales la ley 18.378 se crea la figura de "Distritos de Conservación de Suelos, Bosques y Agua"[574].

Se trata de una ley prácticamente en desuso que faculta al Presidente de la República, por decreto expedido a través del Ministerio de Agricultura, a crear, en predios agrícolas ubicados en áreas erosionadas o en inminente riesgo de erosión, "distritos de conservación de suelos, bosques y aguas".

Esta situación de desuso o inaplicación de normas no debe de extrañar demasiado, por cuanto "...es también notorio que son infinitas las normas escritas que dejan de aplicarse sin haber sido derogadas de manera expresa, lo cual es especialmente cierto en el ámbito

---

[572] A modo de ejemplo el Decreto 78/05 del Ministerio de Minería que declara zona de interés científico para efectos mineros a un grupo de predios de la comuna de San José de Maipo en Santiago se funda en que han sido establecidos y valorados dentro de los sitios prioritarios de la Estrategia Regional de la Biodiversidad de la Región Metropolitana.

[573] Art. 122 del DS40/12 Reglamento del SEIA.

[574] Art. 3.

del derecho administrativo, dado el conjunto innumerable de normas escritas que nutren su cuerpo normativo".[575]

Con todo el Reglamento del SEIA estableció un PAS[576] asociado a la corta de árboles y/o arbustos aislados ubicados en áreas declaradas de protección. Los requisitos para su otorgamiento consisten en no afectar el valor paisajístico del lugar, y asegurar la protección de las quebradas, cuando corresponda. Podemos considerarla como una de las escasas regulaciones concebidas para la protección del suelo desde la perspectiva del establecimiento de un área destinada a dicho propósito.

3. Áreas de Protección Turística

Corresponden a áreas en las que la ley 18.378 faculta al Presidente de la República para prohibir la corta de árboles para la "conservación de la riqueza turística"[577]. Estas son:

– Árboles situados hasta a cien metros de las carreteras públicas.

– Árboles situados hasta a cien metros de las orillas de ríos y lagos que sean bienes nacionales de uso público.

– Árboles situados en quebradas u otras áreas no susceptibles de aprovechamiento agrícola o ganadero.

Esta categoría se encuentra prácticamente en desuso.

4. Zonas de interés Turístico

Las ZOIT son "territorios o áreas que tengan condiciones especiales para la atracción turística y que requieran medidas de conservación y una planificación integrada para promover las inversiones del sector privado" (art. 13 Ley de Turismo).

---

[575] GARCÍA DE ENTERRÍA, Eduardo y FERNÁNDEZ, Tomás-Ramón. *Curso de Derecho Administrativo*. Tomo I, Décima Edición, Civitas Ediciones, 2000, pág. 78.
[576] Art. 153 DS 40/12 Reglamento del SEIA.
[577] Art. 4.

Constituyen un tipo especial de "áreas protegidas" que sin pertenecer al sistema nacional de áreas protegidas han sido reconocidas como tales por el SEIA y que normalmente trae aparejados reconocimientos del valor ambiental del territorio que comprende.

En efecto, hasta antes de la derogación del antiguo Reglamento del SEIA contenido en el DS 95/01 "la intervención o emplazamiento del proyecto o actividad en un área declarada zona o centro de interés turístico nacional," era presupuesto para evaluar si un proyecto o actividad, en cualquiera de sus etapas, genera o presenta alteración significativa, en términos de magnitud o duración, del valor paisajístico o turístico de una zona, lo que daba lugar a la confección de un EIA y no de una DIA.(art. 10).

Con la dictación del nuevo Reglamento del SEIA contenido en el DS 40/12 que entró en vigencia en diciembre de 2013 se derogaron las ZOIT a efectos de considerarlas como presupuesto para exigir EIA a las actividades que se desarrollaran al interior de ellas. Es decir, a contar de esta reforma el valor turístico y paisajístico de un lugar quedará a criterio de la autoridad y de la evaluación ambiental correspondiente. Sin embargo, existe un instructivo del SEA que establece que en el caso de las ZOIT se deberá ver caso a caso si se consideran áreas protegidas a efectos del SEIA dependiendo si en su acto de declaración se hace referencia a componentes ambientales o no[578].

5. Zonas Típicas o Pintorescas

Corresponden a ciertas poblaciones o lugares donde existen ruinas arqueológicas, o ruinas y edificios declarados Monumentos Históricos que, para el efecto de mantener el carácter ambiental y propio de la zona, el CMN en virtud de la ley 17.288 solicita se declare de interés público la protección y conservación del aspecto típico y pintoresco de dichas poblaciones o lugares o de determinadas zonas de ellas (art. 29).

---

[578] Ord. 130844/13 del SEA de 22 de mayo de 2013.

No corresponde necesariamente a área naturales, sino más bien se trata de lugares generados por la acción del hombre que combinados con formaciones o elementos naturales o culturales representan un interés público digno de protección.

Dado que en el concepto de área protegida se integran los elementos culturales, pueden ser consideradas AP en tanto integren lo cultural con lo natural.

Estas áreas son objeto de un PAS regulado en la Ley 19.300 que tiene como requisito para su otorgamiento que la obra guarde relación con el estilo arquitectónico general de las zonas típicas o pintorescas que se afectarán, manteniéndose el valor ambiental por el cual fueron declaradas[579].

6. *Áreas aledañas a cursos de agua, manantiales y pendientes de la legislación forestal*[580]

Siguiendo a GALLARDO el artículo 5 de la ley de Bosques, establece —con algunas modificaciones— "la triple y centenaria prohibición de corta de árboles y arbustos nativos alrededor de los manantiales en los cerros y en el plano, a orillas de los cursos de agua y en pendientes sobre el 45%"[581]:

– A menos de 400 metros sobre manantiales que nazcan en los cerros y a menos de 200 metros de sus orillas desde el punto en que la vertiente tenga origen hasta aquel en que llegue al plan.

– A menos de 200 metros de radio de los manantiales que nazcan en terrenos planos no regados.

– En pendientes superiores a 45%.

En las anteriores circunstancias no es posible proceder a la intervención de árboles o bosque, salvo que se proceda a obtener la

---

[579] Art. 133 del DS 40/12 Reglamento del SEIA.

[580] UICN habla de áreas forestales protegidas como aplicación particular de área protegida. Cfr. LAUSCHE, Bárbara. (2011). *Guidelines for Protected Areas Legislation*. IUCN, Gland, Switzerland. xxvi + 370 pp., pág. 17.

[581] GALLARDO G. Enrique. *Manual de Derecho Forestal*, op. cit., pág. 45.

autorización exigida en el inciso final del mismo artículo, agregado en los años 70, que prescribe que "*no obstante, se podrá cortar en dichos sectores sólo por causas justificadas y previa aprobación del plan de manejo en conformidad al decreto ley N° 701, de 1974*".

Bajo la misma lógica el Reglamento de suelos, aguas y humedales[582] establece las "Zona de protección de exclusión de intervención" en las que prohíbe la corta, destrucción, eliminación o menoscabo de árboles y arbustos nativos, en bosque nativo, la corta de plantaciones y la corta, destrucción o descepado de árboles, arbustos y suculentas, en formaciones xerofíticas, así como la construcción de estructuras, vías de saca, el ingreso de maquinarias y el depósito de desechos de cosecha. Define "Zona de protección de exclusión de intervención" como aquella situada a:

– 5 metros aledaños a ambos lados de cursos naturales de agua, cuya sección de cauce, delimitada por la marca evidente de la crecida regular, es superior a 0,2 metros cuadrados e inferior a 0,5 metros cuadrados.

– 10 metros de ancho de manantiales y cuerpos naturales de agua.

– 10 metros de ancho de cursos naturales de agua de sección de cauce mayor a 0,5 metros cuadrados.

Más que una AP, en sentido estricto, definida y determinada por la autoridad, estamos en presencia de un instrumento regulador del uso del suelo forestal[583].

---

[582] Reglamento de suelos, aguas y humedales, de la ley N° 20.283 contenido en DS N° 82 de 20 de julio de 2010 del MINAGRI publicado en el D.O. el 11 de febrero de 2011.

[583] Paralelamente la legislación forestal chilena contempla los denominados "terrenos de aptitud preferentemente forestal" que son "todos aquellos terrenos que por las condiciones de clima y suelo no deben ararse en forma permanente, estén cubiertos o no de vegetación, excluyendo los que sin sufrir degradación puedan ser utilizados en la agricultura, fruticultura o ganadería intensiva" y que en un sentido amplio podrían ser consideradas áreas protegidas. A juicio nuestro no pueden ser considerados tales en estricto rigor por cuanto no están *ex ante* definidos como tales por alguna autoridad, ni tienen objetivos ambientales. Si en todo caso corresponden a

7. *Áreas de protección de recursos de valor natural, Parques y Áreas Verdes,*[584] *de la legislación urbanística*[585]

Son áreas creadas por los distintos instrumentos de planificación y ordenación territorial (IPT), ya sea a escala regional, intercomunal o comunal y sujetos a la administración local del municipio. Su estatuto jurídico está constituido por las prescripciones definidas en el instrumento de ordenamiento territorial correspondiente, además de la normativa legal y reglamentaria sobre ordenamiento territorial: Ley General de Urbanismo y Construcciones y Ordenanza General de la Ley General de Urbanismo y Construcciones.

"Área verde" se define como la "superficie de terreno destinada preferentemente al esparcimiento o circulación peatonal, conformada generalmente por especies vegetales y otros elementos complementarios" (art. 1.1.2. OGUC).

"Parque" en tanto se define como el "espacio libre de uso público arborizado, eventualmente dotado de instalaciones para el esparcimiento, recreación, prácticas deportivas, cultura, u otros" (art. 1.1.2. OGUC).

Las "áreas de protección de recursos de valor natural", por último, corresponden a "todas aquellas en que existan zonas o elementos na-

---

[584] territorios bajo protección oficial a partir del momento en que hayan obtenido la correspondiente declaración. Similar situación acontece con las denominadas áreas marinas de manejo reguladas por la ley de pesca. Estas últimas no constituyen ASP de acuerdo a la terminología generalmente aceptada, dado que no representan espacios "naturales" o "silvestres" sino más bien zonas cubiertas artificialmente de vegetación.

[585] El marco jurídico de la ordenación territorial en Chile está dado por la Ley de Urbanismo y Construcciones y su Ordenanza General, los que establecen los denominados "planes reguladores" al interior de los cuales se pueden establecer, caso a caso, zonas o áreas de protección ambiental o ecológica y áreas verdes. Para Santiago, por ejemplo, existe el denominado "Plan Regulador Metropolitano de Santiago", contenido en la Resolución N° 20 de 6 de octubre de 1994, del Gobierno Regional Metropolitano, publicada en el Diario Oficial con fecha 4 de noviembre de 1994, el cual establece "Áreas de Valor Natural" dentro de las cuales se contemplan las "Áreas de Preservación Ecológica".

turales protegidos por el ordenamiento jurídico vigente, tales como: bordes costeros marítimos, lacustres o fluviales, parques nacionales, reservas nacionales y monumentos naturales".[586]

Algunos IPT, como el Plan Regulador Metropolitano de Santiago, contemplan otras áreas como las de "valor natural" que las define como el "territorio emplazado fuera de las áreas urbanizadas y urbanizables, que comprende las áreas de interés natural o paisajístico y/o que presentan vegetación y fauna silvestre, cursos o vertientes naturales de agua y que constituyen un patrimonio natural o cultural que debe ser protegido o preservado". En ellas sólo se permite la construcción de instalaciones de apoyo a su destino de recurso agrícola y las mínimas para su valoración paisajística (art. 8.3. OGUC).

Estas áreas comprenden:

- Áreas de Protección Ecológica: corresponden a aquellas áreas que serán mantenidas en estado natural, para asegurar y contribuir al equilibrio y calidad del medio ambiente, como asimismo preservar el patrimonio paisajístico. Es decir, representan un grado de conservación estricta.

- Áreas de Protección Ecológica con Desarrollo Controlado: corresponden a aquellas áreas en las cuales se podrá desarrollar, además de las actividades silvoagropecuarias y/o agropecuarias, determinadas actividades de carácter urbano, en tanto se conserve las características del entorno natural y las intervenciones que ellas generen, contribuyan al mejoramiento de la calidad del medioambiente o incrementen sus valores paisajísticos.

- Áreas de Rehabilitación Ecológica: Corresponden a aquellos cerros islas, incorporados al Sistema Metropolitano de Áreas Verdes y Recreación.

---

[586] Cfr. Dictamen de la CGR N° 13.901 de 21/03/17, en virtud del cual "las áreas de protección de recursos de valor natural reconocidas en los instrumentos de planificación territorial constituyen áreas colocadas bajo protección oficial en los términos de la letra p) del artículo 10 de la ley N° 19.300.

- Áreas de Protección Prioritaria: Estas áreas presentan ecosistemas valiosos de importancia para la biodiversidad del país únicos, recursos genéticos, paisajes de gran belleza y en general valores naturales o culturales que forman parte del patrimonio regional y nacional. Cumplen además, función de regulación climática, inmisión de contaminantes, corredores de ventilación, corredores biológicos y espacios de intercambio de fauna[587].

- Áreas de Humedales: corresponden a áreas de pantanos o cuerpos de agua natural o artificial, permanente o estacional, que constituyen hábitat de especies de ambientes acuáticos, que presentan particularidades que en el contexto ecológico interesa conservar.

El régimen jurídico aplicable a estas áreas se encuentra constituido por las regulaciones que establece cada IPT en particular y constituyen un interesante mecanismo a través del cual hacer conservación ambiental en la escala local.

Hay que considerar además que "las normas de los instrumentos de planificación territorial que reconocen o definen áreas de protección de recursos de valor patrimonial cultural, son normas de carácter ambiental".[588]

Dado que estas áreas implican restricciones a la ejecución de determinadas actividades en ellas, como lo establece y regula la OGUC, pueden por consiguiente constituir restricciones al dominio que debieran ser objeto de las debidas compensaciones o indemnizaciones. Ello además de la controversia jurídica que podría generarse como consecuencia de que un acto reglamentario, ya sea la propia OGUC como un IPT, afecte los atributos o funciones esenciales de la propiedad que requieren para ello de ley.

---

[587] Esta conceptualización, introducida en 2006, llama la atención por su moderna y vanguardista terminología ambiental de la que carece el resto de la legislación ambiental. Corresponde a las áreas del SNASPE de la región y a las definidas por otro D.S. emitido por Ministerio de Agricultura y Ministerio de Minería.
[588] Dictamen de la CGR N° 4000 de 15 de enero de 2016.

8. Áreas de Desarrollo Indígena

Estas áreas podrían ser consideradas, en principio, fuera de la esfera de lo ambiental. Sin embargo, hay que tener presente, primero, que lo ambiental en nuestro ordenamiento jurídico integra las expresiones, elementos o componentes socioculturales asociados[589], como por lo demás así se ha entendido por la doctrina jurídica prevalente[590]. Pero adicionalmente, la ley indígena cuando define ADI integra expresamente los componentes ambientales asociados a los culturales. De otra parte la jurisprudencia administrativa de la CGR ha reconocido el carácter ambiental de estas áreas al señalar que "las áreas de protección de recursos de valor patrimonial cultural definidas o reconocidas en los instrumentos de planificación territorial deben entenderse comprendidas en el citado artículo 10, letra p)".[591]

Las ADI son "espacios territoriales en que los organismos de la administración del Estado focalizarán su acción en beneficio del desarrollo armónico de los indígenas y sus comunidades". Pero adicionalmente para su establecimiento deberán concurrir, entre otros criterios, "homogeneidad ecológica" y "dependencia de recursos naturales para el equilibrio de esos territorios, tales como manejo de cuencas, ríos, riberas, flora y fauna".[592], lo que expresa la íntima e inseparable conexión existente entre lo indígena, su cultura y su medio ambiente.

---

[589]   Conforme al art. 2 letra ll) de la Ley 19.300 se define "Medio Ambiente" como "el sistema global constituido por elementos naturales y artificiales de naturaleza física, química o biológica, *socioculturales y sus interacciones*, en permanente modificación por la acción humana o natural y que rige y condiciona la existencia y desarrollo de la vida en sus múltiples manifestaciones"

[590]   Así lo reconoce el propio Ramón Martín Mateo cuando trata la concepción amplia del ambiente reconocida en la Unión Europea en su *Manual de Derecho Ambiental*, Tomo III, pág. 21 y ss.

[591]   Dictamen CGR N° 4.000 *op. cit.*

[592]   Art. 26 de la Ley indígena que además de las condiciones ambientales señaladas exige para una ADI a) Espacios territoriales en que han vivido ancestralmente las etnias indígenas; b) Alta densidad de población indígena; c) Existencia de tierras de comunidades o individuos indígenas;

9. *Zonas de prohibición de explotación de acuíferos: vegas, pajonales y bofedales*

La legislación de aguas chilena, contenida básicamente en el C° de Aguas —de corte tradicionalmente mercantilista—[593], considera un régimen especial de protección de ciertos acuíferos sensibles ubicados en las zonas desérticas del norte de Chile, a través de la definición de una especie de área protegida.

Se trata de humedales, salares o acuíferos altoandinos que albergan tipos especiales y excepcionales de ecosistemas de flora y fauna muy sensibles que albergan "vegas, pajonales y bofedales".

Se trata de zonas de prohibición para nuevas exploraciones, explotaciones y extracciones de agua que correspondan a acuíferos que alimenten vegas, pajonales y bofedales de las Regiones de Arica y Parinacota, Tarapacá, de Antofagasta, Atacama y Coquimbo que se entenderán prohibidas para mayores extracciones que las autorizadas, así como para nuevas explotaciones, sin necesidad de declaración expresa de la Dirección General de Aguas[594].

Para realizar nuevas exploraciones, explotaciones o mayores extracciones de aguas subterráneas que las autorizadas, en estas zonas de prohibición, se requiere ingresar al SEIA[595] y obtener un PAS de la DGA al interior del SEIA cuyo requisito de otorgamiento consiste en preservar el entorno ecológico de estos recursos naturales y la protección de los acuíferos que los alimentan[596].

---

[593]   Para un análisis crítico del modelo de aguas chileno vid. BAUER, Carl J. *Canto de Sirenas, El derecho de aguas chileno como modelo para reformas internacionales.* Bakeaz, *2004.*

[594]   Art. 63 del C° de Aguas el que en su inciso final contempla al igual que en materia forestal una excepción por medio de la cual mediante decisión discrecional de la autoridad se puede intervenir excepcionalmente estos sitios.

[595]   Cfr. Dictamen de la CGR N° 23.989 de 08/05/09.

[596]   Art. 130 y 154 del DS 40/12 Reglamento del SEIA en relación a los incisos 3° y 4° del artículo 63 y en el artículo 64 del Decreto con Fuerza de Ley N° 1.122, de 1981, del Ministerio de Justicia, Código de Aguas.

Adicionalmente, mediante Ley 20.411[597] se prohíbe a la DGA la constitución de derechos de aprovechamiento de aguas subterráneas solicitados en conformidad al artículo 4° transitorio de la ley N° 20.017[598], en determinadas zonas o áreas vulnerables definidas por la ley ubicadas entre las regiones de Arica-Parinacota y O'Higgins.

10. Humedales urbanos

La ley 21.202 creó los humedales urbanos como categoría especial de protección ambiental que no forma parte del SNAP. El objeto de esta ley es limitar o impedir la urbanización que pueda afectar humedales y por esa vía la afectación de estos ecosistemas que se encuentren emplazados dentro de los límites urbanos, para lo que se requiere de la previa declaratoria de humedal urbano requerida por la Municipalidad respectiva o bien declarada de oficio por el Ministerio del Medio Ambiente, a excepción de aquellos ya reconocidos en instrumentos de planificación territorial (IPT)[599].

Existen diversas regulaciones jurídicas para humedales: los humedales que califican como sitios RAMSAR y que forman parte del SNAP; los humedales como ecosistemas protegidos por la legislación sectorial forestal; y los humedales urbanos de la ley 21.202, que incluso de acuerdo a la última jurisprudencia, ni siquiera requieren de un acto de autoridad que los reconozca para otorgarles protección[600]. Atendido ello su análisis se hará en el capítulo siguiente en cuanto ecosistemas protegidos.

---

[597]   Publicada en el D.O el 29 de diciembre de 2009.

[598]   Artículo 4°. La Dirección General de Aguas constituirá derechos de aprovechamiento permanentes sobre aguas subterráneas por un caudal de hasta 2 litros por segundo, para las Regiones Primera a Metropolitana, ambas inclusive y hasta 4 litros por segundo en el resto de las Regiones, sobre captaciones que hayan sido construidas antes del 30 de junio de 2004.

[599]   Toma de razón con alcance de CGR, oficio E51700, de 13 de noviembre de 2020.

[600]   Sentencia definitiva CS de 22 de junio de 2022, Rol N° 1.536-22.

Capítulo V

Protección de ecosistemas, especies y genes fuera de áreas protegidas

I. ANTECEDENTES CONCEPTUALES

La conservación de la biodiversidad no sólo se efectúa a través de la tradicional técnica de establecimiento de "áreas protegidas". Existen en el derecho ambiental otros mecanismos para el resguardo de la biodiversidad que están fuera del sistema de áreas protegidas como acontece con la también clásica técnica de protección singular de especies de flora y fauna, técnica que como veremos tiende a ser superada en la actualidad dado los enfoques ecosistémicos actuales y la interdependencia e interrelación existente entre seres vivos y su medio tanto biótico como abiótico que hacen de la técnica de protección clásica, una herramienta que no garantiza la supervivencia de especies al menos en su hábitat natural. Del mismo modo, la legislación ambiental ha considerado escasamente o de modo casual algunas referencias o normas de protección para ecosistemas singulares situados fuera de AP.

Hasta la ley SBAP nuestra legislación no abordaba ni se hacía cargo de la protección de ecosistemas fuera de AP. Tal vez la única referencia indirecta que podamos considerar al respecto es la norma más bien programática del art. 39 de la ley 19.300 que establece que la ley velará porque el uso del suelo se haga en forma racional, a fin de evitar su pérdida y degradación. Sin embargo, esta disposición —que podemos considerar la disposición legal marco para el RR.NN. suelo— no ha tenido desarrollo legal ni reglamentario, por lo que su protección nos reconduce necesariamente a las otras regulaciones que directa o indirectamente deben considerarlo, como acontece principalmente con la legislación forestal.

La ley de Caza es, tal vez la primera en hacerse cargo de esta realidad al definir "ecosistema" como el "complejo dinámico de comunidades vegetales, animales y de microorganismos y su medio no viviente, que interactúan como una unidad funcional" (art. 2 letra h)).

La ley SBAP asumió la definición de la Ley de Caza replicándola en los mismos términos en su art. 3 N° 11. A ella agregó la definición de "servicios ecosistémicos" como "la contribución directa o indirecta de los ecosistemas al bienestar humano", concepto clave en el diseño de los modernos sistemas de incentivos y contabilidad económicos para la conservación de la biodiversidad, concepto que ya traía la Ley de Bosque Nativo como "servicios ambientales" aplicado a los bosques y plantaciones (art. 2 N° 23)[601].

También es interesante a este respecto algunos conceptos introducidos por la Ley Marco de Cambio Climático N° 21.455 como el de "soluciones basadas en la naturaleza" entendidas como aquellas "acciones para proteger, gestionar de manera sostenible y restaurar ecosistemas naturales o modificados que abordan desafíos de la sociedad como el cambio climático, la seguridad alimentaria e hídrica o el riesgo de desastres, de manera eficaz y adaptativa, al mismo tiempo que proporcionan beneficios para el desarrollo sustentable y la biodiversidad" (art. 3 letra t)).

En el mismo sentido y a nivel de principios la misma Ley MCC introduce el "Enfoque Ecosistémico" como aquel que "considera la conservación de la estructura y función del sistema ecológico, la naturaleza jerárquica de la diversidad biológica y los ciclos de materia y flujos de energía entre los componentes vivos y no vivos interdependientes de los sistemas ecológicos".

La Ley MCC, fruto de una mala técnica legislativa, si bien aportó estos conceptos relevantes para los efectos de "esta ley", ellos no podrían ser desconocidos a efectos de la regulación que sobre la biodiversidad y ecosistemas hace la Ley SBAP que no los considera.

---

[601] No obstante ello, es interesante que la Ley MCC excluye a las plantaciones de monocultivos como "refugios climáticos" que los define como aquellos que podrían tener capacidad de amortiguar los efectos negativos del cambio climático (art. 3 letra p)).

En cuando a especies, el antiguo Reglamento de Clasificación de Especies Silvestres[602] definía "especie" como el "conjunto de organismos que pueden reproducirse entre sí en la naturaleza y que está aislado reproductivamente de otros grupos", concepto útil del que se desentendió el actual Reglamento contenido en el DS 29 y que tampoco la ley SBAP incorpora.

La ley de caza en tanto define "fauna silvestre" como "todo ejemplar de cualquier especie animal, que viva en estado natural, libre e independiente del hombre, en un medio terrestre o acuático, sin importar cual sea su fase de desarrollo, exceptuados los animales domésticos y los domesticados, mientras conserven, estos últimos, la costumbre de volver al amparo o dependencia del hombre" (art. 2 letra a)).

Por último, para la "flora silvestre" contábamos igualmente con una definición aglutinadora en el antiguo Reglamento de Clasificación de Especies Silvestres referida a "Flora y Fauna Silvestre" como el "Conjunto de especies de plantas y animales que habitan en el país en estado natural, sean estas residentes o migratorias". Sobre aquella se cuenta en la legislación forestal con diversas definiciones desagregadas o más específicas.

Las nomenclaturas utilizadas en este ámbito han cambiado con el tiempo junto a la evolución del conocimiento científico, pasando de la clásica clasificación de "especies de flora y fauna silvestres" a que se refería el antiguo art. 37 de la Ley 19.300 y la legislación cinegética, a la actual nomenclatura contenida en la misma disposición legal, en la ley SBAP y en el vigente Reglamento de Clasificación de Especies que hoy distinguen entre "plantas, algas, hongos y animales nativos"[603]. Es lo que en otros órdenes se ha convenido en denominar "vida silvestre"[604].

---

[602] Contenido en el DS 75 del MINSEGPRES, de 3 de junio de 2004, publicado en el DO el 5 de mayo de 2015.

[603] Las razones para ello están en las teorías científicas que no clasifican a las algas ni a los hongos (agregando, además, a los líquenes) como pertenecientes al reino vegetal sino como parte de reinos independientes: fungi, para los hongos y protista para las algas.

[604] Cfr. HERMAN BENJAMIN, Antonio. *Fauna, Políticas Públicas e Instrumentos Legais*. Instituto o Direito por um planeta verde. Sao Paulo, Brazil, 2004.

II. POLÍTICAS AMBIENTALES SOBRE ECOSISTEMAS Y ESPECIES SILVESTRES

Poco o nada es lo que conocemos como país sobre la riqueza, diversidad e importancia de nuestra fauna silvestre, la biota y ecosistemas que la albergan y menos sobre el rol que cumple en la conservación y desarrollo de los procesos biológicos nacionales y por tanto en la conservación y promoción de las riquezas naturales del país.

Recién en 1971, el botánico Carlos Muñoz Pizarro publica el libro "Chile: Plantas en Extinción", donde entrega el primer listado de especies chilenas amenazadas. Luego, en 1974, Jürgen Rottmann publica, como parte de su labor en la CONAF, un documento con la lista de aves con problemas de conservación.

CONAF organizó en agosto de 1985 el Simposio "Árboles y Arbustos Nativos Amenazados", donde un grupo de botánicos entregó la primera lista de árboles y arbustos nativos amenazados. Los resultados de este simposio se publicaron como el "Libro Rojo de la Flora Terrestre de Chile" (Benoit 1989), el que incluyó a 69 especies de plantas como amenazadas.

En 1987 se lleva a efecto el Simposio "Estado de Conservación de la Fauna de Vertebrados Terrestres de Chile", organizado por la Corporación Nacional Forestal y se elaboró el "Programa de la Corporación Nacional Forestal para la Conservación de la Fauna Silvestre Amenazada de Chile", el cual tenía por finalidad "contar con un plan de trabajo que permita conservar la fauna chilena amenazada, a través de acciones concretas, con el apoyo y compromiso de los diversos sectores involucrados en el tema". En la práctica, el programa permitió ordenar las actividades y proyectos que se desarrollaban hasta esa fecha, a través de la formulación de metas de corto y mediano plazo, además de definir actividades específicas que se incluyeron en un Plan de Trabajo[605].

---

[605]   CONAF. *Programa para la Conservación de la Flora y Fauna Silvestre Amenazada de Chile*, 1999.

Las principales conclusiones del Simposio se encuentran en el *Libro Rojo de los Vertebrados Terrestres de Chile* (Glade, (ed.) 1993).

En 1994 se llevó a cabo el proceso de Planificación Estratégica de CONAF, para el período 1994-2000. En él fueron definidas diez "tareas estratégicas", entre las cuales, la N° 3, indica expresamente, "Manejo del Sistema Nacional de Áreas Silvestres Protegidas del Estado", señalando entre sus objetivos específicos, "Proteger y recuperar especies de flora y fauna, a través de acciones como: Realizar inventarios de flora y fauna en ASP prioritarias; formular proyectos de conservación de especies y promover la participación y financiamiento de terceros y desarrollar un programa nacional de conservación de humedales en el marco de la convención pertinente entre otros". Posteriormente, durante 1997, se reformularon las "tareas estratégicas" para el período 1998-2000, definiéndose sólo seis, manteniéndose inalterada la tarea N° 3, referida a las áreas silvestres en general y a la flora y fauna silvestre en particular.

En 1998, se publica el Decreto Supremo N° 5 del Ministerio de Agricultura, conocido como Reglamento de la Ley de Caza, a cargo del SAG, primer cuerpo jurídico que listó especies según su estado de conservación, que lista 254 especies en alguna categoría de conservación.

En tanto CONAF desarrolla el *Programa para la Conservación de la Flora y Fauna Silvestre Amenazada de Chile*, creado en 1999 por medio del cual pretende: contribuir a la conservación de la diversidad biológica, con énfasis en las especies de flora y fauna nativa amenazada presentes en el SNASPE, en otros sitios de alto valor ecológico y en sectores ligados a la actividad forestal[606].

Con la Ley Ambiental vigente y en el marco de la Estrategia Nacional de Conservación de la Biodiversidad de 2003, se dicta el 2005 la Política Nacional para la Protección de Especies Amenazadas y el Reglamento sobre Clasificación de Especies Silvestres que establece y crea el *Comité para la Clasificación de Especies según su Estado de Conservación.*

---

[606] Cfr. www.conaf.cl

La competencia general del Comité será asesorar al Consejo Directivo en la clasificación de especies de flora y fauna silvestres según su estado de conservación[607].

El Reglamento de clasificación de especies silvestres define *"Flora y Fauna Silvestre"* como el "Conjunto de especies de plantas y animales que habitan en el país en estado natural, sean estas residentes o migratorias".[608]

El Reglamento asumió las Categorías de Conservación del artículo 37 de la Ley Ambiental la que determinó las categorías: Extinta, Extinta en Estado Silvestre, en Peligro Crítico, en Peligro, Vulnerable, Casi Amenazada, Preocupación Menor, Datos Deficientes y No Evaluado, corresponden a las categorías definidas por UICN[609].

Esta herramienta de política pública constata que, en cuanto al conocimiento formal sobre la riqueza y características de la biota chilena, la investigación en Chile tiene dos siglos, periodo en el cual se ha acumulado un valioso acervo de conocimientos. Pese a ello queda mucho por hacer, ya que a la fecha se carece de un panorama razonablemente completo de la diversidad biológica de Chile. Aún existen deficiencias en taxonomía y sistemática, faltan inventarios taxonómicos de grupos y regiones poco estudiados, especialmente especies de flora y fauna silvestre con problemas de conservación.

En enero de 2010, se modificó el artículo 37 de la Ley 19.300, reformándose las categorías de estado de conservación que debían ser

---

[607] Además le corresponde como funciones específicas:
    a) Definir el formato y requisitos de las solicitudes de clasificación de especies.
    b) Establecer las normas que regulen su funcionamiento.
    c) Proponer a la Dirección Ejecutiva la contratación de asesorías o consultorías que se consideren necesarias.
    d) Dar cuenta al Consejo Directivo de su propuesta de clasificación de especies de la flora y fauna silvestres según su estado de conservación.

[608] Art. 2.

[609] UICN. (2012). Categorías y Criterios de la Lista Roja de la UICN: Versión 3.1. Segunda edición. Gland, Suiza y Cambridge, Reino Unido: UICN. vi + 34pp. Originalmente publicado como IUCN Red List Categories and Criteria: Version 3.1. Second edition. (Gland, Switzerland and Cambridge, UK: IUCN, 2012).

empleadas en Chile. A partir de dicha fecha, se adoptaron las actuales categorías de UICN como las de uso a nivel nacional.

Así el 27 de abril de 2012 se publicó un nuevo Reglamento para la Clasificación de Especies según Estado de Conservación mediante Decreto Supremo N° 29 de 2011 del Ministerio del Medio Ambiente.

En el marco de esta reglamentación se han efectuado múltiples procesos de clasificación de especies que dieron origen a la determinación de taxones en las distintas categorías de conservación oficializadas mediante D.S. del MMA[610].

Llama la atención que el marco de la ley ambiental omita referirse a ecosistemas y a la necesidad igualmente de su clasificación y gestión fuera de las AP, lo que sólo vino a ser subsanado por la ley SBAP, además del caso de algunos catastros técnicos especiales como el que lleva adelante la DGA sobre "inventario público de glaciares"[611] o el MMA sobre "inventario de humedales"[612].

Chile ha tenido escasas políticas ambientales especialmente dirigidas a resguardar ecosistemas y especies silvestres fuera de AP, siendo el sector de mayor déficit de todos los órdenes de las políticas ambientales a pesar de ser uno de los países de mayor endemismo dentro del continente de mayor biodiversidad del mundo[613]; esto es, una región particularmente rica en especies[614] y ecosistemas[615] únicos que no se reproducen en otras esferas del planeta.

La fauna, por ejemplo, ni siquiera cuenta con un cuerpo legal orgánico de carácter ambiental, quedando la mayor parte de la regulación entregada al derecho internacional y a regulaciones secto-

---

[610] Cfr. https://clasificacionespecies.mma.gob.cl/
[611] Vid.www.dga.cl
[612] Vid.www.humedaleschile.mma.gob.cl
[613] PNUMA. Situación actual del derecho internacional ambiental en América Latina y el Caribe, 1ª Edición, México, 1993, pág. 6.
[614] Según Informe País. Estado del Medio Ambiente en Chile, 1999, CONAMA-U.de Chile, donde se consignan los principales índices de endemismo del país.
[615] De igual modo se distinguen en Chile ciertos ecosistemas o hábitats únicos en el planeta, aunque escasamente estudiados, como los bosques lluviosos invernales, el matorral de Chile central y el Desierto de Atacama.

riales cinegéticas, a diferencia de lo que ya han hecho algunos países vecinos como Costa Rica con una Ley de Vida Silvestre[616].

Desde el punto de vista orgánico se observa que tanto el SAG como la CONAF, el Ministerio del Medio Ambiente y SERNAPESCA cumplen funciones muchas veces concurrentes, segregadas y difusas en la protección y preservación de la fauna silvestre, que ahora serían unificadas en el SBAP, pero que como veremos no han resuelto la dispersión existente.

En el plano normativo, el de mayor incidencia y más tradicional sobre la vida silvestre faunística es la legislación de Caza a cargo del SAG, pero que poco ha tenido que ver con los modernos conceptos de conservación ambiental. Su rol se ha focalizado a establecer las reglas para el ejercicio de la actividad cinegética, sin que haya considerado o tenido en mente la preservación de las especies como fin en sí mismo, paradigma que se ha mantenido desde comienzos del siglo XX —época de origen de la legislación en Chile— hasta nuestros días con pocas variaciones. Así, la legislación chilena sigue concibiendo a la fauna silvestre como objeto de caza o captura prohibida o permitida, asociada sectorial y administrativamente al servicio encargado de la gestión productiva de la agricultura y la ganadería: SAG, cuestión que la ley SBAP no modificó mayormente, lo que representa una falta de actualización a los conceptos y tendencias modernas. Lo propio es posible replicar para la flora nativa que sigue estos mismos patrones clásicos, con regulaciones que permiten o prohíben su corta o aprovechamiento con prescindencia de los hábitats y ecosistemas que la albergan, respecto de la cual se mantienen competencias concurrentes entre el SAG, CONAF y SBAP.

Los ecosistemas propiamente tales ni siquiera están catastrados oficialmente por lo que menos aún consideran regulaciones sistematizadas o integradas, existiendo por allí o por acá algunas referencias particulares en la normativa, a nivel de definiciones, clasificaciones con escaso efecto práctico como veremos. Con la ley SBAP se asume derechamente la protección de ecosistemas y a cargo del SBAP.

---

[616]　Véase la Ley de conservación de la vida silvestre N° 7317, de 1992.

Con toda seguridad ha sido el desarrollo del derecho internacional referido a la protección de la biodiversidad el que ha tenido una mayor incidencia en la protección y desarrollo de algunas medidas jurídicas de protección de especies, como es el caso del Convenio sobre Biodiversidad, la Convención CITES, la Convención de Washington, entre otros instrumentos que han dado lugar a la promulgación de decretos conservacionistas o han gatillado el desarrollo de instrumentos proteccionistas como la ENCB. En el marco de esta Estrategia, se ha dictado, como veremos, el primer instrumento jurídico propiamente de protección de la vida silvestre en Chile: el Reglamento de Clasificación de Especies amenazadas de la flora y fauna silvestre.

III. ESTADO DE CONSERVACIÓN DE ECOSISTEMAS Y ESPECIES SILVESTRES

En materia de diversidad específica, un estudio de síntesis realizado en la década de los noventa mostró que la diversidad en Chile alcanzaba una cifra cercana a las 29.000 especies. Los estudios actuales con los procesos de clasificación emprendidos por el MMA hablan de 33.000 especies de las cuales unas 3.500 han sido catalogadas en algún estado de conservación[617]. Se estima que el número es bastante conservador, puesto que numerosas taxa no han sido aún inventariadas. A modo de ejemplo, existe una gran deficiencia en los inventarios de artrópodos y microorganismos, tales como bacterias, protistas, nemátodos, rotíferos, arácnidos, quilópodos y diplópodos, entre otros. De esta manera es posible que muchas especies endémicas en Chile se encuentren amenazadas, cuando aún se desconoce suficientemente el aporte que pudieran tener a futuro en áreas tan específicas como la medicina, la industria o el mejoramiento genético para la agricultura.

La biota chilena no se caracteriza por una alta riqueza en especies, pero un atributo destacable corresponde a su grado de endemismo, junto con una distribución heterogénea en todo el territorio.

---

[617] Cfr.www.especies.mma.gob.cl.

A modo de ejemplo, en el caso de la flora se estima que alrededor de un 50% de las dicotiledóneas, un 40% de monocotiledóneas, un 20% de las gimnospermas y un 35% de las pteridófitas son exclusivas del territorio nacional. Para las plantas no vasculares (hepáticas, musgos y antóceros) se estima un nivel de endemismo que fluctúa entre el 40 y el 60% a nivel de biomas". Respecto a la fauna, "dentro de los invertebrados, el endemismo alcanza el 49% en insectos (valor promedio entre el endemismo descrito para himenópteros, lepidópteros, tricópteros, coleópteros, dípteros, sifonápteros y heterópteros, mientras que otros invertebrados, como briozoos, alcanzan valores cercanos al 82 por ciento. Los moluscos, por su parte, presentan un 66% y 35% de endemismo en el Archipiélago de Juan Fernández y en Isla de Pascua, respectivamente.

Entre los vertebrados, destacan por su alto endemismo grupos como los anfibios (sapos y ranas) donde el 63% de las especies son exclusivas de Chile; los reptiles con un 61% de endemismo y los peces de aguas continentales con el 81% de especies endémicas. Un alto endemismo es también observado entre peces litorales en Juan Fernández, alcanzando casi un 90 %"[618].

En cuanto al conocimiento de la diversidad intraespecífica (genética), no se dispone de una síntesis de la información como en el caso de la diversidad específica. Se requiere mejorar el catastro de las actividades de prospección de recursos genéticos realizados en el país, lo que mejorará el conocimiento de las numerosas subespecies, cuyo número puede ser considerado como primer indicador de la variabilidad genética de las especies. La diversidad genética representa para el futuro una fuente importante de riqueza, pudiendo convertirse en recursos económicos, por lo que resulta de suma urgencia regular el acceso justo y equitativo a estos recursos[619].

---

[618]   UNIVERSIDAD DE CHILE. *Informe País. Estado del Medio Ambiente en Chile.* 2018. Centro de Análisis de Políticas Públicas, Noviembre 2019. pág. 225-226.

[619]   Para abordar esta materia vid. AGUILAR, Grethel. "Derechos de propiedad intelectual, acceso a recursos genéticos y conocimiento tradicional" en *De Río a Johannesburgo: Perspectivas del Derecho Ambiental en Latinoamerica.* PNUMA-UICN, 2002.

En relación con la diversidad de ecosistemas presentes en Chile, como base en clasificación se reconoce principalmente la fisionomía, la vegetación y los atributos climáticos; y con menor frecuencia la distribución de la fauna. No obstante, no existe un sistema de clasificación consensuado de los ecosistemas chilenos, por el contrario, se dispone de variados sistemas de clasificación de la biota tanto regionales como nacionales, los cuales en su mayoría no son coincidentes.

Con todo, para los ecosistemas es razonable seguir el mismo criterio clasificatorio definido por UICN para las especies a fin de seguir el mismo patrón genérico de evaluación.

En virtud de estos criterios podemos señalar que de 127 ecosistemas terrestres 8 se encuentran en peligro crítico (CR); 6 en peligro (EN); 49 Vulnerables (VU), cinco Casi Amenazados (NT) y 59 ecosistemas en Preocupación Menor (LC), es decir, del total, 63 de ellos (50% aproximadamente) estarían amenazados, concentrándose su ubicación principalmente en la zona central y centro sur del país 1 en estado vulnerable y 1 casi amenazado en tanto se considera que en general el estado de los ecosistemas marinos y costeros es bueno[620].

Respecto al funcionamiento ecosistémico la información que se tiene no es completa, ya que ha sido escasamente estudiado en Chile, por lo que a este nivel no es factible analizar la diversidad y variabilidad ecosistémica. De igual forma, es escasa la información que analiza la potencial respuesta al nivel específico y ecosistémico de la biota chilena, frente a eventuales cambios globales en patrones climáticos.

Este déficit de información es reconocido en los informes que Chile entrega al Convenio de Biodiversidad no obstante lo cual sabemos que son los ecosistemas terrestres sobre todo de la zona central los más amenazados que "han experimentado una importante superficie de pérdida de bosque nativo, lo que ha sido especialmente evidenciado en la zona central, llegando a experimentar tasas de pérdida entre un 3,5% y 4,5%4 al año"[621].

---

[620] Cfr. Estrategia Nacional de Conservación de la Biodiversidad, 2017-2030. Pags. 18-25.
[621] MINISTERIO DEL MEDIO AMBIENTE. *Quinto Informe de Biodiversidad de Chile.* Elaborado en el marco del Convenio sobre la Diversidad Biológica y

En cuanto al estado de conservación de la biota en Chile, se reconoce como un problema ambiental la amenaza a la diversidad biológica, en donde la pérdida de especies y las modificaciones de paisajes ha sido destacada desde tiempos coloniales. De hecho, una fracción significativa de la biota nacional tendría problemas de conservación y estas amenazas se expresarían a lo largo de todo el país, situación que se ven reflejadas en los "libros rojos". Las categorías empleadas para clasificar las especies según su estado han sido ampliamente utilizadas, convirtiéndose en una herramienta valiosa para elaborar programas de conservación a escala nacional e internacional.

Al analizar el estado de conservación al nivel de especies, la información que se tiene al respecto indica que la mayoría de la biota chilena no ha sido evaluada suficientemente, sin embargo, en casi todos ellos se reconoce que algunas especies de diferentes grupos taxonómicos tienen problemas de conservación. De los vertebrados, sólo los peces marinos no han sido clasificados en términos de su estado de conservación y los anfibios y peces de agua dulce serían los grupos más expuestos a su desaparición en numerosas partes del país.

De la investigación existente se ha concluido que el número de especies con problemas de conservación varía regionalmente. En general, las regiones centrales (V,VI,VII) y X contienen la mayor cantidad de especies con problemas, sin embargo no todos los grupos tienen mayor cantidad de especies con problemas en estas regiones: en mamíferos, las regiones I y XII; en aves, las regiones V,VI y X; en reptiles, las regiones II y V; en tanto en anfibios y peces dulce acuícolas, la mayor cantidad de especies con problemas está en la VIII, IX y X regiones.

Al efectuar un análisis del estado de conservación a un nivel superior, nos encontramos con que la información es escasa o nula, o bien, inferimos serias amenazas a la conservación de la diversidad biológica a nivel de ecosistemas, incluyendo el paisaje. A modo de ejemplo, la deforestación y sustitución de bosques nativos en Chile central, sumado a los fenómenos de incendios masivos, no sólo sig-

---

la aplicación del Plan Estratégico para la Diversidad Biológica 2011-2020, Chile, 2014, pág. 8.

nifica la desaparición de especies restringidas a una región específica, sino además implica la desaparición del "bosque maulino", una formación vegetacional propia del país, la cual disminuye a una tasa de ocho por ciento anual. En prácticamente todo el territorio nacional las ecorregiones terrestres tienen problemas de conservación. Lo propio podemos decir de la destrucción de los flujos y procesos biológicos naturales por medio de carreteras y caminos que no han considerado corredores biológicos, aislando así especies, nichos, hábitats y ecosistemas completos que requieren de interrelaciones biológicas.

Aun cuando la mayor parte de la biota chilena no ha sido clasificada en su estado de conservación, la información disponible indica que una fracción importante de ella está en peligro de desaparecer local o globalmente. Su correlación con los ecosistemas (analizados como ecorregiones), indica que estos también se encuentran en estado crítico o vulnerable.

La explotación comercial de recursos, en el caso de las especies marinas bentónicos preferentemente, ha sido factor importante de su amenaza, en similar medida que la deforestación, la explotación agrícola intensiva y la expansión urbana. Correlacionado a ello debe señalarse que la falta de una política nacional de ordenación y conservación ambiental integral del territorio que considere y respete los hábitats naturales, los corredores biológicos e integre ecosistemas han coadyuvado en esta situación.

Las casi 50 especies de anfibios (sapos y ranas) nativos de Chile están prohibidos de caza y captura. La única especie que puede ser cazada es el Sapo Africano (Xenopus laevis), una especie de origen africano que fue introducido en Chile, constituyéndose hoy en día en una especie dañina. En tanto la totalidad de las especies de reptiles terrestres (unas 97 especies), sean lagartos o serpientes, están prohibidos de caza en Chile. En el caso de reptiles marinos (tortugas y serpiente) su caza y captura está igualmente prohibida y es regulada por la Ley de Pesca y Acuicultura, dependiente del Servicio Nacional de Pesca. En el caso de las aves para Chile se han registrado entre 460 y 470 especies de aves, 300 de las cuales son residentes y se reproducen, otras 60 pueden ser consideradas como visitantes habituales (especies migratorias). Varias de ellas son consideradas beneficiosas para el sector silvoagropecuario, fundamentalmente por su rol como controladores de plagas, entre estas especies destacan grupos como el de las aves rapaces, garzas y aves insectívoras en general. Los pica-flores, en cambio, destacan por su rol polinizador para la flora nativa, así como para varias especies de plantas cultivadas. Sólo las diez especies de pingüinos descritos para Chile no se rigen por las normativas de caza, sino que su captura y caza está regulada por la Ley de Pesca y Acuicultura, dependiente del Servicio Nacional de Pesca. En cuanto a los mamíferos de las casi 150 especies descritas para Chile, un tercio son mamíferos marinos (ballenas, cachalotes, orcas, delfines, lobos marinos, focas y nutrias), por lo que su caza y captura se encuentra regulada por la Ley pesquera. Para el resto de las especies se aplican las normas de la Ley de Caza y de su Reglamento. Un número importante de especies son consideradas como beneficiosas para el sector silvoagropecuario, tales como carnívoros y murciélagos debido al control de plagas que ejercen (por ejemplo, de conejos, roedores e insectos) o para el equilibrio de los ecosistemas debido a su rol de predadores topes (puma, zorros, etc.). Por otro lado, varias especies de mamíferos están amenazadas (vicuña, huemul, pudú, chinchilla, piuchén, entre otros), y otras a pesar de no estarlo, poseen poblaciones reducidas (marmosa de la puna, chingue patagónico, tuco de la puna, etc.)[622].

Finalmente, la situación de especies exóticas que han sido introducidas al país sin los resguardos y prevenciones necesarios han sido factor de pérdida y amenaza a la diversidad biológica nacional y a la fauna; así por ejemplo un 4% de los vertebrados chilenos corresponde a especies introducidas. En ciertos casos esta situación genera verdaderos problemas ambientales como ocurre con la acción destructiva del castor en las regiones australes.

[622]   Cfr. www.sag.gob.cl

IV. CATEGORIZACIÓN DE ECOSISTEMAS Y ESPECIES SEGÚN SU ESTADO DE CONSERVACIÓN

En 1999 CONAF, en el marco del *Programa para la Conservación de la Flora y Fauna Silvestre Amenazada de Chile* desarrolló criterios[623] para la selección de especies de fauna prioritarias y clasificó las especies prioritarias conforme a dichos criterios.

El 11 de mayo de 2005 entró en vigencia el Reglamento de Clasificación de Especies Silvestres transcurridos más de 10 años del mandato legal contenido en el art. 37 de la Ley 19.300 para que eso ocurriera.

En efecto el artículo 1° del Reglamento señala que él establece las disposiciones que regirán el procedimiento para la clasificación de especies de flora y fauna silvestres en las distintas categorías de conservación a que alude el artículo 37 de la ley N° 19.300, sobre Bases Generales del Medio Ambiente.

El Reglamento básicamente regula el procedimiento de clasificación de especies de flora y fauna silvestre, según su estado de conservación, entregando al Consejo Directivo proponer al Presidente de la República la clasificación de especies de flora o fauna silvestres, lo que se oficializará por decreto supremo del Ministerio Secretaría

---

[623]　**Criterios para la selección de especies de fauna prioritarias para el Programa**

Criterio	Descripción	Valoración
Bandera	Especie muy conocida por la comunidad a nivel nacional	1: especie bandera 0: especie no bandera
En ejecución	Especies para las cuales se ha realizado alguna actividad de manejo o proyecto de recuperación	1: c/ actividades o proyecto 0: s/ actividades o proyecto
Conservación	Grado de amenaza de extinción de acuerdo al Libro Rojo de los Vertebrados Terrestres de Chile.	3: En peligro (P) 2 Vulnerable (V)
Endemismo	Especies propias y exclusivas del territorio chileno.	2: endémica 0: no endémica

General de la Presidencia, con la asesoría técnica de un Comité de Clasificación.

Los criterios a utilizar por la reglamentación son los adoptados por la Unión Mundial para la Naturaleza (UICN), el organismo internacional no gubernamental más importante y prestigiado en materia de conservación de la naturaleza.

Sin embargo, respecto de especies hidrobiológicas u otras taxas para las que dichos criterios no sean posibles de aplicar, el Comité de Clasificación podrá adoptar criterios específicos, previa consulta de al menos un experto en dicho grupo taxonómico.

"Las Categorías y Criterios de la Lista Roja de la UICN, tienen la intención de ser un sistema de fácil comprensión para clasificar especies en alto riesgo de extinción global. El fin general del sistema es brindar una estructura objetiva y explícita para la clasificación de la gama más amplia de especies según su riesgo de extinción. Sin embargo, mientras que la Lista Roja puede enfocar la atención sobre aquellos taxones en mayor riesgo, no es el único medio de establecer prioridades para su conservación"[624].

Los criterios clasificatorios adoptados fueron modificados en 2010 siguiendo los criterios modernos de la Unión Mundial para la Naturaleza (UICN)[625].

Así el 27 de abril de 2012 se publicó un nuevo Reglamento para la Clasificación de Especies según Estado de Conservación[626], el cual

---

[624] UICN. (2001). Categorías y Criterios de la Lista Roja de la UICN: Versión 3.1. Comisión de Supervivencia de Especies de la UICN. UICN, Gland, Suiza y Cambridge, Reino Unido. ii + 33 pp.
[625] www.iucn.org
[626] Decreto Supremo N° 29 de 2011 del Ministerio del Medio Ambiente. De acuerdo al nuevo Reglamento se entenderá que las actuales categorías "En Peligro Crítico" y "En Peligro" son asimilables a la anterior categoría denominada "En Peligro de Extinción", mientras que la actual categoría "Vulnerable" es asimilable a la anterior de igual nombre. Las anteriores categorías "Insuficientemente Conocida", "Rara" y "Fuera de Peligro" no poseen equivalencia directa con ninguna de las nuevas categorías.

en lo medular mantiene el procedimiento previamente diseñado y el régimen institucional a cargo de un Comité de Clasificación[627].

- **Extinta (EX).**

Según el Reglamento para la Clasificación de Especies Silvestres, una especie se considerará "Extinguida" (extinta) cuando prospecciones exhaustivas en sus hábitats conocidos y/o esperados, efectuadas en las oportunidades apropiadas y en su área de distribución histórica, no hayan detectado algún individuo en estado silvestre. Se trata de especies que tampoco subsisten en cautiverio o cultivos.

- **Extinta en el Estado Silvestre (EW).**

Según el Reglamento para la Clasificación de Especies Silvestres, una especie se considerará "Extinta en Estado Silvestre" cuando sólo sobrevive en cultivo, en cautividad o como población (o poblaciones) naturalizadas completamente fuera de su distribución original. Son especies para las cuales, luego de prospecciones exhaustivas en su hábitat conocido y/o esperado, efectuadas en las oportunidades apropiadas y en su área de distribución histórica, no hayan detectado algún individuo en estado silvestre.

- **En Peligro Crítico (CR).**

Según el Reglamento para la Clasificación de Especies Silvestres, una especie se considerará "En Peligro Crítico" cuando enfrente un riesgo extremadamente alto de extinción, es decir, la probabilidad de que la especie desaparezca en el corto plazo es muy alta. Para ser clasificada en esta categoría, la especie debe cumplir con los criterios técnicos que para dicha categoría fueron establecidos por la Unión Internacional para la Conservación de la Naturaleza (UICN).

- **En Peligro (EN).**

Según el Reglamento para la Clasificación de Especies Silvestres, una especie se considerará "En Peligro" cuando, no pudiendo ser clasificada en la categoría denominada "En Peligro Crítico", enfren-

---

[627] Incorpora tres miembros más al comité de clasificación (un representante de gremios del agro, uno de gremios forestales y otros de gremio del sector pesquero).

te un riesgo muy alto de extinción, es decir cuando la probabilidad de que la especie desaparezca en el mediano plazo es alta. Para ser clasificada en esta categoría, la especie debe cumplir con los criterios técnicos que para dicha categoría fueron establecidos por la Unión Internacional para la Conservación de la Naturaleza (UICN).

• **Vulnerable (VU).**

Según el Reglamento para la Clasificación de Especies Silvestres, una especie se considerará "Vulnerable" cuando, no pudiendo ser clasificada en la categoría denominada "En Peligro", la mejor evidencia disponible indica que cumple con alguno de los criterios establecidos por la UICN para tal categoría y, por consiguiente, se considera que está enfrentando un riesgo alto de extinción en estado silvestre. Historia de la Clasificación de Especies según Estado de Conservación.

• **Casi Amenazada (NT).**

Según el Reglamento para la Clasificación de Especies Silvestres, una especie se considerará "Casi Amenazada" cuando habiendo sido evaluada, no satisface, actualmente, los criterios para las categorías En Peligro Crítico, En Peligro o Vulnerable; pero está próximo a satisfacer los criterios de estos últimos, o posiblemente los satisfaga, en el futuro cercano.

• **Preocupación Menor (LC).**

Según el Reglamento para la Clasificación de Especies Silvestres, una especie se considerará "Preocupación Menor" cuando, habiendo sido evaluado, no cumple ninguno de los criterios que definen las categorías de En Peligro Crítico, En Peligro, Vulnerable o Casi Amenazada. Se incluyen en esta categoría especies abundantes y de amplia distribución, y que por lo tanto pueden ser identificadas como de preocupación menor. Es la categoría de menor riesgo.

• **Datos insuficientes (DD).**

Cuando no hay información adecuada para hacer una evaluación, directa o indirecta, de su riesgo de extinción basándose en la distribución y/o condición de la población.

En Chile son más de 1500 las especies con algún estado de conservación asignado, 883 en alguna categoría que significa amenaza. De esas especies, 659 son endémicas de Chile en base a los procesos de clasificación ya efectuados[628].

El Reglamento establece como procedimiento administrativo para la clasificación de especies que se abrirá un período de información de no más de 2 meses, con el fin de disponer de mayores antecedentes respecto de las especies susceptibles de ser clasificadas y solicitará información relativa a las especies susceptibles de ser clasificadas a los organismos competentes de la Administración del Estado, luego de lo cual un Comité de Clasificación[629] propondrá una lista priorizada de las especies a clasificar, la que deberá incluir una reseña de las opiniones y demás antecedentes recepcionados. Sin embargo, con la ley SBAP es este servicio el que tiene a su cargo el sistema y quien propondrá al MMA la clasificación.

---

[628] 20 procesos clasificatorios a 2023 que pueden consultarse en www.mma. gob.cl.

[629] El comité lo integran (art. 15):

a) Un representante del Ministerio del Medio Ambiente y su respectivo suplente, quien lo presidirá.

b) Un profesional experto y su respectivo suplente, a ser nominados por cada una de las siguientes instituciones: Subsecretaría de Pesca, Servicio Nacional de Pesca, Servicio Agrícola y Ganadero, Corporación Nacional Forestal y Museo Nacional de Historia Natural, este último nombrado por el Director de la Dirección de Bibliotecas, Archivos y Museos; o sus sucesores legales respecto de las competencias relativas a conservación de las especies silvestres.

c) Tres profesionales expertos y sus respectivos suplentes, nominados por las Universidades Autónomas.

d) Tres profesionales expertos y sus respectivos suplentes, nominados por la Academia Chilena de Ciencias, previa consulta a una o más sociedades científicas relacionadas con la botánica o la zoología.

e) Un profesional experto y su respectivo suplente nominado por las asociaciones gremiales representativas del agro; un profesional experto y su respectivo suplente nominado por las asociaciones gremiales representativas del sector forestal y un profesional experto y su respectivo suplente nominado por las asociaciones gremiales representativas del sector pesquero.

De conformidad a dichas clasificaciones, el MMA, hoy SBAP deberá aprobar planes de recuperación, conservación y gestión de especies (RECOGE), de acuerdo a lo dispuesto en la Ley que crea el Servicio de Biodiversidad y Áreas Protegidas.

Fuera de declarar las categorías en que serán clasificadas las especies de flora y fauna silvestre y establecer el procedimiento administrativo para ello, la reglamentación no (DS 1/14) atribuye o asigna escaso efecto jurídico para la protección de las especies, más allá de genéricas metas, objetivos y acciones. Resulta un contrasentido y hasta poco comprensible que se desarrolle una política clasificatoria que no contemple instrumentos de gestión concretos para la conservación de las especies clasificadas. Ello máxime cuando la Ley 19.300 prescribe en su art. 37, desde 2010, que "de conformidad a dichas clasificaciones el Ministerio del Medio Ambiente deberá aprobar planes de recuperación, conservación y gestión de dichas especies y que será el reglamento el que definirá el procedimiento de elaboración, el sistema de información pública y el contenido de cada uno de ellos".

Así el MMA ha postergado excesivamente el mandato legal sin establecer oportunamente los "planes de recuperación, conservación y gestión de dichas especies", instrumentos que, salvo contadas excepciones[630], a la fecha han sido escasamente implementados[631].

De otra parte, el Reglamento no se hizo cargo de la coordinación necesaria que requiere con la normativa de Caza contenida en la Ley y el Reglamento pertinente de competencia del SAG. Con ello se han establecidos 2 órdenes normativos sobre un mismo objeto, como las categorías de especies amenazadas que presentan duplicidad de re-

---

[630] Es el caso de las especies Ruil (DS 42/2018); Lucumillo (DS 43/2018); de la Flora Costera del norte de Chile (DS 44/2018); Chinchilla (DS 19/21); Garra de León (DS18/21) Canquén Colorado (DS 22/21); Huemul (DS 4/22); Golondrinas de mar (DS 6/22); Picaflor de Arica (DS 5/22); Fardela Blanca (DS 21/22); Gruñidores de la zona central (DS 31/22); Aves terrestres de Juan Fernandez (DS45/22); Queule (DS 19/23).

[631] La ENCBD 2017-2030 planea que al 2030, se habrán oficializado y se encontrarán en implementación, Planes de Recuperación, Conservación y Gestión de Especies para, al menos, el 50% de las especies clasificadas como amenazadas al 2016 (un 10% de las especies al 2018 y un 15% al 2020).

gulaciones lo que genera los consiguientes problemas de aplicación de las regulaciones existentes.

Sobre la clasificación de ecosistemas, si bien no hay mayores avances o consensos aún, es posible seguir la misma pauta clasificatoria de las especies. La ley SBAP en tal sentido incorpora este instrumento por primera vez en nuestra legislación mandatando al SBAP efectuar esta clasificación "sobre la base de antecedentes científico-técnicos", recomendando, al igual que con las especies, seguir las pautas de UICN (art. 30).

V. RÉGIMEN JURÍDICO DE ECOSISTEMAS

1. Ecosistemas terrestres

La protección jurídica de ecosistemas terrestres en Chile se ha limitado casi exclusivamente a la protección de bosques, y a partir de ellos, a una protección indirecta de los suelos[632]. Así, es la legislación forestal la que, con larga data, ha establecido su regulación, incluyendo la clasificación normativa de ecosistemas forestales amenazados atendiendo al estado del recurso suelo y con una mirada y objetivos eminentemente productivos[633]. La Ley de fomento forestal así como la Ley de bosque nativo son los principales cuerpos legales que regulan de manera particular la situación de ecosistemas y especies amenazadas de flora silvestre y de manera incidental la protección del suelo como ecosistema y recurso natural, desde un prisma mas bien sectorial y productivo, déficit que no abordó la ley SBAP.

El instrumento central para la conservación de estos ecosistemas o recursos naturales es el Plan de Manejo Forestal regulado en la legislación forestal (DFL 701 y Ley de Bosque Nativo).

---

[632] No hay que olvidar el art. 39 de la Ley 19.300 que mandata que "la ley velará porque el uso del suelo se haga en forma racional, a fin de evitar su pérdida y degradación", disposición puramente programática que no dado origen a la necesaria legislación sobre suelos que mandata.

[633] Para un estudio más acabado del derecho y la legislación forestal vid. GALLARDO, G. Enrique. *Manual de Derecho Forestal*, CONAF, Chile, 2013.

La legislación de fomento forestal clasifica los siguientes ecosistemas terrestres amenazados atendiendo al estado del recurso suelo:

- **Suelos Degradados**: Aquellos suelos de secano y los de clase IV de riego según la clasificación que utiliza el Servicio de Impuestos Internos en la tasación fiscal de los terrenos para determinar los avalúos agrícolas, que presentan categorías de erosión de moderada a muy severa, susceptibles de ser recuperados mediante actividades, prácticas u obras conservacionistas del uso del suelo (art. 2 DL 701).

  Paralelamente, la legislación agrícola, en la ley 20.412 define "Recuperación de suelos agropecuarios degradados" como aquellas medidas destinadas a reparar el o los déficit químicos, físicos o biológicos que tenga un suelo determinado para llevarlos al nivel mínimo técnico para enfrentar adecuada y sosteniblemente el proceso productivo".

- **Suelos Frágiles**: Aquellos susceptibles de sufrir erosión severa, debido a factores limitantes intrínsecos, tales como pendiente, textura, estructura, profundidad, drenaje, pedregosidad u otros, debidamente certificados por los organismos competentes que establezca el reglamento de esta ley (art. 2 DL 701).

- **Suelos ñadis**: suelos derivados de cenizas volcánicas, de profundidad moderada a delgada, con un substrato de gravas y arenas cementado por un pan férrico que origina problemas graves de drenaje, y que se encuentran temporal o permanentemente inundados (art. 1 i) y 3 Reglamento del DL 701).

- **Suelos ubicados en áreas en proceso de desertificación**[634]: Son los suelos de secano ubicados en las áreas de expansión de las zonas desérticas (art. 3 Reglamento del DL 701).

- **Suelos de secano degradados y dunas**: si bien no están definidos debemos entender que corresponden a aquellos ubicados

---

[634] La ley entiende por "desertificación" el proceso de degradación de suelos de zonas áridas, semiáridas o subhúmedas secas, resultante de la influencia de diversos factores, tales como variaciones climáticas, actividades humanas u otros (art. 2 DL 701).

en áreas en proceso de desertificación que presentan erosión de moderada a muy severa, según las definiciones anteriores (art. 3 Reglamento del DL 701).

Esta clasificación es efectuada para los efectos de optar a las distintas bonificaciones establecidas para la recuperación de suelos amenazados, así como para la forestación en ellos.

Por su parte la Ley de Bosque Nativo distingue entre los siguientes tipos de ecosistemas forestales/vegetacionales:

- **Bosques de preservación:** aquel que, cualquiera sea su superficie, presente o constituya actualmente hábitat de especies vegetales protegidas legalmente o aquéllas clasificadas en las categorías definidas en conformidad al artículo 37 de la ley N° 19.300[635]; o que corresponda a ambientes únicos o representativos de la diversidad biológica natural del país, cuyo manejo sólo puede hacerse con el objetivo del resguardo de dicha diversidad. Se considerarán, en todo caso, incluidos en esta definición, los bosques comprendidos en áreas que formen parte del Sistema Nacional de Áreas Protegidas (art. 2 N° 4).

  Este tipo de ecosistema es de protección estricta lo que no obsta a su "intervención" acorde a su condición y objetivos, conforme al plan de manejo y no está sujeto a la restricción de superficie de 5.000 metros cuadrados establecida para definir "bosque nativo" cuando es definido como aquel "cualquiera sea su superficie".

- **Bosque nativo de conservación y protección:** aquél, cualquiera sea su superficie, que se encuentre ubicado en pendientes iguales o superiores a 45%, en suelos frágiles, o a menos de

---

[635] Corresponden a las categorías de UICN "Extinta, Extinta en Estado Silvestre, en Peligro Crítico, en Peligro, Vulnerable, Casi Amenazada, Preocupación Menor y Datos Insuficientes". Conforme al anterior y actual criterio basta que la especie sea silvestre o nativa y se encuentre en alguna de las categorías clasificatorias, por cuanto la ley no efectuó distinción al respecto como sí lo hizo para la prohibición de intervención de especies vegetales del art. 19 entre las que excluyó a las especies en categoría de preocupación menor.

doscientos metros de manantiales, cuerpos o cursos de aguas naturales, destinados al resguardo de tales suelos y recursos hídricos (art. 2 N° 5).

Este tipo de ecosistema también es de protección estricta lo que no obsta a su "intervención" acorde a su condición y objetivos conforme al plan de manejo y no está sujeto a la restricción de superficie de 5.000 metros cuadrados establecida para definir "bosque nativo" cuando es definido como aquel "cualquiera sea su superficie", lo que es consistente con los RR.NN. que protege.

• **Bosque nativo de uso múltiple**: aquél, cuyos terrenos y formaciones vegetales no corresponden a las categorías de preservación o de conservación y protección, y que está destinado preferentemente a la obtención de bienes y servicios maderables y no maderables (art. 2 N° 6).

Se trata de bosques nativo sobre los que es posible efectuar aprovechamientos económicos sustentables.

• **Formación xerofítica**: formación vegetal, constituida por especies autóctonas, preferentemente arbustivas o suculentas, de áreas de condiciones áridas o semiáridas ubicadas entre las Regiones I y VI, incluidas la Metropolitana y la XV y en las depresiones interiores de las Regiones VII y VIII (art. 2 N° 14).

Estos ecosistemas pueden ser objeto de corta, destrucción o descepado previo plan de trabajo aprobado por CONAF, el que deberá cumplir las normas de protección ambiental establecidas en el Título III de la ley, sin perjuicio de las reglamentaciones correspondientes[636].

La ley de fomento forestal, concebida originariamente como un instrumento exclusivamente de fomento productivo forestal, luego de sucesivas modificaciones, aspiró luego a "regular la actividad forestal en suelos de aptitud preferentemente forestal y en suelos degradados e incentivar la forestación...para la prevención de la de-

---

[636] Reglamento General de la Ley sobre Recuperación del Bosque Nativo y Fomento Forestal contenido en DS 93 de 26 de noviembre de 2008.

gradación, protección y recuperación de los suelos del territorio nacional" (art. 1). Para dicho propósito lo que establece básicamente es un sistema de bonificaciones a la actividad forestal que ha decaído en el último tiempo por el rechazo a las plantaciones forestales de especies exóticas (pino y eucalipto). Sin embargo, se mantiene un Programa Nacional Manejo de Cuencas Hidrográficas y Conservación de Suelos y Aguas desde el Departamento de Plantaciones Forestales CONAF destinado a la recuperación de suelos y/o estabilización de dunas en suelos frágiles, ñadis o en proceso de desertificación, en suelos degradados, o en suelos degradados con pendientes superiores al 100%, por medio de estos bonos.

La Ley de bosque nativo en tanto considera también similares mecanismos de fomento aunque a través de exiguas bonificaciones aplicables a la gestión de los diversos ecosistemas forestales nativos, con la diferencia que estos son de carácter concursable, y se encuentran destinados a:

• Actividades que favorezcan la regeneración, recuperación o protección de formaciones xerofíticas de alto valor ecológico o de bosques nativos de preservación, con el fin de lograr la mantención de la diversidad biológica.

• Actividades silviculturales dirigidas a la obtención de productos no madereros (tierra de hoja, por ejemplo).

• Actividades silviculturales destinadas a manejar y recuperar bosques nativos para fines de producción maderera.

• Elaboración de planes de manejo forestal concebidos bajo el criterio de ordenación.

La legislación forestal ha sido reglamentada en los aspectos sustantivos de nuestro análisis, por medio de diversos cuerpos reglamentarios, a saber:

• Reglamento general del DL N° 701 sobre Fomento Forestal[637].

---

[637] DS N° 193 de 12 de junio de 1998, publicado en el D.O. de 29/09/98.

- Reglamento General de la Ley sobre Recuperación del Bosque Nativo y Fomento Forestal[638].

- Reglamento del fondo de conservación, recuperación y manejo sustentable del bosque nativo[639].

- Reglamento de suelos, aguas y humedales[640].

En ellos se definen, desarrollan y especifican las normas generales de la ley, en especial en lo relativo a los presupuestos y condiciones que deben considerar las intervenciones y planes de manejo relativos a las diversas categorías de bosques y especies que se regulan legalmente.

La ley SBAP, no obstante ser concebida como la ley para la conservación de la biodiversidad no introdujo ninguna regulación sustantiva para la protección de los ecosistemas terrestres o forestales, sino que sólo se contentó con establecer, de manera formal, un par de instrumentos de gestión aplicables a ellos y sobre los que ya nos referiremos.

2. *Ecosistemas acuáticos continentales*

2.1. Humedales

Los humedales son de aquellos ecosistemas de reciente reconocimiento o valor ante el derecho interno a pesar de la vigente Convención internacional RAMSAR. Sin embargo, nuestra jurisprudencia los ha reconocido como "sistemas ecológicos relevantes para la humanidad, y pilares fundamentales para la mantención y protección de la biodiversidad, razón por la cual merecen una protección especial, debiendo el Estado velar por su preservación".[641]

---

[638]   DS N° 93 de 26 de noviembre de 2008, publicado en el D.O. de 05/10/09.
[639]   DS N° 95 de 26 de noviembre de 2008, publicado en el D.O. de 05/10/2009.
[640]   DS N° 82 de 20 de julio de 2010, publicado en el D.O el 11/02/2011.
[641]   Sentencia de la E. Corte Suprema de fecha 26 de diciembre de 2022, Rol N° 14.448-2022.

Recién a partir de 2020 se cuenta con una ley especial destinada a la conservación de los humedales urbanos, la Ley 21.202[642]. Esta ley define humedales como "aquellas extensiones de marismas, pantanos y turberas, o superficies cubiertas de aguas, sean éstas de régimen natural o artificial, permanentes o temporales, estancadas o corrientes, dulces, salobres o saladas, incluidas las extensiones de agua marina, cuya profundidad en marea baja no exceda los seis metros y que se encuentren total o parcialmente dentro del límite urbano".

El objeto de esta ley es limitar o impedir la urbanización que pueda afectar humedales y por esa vía la afectación de estos ecosistemas que se encuentren emplazados dentro de los límites urbanos, para lo que se requiere de la previa declaratoria de humedal urbano requerida por la Municipalidad respectiva o bien declarada de oficio por el Ministerio del Medio Ambiente, a excepción de aquellos ya reconocidos en instrumentos de planificación territorial (IPT)[643].

La ley establece 2 efectos jurídicos relevantes a aquellos humedales urbanos, que sean declarados como tales conforme al procedimiento que se regula:

a) Otorga a la municipalidad respectiva la potestad para postergar la entrega de permisos de subdivisión, loteo o urbanización predial y de construcciones en los terrenos en que se encuentren emplazados, hasta por 6 meses, desde que sea requerida la declaratoria del humedal.

b) Asimila los humedales urbanos a la categoría especial de área bajo protección oficial de "área de protección de valor natural" que consagra el derecho urbanístico (art. 60 Ley General de Urbanismo y Construcciones), por lo que deben ser reconocidos o consagrados en dicha calidad en todo IPT, a efectos de las regulaciones que dichos IPT otorguen o establezcan para estas áreas.

---

[642]　Promulgada el 16 de enero de 2020 y publicada en el D.O. el 23 de enero de 2020.

[643]　Toma de razón con alcance de CGR, oficio E51700, de 13 de noviembre de 2020.

La ley 21.202 consagra un régimen aplicable sólo a aquellos humedales que se sitúen en todo o parte dentro del límite urbano que la propia ley define y que sean declarados como tales por el Ministerio del Medio Ambiente de oficio o a petición del municipio en el que se sitúe, en todo o parte, el humedal respectivo. No obstante aquello, la jurisprudencia ha reconocido como tales a humedales urbanos cuya declaratoria aún se ha encontrado en tramitación cuando la evidencia técnica "permite reconocerlo como un ecosistema que existe y en consecuencia, debe y puede ser objeto de protección".[644]

Asimismo, si bien no los mencionó expresamente, debe considerarse aplicable este régimen a humedales especiales como salares, vegas, pajonales y bofedales, siempre que cumplan los criterios de profundidad no superior a 6 metros en marea baja, los que además cuentan con el sistema de protección de prohibición o restricción de extracciones del C° de Aguas definido por la DGA.

La ley de humedales urbanos quedó en parte supeditada en su aplicación al Reglamento correspondiente aprobado por el Consejo de Ministros para la Sustentabilidad el 30 de julio de 2020[645]. Este reglamento básicamente regula el procedimiento administrativo para la declaratoria de humedales urbanos fijando para dicho propósito un conjunto de modernos "criterios" de las ciencias ecológicas y biológicas que "se deberán considerar":

a) Criterios mínimos para su sustentabilidad.

Entre estos, el Reglamento a su vez distingue entre aquellos que permiten resguardar las características ecológicas y el funcionamiento de los humedales urbanos, a saber:

– Conservación, protección y/o restauración de las características ecológicas del humedal.

– Mantención de la conectividad biológica de los humedales urbanos.

---

[644]   Caso del humedal "Vegas de Chivilcan" de Temuco, sentencia CS de 22 de junio de 2022, causa Rol 1.536-22.

[645]   D.S. N° 15, del Ministerio del Medio Ambiente, de 30 de julio de 2020, publicado en el D.O. el 24 de noviembre de 2020.

   – Mantención de la superficie de humedales urbanos.

Diferencia los anteriores de aquellos que permiten mantener el régimen hidrológico superficial y subterráneo de los humedales urbanos, a saber:

   – Mantención del régimen y conectividad hidrológica de los humedales urbanos.

   – Enfoque de manejo integrado de recursos hídricos.

Y agrega luego criterios mínimos para el uso racional de los humedales urbanos, a saber:

   – Enfoque de desarrollo sustentable.

   – Integración de los humedales urbanos como infraestructura ecológica de las ciudades.

b) Criterios para su gestión sustentable y gobernanza, donde se distingue entre:

   – Participación efectiva y gobernanza para la conservación y protección de humedales urbanos.

   – Gestión adaptativa y manejo activo del humedal.

   – Educación ambiental, formación integral e investigación para la protección y conservación de humedales urbanos.

En esta profusa consideración de los modernos criterios de la ciencia, que el Reglamento adopta, se acercó más a un documento de políticas públicas de carácter indicativo —con un excesivo recurso a semántica de contenido jurídico indeterminado como el "se propenderá"—, que a un cuerpo jurídico propio de la potestad reglamentaria de ejecución de la ley, con prescripciones claras e imperativas para la administración y para los administrados, lo que da cuenta de las dificultades en avanzar en reglas de *hard law* sobre derecho de la conservación ambiental.

Esta ley, asimismo, olvidó la protección que requieren los humedales que se encuentran fuera de los límites urbanos, para los que se deberá recurrir a la Convención RAMSAR, a la legislación sectorial hídrica y a cierta reglamentación marginal como el Reglamento de Suelos, Aguas y Humedales, del ámbito forestal[646].

La jurisprudencia ambiental en torno a la Ley de Humedales Urbanos ha sido prolífica y ha dado contorno a sus alcances y efectos jurídicos[647].

Por su parte, la ley 21.425, de 2022, que modificó el C° de Aguas introdujo algunas importantes normas de protección de humedales y otros recursos hídricos[648], a saber:

– La prohibición de drenaje en zonas de turberas —tipo especial de humedal— en la provincia de Chiloé y en las Regiones de Aysén y de Magallanes (art. 47);

– Amplió el espectro de las zonas de prohibición de "exploraciones" de acuíferos altoandinos del norte del país —que también constituyen humedales— a exploraciones en terrenos públicos o privados de zonas que correspondan a sectores acuíferos que alimenten humedales, que hayan sido declarados por el MMA como ecosistemas amenazados, ecosistemas degradados o sitios prioritarios, en la medida que esa declaración, en coordinación con la DGA, contenga entre sus fundamentos que la estructura y el funcionamiento de dicho humedal está dado por los recursos hídricos subterráneos que lo soportan (art. 58).

– Amplió el espectro de las zonas de prohibición de "explotaciones" de acuíferos altoandinos del norte del país en aquellas zonas que corresponden a sectores acuíferos que alimentan humedales que hayan sido declarados por el MMA como eco-

---

[646] DS N° 82 del MINAGRI, de 20 de julio de 2010, publicado en el D.O el 11 de febrero de 2011.

[647] DELGADO, Verónica. (2022) *Tendencias jurisprudenciales para una mayor protección de los humedales, sean o no urbanos.* Litigación Ambiental y Climática, II (5).

[648] Las normas ambientales de la Ley y del Código de Aguas son desarrolladas por medio de los lineamientos y criterios contenidos en el Manual de Normas y Procedimientos para la Conservación y Protección de Recursos Hídricos de la DGA contenido en la Resolución 1.752 de 7 de julio de 2023, publicada en el D.O. el 12 de agosto de 2023.

sistemas amenazados, ecosistemas degradados, sitios prioritarios o humedales urbanos declarados en virtud de la ley N° 21.202, en la medida que dicha declaración, en coordinación con la Dirección General de Aguas, contenga entre sus fundamentos los recursos hídricos subterráneos que los soportan (art. 63).

– Faculta a la DGA para fijar un caudal ecológico mínimo respecto de aquellos derechos existentes en humedales de importancia internacional (RAMSAR) (art. 129 bis 1).

– Prohíbe a la DGA otorgar más derechos de aprovechamiento en humedales de importancia internacional (RAMSAR) y en las zonas de protección de humedales contempladas en los artículos 58 y 63, a menos que se trate de actividades compatibles con los fines de conservación del área o sitios referidos, lo que deberá ser acreditado mediante informe del MMA (art. 129 bis 2).

Por último, conforme a la reglamentación forestal sobre suelos, aguas y humedales contenida en el DS 82 del MINAGRI, aplicable tanto a humedales urbanos como rurales, se establece una serie de prohibiciones, siempre y cuando dichos humedales hayan sido declarados "sitios prioritarios de conservación" o "Sitios Ramsar", a saber:

– La corta, destrucción, eliminación o menoscabo de su vegetación hidrófila nativa.

– La descarga de aguas de lavado de equipos, maquinarias y envases que hayan contenido sustancias químicas, desechos orgánicos, productos químicos, combustibles, residuos inorgánicos tales como cables, filtros, neumáticos, baterías.

– Su utilización como vía de tránsito de maquinarias y equipos que comprende a trineos, catangos y similares.

– El depósito de desechos de explotación.

– La corta de bosques nativos deberá dejar una faja de 10 metros de ancho, medidos en proyección horizontal a partir de sus límites, en la cual se podrá intervenir dejando una cobertura arbórea de a lo menos un 50%.

Desde el punto de vista del SEIA se consideran y nominan los humedales a efectos de:

– Causal de ingreso de proyectos al SEIA respecto proyectos o actividades susceptibles de causar impacto ambiental en humedales urbanos u otros humedales que pudieren tener un reconocimiento oficial, por ejemplo, como sitios RAMSAR (art. 10 letra p)). Esta causal aplica para los humedales reconocidos como AP.

– Causal de ingreso al SEIA respecto de la ejecución de obras o actividades que puedan significar una alteración física o química a los componentes bióticos, a sus interacciones o a los flujos ecosistémicos de humedales que se encuentran total o parcialmente dentro del límite urbano, y que impliquen su relleno, drenaje, secado, extracción de caudales o de áridos, la alteración de la barra terminal, de la vegetación azonal hídrica y ripariana, la extracción de la cubierta vegetal de turberas o el deterioro, menoscabo, transformación o invasión de la flora y la fauna contenida dentro del humedal, indistintamente de su superficie (art. 10 letra s)). Esta causal, adicionada a la anterior, debiéramos entenderla aplicable a humedales urbanos, tengan o no reconocimiento oficial, pero que cumplan los criterios técnicos para ser definidos como tales.

– Causal de ingreso al SEIA vía EIA por localización en o próxima a humedales protegidos, susceptibles de ser afectados, es decir, humedales que estén bajo algún instrumento de protección jurídica (art. 11 letra d)).

– Para determinar la significancia de los impactos de proyectos cuando aquellos impliquen el drenaje o desecación de vegas, bofedales, suelos ñadis, turberas y humedales en general (art. 3 letra g) RSEIA).

La ley SBAP siguiendo su criterio formalista de establecer instrumentos de gestión más que reglas de protección sustantiva, consideró a los humedales como objeto de protección por medio de diversos instrumentos. Con todo, estableció algunas reglas de protección, a saber:

- En el caso de sitios RAMSAR constituye una categoría de AP en transición del SNAP hasta que sea homologada a alguna de las categorías definitivas.

- El SBAP debe establecer "criterios indicativos" para el uso sustentable de todo tipo de humedales, a fin de resguardar sus características ecológicas, su composición, estructura y funcionamiento y mantener el régimen hidrológico, tanto superficial como subterráneo (art. 40).

- Todos los humedales deben ser incorporados a los instrumentos de ordenamiento territorial objeto de EAE[649].

- Los humedales que sean sitios prioritarios no pueden alterarse físicamente, entendiéndose por ello la extracción de caudales, extracción de áridos, alteración de la barra terminal, alteración de la vegetación azonal hídrica y ripariana, extracción de cubierta vegetal de turberas, modificación de la superficie de humedales urbanos, entre otros similares.

- Los humedales que no sean sitios prioritarios requieren de permiso del SBAP para su intervención física.

- Los humedales de importancia internacional o sitios RAMSAR se sujetan a todas las reglas y prohibiciones aplicables a su categoría como parte del SNAP entre ellas, por ejemplo, la prohibición de la caza o la captura.

2.2. Lagos, Ríos y otros Acuíferos

Los ecosistemas acuáticos continentales (lagos, ríos y otros acuíferos fuera de humedales) presentan una muy escasa atención y protección de parte del legislador. Para estos ecosistemas, consistentes básicamente en lagos y ríos, se ha hecho uso y aplicación de los siguientes instrumentos:

---

[649] Planes regionales de ordenamiento territorial, planes reguladores intercomunales, planes reguladores comunales y planes seccionales, planes regionales de desarrollo urbano y zonificaciones del borde costero, del territorio marítimo y el manejo integrado de cuencas.

2.2.1. Caudal Ecológico

En materia de derecho ambiental de aguas[650], a partir de la ley 20.017 de 2005 que reforma el Código de Aguas, se incorpora al ordenamiento jurídico chileno el concepto de "caudal ecológico mínimo" para otorgar derechos de aguas[651] en virtud del cual la DGA debe velar por la preservación de la naturaleza y la protección del medio ambiente, debiendo para ello establecer un caudal ecológico mínimo en los cursos de agua, instrumento de protección de ecosistemas acuáticos continentales, en el proceso de otorgamiento de derechos de aguas en ríos y cauces superficiales correspondiente a aquel caudal mínimo para la preservación de la naturaleza y la protección del medio ambiente[652].

Si bien la ley no definió lo que se entiende por caudal ecológico el legislador se refiere al flujo de agua con que debe contar todo cuerpo de agua superficial que pueda ser aprovechable a través de la constitución de derechos de agua para garantizar la preservación de los ecosistemas acuáticos.

Lamentablemente el derecho de aguas chileno no concibe aún el agua como un bien ambiental que presta servicios ambientales, sino simplemente como un recurso apropiable, razón por la que en dicha legislación prácticamente se carece de instrumentos de gestión ambiental hídrica a excepción del "caudal ecológico" introducido en 2005, que junto con las normas secundarias de calidad ambiental y la definición de acuíferos protegidos (vegas, pajonales y bofedales del norte del país) serían los 3 únicos instrumentos concebidos para la conservación de los recursos hídricos[653].

---

[650] Vid. SOTO OYARZUN, Lorenzo, en ALEJANDRO O. IZA y MARTA B. ROVERE (Editores) (2006). Gobernanza del Agua en América del Sur: dimensión ambiental. UICN, Gland, Suiza y Cambridge, Reino Unido.

[651] Art. 129 bis 1.

[652] Cfr. Reglamento para la determinación del caudal ecológico mínimo contenido en DS 14 de 22 de mayo de 2012 publicado en el D.O el 30 de julio de 2013.

[653] Sabemos que existen otros instrumentos a través de los cuales se podría considerar que se puede conservar el agua, como planes de manejo, el propio SEIA, etc. Lo que ocurre es que los que aquí consideramos están esta-

El criterio seguido por la ley es que el caudal ecológico mínimo no podrá ser superior al veinte por ciento del caudal medio anual de la respectiva fuente superficial. Además, la fijación de caudal ecológico sólo aplica a los nuevos derechos de aguas, esto es a aquellos constituidos con posterioridad a la vigencia de la ley del 2005.

Asimismo, es interesante consignar que el artículo 129 bis 3 obliga a la DGA a establecer una red de estaciones de control de calidad, cantidad y niveles de las aguas tanto superficiales como subterráneas en cada cuenca u hoya hidrográfica y que esta información debe ser pública proporcionarse a quien la solicite.

El caudal ecológico se encuentra regulado, aunque de manera somera y general, en el Reglamento para la determinación del caudal ecológico mínimo[654]. En él se replica el criterio de la ley de conservar un veinte por ciento del caudal medio mensual de la respectiva fuente con un máximo del veinte por ciento del caudal medio anual, con lo que, al establecerse un máximo de reserva ecológica, se reafirma el criterio productivo del C° de Aguas en desmedro de los fines de conservación ambiental.

En términos prácticos, la DGA fija el caudal ecológico caso a caso al otorgar derechos de aguas sobre la base de metodologías y criterios técnicos definidos en el "Manual de Normas y Procedimientos para la Administración de Recursos Hídricos"[655] y al momento de ser evaluado ambientalmente un proyecto que hace uso de recursos hídricos.

Fuera de la regla establecida legalmente, en casos calificados pueden fijarse caudales ecológicos "diferentes" —entendemos que más

---

blecidos especialmente para la conservación de las aguas. Fuera de ellos podríamos considerar también a los decretos de escasez o a los planes de descontaminación como instrumentos de conservación de aguas (hoy existe un plan de este tipo proyectado para el Lago Villarrica), pero ellos están destinados mas bien a enfrentar una situación de sequía frente a una crisis hídrica, en el primer caso, o bien, para "descontaminar" y no "conservar", en el segundo caso, lo que evidencia el distinto foco de los instrumentos.

[654] Decreto Supremo N° 14 del MMA de 22 de mayo de 2013 publicado en el D.O el 30 de julio de 2013.

[655] Resolución DGA N° 3.504, de 17 de diciembre de 2008.

estrictos— aunque sin afectar los derechos de aguas existentes el que no podrá superar el cuarenta por ciento del caudal medio anual de la respectiva fuente, en los siguientes casos:

- Para conservar especies hidrobiológicas que se encuentren dentro de alguna de las categorías de conservación, a excepción de aquellas clasificadas como Preocupación Menor o Casi Amenazada y el hábitat tenga una calidad tal que permita la sustentación de las especies.

- En fuentes superficiales de territorios colocados bajo protección oficial con la finalidad de asegurar la diversidad biológica, tutelar la preservación de la naturaleza y conservar el patrimonio ambiental, o aguas arriba de éstas, que tengan una calidad tal que permita la sustentación de las especies protegidas del área.

- Cuando existan impactos significativos que alteren factores bióticos y abióticos, físicos, químicos y biológicos, que aseguran el resguardo de la estructura, dinámica y funcionamiento de los ecosistemas asociados a la fuente de agua superficial, con el fin de mantener los servicios ecosistémicos que prestan.

2.2.2. Manejo de Cuencas

Uno de los principios e instrumentos reconocidos internacionalmente para una adecuada gestión de los recursos naturales renovables, especialmente hídricos, es el manejo integrado de cuencas. "Una cuenca constituye un sistema interconectado, formado por un conjunto de cauces o cuerpos de agua, de modo que cualquier efecto que se produzca en uno de los afluentes tiene consecuencias sobre el equilibrio del sistema, de manera global".[656]

En Chile, había tenido algún reconocimiento más bien nominal por ejemplo como uno de los IOT que deben ser objeto de EAE en el art. 7 bis la ley 19.300, pero sin mayor desarrollo normativo hasta

---

[656] Sentencia de la E. Corte Suprema, de fecha 25 de noviembre de 2022, Rol Nº 14.568-21, caso Punta Puertecillo-Hacienda Topocalma.

la dictación de la Ley 21.435 en 2022 que modificó el C° de Aguas y la LMCC N° 21.455 también de 2022.

Por medio de estas reformas se introdujo en Chile los "Planes Estratégicos de Recursos Hídricos en Cuencas" (PERH), concepto que recoge el concepto de manejo integrado cuencas, aunque con la mirada puesta en la seguridad hídrica en el contexto de las restricciones asociadas al cambio climático (art. 293 bis C°Aguas).

Estos planes se exigen para cada cuenca del país, por lo que es posible concebirlos como instrumentos asociados a la unidad ecológica que cada una de ellas representa, asumiendo por tanto un enfoque ecosistémico que es la mirada que la ley SBAP exige para gestionar el territorio mediante los instrumentos correspondientes (art. 23), aunque paradojalmente, omite la mención de los PERH.

Los PERH si bien ponen el foco en la seguridad hídrica debe ser considerado un instrumento de gestión y conservación de la biodiversidad de ecosistemas acuáticos continentales y a la vez un instrumento de la gestión del cambio climático por cuanto debe considerar:

1. La caracterización de la cuenca.

2. La modelación hidrológica e hidrogeológica de la cuenca.

3. Un balance hídrico que considere, entre otros, la disponibilidad y caudal de recursos hídricos.

4. Un plan de recuperación de los acuíferos cuya sustentabilidad, en cuanto a cantidad y calidad fisicoquímica, se encuentre afectada.

5. Un plan para hacer frente a las necesidades futuras de recursos hídricos y la conservación y preservación de la naturaleza, que deberá considera a efectos ambientales evaluaciones con énfasis en "soluciones basadas en la naturaleza", tales como, tales como la restauración o conservación de humedales, riberas, bosque nativo, prácticas sustentables agrícolas, la desalinización de agua de mar, la reutilización de aguas grises y servidas, la recarga artificial de acuíferos, la cosecha de aguas lluvias y otras y que debe incluir la identificación de los potenciales impactos ambientales y sociales.

6. Medidas concretas para hacer frente a los efectos adversos derivados del cambio climático, tales como sequías, inundaciones y pérdida de calidad de las aguas.

7. Un programa de redes de estaciones fluviométricas, meteorológicas, sedimentométricas, y la mantención e implementación de la red de monitoreo de calidad de las aguas, de niveles de pozos, embalses, lagos, glaciares y rutas de nieve.

8. Los planes de manejo de recurso naturales renovables de art. 42 de la ley N° 19.300 existentes.

9. Indicadores anuales de cumplimiento de la planificación y avance de cada plan, identificando el organismo del Estado responsable de su implementación.

Atendido que los PERH son un instrumento de ordenamiento territorial para el manejo integrado de cuencas en virtud del art. 7 bis de la ley 19.300, ellos deben considerar la Planificación Ecológica que debe elaborar el SBAP (art. 28), como asimismo integrar los humedales (art. 40) y las zonas de amortiguamiento (art. 3 N° 33) que se definan o creen con fines ambientales.

2.2.3. Normas de Emisión e Inmisión

La ley 19.300 establece las "Normas Secundarias de Calidad Ambiental" (NSCA) —que aplica para aguas continentales superficiales y marinas— establecidas para la protección o la conservación del medio ambiente, o la preservación de la naturaleza" (art. 2 letra ñ)).

Estas normas de calidad, conocidas también como "normas de inmisión", tienen por objetivo general proteger, mantener o recuperar la calidad del ambiente de manera de salvaguardar la salud de las personas —normas de calidad primarias—, o la protección o conservación de los recursos naturales y de los ecosistemas- norma de calidad secundaria-, maximizando los beneficios sociales, económicos y medioambientales[657].

---

[657] Los procesos de dictación de normas de calidad han comenzado formalmente con la entrada en vigencia del SEIA en 1997. Sin embargo, algunos

Particular interés para nuestro análisis lo tienen las normas secundarias en tanto su objetivo es conservar o preservar los ecosistemas y sus servicios ecosistémicos, a través de la mantención o mejoramiento de la calidad de los recursos que protegen (suelo, agua, aire). Para dicho fin se establecen, por ejemplo, áreas de vigilancia en la cuenca y se fijan niveles de calidad ambiental para cada una de ellas para distintos contaminantes que son monitoreados por medio de mediciones en estaciones de monitoreo.

En palabras de GERMÁN VALENCIA, "constituyen objetivos irrenunciables de aptitud de un determinado medio para cumplir una determinada función (calidad de aguas destinadas al consumo humano, a la vida de los peces, atmósfera respirable, etc.)"[658]

El objetivo preciso de este instrumento es conservar o preservar los ecosistemas acuáticos y sus servicios ecosistémicos, a través de la mantención o mejoramiento de la calidad de las aguas de la cuenca. La norma secundaria por sí sola no garantiza su conservación ya que sólo fija parámetros medibles que son monitoreados. El mecanismo se complementa con la declaratoria de zonas saturadas o latentes que a su vez debieran dar origen a los respectivos planes de descontaminación y/o prevención y cuyo objeto es regular actividades con miras a nuevamente alcanzar los niveles dentro de la norma. Estos instrumentos de descontaminación no han sido utilizados para cuerpos de agua en Chile habiendo sólo un proyecto de Plan de descontaminación para el Lago Villarrica en proceso de elaboración ante el MMA.

Chile ha iniciado el proceso de generación de este tipo de normas siguiendo muy de cerca el modelo norteamericano[659]. Sin embargo, ha equivocado el procedimiento dictando primero normas de emisión —que son aquellas que definen los umbrales de contaminación

---

[658] se han postergado como los referidos a normas secundarias de calidad para aguas.

[658] VALENCIA MARTÍN, Germán. "El régimen jurídico del control integrado de la contaminación", en *Noticias de la Unión Europea*, N° 153, CISS, España, 1997, pág. 149.

[659] Vid. "Clean Air Act", de 1990, por ejemplo; en el sistema europeo se habla de "valores límite de emisión" (VLE) en la Directiva 96/61/CE. Cfr. VALENCIA Martín, Germán, Op. Cit.

tolerables en el efluente de la fuente emisora— antes que las normas de calidad —que son aquellas que determinarán el máximo permisible o capacidad de carga de la fuente receptora de contaminación— léase medio ambiente, con lo que la gestión ambiental mediante esta vía ha comenzado estableciendo la "regla" para el "contaminante" sin antes fijar la "regla" para el "contaminado" (agua, suelo, aire, etc.) que permitiría, entre otras cosas garantizar la conservación de la biodiversidad en el receptor de contaminantes.

Adicionalmente, estos procesos han padecido las presiones de las actividades industriales que con su establecimiento pueden verse coartadas o afectadas como ha acontecido con la aplicación del DS 90/00 de difícil cumplimiento por el sector minero[660] o la postergada dictación de las normas secundarias de calidad ambiental para aguas superficiales (ríos y lagos) que afectan tanto al sector agrícola, forestal y minero[661].

Para los siguientes cuerpos de agua se ha utilizado este instrumento:

- NSCA para la protección de las aguas continentales superficiales de la cuenca del río Biobío. (DS 9/15).

- NSCA para la protección de las aguas continentales superficiales de la cuenca del río Maipo. (DS 53/14).

- NSCA para la Protección de las Aguas Continentales Superficiales del Lago Villarrica. (DS 19/13).

- NSCA para la Protección de las Aguas Continentales Superficiales de la Cuenca del Río Serrano. (DS 75/10).

---

[660] Un caso emblemático de ello es la imposibilidad de cumplir con dicha norma por parte de la empresa minera estatal Codelco El Teniente en su tranque de relaves Carén, Región Metropolitana, lo que motivo la dictación de una norma de emisión especial mediante DS 80 más laxa y permisiva para los parámetros críticos sulfatos y molibdeno en dicha cuenca.

[661] Tal es el caso de DS N° 19/13 del MMA que establece normas secundarias de calidad ambiental para la protección de las aguas continentales superficiales del Lago Villarrica.

- NSCA para la Protección de las Aguas del Lago Llanquihue. (DS 122/10).

- NSCA para la Protección de las Aguas de las aguas continentales superficiales de la cuenca del Río Valdivia. (DS 1/15).

- NSCA para la Protección de las Aguas Continentales Superficiales de la Cuenca del Río Aconcagua (DS 41/23).

Complementariamente existen las "normas de emisión" que definen la concentración máxima permitida de contaminantes medida en el efluente de la fuente emisora. El artículo 40 de la ley 19.300 establece al respecto que: "Las normas de emisión se establecerán mediante decreto supremo, el que señalará su ámbito territorial de aplicación" y que "Corresponderá al Ministerio del Medio Ambiente proponer facilitar y coordinar la dictación de normas de emisión, para lo cual deberá sujetarse a las etapas señaladas en el artículo 32, inciso tercero, y en el respectivo reglamento, en lo que fueren procedentes, considerando las condiciones y características ambientales propias de la zona en que se aplicarán".[662]

Las "normas de emisión", fijan y regulan las emisiones de contaminantes medidas en el efluente en el que se generan y que normalmente son de general aplicación a nivel nacional. Las normas de emisión apuntan más bien a evitar la contaminación, por medio de la regulación de las descargas a medio ambiente regulado, teniendo un fin indirecto en la preservación y conservación de sus recursos.

Para cuerpos de agua continentales contamos con las siguientes[663]:

---

[662] Aquí lo que obviamente interesa es considerar las condiciones ambientales del territorio a efectos de otorgar una mejor y mayor protección ambiental mediante este instrumento sobre todo para zonas de alta fragilidad o contaminación ambiental.

[663] Consideramos aquí solo aquellas normas jurídicas de emisión para la protección de ecosistemas acuáticos y no para otras fuentes de agua como alcantarillados o las de carácter técnico que regulan la calidad del agua potable o que se han establecidas para otros fines —sean jurídicas o técnicas— como las para riego, bebida, recreación, etc. que tienen otros propósitos.

- Norma de Emisión para la Descarga Residuos Líquidos a Aguas Marinas y Continentales Superficiales (DS N° 90/2000) tiene por objeto regular la descarga de contaminantes hacia cursos de aguas marinas y continentales superficiales[664].

- Norma de Emisión de Residuos Líquidos a Aguas Subterráneas (DS N° 46/2002): tiene por objeto regular la descarga de contaminantes hacia aguas subterráneas.

Por último, tenemos los "acuíferos subterráneos", con mayor grado de rezago normativo en nuestro sistema ambiental, que se rigen, básicamente, por las reglas generales de uso, exploración y explotación del C° de Aguas, y por las reglas generales de la evaluación ambiental de proyectos de la Ley 19.300, salvo contadas excepciones como las restricciones y prohibiciones de exploración y explotación que rigen para vegas, pajonales y bofedales del norte del país (humedales a los que además ha de aplicarse la nueva normativa que le es propia) y las escasas regulaciones ambientales contenidas en el Reglamento sobre normas de exploración y explotación de aguas subterráneas[665], como la que exige informe de las medidas y previsiones adoptadas para su resguardo y protección, en caso de exploración (art. 5), la que faculta a la DGA a denegar una autorización de exploración ante riesgo de contaminación (art. 13), o cuando la explotación no sea la adecuada para su conservación y protección en el largo plazo en caso de explotación (art. 20).

Los criterios y lineamientos ambientales seguidos por la DGA en la aplicación de instrumentos de gestión de recursos hídricos son desarrollados en el Manual de Normas y Procedimientos para la Conservación y Protección de Recursos Hídricos[666].

---

[664]   Hay que considerar como un caso que hace excepción a esta norma el DS 80/06 dictado especialmente, en un proceso lleno de cuestionamientos e irregularidades, para regular con parámetros más laxos las descargas de molibdeno y sulfatos por parte de Codelco El Teniente al estero Caren-Alhué.

[665]   Contenido en D.S. N° 203 del MOP, promulgado el 20 de mayo de 2013 y publicado en el D.O el 7 de marzo de 2014.

[666]   Resolución DGA N° 1.752 de 7 de julio de 2023, publicada en el D.O. el 12 de agosto de 2023, que aprueba el Manual y deja sin efecto la Resolución DGA. (exenta) N° 1400, de 15 de junio de 2007.

2.3. Glaciares

En una condición especial encontramos a los glaciares que sólo a efectos sistemáticos los incorporamos acá como ecosistema acuático continental, en tanto son expresión de recursos hídricos aunque en estado sólido que normalmente encontramos en territorios terrestres —caso de los glaciares blancos y de roca cordilleranos— aunque en parte también existen y contamos con glaciares ubicados total o parcialmente sobre territorio marítimo —caso de los campos de hielo y glaciares australes—. "Los glaciares son masas de hielo que se forman principalmente de la precipitación atmosférica sólida en aquellos lugares de la tierra donde existen climas fríos como las zonas polares y las de montaña; en otras palabras, son masas compactas de hielo que se generan por medio de sucesivas nevadas acumuladas"[667].

En Chile aún no se dispone de un cuerpo normativo sistemático sobre glaciares aunque existen diversas iniciativas legislativas que han intentado darles protección. La ley SBAP tampoco atendió particularmente a estos ecosistemas, con lo que sólo se cuenta con un pequeño grupo disperso de normas a nivel sectorial.

El Código de Aguas a partir de su reforma por medio de la ley 21.435 de 2022 incorporó algunas disposiciones a fin de resguardarlos como la que dispone que "no se podrán constituir derechos de aprovechamiento en glaciares" (art. 5).

De otra parte, mandata a la DGA a establecer y mantener una red de estaciones de control y monitoreo de calidad, cantidad y niveles de las aguas tanto superficiales como subterráneas y de los glaciares y nieves en cada cuenca u hoya hidrográfica (art. 129 bis 3°), que además debe formar parte de los PERH, (art. 293 bis) entidad que además debe mantener y operar el inventario de glaciares y nieves, el que incluye tanto mediciones de volumen y acumulación, como sus características y ubicación, debiendo proporcionar y publicar la información correspondiente (art. 299). Sin embargo, la ley SBAP a propósito del "Sistema de Información de la Biodiversidad" mandató al SBAP la elaboración de, entre otros, este inventario lo que no

---

[667]   Cfr. IZA, Alejandro y ROVERE, Marta (Editores). *Aspectos Jurídicos de la Conservación de los Glaciares*. UICN, Gland, Suiza, 2006, pág. 1.

es consistente con la prescripción del C° de Aguas produciendo así una duplicidad de competencias. En efecto, la ley SBAP en su art. 24 prescribe que este Sistema "contendrá los inventarios de ecosistemas terrestres, marinos, acuáticos continentales, incluidos los humedales y glaciares" y a continuación prescribe que "Dichos inventarios serán elaborados por el Servicio, el que deberá considerar la información que le proporcionen los servicios públicos con competencia en manejo de recursos naturales" (art. 24).

Luego, en el marco del SEIA se considera a los glaciares a efectos de:

- Causal de ingreso al SEIA vía EIA por localización en o próxima a glaciares, susceptibles de ser afectados (art. 11 letra d)).

- Para determinar la significancia de los impactos de proyectos en virtud de la superficie o volumen de un glaciar susceptible de modificarse (art. 3 letra g) RSEIA).

Fuera de aquello, los glaciares sólo disponen de algunas menciones sectoriales a nivel reglamentario o en IPT, con la salvedad tal vez de la Ley de Bosque Nativo que prohíbe la corta, destrucción, eliminación o menoscabo de árboles y arbustos nativos en una distancia de 500 metros de los glaciares, medidas en proyección horizontal en el plano (art. 17).

Dada la falta de un régimen de protección propio normalmente suelen protegerse recurriendo a figuras de AP, de las que forman parte por lo demás de pleno derecho (art. 36 Ley 19.300 y 106 Ley SBAP), como aconteció con la creación del Parque Nacional Glaciares de Santiago[668].

3. Ecosistemas marinos

La protección de ecosistemas marinos no ha escapado a la lógica de establecimiento de sitios o áreas de conservación, lo que resulta especialmente ineficiente para el medio marino que alberga recursos

---

[668] Creado por DS N° 25 de 2 de mayo de 2023 publicado en el D.O. el 16 de agosto de 2023.

que se desplazan como las pesquerías. Así cobra relevancia innovar en el establecimiento de otras técnicas de conservación para estos ecosistemas.

La expresión normativa sobre la protección de ecosistemas marinos fuera de las AP marinas es escasa. Sin embargo, la legislación marítima ya concebía normas de protección del medio marino previo al establecimiento de la legislación ambiental.

3.1. Regulación del Territorio Marítimo

El territorio marítimo en Chile ha sido y sigue siendo regulado bajo 3 enfoques clásicos: el de la seguridad nacional como extensión de la soberanía, el de la regulación de la navegación y el del aprovechamiento y control de sus recursos.

Los 2 primeros enfoques han sido abordados por el Derecho Marítimo[669] que corresponde a una rama del Derecho Comercial que podemos definir como "el conjunto de las reglas jurídicas relativas a la navegación en el mar"[670].

El tercer orden o enfoque en tanto esta dado por la legislación sectorial pesquera que es la que se ha hecho cargo, por extensión, de las regulaciones sobre recursos naturales marinos.

El principal cuerpo legal especial que desarrolla las actividades en el mar es sin duda la ley de navegación contenida en el Decreto

---

[669] Las principales fuentes jurídicas formales del derecho marítimo en Chile son:
   – El libro III del Código de Comercio.
   – La ley de navegación contenida en el Decreto Ley 2.222, de 1978.
   – El reglamento del Registro de Naves y Artefactos Navales, contenido en Decreto 163 de la Subsecretaría de Marina del Ministerio de Defensa.
   – La ley orgánica de la DIRECTEMAR contenida en el DFL 292 de 1953.
   – La ley sobre Marina Mercante Nacional contenida en decreto ley 3.059 de 1979.

[670] RIPERT, citado por Sergio Baeza Pinto. Derecho Marítimo. Editorial Jurídica de Chile, 1990, pág. 9.

Ley 2.222 de 1978[671], que tal como expresa su art. 1 regula las actividades concernientes a la navegación en general, la institucionalidad marítima y otras de derecho público que inciden en el análisis de las competencias mencionadas en aquellas zonas con cuerpos de agua, lagos o ríos que en muchas ocasiones son parte de un área silvestre protegida.

3.2. La Autoridad Marítima

La Ley de Navegación dispone que la autoridad marítima corresponde a la Dirección General del Territorio Marítimo y de Marina Mercante (DIRECTEMAR) y, como tal, esta autoridad debe controlar la navegación en las aguas sometidas a la jurisdicción nacional; y aplicar y fiscalizar el cumplimiento de la ley, de los convenios internacionales, de las normas legales y reglamentarias relacionadas con sus funciones, con la preservación de la ecología en el mar y con la navegación[672] (art. 5).

En la DIRECTEMAR se encuentran el Director, quien es la autoridad superior, los Gobernadores Marítimos, los Capitanes de Puerto, los Cónsules, en los casos que la ley determine, y los Alcaldes de Mar, los cuales de acuerdo con las atribuciones específicas que les asigne el Director, se consideran autoridades marítimas para los efectos del ejercicio de ellas (art. 2)[673].

La DIRECTEMAR como autoridad marítima superior y las demás autoridades marítimas que se encuentran bajo ella tienen amplias

---

[671] El Decreto Ley 2.222 fue promulgado el 21 de mayo de 1978 y sustituyó la antigua ley de navegación de 24 de junio de 1878.

[672] En virtud del artículo 29, inciso 2° del D.L. 2.222, la navegación, según la zona donde se efectúe, puede ser marítima, regional, fluvial, lacustre y de bahía.

[673] Se debe considerar también a la Subsecretaría de FF.AA. (ex Marina) como autoridad marítima aun cuando el DL 2.222 no lo diga por cuanto se trata del órgano del Estado del cual depende administrativamente la DIRECTEMAR y por cuanto, además, la propia Subsecretaría de FF.AA. tiene potestades en materias marítimas como por ejemplo en el otorgamiento de concesiones marítimas (DFL 340).

atribuciones en asuntos que tienen que ver con el mar y en todos los lugares o territorios marinos.

Estas atribuciones podríamos desagregarlas en de orden político-administrativo, jurisdiccional y ambiental.

En orden político-administrativo le corresponde la importante función de administración el sistema de concesiones marítimas sobre el territorio marítimo establecido en el D.F.L. 340 de 1960 del Ministerio de Hacienda[674].

En el orden jurisdiccional a la autoridad marítima le corresponde también aplicar las sanciones y multas por contravención a las normas sobre contaminación por hidrocarburos[675].

Ejerce también la potestad de policía marítima en las aguas sometidas a la jurisdicción nacional y en los demás lugares que su ley orgánica señala. En el ejercicio de estas atribuciones de carácter policial

---

[674] El D.F.L. 340 de 1960 del Ministerio de Hacienda, establece que el control, fiscalización y supervigilancia de toda la costa y mar territorial y de los ríos y lagos que son navegables por buques de más de 100 toneladas corresponde al Ministerio de Defensa Nacional, Subsecretaría de de las Fuerzas Armadas (ex Marina) (art. 1).
Esta función la debe ejercer especialmente a través de la Dirección General del Territorio Marítimo y Marina Mercante, según lo dispuesto en el D.S. 660 de 1988 del Ministerio de Defensa Nacional.
En este contexto el mismo D.F.L. 340 dispone que es facultad privativa del Ministerio de Defensa Nacional, a través de la Subsecretaría de Marina, conceder el uso particular en cualquier forma, de las playas y terrenos de playas fiscales dentro de una faja de 80 metros de ancho medidos desde la línea de más alta marea de la costa del litoral; como asimismo la concesión de rocas, fondos de mar, porciones de agua dentro y fuera de las bahías; y también las concesiones en ríos o lagos que sean navegables por buques de más de 100 toneladas, o en los que no siéndolo, siempre que se trate de bienes fiscales, en la extensión en que estén afectados por las mareas, de las playas de unos y otros y de los terrenos fiscales riberanos hasta una distancia de 80 metros medidos desde donde comienza la ribera (art. 2).
[675] Para un estudio relativo a esta materia Vid. CASTIGLIONE GONZÁLEZ, Paola. *Responsabilidad Civil por daños en contaminación de hidrocarburos y otras sustancias nocivas.* Editorial Jurídica ConoSur, Santiago de Chile, 2001; TOMASELLO HART, Leslie. *Régimen Jurídico de la contaminación marina,* Editorial Librotecnia, 2004.

le corresponde a la autoridad marítima supervigilar el cumplimiento de todas las normas legales y reglamentarias y de las resoluciones administrativas que rijan o deban llevarse a efecto en aguas sometidas a la jurisdicción nacional (art. 97).

En el orden ambiental la autoridad marítima tiene importantes atribuciones que pueden generar superposición o conflicto de potestades con otras autoridades e instituciones con competencia ambiental, como el SBAP, cuya ley tampoco se inmiscuyó en este ámbito.

En primer lugar, a la autoridad marítima le corresponde aplicar y fiscalizar el cumplimiento de las normas legales y reglamentarias relacionadas con la "preservación de la ecología en el mar" (art. 5).

Esta función es pionera para la época —año 1978— constituyendo tal vez la única mención a la "ecología" en el derecho de ese entonces[676].

La DIRECTEMAR y sus organismos dependientes deben cautelar el cumplimiento de la prohibición establecida en el artículo 142 de la Ley de Navegación que se refiere a la proscripción de arrojar lastre, escombros o basuras y derramar petróleo o sus derivados o residuos, aguas de relaves de minerales u otras materias nocivas o peligrosas, de cualquier especie, que ocasionen daños o perjuicios en las aguas sometidas a la jurisdicción nacional, y en puertos, ríos y lagos.

Para garantizar el cumplimiento de esta prohibición de contaminar las aguas sometidas a la jurisdicción nacional, puertos, ríos y lagos, la Dirección General del Territorio Marítimo y de Marina Mercante y sus organismos dependientes deben (art. 142):

1) Fiscalizar, aplicar y hacer cumplir todas las normas, nacionales e internacionales, presentes o futuras, sobre preservación del medio ambiente marino, y sancionar su contravención, y

2) Cumplir las obligaciones y ejercer las atribuciones que en los Convenios señalados en el artículo 143 de la Ley de Navega-

---

[676]   La ley Navarino, de 1985, hablaba de "racional utilización de los recursos naturales y que asegure la preservación de la naturaleza y del medio ambiente".

ción[677] y promover en el país la adopción de las medidas técnicas que conduzcan a la mejor aplicación de tales Convenios y a la preservación del medio ambiente marino.

En caso de contaminación la DIRECTEMAR debe adquirir los equipos y demás medios que se requieran para contener o eliminar los daños causados por derrames, así como para la adopción, difusión y promoción de las medidas destinadas a prevenir la contaminación de las aguas sometidas a la jurisdicción nacional.

Si debido a un siniestro marítimo o a otras causas, se produce la contaminación de las aguas por efecto de derrame de hidrocarburos o de otras sustancias nocivas o peligrosas, la autoridad marítima respectiva adoptará las medidas preventivas que estime procedentes para evitar la destrucción de la flora y fauna marítimas, o los daños al litoral de la República.

3.3. Ámbito Pesquero

La legislación pesquera, por su parte, consagra algunas expresiones singulares de ecosistema tales como los "ecosistemas marinos vulnerables" que corresponde a una "unidad natural conformada por estructuras geológicas frágiles, poblaciones o comunidades de invertebrados de baja productividad biológica, que ante perturbaciones antrópicas son de lenta o escasa recuperación, tales como en montes submarinos, fuentes hidrotermales, formaciones coralinas de agua

---

[677] Estos Convenios Internacionales son: Convenio Internacional para Prevenir la Contaminación de las Aguas del Mar por Hidrocarburos, de 1954, incluyendo las enmiendas aprobadas por la Conferencia Internacional para Prevenir la Contaminación de las Aguas del Mar por Hidrocarburos, de 1962, y las enmiendas aprobadas mediante resolución A. 175 (VI) de la Sexta Asamblea de la Organización Marítima Consultiva Intergubernamental, de 21 de Octubre de 1969, y su Anexo sobre "Libro de Registro de Hidrocarburos", en los términos aprobados por el decreto ley 1.807, de 1977; y el Convenio sobre Prevención de la Contaminación del Mar por Vertimiento de Desechos y otras Materias, suscrito en Londres el 29 de Diciembre de 1972, y sus Anexos I, II y III, aprobados por el decreto ley N° 1.809, de 1977, en lo que se refiere a la prohibición de vertimientos y las medidas preventivas que en dicho instrumento se señalan.

fría o cañones submarinos" (art. 2 N° 68), en el que se aplican las siguientes medidas:

- Prohibición de realizar actividades de pesca de fondo con artes, aparejos o implementos de pesca que afecten a ecosistemas marinos vulnerables en un área determinada.

- Regulación de las características y diseño de las artes, aparejos e implementos de pesca.

- Prohibición del uso y porte de las artes y aparejos e implementos de pesca o que no cumplan con las características y diseño antes señalados.

Considerado como uno de estos ecosistemas vulnerables, la ley contempla a los "montes submarinos" en los que no se permite la pesca de fondo, a menos que exista una investigación científica (art. 4 D).

Es interesante considerar que la Ley de Pesca aquí, contempla como innovación en nuestra legislación ambiental el "enfoque ecosistémico" a aplicar para la conservación y administración de los recursos pesqueros y la protección de sus ecosistemas incluso definiéndolo como aquel "que considere la interrelación de las especies predominantes en un área determinada" (art. 1 C. letra c)).

Junto al ámbito pesquero, los ecosistemas marinos están también bajo la protección de la institucionalidad marítima (Subsecretaría de Fuerzas Armadas (ex Marina), DIRECTEMAR y demás órganos desconcentrados) encargados de resguardar los espacios marítimos y costeros desde 2 puntos de vistas:

- Por medio de la legislación marítima que resguarda al "medio ambiente marino" a través de las regulaciones para impedir la contaminación marina, como lo hace la Ley de Navegación (Título IX sobre contaminación)[678].

---

[678] DL 2222 promulgado el 21 de mayo de 1978 y publicado en el D.O el 31 de mayo de 1978.

– Por medio de las zonificaciones de uso del borde costero, a cargo de las Comisiones de Uso del Borde Costero[679], en cuya virtud se pueden establecer también áreas preferentes, reservadas o de protección ambiental[680].

En lo que toca a la acuicultura, la autoridad marítima le toca otorgar las concesiones acuícolas, en tanto que la pesquera debe reglamentar las medidas de protección del medio ambiente para que los establecimientos que exploten concesiones o autorizaciones de acuicultura operen en niveles compatibles con las capacidades de carga de los cuerpos de agua lacustres, fluviales y marítimos, que asegure la vida acuática y la prevención del surgimiento de condiciones anaeróbicas en las áreas de impacto de la acuicultura[681].Esta reglamentación se encuentra fundamentalmente contenida en el Reglamento Ambiental para la Acuicultura que contiene el DS 320 MINECOM de 2001[682]. Ello sin perjuicio de la evaluación ambiental correspondiente de la actividad que para ello deberá contar con el permiso ambiental sectorial antes señalado cuyo requisito material de otorgamiento consisten en no generar efectos adversos en la vida acuática y prevenir el surgimiento de condiciones anaeróbicas en las áreas de la acuicultura[683].

Si la actividad acuícola pretende ser desarrollada en AMERB los requisitos materiales para su otorgamiento consistirán en no afectar las especies naturales que habitan en el área de manejo, no generar efectos adversos en la vida acuática y prevenir el surgimiento de con-

---

[679] Creadas en virtud de DS 475/94 que establece Política Nacional de uso del borde costero del litoral de la República y crea Comisión Nacional que indica.

[680] Vid. DS N° 153/04 que "Declara áreas de usos preferentes específicos los espacios del borde costero del litoral de la XI Región Aysen" y DS N° 518/15 que "Declara áreas de usos preferentes específicos los espacios del borde costero del litoral de la IV Región de Coquimbo, ambos del Ministerio de Defensa Nacional.

[681] Art. 87 Ley de Pesca.

[682] Aprobado el 24 de agosto de 2001 y publicado en el D.O el 14 de diciembre de 2001.

[683] Art. 116 del DS 40/12 Reglamento del SEIA.

diciones anaeróbicas en las áreas de la acuicultura, lo que corresponde a un PAS que deberá ser otorgado en el SEIA[684].

La ley pesquera prevé también limitaciones a las actividades de acuicultura en "aquellas áreas en que existan bancos naturales de recursos hidrobiológicos incluidas las praderas naturales de algas" (art. 67).

Finalmente, la ley SBAP entrega la gestión del medio marino al SNAP que ahora fusiona las áreas terrestres con las marinas. Fuera de dicho instrumento consagra y reconoce "iniciativas privadas de conservación marina" que se desarrollen en ecosistemas marinos, costeros e islas oceánicas que sean objeto de concesión o destinación por parte del Ministerio de Defensa Nacional y que en sus respectivos instrumentos de manejo se establezca la conservación de la biodiversidad como objetivo, a las que el SBAP debe prestar apoyo técnico (art. 34).

4. *Consideración de ecosistemas en el SEIA*

Hemos dicho que la Ley de Medio Ambiente se ocupó sólo de fijar el marco para la regulación de AP y especies, abstrayéndose de los ecosistemas fuera de AP. Sin embargo, el Reglamento del SEIA considera y atribuye algunos efectos jurídicos a la intervención de ecosistemas propiamente dichos que no forman parte de AP.

a) Efecto adverso sobre RR.NN. como presupuesto para el ingreso vía EIA (art. 6).

El Reglamento establece que "se entenderá que el proyecto o actividad genera un efecto adverso significativo sobre la cantidad y calidad de los recursos naturales renovables, incluidos el suelo, agua y aire si, como consecuencia de la extracción de estos recursos; el emplazamiento de sus partes, obras o acciones; o sus emisiones,

---

[684] Art. 118 del DS 40/12 Reglamento del SEIA en relación al artículo 7 del Decreto Supremo N° 314, de 2004, del Ministerio de Economía, Fomento y Reconstrucción, Reglamento de Actividades de Acuicultura en Áreas de Manejo y Explotación de Recursos Bentónicos.

efluentes o residuos, se afecta la permanencia del recurso, asociada a su disponibilidad, utilización y aprovechamiento racional futuro; se altera la capacidad de regeneración o renovación del recurso; o bien, se alteran las condiciones que hacen posible la presencia y desarrollo de las especies y "ecosistemas". Deberá ponerse especial énfasis en aquellos recursos propios del país que sean escasos, únicos o representativos".

b) Criterios para evaluar la concurrencia del efecto adverso sobre RR.NN (art. 6 letra a)).

- La pérdida de suelo o de su capacidad para sustentar biodiversidad por degradación, erosión, impermeabilización, compactación o presencia de contaminantes.

- La superficie con plantas, algas, hongos, animales silvestres y biota intervenida, explotada, alterada o manejada y el impacto generado en dicha superficie. Para la evaluación del impacto se deberá considerar la diversidad biológica, así como la presencia y abundancia de especies silvestres en estado de conservación o la existencia de un plan de recuperación, conservación y gestión de dichas especies, de conformidad a lo señalado en el artículo 37 de la Ley[685].

- Los impactos que pueda generar la introducción de especies exóticas al territorio nacional o en áreas, zonas o ecosistemas determinados.

c) Criterio para evaluar la localización y valor ambiental del territorio (art. 8).

---

[685] A estos criterios se agregan los siguientes relativos a RR.NN.:
- La magnitud y duración del impacto del proyecto o actividad sobre el suelo, agua o aire en relación con la condición de línea de base.
- La superación de los valores de las concentraciones establecidos en las normas secundarias de calidad ambiental vigentes o el aumento o disminución significativos, según corresponda, de la concentración por sobre los límites establecidos en éstas.
- El impacto generado por el volumen o caudal de recursos hídricos a intervenir o explotar, así como el generado por el transvase de una cuenca o subcuenca hidrográfica a otra, incluyendo el generado por ascenso o descenso de los niveles de aguas subterráneas y superficiales.

Sabemos que la Ley ambiental y el Reglamento establecen como supuesto para ingresar al SEIA vía EIA si el proyecto o actividad se localiza en o próxima a poblaciones, recursos y áreas protegidas, sitios prioritarios para la conservación, humedales protegidos y glaciares y áreas con valor para la observación astronómica con fines de investigación científica, susceptibles de ser afectados, así como el valor ambiental del territorio en que se pretende emplazar.

Respecto a las áreas y sitios que la norma señala corresponden a las AP u otras áreas colocadas bajo protección oficial que han sido materia de análisis en capítulos anteriores.

Respecto de los humedales estos corresponde a "ecosistemas acuáticos" protegidos por la Convención RAMSAR como tipo especial de AP a que ya nos hemos referido. Sin embargo, el Reglamento aquí restringe su ámbito, excluyendo aquellos humedales protegidos por la legislación forestal que han sido declarados sitios prioritarios de conservación (DS 82) y por la legislación de aguas que ampara aquellos humedales antoandinos como salares, vegas, pajonales y bofedales con prohibición o restricción de explotación hídrica (art. 63 del C° de Aguas)[686].

La disposición agrega y considera luego que para definir un "territorio con valor ambiental" concurran 2 requisitos copulativos:

– Corresponda a un territorio con nula o baja intervención antrópica.

– Provea de servicios ecosistémicos locales relevantes para la población, o cuyos ecosistemas o formaciones naturales presentan características de unicidad, escasez o representatividad.

d) Requisitos de contenido de los EIA respecto del área de influencia en cuanto al medio físico (art. 18).

– Ecosistemas terrestres, que incluirán, tanto una descripción y análisis del suelo, plantas, algas, hongos y animales silvestres, como de otros elementos bióticos.

---

[686] Vid. *Supra* Cap.III, punto IV.8.

- Ecosistemas acuáticos continentales, que incluirán la calidad de las aguas y sedimentos, y la biota que pertenece a dicho ecosistema.

- Ecosistemas marinos que incluirán la calidad de aguas, sedimentos marinos y la biota que pertenece a dicho ecosistema.

e) Permisos Ambientales Sectoriales.

- Permiso para corta de bosque nativo[687].

Establece que el permiso para corta de bosque nativo, cuya corta o explotación sea necesaria para la ejecución de cualquier proyecto o actividad de las señaladas en el artículo 3 del Reglamento del SEIA, con excepción de los proyectos a que se refiere el literal m.1[688], será el establecido en el artículo 5° de la Ley N° 20.283 sobre recuperación del bosque nativo y fomento forestal.

---

[687] Art. 148 DS 40/12 Reglamento del SEIA.

[688] Proyectos de desarrollo o explotación forestal que abarquen una superficie única o continua de corta de cosecha final o corta de regeneración por tala rasa de más de veinte hectáreas anuales (20 ha/año), tratándose de las Regiones de Arica y Parinacota a la Región de Coquimbo, de doscientas hectáreas anuales (200 ha/año), tratándose de las Regiones de Valparaíso y la Región Metropolitana de Santiago, de quinientas hectáreas anuales (500 ha/año), tratándose de las Regiones del Libertador General Bernardo O'Higgins a la Región de Aysén, o de mil hectáreas anuales (1.000 ha/año), tratándose de la Región de Magallanes y Antártica Chilena, y que se ejecuten en:
m.1.1. Suelos frágiles, entendiéndose por tales aquellos susceptibles de sufrir erosión severa debido a factores limitantes intrínsecos, tales como pendiente, textura, estructura, profundidad, drenaje, pedregosidad u otros, según las variables y los criterios de decisión señalados en el artículo 22 del Decreto Supremo N° 193, de 1998, del Ministerio de Agricultura; o
m.1.2. Terrenos cubiertos de bosque nativo, entendiéndose por tales aquellos terrenos con presencia de bosque nativo, definidos de acuerdo a la Ley N° 20.283, sobre Recuperación del Bosque Nativo y Fomento Forestal.
Se entenderá por superficie única o continua la cantidad total de hectáreas de bosques continuos en que se ejecute el proyecto de desarrollo o explotación forestal.

El requisito para su otorgamiento consiste en reforestar o regenerar una superficie de terreno igual, a lo menos, a la cortada o explotada, con especies del mismo tipo forestal.

- Permiso para la corta de plantaciones en terrenos de aptitud preferentemente forestal[689].

Este permiso puede aplicar a especies nativas o exóticas en tanto sean plantadas y establece que el permiso para la corta de plantaciones en terrenos de aptitud preferentemente forestal, cuya corta o explotación sea necesaria para la ejecución de cualquier proyecto o actividad de las señaladas en el artículo 3 del Reglamento del SEIA, con excepción de los proyectos a que se refiere el literal m.1[690], será el establecido en el artículo 21 del Decreto Ley N° 701, de 1974, del Ministerio de Agricultura, que fija régimen legal de los terrenos forestales o preferentemente aptos para la forestación, y establece normas de fomento sobre la materia[691].

El requisito para su otorgamiento consiste en reforestar una superficie de terreno igual, a lo menos, a la cortada o explotada.

- Permiso para la corta, destrucción o descepado de formaciones xerofíticas.

El permiso se refiere a la corta, destrucción o descepado de formaciones xerofíticas que corresponde a aquella formación vegetal, constituida por especies autóctonas, preferentemente arbustivas o suculentas, de áreas de condiciones áridas o semiáridas ubicadas entre las regiones I y VI, incluidas la Metropolitana y la XV y en las depresiones interiores de las regiones VII y VIII, que sea necesaria para la ejecución de cualquier proyecto o actividad de las señaladas en el artículo 3 del presente Reglamento, con excepción de los proyectos a que se refiere el literal m.1., será el establecido en el artículo 60 de la Ley N° 20.283, sobre recuperación del bosque nativo y fomento

---

[689] Art. 149 DS 40/12 Reglamento del SEIA.
[690] Ibídem.
[691] Cuyo texto fue reemplazado por Decreto Ley N° 2.565, de 1979, del Ministerio de Agricultura, que sustituye el Decreto ley N° 701, de 1974, que somete terrenos forestales a las disposiciones que señala.

forestal y en el artículo 3° del Decreto Supremo N° 93, de 2008, del Ministerio de Agricultura, Reglamento general de dicha Ley.

El requisito para su otorgamiento consiste en asegurar la diversidad biológica.

- Permiso para el manejo de bosque nativo de preservación que corresponda a ambientes únicos o representativos de la diversidad biológica natural del país.

El permiso para el manejo de bosque nativo de preservación[692] que corresponda a ambientes únicos o representativos de la diversidad biológica natural del país, cuyo manejo sólo puede hacerse con el objetivo del resguardo de dicha diversidad, será el establecido en el artículo 2° número 4° de la Ley N° 20.283, sobre recuperación del bosque nativo y fomento forestal y el artículo 4° del Decreto Supremo N° 93, de 2008, del Ministerio de Agricultura, Reglamento general de dicha Ley.

Los requisitos para su otorgamiento consisten en que su objetivo sea el resguardo de la diversidad biológica, asegurando la mantención de las condiciones que hacen posible la evolución y desarrollo de las especies y ecosistemas contenidos en el área objeto de su acción, resguardando la calidad de las aguas y evitando el deterioro de los suelos.

---

[692] De acuerdo al art. 2 N° 4 de la Ley 20.283 es aquél, cualquiera sea su superficie, que presente o constituya actualmente hábitat de especies vegetales protegidas legalmente o aquéllas clasificadas en las categorías de "extinta, extinta en estado silvestre, en peligro crítico, en peligro, vulnerable, casi amenazada, preocupación menor y datos insuficientes"; o que corresponda a ambientes únicos o representativos de la diversidad biológica natural del país, cuyo manejo sólo puede hacerse con el objetivo del resguardo de dicha diversidad.

Se considerarán, en todo caso, incluidos en esta definición, los bosques comprendidos en las categorías de manejo con fines de preservación que integran el Sistema Nacional de Áreas Silvestres Protegidas del Estado o aquel régimen legal de preservación, de adscripción voluntaria, que se establezca.

5. Instrumentos especiales para la conservación de ecosistemas

La ley SBAP estableció por primera vez instrumentos para la conservación de ecosistemas, más allá de la tradicional herramienta de designación de áreas protegidas.

5.1. Planes de Restauración Ecológica

La ley SBAP a efectos de cumplir con uno de los objetivos de conservación de la biodiversidad consistente en su reparación o restauración establece la figura de la "Área Degradada" aplicable al "ecosistema o parte de él cuyos elementos físicos, químicos o biológicos han sido alterados de manera significativa con pérdida de biodiversidad, o presenta alteración de su funcionamiento, estructura o composición, causados por actividades o perturbaciones antropogénicas que son frecuentes o severas".

Estas áreas pueden ser declaradas por el SBAP independientemente de la condición y clasificación de amenaza que presenten los ecosistemas pudiendo afectar a "áreas determinadas" y con el fin de recuperar su estructura, composición y funciones ambientales (art. 32).

Las áreas degradadas serán objeto de "Planes de Restauración Ecológica", elaborados por el SBAP. Estos planes se definen por la ley como aquel "destinado a reponer o reparar un área degradada a una calidad similar a la que tenía con anterioridad a su pérdida, disminución o menoscabo" (art. 3 N° 24). Se asimila así al concepto ambiental de "reparación", definido en la ley de medio ambiente como la acción de reponer el medio ambiente o uno o más de sus componentes a una calidad similar a la que tenían con anterioridad al daño causado o, en caso de no ser ello posible, restablecer sus propiedades básicas" (art. 2 letra s)).

Estos planes deberán contener:

– Las medidas o acciones, activas o pasivas, que se llevarán a cabo para restaurar los ecosistemas degradados;

– Las metas y objetivos de restauración;

- La ubicación de los ecosistemas que serán objeto de la restauración;

- Sus componentes degradados;

- Las amenazas causantes de la degradación;

- Las exigencias para eliminarlas o limitarlas;

- El plazo estimado para su implementación;

- El diseño del monitoreo y medidas de seguimiento, incluyendo indicadores de efectividad de las medidas o acciones,

- La estimación de los costos asociados.

Su ejecución y fiscalización es de responsabilidad del SBAP, en coordinación con CONAF o SERNAPESCA, si se trata de recursos naturales renovables regulados por las leyes de Bosque Nativo o la ley de Pesca, respectivamente. Sin embargo, para poder adoptar estos planes se requiere del consentimiento del propietario si recaen sobre predios de propiedad privada, por lo que en definitiva sólo es posible imponer o ejecutar sus medidas si el propietario consiente en ello. Entendemos que ello aplicaría también cuando el área degradada comprende en todo o parte inmuebles privados o afecta en todo o parte a un predio privado. Este instrumento puede constituir una interesante fórmula de gestión público-privada para la conservación que conjuga beneficios públicos como privados. En tal sentido debiera dar origen a contratos para la conservación entre la autoridad y el privado en los que se expresen las condiciones en que se otorga el consentimiento y los derechos y obligaciones recíprocos a que dé lugar el Plan de restauración ecológica.

Estos planes de manejo incorporan el concepto de "manejo adaptativo", propio de la gestión moderna de la conservación, que importa una gestión resiliente y flexible al cambio que "supone adaptar las prácticas de manejo en función de un proceso constante de aprendizaje y análisis de los impactos sobre el medio ambiente natural y las especies generados por diversos cambios en las condiciones ambientales, usos de la tierra y recursos circundantes y sistemas socioeconómicos más amplios, y de cómo dichos ambientes y especies responden a esos cambios".[693]

5.2. Planes de Manejo para la Conservación de Ecosistemas Amenazados

Los ecosistemas con que cuenta el país serán objeto de clasificación según su estado de conservación, de acuerdo a las pautas científico-técnicas que dicten organismos de referencia como UICN, siguiendo con ello el modelo ya existente para las especies nativas. En el marco de dicha clasificación se determinarán una o más categorías de amenazada de ecosistemas.

Sin perjuicio de ello, la condición de "ecosistema amenazado" fue definida por la ley como aquel "ecosistema que presenta riesgos que pueden producir disminución en su extensión o cambios en su composición, estructura o función".

Para estos ecosistemas el SBAP elaborará planes de manejo para su conservación o para parte de ellos "destinado a preservar, evitar la degradación, restaurar o favorecer el uso sustentable de un ecosistema amenazado" (art. 3 N° 22), de modo tal que se trata de un instrumento de alcance amplio tanto para la gestión preventiva como restaurativa de los recursos o ecosistemas involucrados.

Estos planes deben contemplar:

– Requisitos para la elaboración de planes de manejo de recursos naturales. Habría que entender aquí que estos planes pueden contender a su vez planes específicos para determinados RR.NN.;

– Requisitos para el otorgamiento de permisos sectoriales;

– Condiciones o exigencias al uso del suelo.

---

[693]   LAUSCHE, Bárbara. (2011). *Guidelines for Protected Areas Legislation*. IUCN, Gland, Switzerland. xxvi + 370 pp., pág. 37.

- Condiciones o exigencias a la aplicación de sustancias químicas,

- Condiciones o exigencias a la alteración de sistemas fluviales, lagos y humedales y al uso de aguas subterráneas.

- Condiciones o exigencias a la explotación de especies;

- Acciones de restauración;

- Implementación de otros instrumentos de conservación de la biodiversidad, a fin de asegurar la conservación del ecosistema amenazado.

La aplicación de estos planes podrá afectar proyectos o actividades que cuenten con RCA, en cuyo caso deberán someterse al procedimiento de revisión ambiental contemplado en el artículo 25 quinquies de la ley N° 19.300, si resultara aplicable.

La ley SBAP estableció que estos planes serán de "cumplimiento obligatorio para los servicios públicos competentes" lo que resulta evidente, máxime si además ella debe fiscalizar su cumplimiento, y a diferencia de los planes de restauración ecológica no exigió el consentimiento del dueño si el Plan recae o afecta en todo o parte a predios privados. La deficiente técnica legislativa, en este aspecto, nos lleva a plantear cuales son los reales alcances jurídicos que tendrán estos Planes que, por un lado, son un imperativo para el SBAP a partir de la clasificación de ecosistemas que también deberá efectuar considerando aquellos bajo amenaza y por tanto sujetos a estos planes. En tanto que, por otra parte, habrá que determinar cómo estos planes afectan a particulares teniendo en cuenta que ellos pueden considerar limitaciones o restricciones del dominio o cargas sobre particulares. Tal vez una fórmula de salida para aquello sea recurrir al reglamento que habrá que dictarse, introduciendo en él los arreglos convencionales o las garantías por medio de los cuales se considere la voluntad o el interés de los particulares que puedan verse afectados con el Plan; sin embargo, sabemos que la reglamentación de ejecución no puede invadir o ir más allá de la esfera reservada a la ley.

5.3. Corredores Biológicos

La ley SBAP incorporó el instrumento "Corredor Biológico" definiéndolo como un espacio que conecta paisajes, ecosistemas y hábitats, facilitando el desplazamiento de las poblaciones y el flujo genético de las mismas, que permite asegurar el mantenimiento de la biodiversidad y procesos ecológicos y evolutivos y evitar la fragmentación de hábitats.

El objeto de este instrumento es "integrar y conectar los procesos ecológicos que se producen en el país" (art. 54 letra f)).

En ellos se prohíbe la caza o la captura de especies, en conformidad a la ley de Caza.

En tanto, la Ley de Bosque Nativo —que le otorgó reconocimiento previo— los considera a efectos de la obligación de los planes de manejo forestal de respetarlos.

Sin embargo, la ley no estableció los mecanismos y formalidades a través de los cuales se determina o define este instrumento, lo que debiera efectuarse a través de un reglamento, particularmente considerando que la ley SBAP modificó y eliminó la potestad que tenía el MINAGRI para definirlos oficialmente desplazándola a los que "se hubiere definido" en conformidad a la Ley SBAP (art. 150 N° 3)).

5.4. Zonas de Amortiguación

Las "Zona de amortiguación" son creados y definidos por la ley SBAP como el espacio ubicado en torno a un área protegida, debidamente delimitada de acuerdo a criterios científico-técnicos, cuyo uso podría ser parcialmente restringido en virtud de lo que establezcan los instrumentos de ordenamiento territorial pertinentes, destinado a absorber potenciales impactos negativos y fomentar efectos positivos de actividades para la conservación de tal área (art. 3 N° 33).

Ellas tienen por objeto al igual que los corredores biológicos "integrar y conectar los procesos ecológicos que se producen en el país" y en ellas se debe "promover" actividades sustentables. Forman parte, asimismo, del contenido de los PM de AP.

La ley tampoco estableció los mecanismos y formalidades a través de los cuales se determina o define este instrumento, lo que debiera efectuarse a través de un reglamento o bien definirse en los respectivos PM de AP. A través de ellos se debieran definir los criterios científico-técnicos que justifican la creación de estas zonas, las que deben ser consideradas en los PM de AP cuando corresponda, es decir, cuando desde el punto de vista científico-técnicos se requiera integrar y conectar procesos ecológicos.

En tanto serán los IOT, los que deberán incorporar los usos permitidos, restringidos o prohibidos en ellas[694].

VI. RÉGIMEN JURÍDICO DE LAS ESPECIES NATIVAS

1. *Legislación General*

En Chile el legislador no se ha hecho cargo mayormente de componentes específicos del ambiente o de la biodiversidad, como podría ser la flora o la fauna silvestre[695].

El Código Civil chileno —vigente desde 1855— es sin duda una de las fuentes primarias de regulación de las actividades humanas en su relación con especies animales y vegetales. En efecto, en él se establecieron las primeras disposiciones sobre caza, pesca y status de los animales "bravíos o salvajes".

Establece que la caza y la pesca son especies de ocupación, esto es un modo de adquirir el dominio de las cosas[696].

Adelantándose a los tiempos incluso definió a los "animales bravíos o salvajes" como "los que viven naturalmente libres e indepen-

---

[694] Planes regionales de ordenamiento territorial, planes reguladores intercomunales, planes reguladores comunales y planes seccionales, planes regionales de desarrollo urbano y zonificaciones del borde costero, del territorio marítimo y el manejo integrado de cuencas.
[695] Para un análisis de las diversas posturas doctrinarias en torno a si la fauna integra el medio ambiente Vid. HAVA GARCÍA, E. Protección Jurídica de la Fauna y Flora en España. Editorial Trotta, Madrid, España, 2000.
[696] Art. 607

dientes del hombre, como las fieras y los peces; domésticos los que pertenecen a especies que viven ordinariamente bajo la dependencia del hombre, como las gallinas, las ovejas; y domesticados los que sin embargo de ser bravíos por su naturaleza se han acostumbrado a la domesticidad y reconocen en cierto modo el imperio del hombre.

Estos últimos, mientras conservan la costumbre de volver al amparo o dependencia del hombre, siguen la regla de los animales domésticos, y perdiendo esta costumbre vuelven a la clase de los animales bravíos"[697].

Especial relevancia reviste el art. 609 del Código Civil modificado por la nueva Ley de Caza[698] y que ahora señala que "el ejercicio de la caza estará sujeta al cumplimiento de la legislación especial que la regule. No se podrá cazar sino en tierras propias o en las ajenas con permiso del dueño".

Sobre la caza agrega que si alguno cazare en tierras ajenas sin permiso del dueño, cuando por ley estaba obligado a obtenerlo, lo que cace será para el dueño, a quien además indemnizará de todo perjuicio[699].

La legislación civil, sin duda, no efectúa ningún tipo de tratamiento jurídico-ambiental de la fauna silvestre, limitándose a establecer la naturaleza jurídica propietaria clásica del hombre sobre los animales y resolver algunos problemas jurídicos de orden civil que puedan emanar de su relación con el ser humano como el caso del ejercicio de la caza de animales en lugares propios o ajenos. En este sentido, la ley civil sienta las bases y criterios básicos en que se sostiene toda la legislación de caza que con su especificidad propia mantiene la concepción civilista de la primera, esto es, concebir a la fauna silvestre como bienes muebles apropiables y aprovechables por el ser humano, sin mayores consideraciones ambientales.

---

[697] Art. 608.
[698] Reformado por Ley 19.473 de 27 de septiembre de 1996 que instituyó un nuevo régimen jurídico sobre Caza reformando íntegramente la Ley 4.601 sobre la materia de 1929.
[699] Art. 610.

2. Instrumentos de Gestión Ambiental

La ley 19.300, como ley marco del medio ambiente en Chile, contiene algunas expresiones de conservación de la flora y fauna silvestre, aunque sin regularla de modo particular. Así, por ejemplo, es aplicable el Párrafo 4º denominado "De las Normas de Calidad Ambiental y de la Preservación de la Naturaleza y Conservación del Patrimonio Ambiental" en el que someramente establece las bases de un régimen de protección para la flora y fauna silvestre nacional.

2.1. Planes de Recuperación, Conservación y Gestión de Especies

Señalaba el art. 37 de la ley 19.300, hasta la reforma de 2010, que "El reglamento fijará el procedimiento para clasificar las especies de flora y fauna silvestres, sobre la base de antecedentes científico-técnicos, y según su estado de conservación, en las siguientes categorías: extinguidas, en peligro de extinción, vulnerables, raras, insuficientemente conocidas y fuera de peligro"[700].

Este Reglamento adoptó la referida clasificación, que fue modificada luego por la enmienda de la Ley 20.417 al referido artículo, en 2010, que estableció que "el reglamento fijará el procedimiento para clasificar las especies de plantas, algas, hongos y animales silvestres, sobre la base de antecedentes científico-técnicos, y según su estado de conservación, en las categorías recomendadas para tales efectos por la Unión Mundial para la Conservación de la Naturaleza (UICN) u otro organismo internacional que dicte pautas en estas materias" (art. 37).

En su versión actual la disposición en comento dispone que es el Ministerio del Medio Ambiente el que clasificará las especies de flora y fauna (plantas, algas, hongos y animales nativos), según su estado de conservación, en las categorías técnicas referidas. El actual

---

[700] Reglamento sobre clasificación de especies silvestres contenido en Decreto Supremo Nº 75 del Ministerio Secretaría General de la Presidencia de 3 de junio de 2004 publicado en el Diario Oficial el 11 de mayo de 2005 que fuera reemplazado abril de 2011 por el Decreto Supremo Nº 29 del Ministerio del Medio Ambiente.

Reglamento para la Clasificación de Especies Silvestres, siguiendo las pautas de UICN distingue ahora entre especies "Extinta"; "Extinta en el Estado Silvestre"; "En Peligro Crítico"; "En Peligro"; "Vulnerable"; "Casi Amenazada"; "Preocupación Menor"; "Datos insuficientes".

Será el SBAP el servicio que formulará una propuesta de clasificación de especies al Ministerio del Medio Ambiente. A partir de dicha clasificación el SBAP deberá adoptar y aprobar "Planes de recuperación, conservación y gestión de especies" (planes de manejo RECOGE) que es aquel instrumento destinado a mejorar el estado de conservación de una o más especies clasificadas de conformidad a lo establecido en el artículo 37 de la ley N° 19.300 (art. 3 N° 23), así como encargarse de velar y fiscalizar su cumplimiento. Estos planes se encuentran reglamentados en el DS N° 1 de 2014 del MMA, que regula el procedimiento de su elaboración, el sistema de información pública y su contenido[701].

La ley SBAP establece que el plan RECOGE considerará, entre otros, a lo menos los siguientes contenidos (art. 43):

1) El diagnóstico del estado de la especie.

2) La determinación de su hábitat.

3) La determinación de las amenazas reales o probables de que es objeto.

4) Las acciones de recuperación, conservación o gestión.

5) Un plan de metas medibles.

La ley de medio ambiente entrega al MMA la obligación de velar porque "las autoridades competentes" —entiéndase SBAP, SAG, CONAF y SERNAPESCA, según corresponda— elaboren y mantengan actualizados inventarios de especies y fiscalicen las normas que imponen restricciones a su corta, captura, caza, comercio y transporte (art. 38)[702]. Con todo, la ley SBAP radica en el SBAP la responsabilidad de elaborar y administrar estos inventarios como parte del

---

[701] Promulgado el 06/01/14 y publicado en el DO el 22/09/14.
[702] Cfr. Reglamento de la Ley de Caza contenido en Decreto Supremo N° 5/98 de Agricultura.

Sistema de Información de la Biodiversidad (art. 24). Le corresponde, asimismo, la potestad de monitorear las especies a través de programas diseñados al efecto (art. 25).

2.2. Permisos Ambientales Sectoriales sobre Fauna Silvestre

Las intervenciones sobre la fauna silvestre en el SEIA normalmente se producen por efecto del impacto que causan las actividades u obras objeto de la evaluación sobre nichos ecológicos o rutas migratorias, hábitats o de desplazamiento de las especies, las que requieren ser capturadas, cazadas, recolectadas o desplazadas. Para ello se requiere de PAS para los siguientes casos:

- Permisos relativos a la reproducción de especies hidrobiológicas: en este ítem se integran las diversas expresiones de acuicultura que requieren de PAS regulados ambientalmente y que corresponden al permiso propiamente tal para ejercer acuicultura (PAS 116)[703]; para realizar repoblación y siembra de especies hidrobiológicas con fines de pesca recreativa (PAS 117)[704]; para realizar acuicultura en AMERBS (PAS 118)[705].

- Permisos para realizar pesca de investigación[706]. El requisito para su otorgamiento consiste en preservar los recursos hidrobiológicos.

- Permiso para la introducción en el medio natural de especies de fauna silvestre, sea ésta del país o aclimatada, semen, embriones, huevos para incubar y larvas en regiones o áreas del territorio nacional donde no tengan presencia y puedan perturbar el equilibrio ecológico y la conservación del patrimonio ambiental[707].

---

[703] Art. 87 de la Ley de Pesca.
[704] Art. 11 de la Ley N° 20.256, que establece normas sobre pesca recreativa.
[705] Art. 7 del DS 314 Reglamento de Actividades de Acuicultura en AMERBS.
[706] Art. 119 del DS 40/12 Reglamento del SEIA.
[707] Art. 123 del DS 40/12 Reglamento del SEIA en relación con el inciso 2° del artículo 25, del artículo 1° de la Ley N° 19.473, que sustituye el texto de la Ley N° 4.601, sobre Caza, y artículo 609 del Código Civil

El requisito para su otorgamiento consiste en que la introducción no perturbe el equilibrio ecológico y la conservación del patrimonio ambiental. En el caso de monumentos naturales, la intervención debe justificarse sólo en fines científicos o inspecciones gubernativas.

- Permiso para la caza o captura de ejemplares de animales de especies protegidas para controlar la acción de animales que causen graves perjuicios al ecosistema[708].

El requisito para su otorgamiento consiste en que el proyecto de caza o captura sea adecuado para la especie y necesario para el fin indicado.

- Permiso para la caza o captura de ejemplares de animales de especies protegidas para fines de investigación, para el establecimiento de centros de reproducción o criaderos y para la utilización sustentable del recurso[709].

El requisito para su otorgamiento consiste en que el proyecto de caza o captura sea adecuado para la especie y necesario para los fines indicados. Este permiso no podría ser otorgado si la especie protegida es monumento natural.

- Permiso para la recolección de huevos y crías con fines científicos o de reproducción[710].

Los requisitos para su otorgamiento consisten en acreditar que la recolección es con fines científicos o de reproducción y que sea adecuada para la especie.

---

[708] Art. 124 del DS 40/12 Reglamento del SEIA en relación con el inciso 1º del artículo 9º, del artículo 1º de la Ley Nº 19.473, que sustituye el texto de la Ley Nº 4.601, sobre Caza, y artículo 609 del Código Civil.

[709] Art. 146 del DS 40/12 Reglamento del SEIA en relación al inciso 1º del artículo 9º de la Ley Nº 4.601, sobre Caza, modificada por la Ley Nº 19.473, que sustituye el texto de la Ley Nº 4.601, sobre Caza, y artículo 609 del Código Civil.

[710] Art. 147 del DS 40/12 Reglamento del SEIA en relación al artículo 5º del artículo Primero de la Ley Nº 19.473, que sustituye el texto de la Ley Nº 4.601, sobre Caza, y artículo 609 del Código Civil.

2.3. Permisos Ambientales Sectoriales sobre Flora Silvestre

La Ley Ambiental contempla a su vez como PAS los siguientes en relación a intervenciones sobre flora silvestre o nativa:

- Permiso para la corta y destrucción del Alerce[711].

  Este permiso pugna con la condición de inviolabilidad de la especie por su carácter de Monumento Natural refrendado por la ley SBAP[712].

- Permiso para la corta o explotación de Araucarias vivas[713].

  Este permiso pugna con la condición de inviolabilidad de la especie por su carácter de Monumento Natural refrendado igualmente por la ley SBAP[714].

- Permiso para la corta o explotación de Queule —Gomortega keule (Mol.) Baillon—, Pitao-Pitavia punctata (Mol.)—, Belloto del Sur —Beilschmiedia berteroana (Gay) Kostern—,

---

[711] El permiso para la corta y destrucción del Alerce, será el establecido en el artículo segundo del Decreto Supremo N° 490, de 1976, del Ministerio de Agricultura, que declara monumento natural a la especie forestal Alerce.

[712] El Reglamento establece que los requisitos para su otorgamiento consisten en que se trate de actividades que tengan por objeto llevar a cabo investigaciones científicas debidamente autorizadas; habilitación de terrenos para la construcción de obras públicas; de defensa nacional; o la consecución de planes de manejo forestal por parte de órganos de la Administración del Estado forestales; o de aquellos en los cuales éste tenga interés directo o indirectamente; y que no se afecte la continuidad de la especie.

[713] El permiso para la corta o explotación de araucarias vivas, se encuentra establecido en el artículo 2° del Decreto Supremo N° 43, de 1990, del Ministerio de Agricultura, que declara monumento natural a la Araucaria araucana.

[714] El Reglamento establece que los requisitos para su otorgamiento consisten en que la actividad tenga por objeto llevar a cabo investigaciones científicas debidamente autorizadas; la habilitación de terrenos para la construcción de obras públicas; obras de defensa nacional o cuando sean consecuencia de planes de manejo forestal por parte de órganos de la administración del Estado oficiales y cuyo exclusivo objeto sea el de conservar y mejorar la especie; todos los anteriores siempre y cuando no se afecte la continuidad de la especie.

Ruil —Nothofagus alessandrii Espinoza—, Belloto del Norte —Beilschmiedia miersii (Gay) Kostern[715].

Este permiso pugna con la condición de inviolabilidad de la especie por su carácter de Monumento Natural refrendado igualmente por la ley SBAP[716].

• Permiso para la intervención de especies vegetales nativas amenazadas, que formen parte de un bosque nativo, o alteración de su hábitat.

El permiso para la intervención de especies vegetales nativas clasificadas en alguno de los estados de conservación establecidos reglamentariamente[717], que formen parte de un bosque nativo, o la alteración de su hábitat, será el establecido en el artículo 19 de la Ley N° 20.283, sobre recuperación del bosque nativo y fomento forestal[718].

---

[715] El permiso para su corta o explotación será el establecido en el artículo 2 del Decreto Supremo N° 13, de 1995, del Ministerio de Agricultura, que declara monumento natural a las especies forestales Queule, Pitao, Belloto del Sur, Belloto del Norte y Ruil.

[716] Los requisitos para su otorgamiento consisten en que la actividad consista en desarrollar investigaciones científicas debidamente autorizadas; habilitar terrenos para la construcción de obras públicas o de defensa nacional; desarrollar planes de manejo forestal por parte de órganos de la Administración del Estado oficiales cuyo exclusivo objeto sea el de conservar y mejorar el estado de conservación de las especies protegidas; todos los anteriores siempre y cuando no se afecte la continuidad de la especie.

[717] Artículo 37 de la Ley N° 19.300.

[718] La norma citada establece: "Excepcionalmente, podrá intervenirse o alterarse el hábitat de los individuos de dichas especies, previa autorización de la Corporación, la que se otorgará por resolución fundada, siempre que tales intervenciones no amenacen la continuidad de la especie a nivel de la cuenca o, excepcionalmente, fuera de ella, que sean imprescindibles y que tengan por objeto la realización de investigaciones científicas, fines sanitarios o estén destinadas a la ejecución de obras o al desarrollo de las actividades señaladas en el inciso cuarto del artículo 7°, siempre que tales obras o actividades sean de interés nacional.

Para autorizar las intervenciones a que se refiere el inciso anterior, la Corporación deberá requerir informes de expertos respecto de si la intervención afecta a la continuidad de la especie y sobre las medidas a adoptar para asegurar la continuidad de las mismas.

Los requisitos para su otorgamiento consisten en que la intervención o alteración no amenace la continuidad de la especie a nivel de la cuenca o, excepcionalmente, fuera de ella, y que la intervención o alteración sea imprescindible.

Este permiso se encuentra legalmente acotado a la intervención del hábitat de las especies amenazadas y no a las especies nativas mismas cuya intervención está prohibida por la ley, excepto aquellas plantadas[719], de tal modo que la extensión que el Reglamento del SEIA hace a las especies referidas sobrepasa los márgenes autorizados por la ley debiendo considerarse que dicha disposición reglamentaria es nula e ineficaz.

Adicionalmente, si estas especies han sido declaradas Monumento Natural, se tendrá que respetar su condición de inviolabilidad, permitiéndose sólo las actividades excepcionalmente autorizadas para dicha condición.

- Permiso para la corta de árboles y/o arbustos aislados ubicados en áreas declaradas de protección.

El permiso para la corta de árboles y/o arbustos aislados ubicados en áreas declaradas de protección, será el establecido en el artículo 4° de la Ley N° 18.378.

Los requisitos para su otorgamiento consisten en no afectar el valor paisajístico del lugar, y asegurar la protección de las quebradas, cuando corresponda.

Para llevar adelante la intervención, el solicitante deberá elaborar un plan de manejo de preservación, que deberá considerar, entre otras, las medidas que señale la resolución fundada a que se refiere el inciso segundo precedente.

Para calificar el interés nacional, la Corporación podrá solicitar los informes que estime necesarios a otras entidades del Estado.

[719] La norma prescribe que "Esta prohibición no afectará a los individuos de dichas especies plantados por el hombre, a menos que tales plantaciones se hubieren efectuado en cumplimiento de medidas de compensación, reparación o mitigación dispuestas por una resolución de calificación ambiental u otra autoridad competente".

3. Regulación Sectorial[720]

3.1. Legislación Cinegética

La regulación relativa a la protección de las especies de fauna silvestre se encuentra fundamentalmente establecida a partir de la regulación de la actividad cinegética o relativa a la caza o captura de especies contenida básicamente en la ley 18.755 orgánica del SAG y en la Ley de Caza, o bien, en la legislación que regula su comercio contenido en la Convención CITES y la ley que la regula.

La primera de ellas incorpora las siguientes materias en orden a dar cumplimiento a los compromisos emanados de la CITES. Estas disposiciones establecen la competencia general del SAG[721] sobre la fauna silvestre terrestre nacional. El SAG, mantiene también competencia sectorial sobre la flora de carácter no forestal, además de atribuciones agrícolas, forestales y de protección y control sobre los recursos naturales renovables.

– Protección y conservación de los recursos naturales renovables que inciden en el ámbito de la producción agropecuaria del país (art. 2);

– Velar por el cumplimiento de las convenciones internacionales suscritas por Chile en materia de competencia del Servicio, y ejercerá la calidad de Autoridad Administrativa y Científica o de contraparte técnica de tales convenciones (art. 3, letra f, inciso 2);

– Aplicar y fiscalizar el cumplimiento de las normas legales y reglamentarias sobre caza, registros genealógicos y de producción pecuaria, apicultura, defensa del suelo y su uso agrícola, contaminación de los recursos agropecuarios, habilitación de terrenos y protección de la flora del ámbito agropecuario y de la *fauna terrestre bravía,* cuyo hábitat esté en los ríos y lagos (artículo 3 letra k))".

---

[720]   Sobre las fuentes normativas, comentarios y referencias consultar www.sag.gob.cl; www.mma.gob.cl.

[721]   Organismo del Estado con competencia sectorial en materia agrícola y pecuaria dependiente del Ministerio de Agricultura.

Esta ley en todo caso es ambigua en el establecimiento de las competencias del SAG sobre la fauna silvestre, tanto al utilizar términos anquilosados como "bravía" como al señalar que su competencia se reconduce a la fauna "cuyo hábitat sean los ríos y lagos".

El cuerpo legal que de modo general regula la actividad cinegética y que incide en la protección de la fauna silvestre, terrestre y acuática en Chile, es la Ley 19.473 de 1996 de Caza[722], que sustituye el texto de la Ley de Caza N° 4601 —manteniendo su número—, y modifica el artículo 609 del Código Civil. Este cuerpo normativo introduce en forma expresa la obligación y sanción por el incumplimiento de la Convención CITES[723].Dichas disposiciones se remiten a CITES y se sanciona administrativa como penalmente, la tenencia ilegal como la caza, captura, comercio y tenencia con fines comerciales o industriales de especies como partes, productos o subproductos de especies protegidas por CITES, siendo uno de los escasos ejemplos en Chile en que se da aplicación y ejecución, a través del desarrollo legislativo pertinente, a un tratado ambiental.

La Ley de Caza situada como muchas de las que hemos analizado, entre las leyes de la era pre biodiversidad —data de 1929—, básicamente regula las especies y lugares con prohibición de caza, entre las que destacan las especies en peligro de extinción, vulnerables, raras, y escasamente conocidas, así como la de las especies catalogadas como beneficiosas para la actividad silvoagropecuaria, para la mantención del equilibrio de los ecosistemas naturales o que presenten densidades poblacionales reducidas. Asimismo, regula las especies y lugares autorizados para la caza (coto), los sistemas de permisos asociados, de conservación *ex situ*, el régimen de internación y transporte de especies y un régimen de sanción. Como es posible apreciar su mirada sobre la fauna es en tanto objeto de caza aunque con atenuaciones de conservación en las reformas más recientes.

Dentro de los aspectos principales que incluyen estos cuerpos legales se encuentran, la determinación de períodos de veda temporal

---

[722] Ley 19.473 publicada en el D.O. el 26 de septiembre de 1996 que sustituye texto de la ley N° 4.601, sobre caza, de 1929 y el artículo 609 del Código Civil.

[723] Lo que se refleja en los artículos 22, 29, 30 y 31, principalmente.

e indefinida, fijación de números máximos de ejemplares permitidos de caza por excursión y por cazador, los métodos de caza permitidos, regulaciones sobre el comercio nacional e internacional la crianza en cautividad de las especies silvestres nativas.

Las regulaciones sobre caza tradicionalmente han incluido la determinación de períodos de veda temporal o indefinida, fijación de números máximos de ejemplares permitidos de caza por excursión y por cazador, los métodos de caza permitidos, regulaciones sobre el comercio nacional e internacional, la crianza en cautividad de las especies silvestres nativas, etc.

A lo largo de los años y fundamentalmente por la vía reglamentaria se regula la materia en forma dispersa en lo relativo a la caza y captura de especies protegidas, la confección de listados de diversas especies en veda indefinida como también reformas al Reglamento de la Ley de Caza primitiva, originándose en 1993 una modificación sustancial que moderniza toda la legislación vigente en la materia, haciéndola más eficiente y poderosa, en especial en cuanto a una ampliación del campo de protección de 52 especies de aves con veda indefinida pasando a proteger 317 especies y, especialmente normando por primera vez la captura y caza de reptiles y anfibios en Chile, decretando la prohibición de captura, comercialización y exportación de todas las especies chilenas.

El texto de la Ley de Caza Nº 19.473, que rige actualmente, entre otras innovaciones a la citada regulación primitiva, contempla la incorporación de todas las especies incluidas en el Convenio CITES. Además, permite el desarrollo por parte de particulares de Centros de Reproducción de especies nativas amenazadas y la utilización sustentable de especies nativas con control del SAG y establece un aumento de modo sustancial a las multas por infracciones de caza[724], incluyendo penas de carácter delictivo que llegan a los 3 años de presidio para infractores reincidentes o personas que comercien con especies amenazadas. Dichas infracciones se encuentran a cargo de las direcciones regionales del SAG, puestos al conocimiento de los juzgados en lo penal respectivos.

---

[724] Hasta 200 UTM.

Finalmente, el año 1998 se publica un nuevo Reglamento de la Ley N° 19.473, contenido en el DS N° 5, en donde se establecen una serie de regulaciones explícitas a la normativa vigente. A través de un decreto supremo se establece por primera vez el estado de conservación de las especies de vida silvestre de Chile. Hasta ese entonces sólo se había definido la clasificación de los estados de conservación en Libros Rojos de la CONAF (flora 1985 y fauna terrestre, 1987), documentos de gran valor pero que no poseían un carácter legal o normativo que posibilitara su exigencia obligatoria como instrumento de conservación.

Este cuerpo normativo parte delimitando su campo de aplicación relativo a la caza, captura, crianza, conservación y utilización sustentable de animales de la fauna silvestre, excluyendo de su accionar a las especies y recursos regidos por la ley N° 18.892, General de Pesca y Acuicultura.

Asimismo, la ley define en su art. 2, diversos conceptos como captura, caza, ecosistema, entre otros[725].

---

[725] Veda: prohibición indefinida o temporal de ejecutar acciones de caza o de captura, que se establece con la finalidad de propender a la preservación o conservación de los ejemplares de las especies de la fauna silvestre,
Especies protegidas: todas las especies de vertebrados e invertebrados de la fauna silvestre que sean objeto de medidas de preservación,
Especies en peligro de extinción: especies de la fauna silvestre expuestas a la amenaza de desaparecer, a corto o mediano plazo, del patrimonio fáunico nacional.
Especies vulnerables: especies de la fauna silvestre que por ser objeto de una caza o captura intensiva, por tener una existencia asociada a determinados hábitats naturales que están siendo objeto de un progresivo proceso de destrucción o alteración, o debido a la contaminación de su medio vital, o a otras causas, están experimentando un constante retroceso numérico que puede conducirlas al peligro de extinción.
Especies raras: especies de la fauna silvestre cuyas poblaciones, ya sea por tener una distribución geográfica muy restringida o por encontrarse en los últimos estadios de su proceso de extinción natural, son y han sido escasas desde tiempos inmemoriales.
Especies escasamente conocidas: especies de la fauna silvestre respecto de las cuales sólo se dispone de conocimientos científicos rudimentarios e incompletos para determinar su correcto estado de conservación.

La ley de caza crea los "Lugares de Prohibición de Caza", cuyo objetivo es prohibir la caza o captura de ejemplares de la fauna silvestre catalogados como especies en peligro de extinción, vulnerables, raras y escasamente conocidas, como también las especies catalogadas como beneficiosas para la actividad silvoagropecuaria, para la mantención del equilibrio de los ecosistemas naturales o que presenten densidades poblacionales reducidas.

Tal prohibición es facultad privativa del Presidente de la República, quien mediante decreto supremo expedido por intermedio del Ministerio de Agricultura, la establece en forma temporal en determinadas áreas del territorio nacional (en terrenos privados o públicos), cuando así lo exija el cumplimiento de convenios internacionales, se produzcan situaciones catastróficas que afecten la fauna silvestre u otras que generen daño ambiental. (arts.2-3)[726]

Es importante destacar la prohibición de caza o captura que la norma impone en su artículo 7 en AP que con las reformas de la ley SBAP se extiende a las siguientes lugares y categorías de protección:

- Sistema Nacional de Áreas Protegidas,

- Reservas de la Biósfera.

- Áreas prohibidas de caza.

- Zonas urbanas.

- Líneas de ferrocarriles.

- Aeropuertos.

- Caminos públicos.

- Lugares de interés científico y de aposentamiento de aves guaníferas o aves migratorias protegidas bajo el Convenio sobre la Conservación de Especies Migratorias de la Fauna Salvaje.

---

[726] A modo de ejemplo el Decreto Exento 693 de Agricultura establece área prohibida de caza "Santiago Andino", Región Metropolitana de 27 de diciembre de 2002, establece una zona de protección, por 30 años, para la caza y captura de animales anfibios, reptiles, aves y mamíferos silvestres en el área denominada "Santiago Andino", ubicada en las provincias Cordillera y Santiago de la Región Metropolitana.

- Sitios Prioritarios para la Conservación.
- Corredores Biológicos.

Sin embargo la propia ley contempla los casos excepcionales en que el SAG podrá autorizarlas respecto de determinados especímenes pero únicamente supeditado a fines científicos, o para los efectos del control de la acción de animales que causen graves perjuicios al ecosistema, del establecimiento de centros de reproducción o criaderos, o permitir una utilización sustentable del recurso. En el caso del SNAP el permiso corresponde al SBAP.

A su vez, hay que considerar adicionalmente la excepción establecida en la **Ley de Pesca Recreativa** que establece que en las áreas protegidas dicha actividad deberá ser compatible con la categoría del área, su objeto específico de protección y ajustarse al respectivo plan de manejo" (art. 38).

La ley de caza en el Título VI contempla las sanciones que acarrea el incumplimiento a las prescripciones imperativas, castigando a quienes "cazaren, capturaren o comerciaren especies de la fauna silvestre cuya caza o captura se encuentre prohibida" a la pena de prisión en su grado medio a máximo, con multa de tres a cincuenta unidades tributarias mensuales y al comiso de las armas o instrumentos de caza o captura (art. 30 letra a)).

Todo tenedor de animales, vivos o muertos, pertenecientes a especies en peligro de extinción, vulnerables, raras o escasamente conocidas y protegidas deberá acreditar su legítima procedencia o su obtención en conformidad con esta ley, a requerimiento de autoridad competente[727].

Del mismo modo se deberá acreditar la procedencia u obtención de animales exóticos pertenecientes a especies o subespecies listadas en los Apéndices I, II o III de la Convención sobre el Comercio Internacional de Especies Amenazadas de la Fauna y Flora Silvestres (CITES)[728] y de animales incluidos en los Anexos I y II del Convenio

---

[727] Art. 22.

[728] Promulgada por decreto ley N° 873, de 1975, publicado en el Diario Oficial de 28 de enero del mismo año.

sobre la Conservación de Especies Migratorias de la Fauna Salvaje[729], en conformidad a las disposiciones de los referidos instrumentos.

Finalmente, interesante resulta constatar la tipificación del siguiente delito ecológico contra la fauna silvestre que sanciona con presidio menor en sus grados mínimo a medio, con multa de cinco a cien unidades tributarias mensuales y con el comiso de las armas o instrumentos de caza o de captura, a quienes cazaren, capturaren o comerciaren habitualmente especies de la fauna silvestre cuya caza o captura esté prohibida o de las señaladas en el artículo 22 (especies clasificadas en categorías de conservación)[730].

Con fecha 7 de diciembre de 1998 se publicó en el Diario Oficial el Decreto 5, que reglamenta la Ley de Caza, complementando la normativa sobre fauna, específicamente en los artículos 46 (centros de rehabilitación de especies cazadas o capturadas ilegalmente), artículo 55 (Criaderos de especies CITES, entre otras, deberán inscribirse en Registro Nacional creado al efecto), artículo 61, 65, 66 (legitima procedencia), 67 (transporte), entre otros.

Entre sus considerandos previos interesa la mención a la CITES, por cuanto recoge el mandato de regular la preceptiva del tratado[731].

El reglamento prohíbe la caza o captura en todo el territorio de un número taxativo de especies de anfibios, reptiles, aves y mamíferos que el propio cuerpo normativo enumera en su artículo 4.

---

[729]　Promulgado por decreto supremo N° 868, de 1981, del Ministerio de Relaciones Exteriores, publicado en el Diario Oficial de 12 de diciembre del mismo año.

[730]　Art. 31.

[731]　Señala "Visto: Lo informado por el Servicio Agrícola y Ganadero; la ley N° 4.601, sustituida por la ley N° 19.473, sobre caza; el decreto con fuerza de ley N° 294, de 1960, del Ministerio de Agricultura; la ley N° 18.892 y sus modificaciones; el decreto ley N° 873, de 1975, que aprueba la Convención Internacional de Especies Amenazadas de Fauna y Flora Silvestres (CITES); el decreto supremo N° 868, de 1981, del Ministerio de Relaciones Exteriores, que promulga la Convención sobre la Conservación de Especies Migratorias de la Fauna Salvaje (CMS); la ley N° 18.755, modificada por la ley N° 19.283 y el artículo 32°, N° 8, de la Constitución Política de la República,"

Complementariamente, desde el punto de vista del comercio de especies —aplicable tanto a especies de flora y fauna— contamos con la **Ley 20.962 que aplica Convención CITES**[732] que regula las obligaciones asumidas por Chile como Estado Parte de la Convención sobre Comercio Internacional de Especies Amenazadas de Fauna y Flora Silvestres (CITES).

En tal sentido, señala que se permitirá el comercio de los especímenes, partes, productos o derivados de las especies listadas en los Apéndices I, II y III de la Convención.

Establece luego algunas definiciones y las autoridades locales que se constituyen como puntos focales o de referencia de la Convención en Chile, tanto en el plano político-administrativo (MINAGRI, SAG, SERNAPESCA y la Dirección de Medio Ambiente del MINRREE), científico (designadas por decreto supremo expedido por los Ministerios de Economía, Fomento y Turismo, o de Agricultura, según corresponda, de acuerdo a sus competencias, en conjunto con el Ministerio del Medio Ambiente) como de observancia (Carabineros de Chile, Policía de Investigaciones de Chile y el Servicio Nacional de Aduanas).

Crea un registro nacional de comercio de las especies CITES.

Finalmente configura conductas infraccionales sancionadas con pena de comiso y multa de hasta 100 UTM de competencia de los Juzgados de Policía Local y crea un delito ambiental especial de contrabando de especies exóticas con penas de presidio menor en sus diversos grados y multas de hasta 1.000 UTM, según las diversas hipótesis fácticas que se configuren, ilícitos de competencia de la judicatura penal ordinaria, sujeto a algunas reglas especiales de procedimiento penal. Estos delitos ademas son considerados delitos económicos a contar de la Ley DEA N° 21.595.

Finalmente existe la **Ley 20.380 sobre Protección de Animales** de 2009[733]a través de la cual se instituye un régimen legal de protección de los animales enfocada a los aspectos del bienestar animal recono-

---

[732] Promulgada el 21 de octubre de 2016 y publicada en el D.O. el 16 de noviembre de 2016.-
[733] Publicada en el D.O el 3 de octubre de 2009.

ciendo en ellos el ser merecedores de un trato adecuado que evite causarles sufrimientos innecesarios cuando el ser humano se relacione con ellos, por ejemplo, en las técnicas de crianza, al transportarlos, al efectuar experimentos con ellos, etc.

Como lo establece su art. 1 "establece normas destinadas a conocer, proteger y respetar a los animales, como seres vivos y parte de la naturaleza, con el fin de darles un trato adecuado y evitarles sufrimientos innecesarios".

En este sentido se trata de una regulación no ambiental pero que tiene incidencia ambiental, al regular lo que podríamos denominar como un naciente estatuto de los derechos de los animales a partir del reconocimiento de que "las emociones no son únicamente una cualidad humana: son comunes a todos los mamíferos"[734].

3.2. Legislación forestal

La legislación forestal trata en general los bosques y plantaciones forestales más que las especies forestales de modo singular. Sin embargo, contempla algunas normas particulares de relevancia para la intervención de especies singulares de flora como acontece con el art. 19 de la ley de bosque nativo. En efecto, en una polémica norma[735] prohibió la corta, eliminación, destrucción o descepado de individuos de las especies vegetales nativas clasificadas, de conformidad con la Ley N° 19.300[736] y su reglamento, en las categorías de en

---

[734]   NOAH Harari, Yuval. *Homo Deus*. Penguin Random House Grupo Editorial, 11° Edición, Chile, 2019, pág. 99.

[735]   Esta norma, correspondiente al art. 19, ha sido considerada como una barrera para las inversiones y megaproyectos que hacen uso intensivo de recurso naturales o suponen su alteración o impacto a gran escala como los proyectos energéticos, mineros, entre otros.

[736]   Atendido lo dispuesto en el nuevo artículo 37 que establece "El reglamento fijará el procedimiento para clasificar las especies de plantas, algas, hongos y animales silvestres, sobre la base de antecedentes científico-técnicos, y según su estado de conservación, en las categorías recomendadas para tales efectos por la Unión Mundial para la Conservación de la Naturaleza (UICN) u otro organismo internacional que dicte pautas en estas materias"., ha de entenderse que la nomenclatura referida ha sido reemplazada

peligro crítico, en peligro, vulnerable, casi amenazada y datos insuficientes, que formen parte de un bosque nativo, como asimismo la alteración de su hábitat.

Sin embargo, la misma norma permite a continuación de manera excepcional, intervenir o alterar el "hábitat" de los individuos de dichas especies, previa autorización de CONAF, la que se otorgará por resolución fundada, siempre que concurran los siguientes requisitos:

a) No se amenace la continuidad de la especie a nivel de la cuenca.

b) Fuera de la cuenca, cuando sean imprescindibles y tengan por objeto la realización de investigaciones científicas, fines sanitarios o estén destinadas a la ejecución de obras o al desarrollo de las actividades productivas del art. 7° de la ley (infraestructura, minería, energía), siempre que tales obras o actividades sean de interés nacional.

La ley SBAP agregó que "Para autorizar las intervenciones a que se refiere el inciso anterior, se requerirá del informe favorable del SBAP, en el sentido que la intervención no amenaza la continuidad de la especie a nivel de la cuenca" (art. 150), pero no derogó la potestad de CONAF consagrada en el referido inciso, con lo que se genera una duda razonable sobre la vigencia o tal vez la duplicidad de las potestades señaladas. Además, se eliminó la exigencia de señalar las medidas a adoptar para asegurar la continuidad de las especies intervenidas.

Cabe hacer presente que el alcance de la excepción se limita a la autorización de intervención del "hábitat", mas no de los "individuos" de las especies protegidas, por lo que estos últimos debieran entenderse amparados bajo la prohibición legalmente establecida.

Finalmente se estableció como una norma sancionatoria especialmente referida a estas especies que la corta, eliminación, destrucción

---

por la que recoge el actual Reglamento para la Clasificación de Especies Silvestres que distingue entre "Extinta"; "Extinta en el Estado Silvestre"; "En Peligro Crítico"; "En Peligro"; "Vulnerable"; "Casi Amenazada"; "Preocupación Menor"; "Datos insuficientes".

o descepado u otra forma de dar muerte a ejemplares de especies clasificadas como en peligro de extinción, vulnerables, raras, insuficientemente conocidas o fuera de peligro, que no corresponda a intervenciones autorizadas de conformidad al artículo 19 de esta ley, será sancionada con multa de 5 a 50 unidades tributarias mensuales por ejemplar, si éste no tuviere valor comercial; en caso contrario, la multa será igual al doble del valor comercial de cada ejemplar objeto de la intervención.

3.3. Legislación Pesquera

La legislación pesquera contenida fundamentalmente en la Ley de Pesca puede ser analizada desde 2 perspectivas desde el punto de vista de la conservación ambiental:

- Establecimiento de áreas protegidas marinas.

- Medidas de conservación y gestión de ecosistemas, especies o recursos marinos o pesqueros específicos.

En esta segunda faz, toca señalar qué medidas regulatorias contempla la legislación para la conservación de especies de fauna marina o hidrobiológicas.

Es importante destacar primero que la ley de pesca ha ido progresivamente transitando desde un objeto puramente productivo en el año 1989, cuando fue creada, a uno de conservación de sus recursos, en las modificaciones sucesivas que ha sufrido como ocurrió con la Ley 20.657 de 2013 que se refleja en su nuevo objeto: "la conservación y el uso sustentable de los recursos hidrobiológicos, mediante la aplicación del enfoque precautorio, de un enfoque ecosistémico en la regulación pesquera y la salvaguarda de los ecosistemas marinos en que existan esos recursos".[737]

Del mismo modo se pasó en dicho lapso desde un modelo de gestión de acceso libre al recurso a un sistema complejo de cuotas, permisos y licencias de pesca fruto de la gran tensión y sobreexplotación de que han sido objeto los recursos pesqueros nacionales.

---

[737]   Art. 1 B introducido por reforma de la Ley 20.657 de 2013.

Así, sobre la base de esta realidad hoy el modelo considera los siguientes instrumentos o herramientas para la gestión y conservación sostenible de los recursos pesqueros, en función de las medidas aplicadas a la especie y ya no al espacio marino, que ya fue analizado:

- Veda biológica por especie en un área determinada, entendiéndose por tal, la prohibición de capturar o extraer con el fin de resguardar los procesos de reproducción y reclutamiento de una especie hidrobiológica. Se entenderá por reclutamiento la incorporación de individuos juveniles al stock[738].

- Prohibición de captura temporal o permanente de especies protegidas por convenios internacionales de los cuales Chile es parte.

- Cuotas anuales de captura por especie en un área determinada o cuotas globales de captura.

- Establecimiento de porcentaje de desembarque de especies como fauna acompañante.

- Fijación de tamaños o pesos mínimos de extracción por especie en un área determinada y sus márgenes de tolerancia.

- Fijación de las dimensiones y características de las artes y los aparejos de pesca.

- Establecimiento de uso y porte en las embarcaciones de dispositivos o utensilios para minimizar la captura de fauna acompañante o para evitar o minimizar la captura incidental, propendiendo a que la pesca sea más selectiva.

- Establecimiento de uso y porte en las embarcaciones de utensilios para liberar ejemplares capturados incidentalmente por las artes y aparejos de pesca.

- Establecimiento de buenas prácticas pesqueras para evitar, minimizar o mitigar la captura incidental de mamíferos, aves y reptiles acuáticos.

---

[738] Art. 3 letra a) en relación al art. 2 N° 47.

- Medidas para la reducción del descarte, entendiéndose por tal, la acción de devolver al mar especies hidrobiológicas capturadas.

- Planes de Manejo, aplicable a pesquerías que tengan su acceso cerrado, pesquerías declaradas en régimen de recuperación y desarrollo incipiente.

- Medidas especiales para la protección, rescate, rehabilitación, reinserción, observación y monitoreo de mamíferos, reptiles y aves hidrobiológicas amenazadas[739].

Hay que considerar también los recursos sometidos a "planes de manejo" para las pesquerías con acceso cerrado, para aquellas declaradas en régimen de recuperación y en desarrollo incipiente, y los recursos bentónicos, cuyas propuestas deben ser elaboradas por los Comités de Manejo (art. 8-10).

Finalmente, para realizar pesca de investigación necesaria para el seguimiento de las poblaciones de especies hidrobiológicas, el permiso correspondiente deberá cumplir con el requisito material de preservar los recursos hidrobiológicos[740].

Fuera del ámbito de la Ley de Pesca la **Ley N° 20.256**, que establece normas sobre **pesca recreativa**, exige una autorización especial para realizar repoblación y siembra de especies hidrobiológicas con fines de pesca recreativa, permiso que tiene el carácter de ambiental sectorial y que por tanto debe ser otorgado en el ámbito de la evaluación ambiental del proyecto.

Entre los requisitos para el otorgamiento de este permiso se encuentra no generar efectos adversos en el patrimonio sanitario y ambiental, en especial la biodiversidad[741].

---

[739] Reguladas en el párrafo 5° de la Ley introducido por reforma mediante Ley 20.293.

[740] Artículo 99 de la Ley de Pesca en relación al art. 119 del DS 40/12 Reglamento del SEIA.

[741] Art. 11 de la Ley 20.256 en relación al art. 117 del DS 40/12 Reglamento del SEIA.

Esta ley, con la reforma de la ley SBAP, incorporó como prohibición que no serán susceptibles de pesca recreativa las especies que hayan sido clasificadas en peligro crítico, en peligro o vulnerables, de acuerdo con el artículo 37 de la ley N° 19.300 (art. 7).

Finalmente debemos considerar la **Ley de Protección de Cetáceos N° 20.293**, una de las escasas leyes especiales dictadas para la protección de determinadas especies de fauna silvestre en Chile. Publicada el 25 de octubre de 2008 fue gestada en el contexto de campañas nacionales e internacionales para la protección de las ballenas que circulan y frecuentan las costas chilenas.

La ley declaró el territorio marino chileno como libre de caza de cetáceos y prohibió dar muerte, cazar, capturar, acosar, tener, poseer, transportar, desembarcar, elaborar o realizar cualquier proceso de transformación, así como la comercialización o almacenamiento de cualquier especie de cetáceo que habite o surque los espacios marítimos de soberanía y jurisdicción nacional.

Asimismo, estableció, mediante una modificación a la Ley de Pesca, normas de protección de mamíferos, reptiles y aves hidrobiológicas a través de procedimientos de rescate de los individuos que se encuentren en amenaza evidente e inminente de muerte o daño físico, o que se encuentren incapacitados para sobrevivir en su medio[742].

4. Reglamentaciones especiales asociadas especies nativas singulares

En 1963, por D.S. N° 50 del Ministerio de Agricultura, se incluye en veda indefinida a una especie introducida, el Faisán Mongol (Phasianus colchicus), decretándose una prohibición de caza en todo el país.

El D.S. N° 40 de 1972 introduce nuevas especies de fauna a la lista de veda indefinida. Es así como se incluyen a especies como el zorro

---

[742] Su art. 13 A establece que es el proceso orientado a salvaguardar o a liberar a uno o más individuos, de una amenaza evidente o inminente de muerte o daño físico, cuando ello sea producto de efectos de actividades antrópicas, contaminación de su medio o factores ambientales adversos, y reinsertarlo a su medio natural cuando las condiciones lo permitan.

gris o chilla (Pseudalopex griseus), tercera especie de carnívoro incorporada después de las dos especies de nutrias (Lontra felina y L. provocax), y define cuotas de captura por cazador y por excursión para todas las especies no declaradas en el listado de veda indefinida.

El D.S. N° 183 de 1976, modifica al Reglamento de la Ley de Caza y levanta la veda indefinida a que estaba afecto el lobo marino fino de Juan Fernández (Arctocephalus phillippii). Afortunadamente, este error técnico es enmendado derogándose este decreto para incluir nuevamente a la especie en veda indefinida, incluyéndose también al lobo marino fino antártico (Arctocephalus gazella).

En efecto, en 1978 se dicta el Decreto Ley N° 182 del 29 de mayo, que prohíbe la caza, transporte y comercialización, posesión e industrialización de la especie Lobo Marino Fino Antártico, especie que en raras ocasiones ha sido vista en territorio chileno continental, habitando casi exclusivamente en el continente antártico.

Entre tanto, en 1977 se promulga un D.S. N° 381 que modifica al Reglamento de la Ley de Caza al incluir a los delfines y toninas (Familia Delphinidae) en las listas de especies con veda indefinida.

En 1980 se publica una nueva modificación al Reglamento de la Ley de Caza N° 4.601, la cual protege con veda indefinida a un cánido, el Zorro Colorado o Culpeo (Pseudalopex culpaeus), y cinco especies de felinos: el Gato Montes Andino (Oreailurus jacobita), el Gato Montes Argentino (Oncifelis geoffroyi), la Guiña (Oncifelis guigna), el Gato colocolo (Oncifelis colocolo) y el Puma (Puma concolor).

En tanto, en 2006 por Decreto 2 del Ministerio de Agricultura se declara monumento natural a las especies de fauna silvestre huemul, chinchilla costina, chinchilla cordillerana, cóndor, picaflor de Arica y picaflor de las islas oceánicas de Juan Fernández.

A partir de 2018 los Planes de Recuperación, Conservación y Gestión de Especies (RECOGE) son los que han categorizado un sinnúmero de especies de flora y fauna[743].

---

[743] https://mma.gob.cl/biodiversidad/planes-de-recuperacion-conservacion-y-gestion-de-especies/

Otras normas de carácter reglamentario que existen sobre protección de la fauna, emanadas del SAG son las siguientes:

Dto. R.R.A 25	Legisla sobre bonificación y comercio de fertilizantes, desinfectantes y pesticidas (aves guaníferas).
Dto. 268	Prohíbe en todo el territorio nacional la caza de aves silvestres durante su anidación
Res. 487	Establece procedimiento de solicitud y autorización para capturar aves marinas.
Res. 863	Determina Especies Exóticas que Pueden Perturbar el Equilibrio Ecológico y la Conservación del Patrimonio Ambiental
Res. 5006	Determina especies exóticas que pueden perturbar el equilibrio ecológico y conservación del patrimonio ambiental y complementa Resolución N° 863 exenta, de 1999
Dto.14	Sobre áreas prohibidas de caza.
Res. 223	Sobre aplicación de cebos tóxicos.
Dto. 274	Establece área prohibida de caza "Chaitén", en comuna de Chaitén, Palena, Futaleufú, Provincia de Palena, Región de Los Lagos.
Dto. 462	Establece área prohibida de caza "Comunidad de Serranía Rinconada de Silva y comunidad de Campo Jahuel", comunidad de Putaendo y Santa María, Provincia de San Felipe.

En flora, fuera de las especies que ostentan la condición de monumento natural: Alerce, Araucaria, Queule, Quitao, Belloto del Sur, Belloto del Norte y Ruil —y que se han analizado a propósito del análisis de esa categoría de protección— existen algunos decretos que se han dictado para la protección de especies singulares de flora: el más relevante es la protección especial que tiene la "Palma Chilena" a través del Decreto N° 908 Ministerio de Tierras y Colonizaciones[744] que ostenta una condición similar a los Monumentos Naturales pero sin haberse declarado Monumento Natural. La diferencia estriba en que, si bien se prohíbe la corta de la especie, con permiso del Minis-

---

[744] Declara forestales los terrenos que comprenden zonas de vegetación natural de palma chilena y reglamenta su explotación. De 3 de julio de 1941 publicado en el D.O. el 26 de julio de 1941.

terio de Tierras —actual Ministerio de Bienes Nacionales— se puede proceder a su aprovechamiento debiendo reforestarse con las medidas de conservación fijadas por la autoridad.

Existen también otras expresiones de flora nativa que no responden a ninguna categoría especial de protección que gozan de protección o de regulaciones especiales[745] como es el caso de las siguientes:

D.S.N° 2.374, de 15 de octubre de 1937, del Ministerio de Tierras y Colonización.	Reglamento para la explotación de los bosques existentes en los terrenos comprendidos en las cuencas hidrográficas que se declaren forestales.
D.S 1427, Ministerio de Tierras y Colonización, D.O. 21 de noviembre de 1941.	Reglamenta explotación de Yaretas.
D.S 129 de Agricultura, D.O 17 de 17 de abril de 1971.	Prohíbe la corta, arranque, transporte, tenencia, comercio y adquisición del Copihue.
D.S.N° 1.099, de 1940, del Ministerio de Tierras y Colonización.	Reglamento de explotación de Ulmo y Tineo.
D.S.N° 366, de 1944, del Ministerio de Tierras y Colonización.	Reglamento de explotación de Tamarugo, Algarrobo, Chañar, Guayacán, Olivillo, Carbón o Carboncillo, Espino, Boldo, Maitén, Litre, Bollén y Quillay.

5. *Especies Exóticas Invasoras*

Las especies invasoras son aquellas, sean de flora o fauna, cuya introducción y/o difusión amenaza a la diversidad biológica originaria del lugar donde fue liberada. Se trata de especies normadas por la ley SBAP y que normalmente se trata de especies exóticas, —esto es aquellas que se encuentra fuera de su distribución natural (art. 3 N° 14)— y que invaden ecosistemas a causa del comercio, el tráfico o el desplazamiento de las personas, razón por la que se denominan "especies exóticas invasoras". Son especies cuyo establecimiento o ex-

---

[745]   Una descripción de las regulaciones forestales generales y especiales puede encontrarse en GALLARDO G., Enrique. *Manual de Derecho Forestal*, op.cit.

pansión amenaza ecosistemas, hábitats o especies, por ser capaz de producir daño a uno o más componentes del ecosistema (art. 3 N° 15)).

A juicio de los expertos estas especies son una de las tres causas más importantes de extinción de especies en la naturaleza, junto con la alteración de hábitat y la sobreexplotación con efectos devastadores para la biota autóctona, ya que provocan el declive e incluso la extinción de especies autóctonas y afectan negativamente los ecosistemas[746].

En Chile presentan esta condición especies tales como el castor, el sapo africano, la avispa chaqueta amarilla, el jabalí, el visón, el conejo, la murta (zarzamora), el espinillo, entre otras.

A nivel internacional la Convención sobre Biodiversidad cuenta con un Programa dedicado a hacer frente a este problema a través de las decisiones adoptadas por sus COP's. Chile por su parte cuenta con un Plan de Acción para la Prevención, el Control y la Erradicación de las Especies Exóticas Invasoras, a cargo del MMA que tiene como propósito disminuir los efectos negativos de las estas especies sobre la biodiversidad nacional[747].

Con la dictación de la ley SBAP estas especies pueden ser objeto de diversas medidas entre ellas "Planes de prevención, control y erradicación de especies exóticas invasoras", instrumento de gestión destinado a evitar, prevenir el ingreso, detener la propagación o erradicar es tipo de especies (art. 3 N° 25)).

Estos planes presentan las siguientes características:

– No pueden recaer sobre poblaciones o especímenes actualmente en cultivo o crianza.

– Recaen sobre la nómina de especies elaborada por el SBAP y aprobadas por el MMA.

– Obliga a toda persona a facilitar las acciones y medidas del Plan.

---

[746]   Cfr. www.cdb.int/invasive
[747]   Aprobado por Resolución N° 684 de 2013.

– El SBAP puede ingresar a inmuebles públicos o privados y registrar naves, aeronaves, vehículos, personas, animales, bolsos, cajas, envases o embalajes, incluso con auxilio de la fuerza pública.

Fuera del ámbito de estos Planes, el SBAP está facultado respecto de toda especie exótica y exótica invasora a (art. 45):

– Ejecutar las acciones de control y erradicación que se requieran con urgencia para evitar la propagación de especies exóticas invasoras que puedan afectar irreparablemente ecosistemas o especies endémicas o nativas y sus hábitats.

– Fomentar y ejecutar acciones de educación, sensibilización, información, capacitación y comunicación sobre la materia.

– Autorizar o denegar la pesca, la colecta, la captura y la caza de las especies exóticas, así como la recolección de sus partes o derivados, dentro de las áreas protegidas.

– Pescar, colectar, cazar y capturar especies exóticas dentro de las áreas que conforman el SNAP, con fines de control o erradicación, así como intervenir sus nidos, madrigueras, áreas de descanso, dormideros y sitios reproductivos.

– Definir, en conjunto con el SAG o SUBPESCA, según corresponda, zonas del país que sean vulnerables frente al riesgo de una o más especies exóticas invasoras, en función de lo cual podrá prohibir o regular el ingreso de tales especies a dicho territorio. Para tal efecto, el SBAP podrá establecer barreras de bioseguridad en cualquier parte del territorio nacional y estará facultado para decomisar y destruir todo aquel organismo que haya sido declarado previamente como especie invasora respecto del área en cuestión.

– Autorizar o denegar, en conjunto con el SAG o SUBPESCA, según corresponda, la internación de especies exóticas al país que sean calificadas como invasoras o de riesgo para la biodiversidad.

– Autorizar o denegar el transporte o traslado de una o más especies exóticas invasoras a zonas que hubiesen sido o sean declaradas como vulnerables a dichas especies.

– Definir los criterios de análisis de riesgo de daño a la biodiversidad, los que deberán ser aplicados por el SAG o la SUBPESCA, según corresponda, previo a autorizar la internación de especies exóticas al país.

VII. BIODIVERSIDAD GENÉTICA

La conservación de la biodiversidad incluye conceptualmente la protección del patrimonio genético. De acuerdo a la ley SBAP "Diversidad genética" es la variación en la composición genética de los individuos dentro de una población, entre poblaciones de una misma especie o entre especies diferentes (art. 3 N° 10), en tanto que la misma ley define "Recurso genético" como es el material genético de valor real o potencial (art. 3 N° 27). De acuerdo al Convenio de Biodiversidad en tanto "material genético" se entiende todo material de origen vegetal, animal, microbiano o de otro tipo que contenga unidades funcionales de la herencia" (art. 2). De acuerdo a la OCDE "ningún marco jurídico o reglamentario rige el acceso a los recursos genéticos y su utilización"[748] salvo escasas excepciones acotadas, por ejemplo, a algunas regulaciones sobre uso de organismos modificados genéticamente (OMG), su manipulación y liberación intencional al medio ambiente[749] o al uso indiscriminado de plaguicidas. En este sentido, la conservación y gestión del patrimonio genético, a través de las modernas técnicas de la biotecnología, puede ser clave para el futuro de la biodiversidad.

Antecedentes remotos en esta materia tenemos en 1961 cuando se suscribió, en París, el Convenio Internacional para la Protección de las Obtenciones Vegetales conocido como UPOV[750], bajo un enfoque de regulación de la propiedad intelectual. Complementa-

---

[748] OCDE/CEPAL. *Evaluación del desempeño ambiental-Chile*, Naciones Unidas, 2006, pág. 242.

[749] Para el estudio jurídico de esta materia, con especial énfasis en el ámbito agroalimentario europeo Vid. ALMODOVAR INESTA, María. *Régimen jurídico de la biotecnología agroalimentaria*. Editorial Comares, Granada, 2002.

[750] Suscrito en París el 2 de diciembre de 1961, modificado por sus dos Actas Adicionales, firmadas en Ginebra, el 10 de noviembre de 1972 y el 23 de

riamente, bajo el sistema FAO, se cuenta con el "Tratado Internacional sobre Recursos Genéticos Vegetales para la Agricultura y la Alimentación".[751]Finalmente bajo una perspectiva más ambiental debemos considerar bajo el alero del Convenio de Biodiversidad sus Protocolos adicionales relativos a la "Seguridad de la Biotecnología" o "Protocolo de Cartagena" de 2000 y el Protocolo sobre el "Acceso a los Recursos Genéticos y Participación Justa y Equitativa en los Beneficios" que se deriven de su utilización o "Protocolo de Nagoya" de 2010, ambos instrumentos a los que Chile no ha adherido, mediante ratificación.

A nivel interno la diversidad genética tiene escasa regulación de carácter ambiental y su enfoque es más bien productivo y en el mejor de los casos, sanitario.

El SEIA considera, por ejemplo, la evaluación ambiental para aquellos proyectos de desarrollo, cultivo o explotación, en las áreas mineras, agrícolas, forestales e hidrobiológicas que utilicen organismos genéticamente modificados con fines de producción y en áreas no confinadas (art. 10 letra r))[752].

---

octubre de 1978 promulgado el 5 de enero de 1996 y publicado en el D.O. el 23 de marzo de 1996.

[751] Adoptado en la Conferencia de la FAO de noviembre de 2001 y en vigor desde 2004.

[752] De acuerdo al art. 2 letra r.1. del DS 40/12 "se entenderá que no tienen fines de producción aquellas actividades y proyectos que utilicen organismos genéticamente modificados con fines de investigación, entendiendo por tal, aquella actividad orientada a la obtención de nuevos conocimientos, a generar cambios genéticos conducentes a la creación de nuevas variedades o híbridos no comerciales o para dar solución a problemas o interrogantes de carácter científico o tecnológico.
r.2. Se entenderá por áreas confinadas, los locales, instalaciones, estructuras físicas o predios que cuenten con límites de aislamiento reproductivo o medidas de bioseguridad, sean físicas o biológicas, destinadas a evitar la liberación de organismos genéticamente modificados al medio ambiente o limitar en forma efectiva su cruzamiento con especies sexualmente compatibles.
El Ministerio sectorial correspondiente, con acuerdo del Ministerio del Medio Ambiente, establecerá mediante resolución las medidas generales de bioseguridad que permitan la utilización de organismos genéticamente

Chile además cuenta con áreas marinas protegidas que han sido creadas y destinadas especialmente como reservas genéticas o bancos naturales de semillas, creadas en "Pullinque"(ostra) y Putemún"(choro zapato) en Chiloé.

Luego tal vez las escasas atenciones en el orden interno las encontremos en la labor que efectúa el SAG por medio de técnicas de conservación *ex situ* en materia de protección del patrimonio fito y zoosanitario mediante bancos de semillas, germoplasma regulaciones relativas a semillas (DL 1764) y en la ley 19.342 que regula derechos de nuevos obtentores vegetales[753].

La ley sobre obtentores vegetales regula básicamente los derechos de propiedad sobre las variedades vegetales que han sido descubiertas mediante ingeniería genética, entregando la tuición sobre esta materia al Departamento de Semillas del SAG, correspondiendo a una legislación más propiamente del derecho de propiedad intelectual.

En materia de organismos genéticamente modificados (OMG), el SAG es el órgano estatal encargado de autorizar su importación y liberación al ambiente, así como su trazabilidad, a fin de mejorar la producción agroalimentaria y materias primas, bajo reglas y protocolos de bioseguridad a su cargo[754].

La legislación pesquera, en tanto, es tal vez la que presenta, junto con la agropecuaria, un desarrollo comparativo mayor en esta materia, a través de la regulación de la acuicultura experimental que persigue la mejora genética de especies; la reglamentación de medidas de protección y control bajo las cuales se autoriza la introducción, investigación, cultivo y comercialización de organismos genéticamente

---

modificados en áreas confinadas, bajo los parámetros establecidos en el literal r.2. precedente.

[753] Publicada en el D.O el 3 de noviembre de 1994, regula básicamente los derechos de propiedad sobre las variedades vegetales que han sido descubiertas mediante ingeniería genética, entregando la tuición sobre esta materia al Departamento de Semillas del SAG, correspondiendo a una legislación más propiamente del derecho de propiedad intelectual.

[754] Cfr. Resolución 1.523/2001 del SAG.

modificados a fin de evitar su propagación al ambiente natural[755]; y con la reglamentación sanitaria a la que deben sujetarse los centros de cultivo acuícola particularmente en lo relativa a los programas de mejoramiento genético a los que se someten[756].

En este ámbito existe la Ley N° 20.116[757], denominada "Ley sobre Organismos Hidrobiológicos Transgénicos", única norma de rango legal referida a transgénicos en Chile, que regula o prohíbe la importación o cultivo de especies hidrobiológicas genéticamente modificadas.

Esta ley nos aporta la definición de "Organismo genéticamente modificado (OGM)" como aquel organismo cuyo material genético ha sido alterado en una forma que no ocurre naturalmente por cruzamiento y/o por recombinación natural" (art. 2 N° 52).

La ley luego regula básicamente la importación, introducción, investigación, cultivo y comercialización de OMG asumiendo un régimen de controles, tales como la exigencia de un estudio sanitario que considere el impacto ambiental y en todo caso a fin de evitar su propagación al ambiente natural y finalmente un régimen de sanción por infracción a la ley.

La ley SBAP dio escasa atención a la biodiversidad genética, pensando tal vez en no invadir las competencias de otros organismos como SAG o SERNAPESCA. Es así como expresamente contempló que la ley no se extendería a la sanidad vegetal y animal, sin perjuicio de lo cual predicó que las acciones que tengan por objeto la sanidad vegetal y animal deberán tener en consideración y priorizar el debido resguardo de la diversidad biológica (art. 1), para cuyos

---

[755] De acuerdo a la Ley de Pesca corresponde a aquel "organismo cuyo material genético ha sido alterado en una forma que no ocurre naturalmente por cruzamiento y/o por recombinación natural".

[756] D.S. 319/01 del Ministerio de Economía, Fomento y Reconstrucción que aprueba el Reglamento sobre las medidas de protección, control y erradicación de las enfermedades de alto riesgo para las especies hidrobiológicas.

[757] Modifica la Ley de Pesca y Acuicultura, con el fin de prohibir o regular, en su caso, la importacion o cultivo de especies hidrobiológicas genéticamente modificadas, promulgada el 26 de junio de 2006, publicada en el D.O. el 24 de agosto de 2006.

propósitos puede haber un trabajo o intervención genética por ejemplo a nivel de manipulación o mejoramiento de semillas o creación de nuevas variedades vegetales —de competencia del SAG— o bien para el mejoramiento de especies hidrobiológicas cultivadas o evitar sus enfermedades, como es el caso de la producción acuícola —de competencia de SERNAPESCA—.

Las potestades del SBAP en esta materia son más bien programáticas como la de apoyar técnicamente, y coordinar la conservación de especies fuera de sus hábitats y genes con bancos de germoplasma, jardines botánicos, conservatorios botánicos y centros de reproducción de fauna nativa, entre otros, a fin de contribuir con la gestión para la conservación de la biodiversidad.

Sin embargo, hay otras más imperativas como la de deber contar con inventarios de variabilidad genética de especies (art. 24) y la de tener que monitorear asimismo dicha variabilidad (art. 25). A nivel de instrumentos de gestión de especies debemos entender también incorporado el deber de conservación de la biodiversidad genética en los planes de gestión RECOGE como parte del diagnóstico y las acciones de recuperación de las mismas que deben contener (art. 43).

En el ámbito de AP, la ley SBAP contempló un par de disposiciones relevantes a considerar:

Por un lado, estableció y declaró que las AP que forman parte del SNAP serán consideradas "áreas libres de organismos genéticamente modificados" (OGM), según lo establece la letra r) del artículo 10 de la ley N° 19.300 (art. 107), esto es, como áreas en las que no es posible el desarrollo de proyectos o actividades en la que se utilicen OGM, modificando por esta vía el literal r) en cuanto las actividades que en él se señala ya no podrán efectuarse en las AP del SNAP. Fuera de ellas en cambio, su uso está permitido previa evaluación ambiental conforme a la disposición precitada, en los casos en que la actividad o proyecto califique para su evaluación ambiental. En caso contrario, deberá sujetarse a los permisos que establezca la regulación sectorial pertinente.

Luego introdujo una relevante norma sobre "Acceso a recursos genéticos" (ABS por su sigla en inglés) mandatando al SBAP regular las condiciones de acceso a recursos genéticos en áreas protegidas del Estado, así como los beneficios que se deriven de su utilización, a través de convenios con los solicitantes (art. 95).

Se trata de un tímido acercamiento al tercer objetivo del Convenio de Biodiversidad consistente en regular la participación justa y equitativa en los beneficios que se deriven de la utilización de los recursos genéticos, materia que si bien en Chile no ha sido objeto de mayor controversia sí, a nivel internacional, "han surgido controversias sobre las implicaciones de ABS para, entre otros, la soberanía del Estado; el desarrollo económico; las comunidades indígenas y locales; la investigación científica; las industrias dependientes de los recursos genéticos y los conocimientos tradicionales asociados a los recursos genéticos; y la conservación y el uso sostenible de la diversidad biológica"[758]. Ello por cuanto existen importantes mercados e intereses económicos como el farmacéutico u otros que utilizan biotecnología que tienen interés comercial en acceder libremente a las fuentes de dichos recursos, sin que con ello —hasta antes del Convenio de Biodiversidad— existiera un marco para regular ese acceso de manera justa y equitativa compartiendo los beneficios que de ello derive con los proveedores o poseedores de dichos recursos y que normalmente son comunidades o grupos locales, tradicionales o indígenas.

Los ABS importan una relación entre proveedores y usuarios de recursos genéticos que implica para los primeros facilitar el acceso a sus recursos genéticos, mientras que usuarios deberán compartir de manera justa y equitativa los beneficios derivados del acceso y del uso de esos recursos[759].

---

[758]   Thomas GREIBER, Sonia PEÑA MORENO, Mattias ÅHRÉN, Jimena NIETO CARRASCO, Evanson CHEGEKAMAU, Jorge CABRERA MEDAGLIA, María Julia OLIVA y Frederic PERRON-WELCH en cooperación con Natasha ALI y China WILLIAMS (2013). Guía Explicativa del Protocolo de Nagoya sobre Acceso y Participación en los Beneficios. UICN, Gland, Suiza. xviii + 402 pp., pág. 3.

[759]   Thomas GREIBER, op cit., pág. 6.

El acceso a los recursos genéticos está sometido al consentimiento fundamentado previo del proveedor de dichos recursos, así como a condiciones mutuamente acordadas entre las partes.

Bajo el sistema de la CDB los ABS se extienden a los conocimientos y prácticas tradicionales asociados a los recursos genéticos de las comunidades indígenas y locales, y a los beneficios que se deriven de la utilización de dichos conocimientos, por lo que debiéramos entender que a efectos de la ley SBAP los ABS se extienden al acceso y uso que pudiere hacerse de aquellos conocimientos y prácticas.

La ley SBAP si bien no entró en los principios, reglas y arreglos convencionales que deben dar origen a los ABS estableció que para acceder a ellos se deberá contar: 1) con el permiso del art. 94 para otras actividades en AP; y 2) con un convenio de acceso a recursos genéticos, suscrito entre el SBAP y el particular o interesado en ellos, que será regulado por Reglamento.

Esta norma lamentablemente no fue extendida al acceso a recurso genéticos fuera de AP lo que podría generar más de algún problema dada la desregulación existente en la materia. Sin embargo, la ratificación del Protocolo de Nagoya sobre Acceso a los Recursos Genéticos y Participación Justa y Equitativa en los Beneficios que se deriven de su utilización, en lo que Chile está en deuda, podría resolver en parte ese vacío y sentar las bases para un posterior desarrollo legislativo sobre esta materia.

Capítulo VI
La biodiversidad como componente ambiental autónomo

I. ANTECEDENTES

La consideración jurídica o regulatoria de la "biodiversidad", ha adoptado en el último tiempo y especialmente desde el Convenio de Biodiversidad, el carácter de componente nuevo, autónomo e independiente de los clásicos componentes del ambiente —flora, fauna y áreas protegidas—, susceptibles de protección o conservación ambiental.

"La tendencia más moderna en el derecho internacional (misma que se ve reflejada también en el derecho ambiental) es a proteger no ya ciertas especies o áreas sino a un manejo de la diversidad biológica teniendo en cuenta la necesidad de preservar las especies no en forma aislada sino dentro de su interacción con otras especies y hábitat".[760]

Ello obedece, por un lado, a la comprensión moderna de que el ambiente es un todo interrelacionado que en dicha condición proporciona servicios ambientales al ser humano, entendiendo estos como "aquel conjunto de funciones y externalidades que los sistemas biológicos proporcionan y que contribuyen al funcionamiento total de nuestro medio ambiente"[761];y por otro, a la urgencia global de hacer frente a la degradación sistémica sobre la Naturaleza que hoy sabemos es factor clave y determinante de las condiciones de vida

---

[760] IZA, Alejandro. "Aguas, Flujos Ambientales y Conservación de la Vida Silvestre" en HERMAN BENJAMIN, Antonio. *Fauna, Políticas Públicas e Instrumentos Legais.* Instituto o Direito por um planeta verde. Sao Paulo, Brazil, 2004, pág. 3.

[761] ASTORGA JORQUERA, Eduardo. *Derecho Ambiental Chileno, Parte General.* Lexis Nexis, Santiago de Chile, 2006, pág. 10.

que han sido deterioradas gravemente por medio de su intervención indiscriminada.

En Chile, sin embargo, cuando hablamos de biodiversidad, el derecho nos reconducía a las clásicas regulaciones sobre áreas protegidas, flora y fauna, inconexas entre sí y sin que la pudiéramos considerar como componente ambiental con autonomía normativa. Es decir, el carácter transectorial y sistémico de las regulaciones sobre los recursos naturales y el medio ambiente, como característica propia del derecho ambiental no se traducía en regulaciones de la biodiversidad como un todo, primando siempre enfoques regulatorios sectoriales, de componentes específicos y por tanto limitados en sus efectos jurídicos (biota, espacios, genes, etc.), técnica clásica que hoy debemos considerar superada si queremos hacer frente eficazmente a fenómenos complejos como la pérdida progresiva de la biodiversidad como causa y efecto del cambio climático.

El concepto "biodiversidad" es relativamente nuevo para la ciencia y por cierto para el derecho. Recurriendo a las definiciones más consensuadas podemos definirla como "el conjunto de genes, especies, ecosistemas y paisajes en un espacio determinado y en un momento dado, considerados en sus interacciones jerárquicas sucesivas de genes a especies, ecosistemas y paisajes y viceversa".[762]En tanto la ley 19.300, siguiendo de cerca el Convenio de Biodiversidad, la definió como la "variabilidad de los organismos vivos, que forman parte de todos los ecosistemas terrestres y acuáticos. Incluye la diversidad dentro de una misma especie, entre especies y entre ecosistemas".[763]La ley SBAP en tanto la define como "la variedad de los organismos vivos que forman parte de todos los ecosistemas terrestres y acuáticos. Incluye la diversidad dentro de una misma especie, entre especies y entre ecosistemas y sus interacciones" (art. 3 N° 5).

El rasgo distintivo entonces de este nuevo concepto y bien jurídico no es tanto los elementos que lo integran, en términos cuantitativos, sino 2 rasgos de carácter cualitativo: 1) la variedad existente

---

[762] FIGUEROA, Eugenio y SIMONETTI, Javier (Editores). *Globalización y Biodiversidad: Oportunidades y desafíos para la sociedad chilena.* Editorial Universitaria. Santiago de Chile, 2003, pág. 32.
[763] Art. 2 letra a).

intra y entre sus componentes —ecosistemas, especies y genes— y 2) la relación de interacción entre ellos.

La biodiversidad por tanto es en este sentido un concepto abstracto y dinámico definido por la riqueza biológica existente en un lugar y tiempo determinados en sus permanentes interrelaciones entre sí y con su medio, pero que tiene como base elementos concretos: los recursos o componentes biológicos que los integran y sus hábitats.

El valor e importancia de esta condición es materia de reciente apreciación por la ciencia que ha adquirido la convicción, hoy ya demostrable, que la mantención de la biodiversidad es condición para la existencia de vida sobre el planeta. En efecto, ya no es plausible disociar naturaleza con humanidad ni pretender una suerte de primacía del ser humano por sobre los demás componentes vivos del planeta: todo está interrelacionado en una delicada relación de interdependencia que nos exige cuidar y valorar toda forma de vida por igual, sin jerarquías y por más insignificante que esta parezca[764].

La regulación de la biodiversidad se ha constituido así en un tema necesario y emergente para el derecho ambiental que nace en Río 92 y que exige una pronta respuesta de los diversos ordenamientos jurídicos sobre todo a la luz de la progresiva pérdida de diversas expresiones de vida sobre el planeta y el cambio de las condiciones naturales por efecto del cambio climático. Así de acuerdo con el último informe de la Plataforma Intergubernamental de Ciencia y Política sobre Biodiversidad y Servicios de Ecosistemas (IPBES) patrocinado por varias agencias de la ONU se estima que "Alrededor de un millón de especies de animales y plantas están ahora en peligro de extinción y muchas podrían desaparecer en tan solo décadas, lo que representa una amenaza de una dimensión sin precedentes en la historia de la humanidad"[765].

---

[764] Cfr. MARGULIS, Lynn y SAGAN, Dorian. *Microcosmos*. Editorial Fábula Tus-Quets. Buenos Aires Argentina, 2013.

[765] Véase Informe de la Plataforma Intergubernamental de Ciencia y Política sobre Biodiversidad y Servicios de Ecosistemas (IPBES), de 6 de mayo de 2019 disponible en www.ipbes.net; Programa de las Naciones Unidas para el Medio Ambiente. PNUMA. Oficina Regional para América Latina y el Ca-

Resulta además especialmente importante para Latinoamérica el estudio y la elaboración de propuestas para la protección de la biodiversidad considerando que es el continente con mayor biodiversidad del mundo[766], que "alberga el mayor número de ecorregiones marinas y terrestres (estas últimas en apenas el 15% de la superficie terrestre mundial), el 34% de los bosques primarios del planeta, y el 51% y el 41% de los anfibios y aves, respectivamente"[767], encontrándose BRASIL, COLOMBIA, VENEZUELA, BOLIVIA, PERU y ECUADOR, entre los 12 países megadiversos del planeta, pero al mismo tiempo una de las regiones del orbe más amenazadas y comprometidas desde el punto de vista ambiental por efectos del cambio climático[768] como ya lo consignaba BRAÑES al dar cuenta que entre los problemas ambientales de América Latina y el Caribe, "la pérdida de la diversidad biológica, es un problema especialmente grave, que por cierto no se debe sólo a la destrucción del hábitat de las especies, sino también a la explotación excesiva de las especies de valor comercial, a la introducción de especies exóticas y a la propia contaminación"[769] problemas particularmente sensibles para Sudamérica y para Chile, que si bien no tiene la extensión ni el volumen de biodiversidad de otros países, alberga uno de los 34 hotspots o territorios terrestres del mundo, aunque pequeños, de mayor biodiversidad cualitativa del mundo en la región centro sur del país[770].

---

ribe, www.pnuma.org; informes del Grupo Intergubernamental de Expertos sobre el Cambio Climático. IPPC en www.ipcc.ch, entre muchos otros.

[766]   PNUMA. Programa de las Naciones Unidas para el Medio Ambiente. *Situación actual del derecho internacional ambiental en América Latina y el Caribe*, 1ª Edición, México, 1993, pág. 6; PNUMA. Perspectivas del medio ambiente de América Latina y el Caribe, 2010; CEPAL. Comisión Económica para América Latina y el Caribe, *Panorama de los recursos naturales en América Latina y el Caribe*. Resumen ejecutivo (LC/PUB.2023/7), Santiago, 2023.

[767]   Comisión Económica para América Latina y el Caribe (CEPAL), *Panorama de los recursos naturales en América Latina y el Caribe*. Resumen ejecutivo (LC/PUB.2023/7), Santiago, 2023, pág. 18.

[768]   Cfr. URIBE, Eduardo. *El cambio climático y sus efectos en la biodiversidad en América Latina*. CEPAL, Santiago, 2015.

[769]   BRAÑES, Raúl. *Manual de Derecho Ambiental Mexicano*. Fondo de Cultura Económica, México, 1994, pág. 644.

[770]   Conservation International es la organización internacional que ha desarrollado este concepto reconociendo a la región centro-sur de Chile, no-

Sabemos que en el plano internacional los avances son lentos y que a partir de la Cumbre de Río de 1992 no se ha logrado una reversión de los procesos de pérdida de biodiversidad a pesar de la adopción de importantes instrumentos jurídicos vinculantes que apuntan a establecer medidas hacia esa dirección y entre los que destaca el Convenio sobre Diversidad Biológica[771], la adopción de la Agenda 21 o el Acuerdo de Paris sobre Cambio Climático.

A raíz del fracaso de las estructuras jurídicas tradicionales para hacer frente a los desafíos ambientales globales, es que se hace imperioso avanzar desde una concepción de protección o conservación ambiental represiva hacia una preventiva en el que el énfasis ya no puede estar puesto en la tradición del derecho de daños o de responsabilidades *ex post*, sino en un derecho de la conservación ambiental que presupone herramientas jurídicas preventivas eficaces. Este derecho en palabras de UBILLA, "post-regulatorio o post-intervencionista propende a que tanto los instrumentos regulatorios tradicionales (incluso el sistema de responsabilidad civil) como los nuevos instrumentos económicos y procedimentales, se orienten a generar en los entes regulados la internalización del interés ambiental y el perfeccionamiento de las estructuras internas de percepción del entorno y de acumulación y procesamiento de información"[772]

Para ello no sólo debemos transitar hacia un derecho preventivo, contralor e innovador de las estructuras tradicionales —un derecho de conservación y control ambiental— sino que dentro de este debemos establecer técnicas innovadoras que superen las técnicas clásicas de establecimiento de ASP[773] o de protección de especies singulares que han cumplido su rol —acotado— pero insuficiente —hoy— para la conservación de la biodiversidad. Por ello y para ello

---

minada como "bosque valdiviano", como uno de los "hotspots" o puntos calientes de mayor valor y amenaza del planeta. Vid. CONAMA, 2008. *Biodiversidad de Chile, Patrimonio y Desafíos,* Ocho Libros Editores (Santiago de Chile), 640 pp.

[771] Establecida el 5 de junio de 1992, en Río de Janeiro, Brasil.

[772] UBILLA, Jaime. Op. cit., pág. 75.

[773] En este mismo sentido, por ejemplo, HALFFTER, Gonzalo. "Áreas Naturales protegidas y Conservación de la Biodiversidad: Una Perspectiva Latinoamericana" en Revista Universidad de Guadalupe, marzo-abril, 1995.

es que resulta fundamental concebir la biodiversidad como objeto y bien jurídico en sí mismo, autónomo y central para la conservación ambiental y a partir de allí para la conservación o mantención de las condiciones de vida del planeta amenazado, junto al control de las actividades humanas que generan el uso intensivo de gases de efecto invernadero que han dado origen al cambio climático. Así, habrá de transitar prontamente de un sistema de conservación de la naturaleza a través del establecimiento de ASP y de protecciones a especies singulares —paradigma clásico y en cierto modo romántico de la conservación ambiental— hacia uno de conservación holística de la biodiversidad que combine, de manera dinámica e integrada los instrumentos clásicos y otros modernos como el establecimiento de APP, de corredores biológicos, e instrumentos económicos, como pago por servicios ambientales de los ecosistemas y tributarios para la conservación y para el control de las actividades humanas ofensivas del medio ambiente. Se pasa así de un enfoque estático, parcial o sectorial de conservación que se ha focalizado en custodiar reductos naturales o especies silvestres por un interés estético o filantrópico, a uno dinámico que sustentado en las ciencias biológicas concibe la conservación de sistemas biológicos como claves y estratégicos para la mantención de las condiciones y de los servicios ambientales de que depende la vida en el planeta.

II. POLÍTICA AMBIENTAL SOBRE BIODIVERSIDAD

El tercer objetivo de la "Política Nacional Ambiental", de 1998, se vincula al concepto de biodiversidad, y es el fomento de la protección del patrimonio ambiental y el uso sustentable de los recursos naturales.

Señala que para cumplir este objetivo es necesario establecer y mejorar los estándares y medidas de conservación, manejo y utilización sustentable de los recursos naturales, contribuyendo a la formulación de políticas de Estado, que cautelen el patrimonio ambiental natural.

El desarrollo sustentable de los recursos naturales renovables implica mantener la capacidad de regeneración de estos recursos y la integridad de los ecosistemas de los cuales dependen. Su gestión debe realizarse en forma integral, en reconocimiento del amplio espectro de sus usos y valores, incluyendo no sólo la producción de bienes, sino también los servicios que prestan como hábitat de especies, parques recreacionales, la mantención de la biodiversidad y otros.

Las líneas de acción propuestas por esta política eran:

- La dictación del marco regulatorio sobre recursos naturales señalado en la Ley 19.300 y otros cuerpos legales.

  Ello implica el desarrollo del marco legal y el perfeccionamiento del Sistema Nacional de Áreas Silvestres Protegidas; la dictación de la normativa regulatoria para el fomento e incentivo a la creación de áreas silvestres protegidas de propiedad privada; la promulgación del reglamento de clasificación de especies según su estado de conservación; el desarrollo de inventarios de especies de flora y fauna; y la formulación de planes de manejo que regulen el uso y aprovechamiento de los recursos naturales renovables.

- Definición y establecimiento de estándares y medidas de conservación para los siguientes recursos naturales: biodiversidad, bosque nativo, recursos hidrobiológicos, recursos hídricos, suelos.

- Reforzamiento de la institucionalidad forestal.

  El rediseño de la institucionalidad forestal, podría plasmarse en la creación de una Subsecretaría Forestal, del Servicio Forestal y del Servicio Nacional de Parques, pero ninguno de dichas instituciones ha visto la luz desde que se formularan dichas intenciones.

- Diseño de bases para el manejo sustentable del territorio, de cuencas hidrográficas y de zonas costeras.

  Esta línea de acción, según declara la política oficial, se orienta a promover la incorporación del concepto de cuenca hidrográfica, como unidad de planificación física, así como la actualización de los instrumentos de ordenamiento territorial vigentes, introduciendo en ellos consideraciones ambientales y ecosistémicas. Sin embargo, existe escaso avance en ello no

existiendo aún una ley que regule el ordenamiento territorial
ni en el ámbito terrestre ni marítimo.

• Conocimiento de los ecosistemas.

El diseño de los estándares y medidas de conservación requiere, según expresa la Política oficial, un adecuado nivel de
conocimiento de variables ecológicas, tales como las tasas de
reciclaje, los flujos de energía, las interacciones entre comunidades, la sucesión ecológica, la evolución de los ecosistemas y
los efectos antrópicos benéficos y perjudiciales para ellos. Sin
embargo, al ver la opción real del Estado sobre estas materias
se puede apreciar su postergación permanente en beneficio de
las políticas clásicas.

La protección de la diversidad biológica es responsabilidad fundamental del Estado para lo cual éste debe adoptar acciones y medidas tendientes a conservar los ecosistemas, las especies y los recursos
genéticos. Esta responsabilidad se expresa, entre otras cosas, en la
administración de un sistema nacional de áreas silvestres protegidas
(SNAP); en el fomento e incentivo de la creación de áreas silvestres
protegidas de propiedad privada; la elaboración de instrumentos de
protección de especies de flora y fauna silvestres según su estado de
conservación; la actualización de catastros e inventarios de ellas; y
la implementación de un sistema de fiscalización de las normas de
preservación y conservación.

En efecto, recién el año 2004 Chile comienza la implementación
de una *Estrategia Nacional de Conservación de la Biodiversidad*[774], gene-
rada en el marco de la Política Ambiental Nacional y que tuvo como
precedente la elaboración de estrategias regionales de conservación
de la biodiversidad a partir de 2002.

Esta estrategia debe ser complementada con otras también diseñadas para la protección de la naturaleza desde enfoques particulares,
tales como la Estrategia Nacional de Cambio Climático (aprobada en
enero de 2006), la Estrategia Nacional de Humedales (aprobada en

---

[774] Aprobada por el Consejo Directivo de CONAMA en diciembre de 2003,
actualizada a 2020, para el periodo 2017-2030.

diciembre de 2005), el Plan Nacional de Protección de Humedales 2018-2022 (2018), la Política Nacional de Áreas Protegidas (aprobada en diciembre de 2005) y la Política Nacional de Especies Amenazadas (aprobada en diciembre de 2005). [775]

A partir de la aprobación de la Estrategia, la autoridad ambiental se abocó a la formulación de un *Plan de Acción de Corto Plazo* aprobado por el Consejo de Ministros de CONAMA en agosto del 2004, hasta que en 2005 es aprobado, finalmente, el *Plan de Acción País de la Estrategia Nacional de Biodiversidad* (2004-2015)[776],y un Plan de Adaptación al Cambio Climático en Biodiversidad en 2014[777].

La ENCB se plantea objetivos estratégicos relativos a insertar el componente biodiversidad en las diversas manifestaciones del quehacer nacional, incluyendo la institucionalidad y regulaciones. Sin embargo, todas estas políticas terminan siendo más bien declaraciones de buenas intenciones antes que medidas concretas, como había quedado en evidencia a través de las postergadas medidas institucionales en la materia.

En lo específico se propone que al 2030, se propenderá a conservar a través de áreas protegidas y otras medidas eficaces basadas en áreas, el 100% del 17% de la superficie total de los ecosistemas terrestres, incluyendo ecosistemas acuáticos continentales, y el 100% del 10% de la superficie total de las zonas marinas y costeras prioritarias del país[778].

Una de las acciones relevantes de los Plan de Acción de la ENCB fue la implementación del proyecto CONAMA/GEF/PNUD "Creación de un Sistema Nacional Integral de Áreas Protegidas: una estructura operacional y financiera", principal mecanismo de cooperación internacional financiado por el Fondo Mundial del Medio Ambiente

---

[775] Véase los textos completos de estos instrumentos en www.mma.gob.cl
[776] Aprobado por el Consejo Directivo de CONAMA el 21 de abril de 2005.
[777] Aprobado por el Consejo de Ministros para la Sustentabilidad el 21 de Julio de 2014.
[778] En la ENCBD la meta era el establecimiento, al menos, de la protección del 10% de la superficie de cada uno de los ecosistemas relevantes antes del 2010.

(GEF) para Chile con el objeto de implementar dicho sistema en el período 2009-2014[779].

La Estrategia elaborada en 2003 fue reformulada y actualizada por la "Estrategia Nacional de Biodiversidad 2017-2030", que fue aprobada por el Consejo de Ministros para la Sustentabilidad el 05 de enero de 2018. Lamentablemente por medio de ella no se hizo más que renovar los plazos de las metas incumplidas, ahora para 2030 y reafirmando ya como una cuestión testimonial la necesidad de contar con una institucionalidad *ad hoc,* de cuya necesidad se viene hablando desde los albores de la Estrategia.

Con la dictación de la LMCC N° 21.455 en 2022 se incorporó la conservación, restauración y manejo sostenible de la biodiversidad y de los ecosistemas naturales como sumideros de carbono, como parte de la Estrategia Climática de Largo Plazo (art. 6 N° 1) y entre las políticas de adaptación al cambio climático, la obligación de elaborar Planes Sectoriales de Adaptación entre los cuales se considera el Plan de Adaptación de Biodiversidad, incluyendo ecosistemas terrestres y marinos, cuya elaboración corresponderá al Ministerio del Medio Ambiente (art. 9 N° 1 a)).

Las políticas y estrategias referidas sólo vinieron a materializarse en enero de 2011con el envío para su tramitación legislativa de un *Proyecto de Ley que crea el Servicio de Biodiversidad y Áreas Protegidas e instituye el Sistema Nacional de Áreas Protegidas,* reingresado luego, en un formato similar, en 2014 y que tuvo que esperar desde entonces para recién en junio de 2023 ver la luz mediante su aprobación por parte del Congreso Nacional de la ley SBAP N° 21.600.

III. REGULACIONES DE LA BIODIVERSIDAD

Chile no disponía de una ley especial sobre biodiversidad o de conservación de la naturaleza[780], sino hasta la promulgación de la

---

[779]   Cfr. www.proyectogefsnap.cl

[780]   A pesar de la exhortación que le ha hecho la OCDE desde la evaluación de desempeño de 2005, preocupación reiterada en su informe de 2016.

Ley SBAP N° 21.600 el 21 de agosto de 2023, como si ya la tenían muchos países[781] desarrollados con legislación ambiental relevante como AUSTRALIA[782], FRANCIA[783] o a nivel latinoamericano MEXICO[784], ARGENTINA[785], ECUADOR[786], VENEZUELA[787], PERÚ[788],COSTA RICA[789]o REPUBLICA DOMINICANA[790]. A pesar del esfuerzo sistematizador —que sin duda es un avance— mantenemos aún, como muchos de nuestros vecinos, un conjunto disperso de normativa sec-

---

[781]   Otros países que tienen leyes sobre biodiversidad son Buthan, Bulgaria, India, Japón, Noruega, Filipinas, Sudáfrica, Estados Unidos y Vietnam, Portugal, Brasil, Angola, Italia, Albania, Ucrania, Bangladesh, Etiopía, Rusia.

[782]   Ley de Conservación de la Biodiversidad y de Protección del Medio ambiente de 1999.

[783]   Código del Medio Ambiente: artículos L 110-1 y L.110-2. Cfr. MINISTERIO DE LA ECOLOGÍA Y DEL DESARROLLO SOSTENIBLE. *La stratégie nationale pour la biodiversité*, París, Francia, París, Francia, el Ministerio, 17 de enero de 2005, 49 p. www.ecologie.gouv.fr

[784]   México cuenta con un Código para la Biodiversidad del Estado de México, aprobado el 13 de mayo de 2005, además de un conjunto de leyes como la Ley General del Equilibrio Ecológico y la Protección al Ambiente (LGEEPA) de 1988; Ley de Aguas Nacionales, la Ley General de Vida Silvestre, la Ley General de Desarrollo Forestal Sustentable, la Ley General para la Prevención y Gestión Integral de los Residuos (2003) y la Ley de Bioseguridad de Organismos Genéticamente Modificados (2005), muchas de las cuales son sistematizadas por la primera.

[785]   Ley 2.600 sobre biodiversidad de la Provincia de Río Negro.

[786]   Ley N° 3 que protege la biodiversidad en el Ecuador, de 2004.

[787]   Ley Orgánica para la Conservación Ambiental; Ley Orgánica para la Ordenación Territorial y Urbanística; Ley Orgánica de los Espacios Acuáticos e Insulares; Ley de Diversidad Biológica; Ley Penal del Ambiente; Ley de Protección a la Fauna Silvestre y su Reglamento; Ley Forestal de Suelos y Aguas; Ley de Zonas Costeras; Ley de Zonas Especiales de Desarrollo Sustentable.

[788]   Ley 26.839 de 1997 sobre conservación y aprovechamiento de la diversidad biológica.

[789]   Costa Rica cuenta con la Ley Biodiversidad N° 7788 del 30 de abril de 1998. Además, cuenta con una Ley de Parques Nacionales. N0 6084, de 1977; Ley de Creación del Ministerio de Recursos Naturales, Energía y Minas (MIRENEM). N0 7152, de 1990; Ley de Conservación de la Vida Silvestre. N0 7317, de 1992; Ley Orgánica del Ambiente. N0 7554, de 1995; Ley Forestal. N0 7575, de 1996.

[790]   Ley N° 333-15, Ley Sectorial sobre Biodiversidad, de 2015.

torial que regula y protege diversas expresiones particulares de la biodiversidad y los recursos naturales.

Es de destacar, frente a esta dispersión latinoamericanista, el esfuerzo codificador emprendido por MEXICO, que mediante el "Código para la Biodiversidad del Estado de México"[791], de 2005, ha pretendido sistematizar toda su legislación ambiental en más de 700 artículos organizados en 5 libros, poniendo como eje central a la biodiversidad.

ESPAÑA[792], en tanto, ha evolucionado desde una regulación de ENP a una de Biodiversidad mediante la Ley 42/2007 que "no introduce grandes novedades en la regulación de los espacios naturales. Añade a las categorías ya existentes en la legislación anterior las "áreas marinas protegidas" y las "áreas protegidas por instrumentos internacionales", aunque crea mayor claridad en relación con las disposiciones sobre la Red Natura 2000. De este modo, y con la salvedad del título competencial de gestión de parques nacionales atribuido a las comunidades autónomas, la regulación básica actual de espacios naturales se mantiene sin grandes cambios con respecto a la Ley 4/1989."[793]

De hecho, en palabras de GERMÁN VALENCIA, la ley española de biodiversidad en su acápite sobre "conservación de la biodiversidad" no hace más que regular las derogadas normas sobre flora y fauna de la Ley 4/1989 lo que se explicaría por "la influencia y prestigio del Convenio de Río sobre Diversidad Biológica, lo que no quiere decir que aporten más luces sobre una materia de contornos difusos"[794].

---

[791] Decreto N° 183 publicado en la Sección Tercera de la Gaceta del Gobierno del Estado de México, el miércoles 3 de mayo de 2006.

[792] Un detallado estudio de la evaluación del derecho ambiental y europeo de la conservación puede encontrarse en LÓPEZ RAMÓN, Fernando. *Política Ecológica y Pluralismo Territorial*, Marcial Pons, 2009.

[793] ÁLVAREZ CARREÑO, Santiago M". La custodia del territorio como instrumento complementario para la protección de espacios naturales", op.cit. pág. 11.

[794] VALENCIA MARTIN, Germán. "Conservación de la Biodiversidad" en Noticias de la Unión Europea N° 307, Monográfico. Patrimonio Natural y Biodiversidad. Año XXVI, agosto 2010.

En este contexto es difícil discriminar entre aquellas regulaciones que tiene por objeto preciso y específico la biodiversidad, como un componente dinámico y de interrelación ecosistémica, respecto de aquellas que tienen la mirada tradicional sobre componentes ambientales estáticos y no necesariamente relacionados.

Sabemos que de un modo indirecto ciertos cuerpos jurídicos aspiran a proteger la biodiversidad aunque de un modo parcial o sectorializado, como las sabidas leyes sobre AP, flora y fauna.

La legislación ambiental, de la que la de biodiversidad es parte, responde aún a estos enfoques clásicos en que se regulaban, por sector, los elementos de la naturaleza con fines productivos, enfoque que creemos se abandona auténticamente en una ley SBAP que adopta un enfoque propiamente ambiental y ecosistémico.

Lo anterior no significa que se haya superado la mirada sectorial[795] de la legislación ambiental[796]que aún acusa dispersión con un marcado énfasis en lo productivo y en lo patrimonial, a lo que se superpone una legislación sobre biodiversidad que convivirá con estas regulaciones sectoriales. Con este rasgo sectorial, como señala CASTILLO, "...el legislador no ha pretendido legislar sobre el medio ambiente en su conjunto sino más bien, sobre un determinado bien o recurso que lo integra"[797], "sin considerar la pertenencia de esos recursos a un ecosistema dado y las interacciones que tienen lugar en su interior"[798].

---

[795] Cfr. CONAMA, *Repertorio de la Legislación de Relevancia Ambiental Vigente en Chile,* el cual arroja un total de 718 normas, estudio que se posteriormente se suplementó con otros 900 cuerpos jurídicos, 1992.

[796] Esta tiene su origen en 1912 con la creación de las reservas forestales Llanquihue, Alto Bío-Bío y Villarrica. El 1916 se dictó la Ley 3.133 sobre Neutralización de los Residuos Provenientes de Establecimientos Industriales y su Reglamento (D.S. 2491 del Ministerio de Industrias y Obras Públicas). En 1931, por el D.S. 4363 del Ministerio de Tierras y Colonización, se aprobó el texto de la Ley de Bosques.

[797] MARCELO CASTILLO, *Régimen Jurídico, Op. cit.,* pág. 52.

[798] Ver. GUILLERMO RAMÍREZ, *Legislación Ambiental en los Países del Convenio Andrés Bello,* Edit. SECAB, Bogotá, Colombia, 1990, pág. 13.

Las leyes y regulaciones relacionadas con los recursos naturales se remontan a principios del siglo pasado, con especial desarrollo en las décadas de 1930 y 1960. Como consecuencia existen diversos organismos encargados de supervigilar la conservación y la protección de los recursos naturales. Máxime si la gestión sectorial ha privilegiado tradicionalmente los aspectos extractivos y productivos en desmedro de las consideraciones ambientales.

Con el otorgamiento de la Ley de Bases Generales sobre el Medio Ambiente en 1994 se incorporan conceptos nuevos y casi desconocidos hasta ese entonces como el de gestión ambiental y su sustentabilidad que deben orientar las acciones del sector público, del sector privado y a la ciudadanía lo que con el correr de los años permeó en las decisiones ambientales.

Sabemos que la ley 19.300, hace referencia a la necesidad de preservar el patrimonio ambiental y proporciona un cuerpo legal general, al cual se debe referir la legislación sectorial, obligando a una aplicación coherente de toda ella. Incorpora una serie de mandatos, orientados a proteger la biodiversidad, a tutelar la conservación de la naturaleza y a proteger el patrimonio ambiental. Sin embargo, en lo que toca a la conservación ambiental optó por un carácter más bien programática, que reflejó muy bien cuando señalaba que "el uso y aprovechamiento de los recursos naturales renovables se efectuará asegurando su capacidad de regeneración y la diversidad biológica asociada a ellos"[799]. Otra característica de la ley que explica su escaso aporte a la conservación de la biodiversidad es su condición de ley marco, que toma definiciones base que deben orientar la discusión de nuevas leyes en la esfera ambiental.

Tenemos entonces que la nueva regulación sobre biodiversidad, en efecto llena el vacío dejado por la ley 19.300 pero que se añade y a veces se superpone, a las regulaciones preexistentes sobre los recursos naturales (legislación forestal, agrícola, pesquera, etc.).

Por otra parte, en las últimas décadas el país ha ido desarrollando una gran capacidad tecnológica para la explotación y utilización intensiva de los recursos naturales, apoyada por la gestión pública sec-

---

[799] Art. 41.

torial. En ello, se constata un desfase entre el desarrollo tecnológico para el aprovechamiento de los recursos naturales y la adopción de instrumentos modernos para la gestión ambiental de los mismos. No obstante, hay que reconocer avances para la sustentabilidad de emprendimientos mediante las condiciones ambientales exigidas a los nuevos proyectos de inversión en el marco del Sistema de Evaluación de Impacto Ambiental que antes no se exigían.

Respecto a la investigación de base para un mejor conocimiento del funcionamiento de los ecosistemas y de las características intrínsecas de los recursos naturales, la información es aún muy deficitaria. En este ámbito destaca la implementación del Catastro de Vegetación Nativa, una herramienta que permite perfeccionar y ajustar los instrumentos de gestión y de fomento existentes y existen avances importantes en la implementación de sistemas de información en sectores como el pesquero y el hídrico, donde se han desarrollado sistemas de apoyo a la gestión. En contraposición a esta situación, para ecosistemas, suelo y biodiversidad propiamente tal existe escasa información catastral sistemática, insuficiencia que ha retrasado el conocimiento respecto al estado de situación de estos componentes del patrimonio natural del país, condiciones para la sustentabilidad del patrimonio natural.

En Chile la manera de usar y aprovechar el patrimonio natural renovable ha ido evolucionando en las últimas décadas del pasado milenio desde el predominio de una cultura meramente extractiva-productiva, en que se ignoraba las funciones ecosistémicas a una preocupación cada vez mayor por la capacidad de regeneración y resiliencia de los que se debe reconocer a los recursos naturales y a la biodiversidad como activos estratégicos en el combate al cambio climático. No obstante, estamos lejos de que ello se traduzca en políticas y regulaciones concretas y eficaces en tal sentido.

IV. INSTRUMENTOS DE GESTIÓN DE LA BIODIVERSIDAD

Desde una perspectiva cronológica, los primeros instrumentos que podríamos considerar de resguardo de la biodiversidad usados efectivamente datan del año 1967, fecha desde la cual el país es parte de la Convención de Washington que dio origen a una profusa regulación normativa de protección de especies silvestres y espacios naturales protegidos, de parte del SAG y CONAF[800].Luego a partir de los años 90 lo propio hizo SUBPESCA y SERNAPESCA por medio de la creación de áreas marinas protegidas.

La legislación urbanística también, de cierto modo, ha intentado recoger la demanda de conservación del patrimonio ambiental en algunos de sus instrumentos como el Plan Regulador Metropolitano de Santiago[801] el cual establece "Áreas de Valor Natural" dentro de las cuales se contemplan las "Áreas de Preservación Ecológica", que corresponden fundamentalmente a aquellas áreas que deben ser mantenidas en estado natural, para asegurar y contribuir al equilibrio y calidad del medio ambiente, así como preservar el patrimonio paisajístico[802]. Son parte integrante de estas zonas, los sectores altos de las cuencas y microcuencas hidrográficas; los reservorios de agua y cauces naturales; las áreas de preservación del recurso nieve, tanto para su preservación como fuente de agua potable, las cumbres y los farellones; los enclaves de flora y refugios de fauna; como así mismo, los componentes paisajísticos destacados.

Pero sabemos que esta ha sido la técnica clásica aplicada por el derecho ambiental, de alcances acotados, que hoy nos plantea el desafío de su redefinición para la conservación de la biodiversidad como valor o activo ambiental propio.

Ya con la Ley de Medio Ambiente y la vigencia del SEIA a partir de 1997 y hasta nuestros días, fue éste el instrumento que se convirtió en el principal y tal vez el exclusivo instrumento de gestión de la biodiversidad.

---

[800]   Esto es sin perjuicio de que se reconocen fuentes normativas que han tenido por objeto la conservación de la biodiversidad incluso con anterioridad como la propia Ley de Bosques de 1929 y los decretos de Parques y Reservas que igualmente datan de principios del siglo XX.

[801]   Resolución N° 20 de 6 de octubre de 1994, del Gobierno Regional Metropolitano, publicada en el Diario Oficial con fecha 4 de noviembre de 1994.

[802]   Artículo 8.3.1.1. de la mencionada Resolución.

Hoy con la ley SBAP se refrendan los instrumentos clásicos —áreas protegidas, técnicas de conservación de especies— pero se añaden otros especialmente diseñados para la conservación de ecosistemas —que hemos analizado aparte— o derechamente para la gestión de la diversidad biológica en su conjunto.

1. Planes de Manejo de Recursos Naturales

La ley 19.300 concibió Planes de Manejo como "aquellos que tienen por finalidad efectuar un uso y aprovechamiento de los recursos naturales renovables, asegurando su capacidad de regeneración y la diversidad biológica asociada a ellos, en especial de aquellas especies amenazadas"[803].Se trata por tanto del primer instrumento que la ley destina a asegurar la biodiversidad, aun cuando su foco es la gestión de un recurso natural en particular, en conformidad a la legislación sectorial que corresponda.

La ley SBAP los define en tanto como un instrumento de gestión ambiental basado en la mejor evidencia posible, que establece metas, principios, objetivos, criterios, medidas, plazos y responsabilidades para la gestión adaptativa de la biodiversidad (art. 3 N° 20). Se innova así respecto del resto de los planes de manejo sectoriales incorporando el enfoque adaptativo, es decir, flexible a los cambios propios del ambiente y particularmente fruto del fenómeno del cambio climático[804].

Los Planes de Manejo de RR.NN. se exigen y definen entre el órgano sectorial y el SBAP, para cada sector productivo que haga uso y aprovechamiento de ellos y según lo que establezca la legislación sectorial pertinente.

Las consideraciones que deben incluir son[805]:

---

[803] ASTORGA JORQUERA, Eduardo. *Derecho Ambiental Chileno, Parte General.* Lexis Nexis, Santiago de Chile, 2006, pág. 255.
[804] LAUSCHE, Bárbara. (2011). *Guidelines for Protected Areas Legislation.* Op. cit., pág. 37.
[805] Ver artículo 42 de la Ley 19.300.

a) La mantención de los caudales de aguas y conservación de suelos;

b) La mantención del valor paisajístico de un área geográfica determinada[806];

c) La protección de especies de flora y fauna amenazadas.

Ello además de contener y cumplir con todas aquellas consideraciones que les exija la legislación sectorial pertinente. Así en materia forestal se deberá cumplir con las exigencias de corta que establezca la legislación forestal o en materia pesquera se deberán cumplir con ciertas medidas de conservación, de captura, etc. que señale dicha normativa.

El plan de manejo en Chile está pensado para la gestión pública del área o recurso de que se trate; sin embargo, es un instrumento aplicable también a su gestión privada como acontece en materia forestal o en materia de recursos marinos bentónicos.

Con todo, este instrumento, en cuanto a sus requisitos y consideraciones ambientales expuestos, no se aplica en áreas protegidas —que tienes sus propios PM— ni a los proyectos sometidos y aprobados en el marco del SEIA regulado por la Ley de Medio Ambiente, para los cuales la evaluación ambiental suple los planes de manejo. Ello sin perjuicio que en el marco de la actividad pertinente se requiera a su vez de la elaboración de planes de manejo sectoriales como, por ejemplo, cuando una actividad evaluada ambientalmente requerirá intervenir, talar o eliminar bosque en cuyo caso deberá presentar el correspondiente plan de manejo en el contexto del SEIA para la obtención de un PAS o con posterioridad a éste por exigencias de carácter sectorial[807].

En materia forestal es definido como el "instrumento que, reuniendo los requisitos que se establecen en este cuerpo legal, regula

[806] Ver JAVIER BENAYAS DEL ÁLAMO, *Paisaje y Educación Ambiental, Evaluación de cambios de actitudes hacia el entorno*, Monografías de la Secretaría de Estado para las Políticas del Agua y el Medio Ambiente, MOPT, Ministerio de Obras Públicas y Transportes, Madrid, España, 1992.

[807] Art. 42 Ley 19.300.

el uso y aprovechamiento racional de los recursos naturales renovables de un terreno determinado, con el fin de obtener el máximo beneficio de ellos, asegurando al mismo tiempo la preservación, conservación, mejoramiento y acrecentamiento de dichos recursos y su ecosistema"[808].

El plan de manejo es exigido para cualquiera acción de corta o explotación de bosque nativo, el que deberá ser aprobado por CONAF[809], el que deberá considerar las normas de protección ambiental establecidas en la ley[810].

De igual modo, y ampliando la disposición anterior, es exigible respecto a los terrenos calificados de aptitud preferentemente forestal y a los bosques naturales y artificiales[811].

En el ámbito marino es igualmente trascendente por cuanto atendido que se permiten actividades pesqueras y acuícolas controladas en Reservas Forestales y Nacionales, se deberá cumplir con el plan de manejo correspondiente si la actividad que se permita ejecutar en el área, recae sobre una unidad de pesquería[812] declarada en régimen de plena explotación, de recuperación o de desarrollo incipiente[813].

---

[808] Art. 2 DL 701.

[809] Art. 21 DL 701.

[810] Vid. Dictamen de la CGR N° 6.271, de 16 de marzo de 2020 en relación con sentencia de la E. Corte Suprema, de fecha 12 de noviembre de 2020, Rol N° 33.748-20, en los que se establece que "resulta incompatible autorizar un plan de manejo de corta de bosque nativo para recuperación de terrenos con fines agrícolas, por cuanto dicho permiso no cumpliría con el objeto de proteger, recuperar y mejorar el bosque nativo".

[811] Art. 2 Ley de Bosques.

[812] La Ley de Pesca define "unidad de pesquería" como el conjunto de actividades de pesca industrial ejecutadas respecto de una especie hidrobiológica determinada, en un área geográfica específica (art. 2). Ahora, los regímenes señalados corresponden a aquellos con diversos grados de restricción para la explotación de los recursos y en cuya situación se encuentran la mayoría de las especies marinas explotadas comercialmente en Chile (Ver detalle en art. 1 transitorio y siguientes de la Ley de Pesca).

[813] Art. 8 de la Ley de Pesca.

El Plan de Manejo constituye, entonces, un instrumento útil para el control del uso y aprovechamiento de los recursos naturales de una AP y de general aplicación en la gestión privada de recursos naturales.

La ley ambiental sentó las bases de los planes de manejo; sin embargo, no clarificó su relación con los planes de manejo sectoriales, lo que tampoco hizo la ley SBAP. Así, por ejemplo, los planes de manejo forestal tienen un enfoque principalmente silvicultural centrado en las técnicas forestales para aprovechar el recurso forestal de que se trate con miras a la producción de bienes y servicios, pero normalmente prescinden de los enfoques ambientales de mayor alcance que contempla la legislación ambiental[814].En tanto, existen también en el sector agropecuario los planes de manejo agrícolas mediante el cual "el productor se compromete a conseguir los objetivos de elevar la condición actual del suelo, asegurando su sustentabilidad medioambiental"[815].

De lo expuesto es posible concluir que el concepto biodiversidad puede encontrar una fuente normativa operacional en los "Planes de Manejo" en aquellos aspectos vinculados con las consideraciones cuantitativas de los caudales de agua —caudal ecológico mínimo—, el resguardo de los suelos de acuerdo a su natural vocación, el valor paisajístico o turístico de una zona[816], y la conservación o preservación según corresponda de la fauna y la flora según su estatus de resguardo.

2. Sistema de Información y Monitoreo de la Biodiversidad

La ley SBAP incorporó un sistema de acceso público de información de la biodiversidad, el que contendrá la información de (art. 24):

---

[814]   Cfr. DONOSO, Claudio y LARA, Antonio (Editores). *Silvicultura de los Bosques Nativos de Chile.* Editorial Universitaria, Santiago de Chile, 1999.

[815]   Art. 2 letra f) de la Ley 20.412 que establece un sistema de incentivos para la sustentabilidad agroambiental de los suelos agropecuarios.

[816]   Ver DIEGO AZQUETA OYARZUN, *Valoración Económica de la Calidad Ambiental,* págs. 11 y ss., Edit. Mc Graw-Hill, Madrid, España, 1995.

– Inventarios de ecosistemas terrestres, marinos, acuáticos continentales, incluidos los humedales y glaciares; y su entorno abiótico, acuático y terrestre;

– Inventarios de especies y su variabilidad genética;

– Imágenes espaciales;

– Servicios ecosistémicos;

– Áreas protegidas; ecosistemas amenazados, áreas degradadas, sitios prioritarios; y toda otra información relevante para la gestión de la conservación de la biodiversidad.

Los principios que están detrás del sistema de información de la biodiversidad están asociados a su valoración, derivada del conocimiento que de ella se tenga —principio de información— y de los servicios que se le reconozcan —principio de valoración de los servicios ecosistémicos— (art. 2).

El SBAP además definirá e implementará programas de monitoreo de los ecosistemas terrestres y acuáticos, marinos y continentales, así como de las especies y su variabilidad genética (art. 25)

El monitoreo tendrá por objeto generar información sistemática sobre la biodiversidad en sus distintos niveles, su estado, servicios ecosistémicos, entre otros, a escalas nacional, regional y local.

El monitoreo podrá ser realizado directamente por el SBAP, o bien encomendarse por éste a otros órganos de la Administración del Estado.

En este ámbito le corresponde también como parte de los PM de AP elaborar un plan de monitoreo y seguimiento, con metas medibles e indicadores de seguimiento del área protegida (art. 72 letra c)).

3. *Planificación Ecológica*

El MMA deberá elaborar una planificación ecológica del país con el objetivo de definir prioridades de conservación de la biodiversidad, que deberá ser considerada para la elaboración y/o actualización de los IOT del art. 7° bis de la ley N° 19.300 lo que, a juicio nuestro, significa que estos OIT deberán respetar los contenidos de la referida Planificación y no desconocerla.

Evidentemente estas prioridades emanan del valor que se le asigna al territorio, a los recursos naturales o a los diversos componentes de la biodiversidad, sobre la base del conocimiento e información emanada del Sistema creado al efecto.

Desde este punto de vista, el concepto de biodiversidad requiere de una valoración previa del territorio por parte de la administración, que establezca *a priori* este valor.

El valor ambiental del territorio, —concepto recogido por el SEIA— lejos de valoraciones económicas como algunos podrían atribuirle, lo podemos definir como "El grado de utilidad o aptitud de un ámbito geográfico definido por la autoridad competente, acorde con las características naturales del territorio, cumplimiento de las normas de calidad ambiental, presencia de especies o áreas protegidas, valor paisajístico, establecido a base de su unicidad, escasez, representatividad, endemismo, biodiversidad y estado de conservación"[817].

Lo expuesto significa que la planificación ecológica importa un juicio de valoración de la biodiversidad, en cumplimiento de los principios de información y valorización de los servicios ecosistémicos, que los instrumentos de gestión ambiental deben encarnar y realizar.

Esta planificación incluirá (art. 28 Ley SBAP):

a) La identificación de los sitios prioritarios en el país, sobre la base de los inventarios de ecosistemas terrestres y acuáticos, marinos y continentales, la clasificación de ecosistemas y las cuencas hidrográficas del país.

b) La identificación de los usos del territorio, en base a la normativa vigente.

c) La identificación de los procesos y categorías de actividades que tengan, o sea probable que tengan, efectos perjudiciales

---

[817]   Definición basada en el texto original del proyecto de reglamento del SEIA de 30 de marzo de 1995.

en la conservación de la biodiversidad en relación a determinadas áreas. Aquí, a nuestro juicio, debieran estar identificadas a lo menos todos las actividades que generan impactos ambientales significativos a componentes de la biodiversidad de acuerdo al SEIA.

d) Buenas prácticas para la conservación de la biodiversidad, que puedan ser implementadas en atención a los distintos tipos de uso del territorio. A nuestro juicio, estas corresponden a lo menos a aquellas definidas como "prácticas sustentables" en el art. 50 de la ley SBAP.

e) Otros antecedentes que proponga el Comité Científico Asesor.

4. *Biodiversidad y Evaluación de Impacto Ambiental*[818]

El sistema de evaluación de impacto ambiental contenida en la Ley 19.300 puede ser considerado, en sí mismo, como uno de los principales instrumentos utilizados para la gestión de la biodiversidad en cuanto puede imponer a los titulares de proyectos condiciones particulares tendientes a conservar la biodiversidad mediante las resoluciones de calificación ambiental. Es junto a las técnicas clásicas el gran instrumento con el que en la práctica se ha gestionado la biodiversidad en el modelo chileno, razón por la que amerita un tratamiento especial.

En Chile la evaluación de impacto ambiental es el procedimiento que determina si el impacto ambiental de una actividad o proyecto se ajusta a las normas vigentes[819]. No habiendo en Chile mayores regulaciones sustantivas sobre biodiversidad —hasta la ley SBAP— resulta especialmente complejo y problemático el rol de este instrumento para el resguardo de la biodiversidad. Por ello al interior de este ya clásico instituto, se ha planteado, por ejemplo, la necesidad de desarrollar y contar con mecanismos especiales para la elabora-

---

[818]   Cfr. ASTORGA JORQUERA, Eduardo, SOTO OYARZÚN, Lorenzo y IZA, Alejandro (Editores). *Evaluación de impacto ambiental y diversidad biológica.* UICN, Gland, Suiza, 2007.

[819]   Art. 2 letra j) Ley 19.300.

ción e implementación de Estudios de Impacto Ambiental (EIA) que incorporen en forma específica el componente "biodiversidad" o el "Biodiversity Impact Assessments (BIA)"[820]. De hecho el Convenio de Biodiversidad exige una consideración especial del componente biodiversidad en la evaluación de impacto ambiental con miras a evitar o reducir al mínimo los efectos sobre ella[821]. La interrogante que

---

[820] La Convención sobre Diversidad Biológica ha adoptado las siguientes decisiones sobre el artículo 14: Evaluación del impacto y reducción al mínimo del impacto adverso.
Decisión IV/10 C: Medidas para aplicar el Convenio sobre la Diversidad Biológica.
Decisión V/18: Evaluación del impacto, responsabilidad y reparación.
Decisión VI/7 Sección A: Identificación, vigilancia, indicadores y evaluaciones.
Decisión VI/10 Sección D: artículo 8 j) y disposiciones conexas.
Decisión VII/7: Evaluación del impacto ambiental y evaluación ambiental estratégica.
Decisión VIII/28: Evaluación del impacto: directrices voluntarias sobre evaluación del impacto, incluida la diversidad biológica.
Decisión X/29: Diversidad biológica marina y costera. Identificación de zonas de importancia ecológica o biológica (EBSA) y aspectos científicos y técnicos pertinentes a la evaluación del impacto ambiental en zonas marinas (párrafos 21 a 51).

[821] El artículo 14 del Convenio sobre "Evaluación del impacto y reducción al mínimo del impacto adverso" establece:
1. Cada Parte Contratante, en la medida de lo posible y según proceda:
a) Establecerá procedimientos apropiados por los que se exija la evaluación del impacto ambiental de sus proyectos propuestos que puedan tener efectos adversos importantes para la diversidad biológica con miras a evitar o reducir al mínimo esos efectos y, cuando proceda, permitirá la participación del público en esos procedimientos.
b) Establecerá arreglos apropiados para asegurarse de que se tengan debidamente en cuenta las consecuencias ambientales de sus programas y políticas que puedan tener efectos adversos importantes para la diversidad biológica;
c) Promoverá, con carácter recíproco, la notificación, el intercambio de información y las consultas acerca de las actividades bajo su jurisdicción o control que previsiblemente tendrían efectos adversos importantes para la diversidad biológica de otros Estados o de zonas no sujetas a jurisdicción nacional, alentando la concertación de acuerdos bilaterales, regionales o multilaterales, según proceda;

surge consecuentemente es si realmente es necesario un instrumento *ad-hoc* como los BIA, acotado específicamente al tema, dotándolo de una especial profundidad y tratamiento, o son suficientes los EIA, en la medida que incorporen la diversidad biológica como parte de la evaluación tradicional.

Un avance en esta dirección que podría superar en parte las falencias del SEIA sería la incorporación de la Evaluación Ambiental Estratégica (EAE) al sistema chileno en 2010, como instrumento para gestionar por vía indirecta la biodiversidad, ya que está pensada para la formulación de las políticas y planes de carácter normativo general, que tengan impacto sobre el medio ambiente o la sustentabilidad, a partir de las cuales se podría poner especial énfasis en la conservación de la biodiversidad[822].

---

d) Notificará inmediatamente, en caso de que se originen bajo su jurisdicción o control peligros inminentes o graves para la diversidad biológica o daños a esa diversidad en la zona bajo la jurisdicción de otros Estados o en zonas más allá de los límites de la jurisdicción nacional, a los Estados que puedan verse afectados por esos peligros o esos daños, además de iniciar medidas para prevenir o reducir al mínimo esos peligros o esos daños; y

e) Promoverá arreglos nacionales sobre medidas de emergencia relacionadas con actividades o acontecimientos naturales o de otra índole que entrañen graves e inminentes peligros para la diversidad biológica, apoyará la cooperación internacional para complementar esas medidas nacionales y, cuando proceda y con el acuerdo de los Estados o las organizaciones regionales de integración económica interesados, establecerá planes conjuntos para situaciones imprevistas.

2. La Conferencia de las Partes examinará, sobre la base de estudios que se llevarán a cabo, la cuestión de la responsabilidad y reparación, incluso el restablecimiento y la indemnización por daños causados a la diversidad biológica, salvo cuando esa responsabilidad sea una cuestión puramente interna.

[822] Mediante la reforma al SEIA por ley 20.417 se incorporó la EAE aplicable a las políticas y planes de carácter normativo general, así como sus modificaciones sustanciales, que tengan impacto sobre el medio ambiente o la sustentabilidad, a los planes regionales de ordenamiento territorial, planes reguladores intercomunales, planes reguladores comunales y planes seccionales, planes regionales de desarrollo urbano y zonificaciones del borde costero, del territorio marítimo y el manejo integrado de cuencas o los instrumentos de ordenamiento territorial que los reemplacen o sistematicen.

Un ejemplo de lo que hablamos podemos encontrarlo en el contexto europeo en la Directiva Hábitats de la Red Natura 2000 que considera y exige en el contexto del establecimiento de su red de ASP la evaluación ambiental de los planes y proyectos que puedan afectar dichas áreas. Sin embargo, a juicio de GARCÍA URETA, se trata de un terreno conflictivo donde la evaluación ambiental en este terreno supranacional "constituye, al menos, de forma inicial, un mecanismo de control de todo tipo de actuaciones con incidencia en la Red Natura 2000"[823].

Independiente de aquello, en Chile el SEIA ha obrado en la práctica como casi el único y exclusivo mecanismo institucional en el que se gestiona la biodiversidad, fuera de las ASP y de la protección de especies singulares, con todas las limitaciones e imperfecciones que este instrumento conlleva para este propósito.

Los proyectos o actividades susceptibles de causar impacto ambiental, en cualesquiera de sus fases, que deberán someterse al SEIA, en función del componente biodiversidad o de sus expresiones clásicas, serían, a nuestro juicio, los siguientes[824]:

- Acueductos, embalses o tranques y sifones que deban someterse a la autorización establecida en el artículo 294 del Código de Aguas; presas, drenajes, desecación, dragado, defensa o alteración, significativos, de cuerpos o cursos naturales de aguas (art. 10 letra a)).

---

[823]   GARCÍA URETA, Agustín. "Directiva de Hábitats y evaluación de impacto ambiental" en GARCÍA URETA, Agustín (Coordinador) La Directiva de Hábitats de la Unión Europea: Balance de 20 años. Editorial Aranzadi, Navarra, 2012, pág. 104.

[824]   Artículo 10 de la Ley 19.300 y 3° del Reglamento del SEIA, DS 40/12 vigente a contar del 12 de noviembre de 2013. Estas normas listan una mayor cantidad de actividades evaluables ambientalmente pero que a nuestro juicio no han sido establecidas en función a una consideración especial de protección de la biodiversidad o de sus expresiones fundamentales, como el agua, la fauna, etc.

El Reglamento del SEIA[825] incluye los glaciares que se encuentren incorporados como tales en un inventario público a cargo

---

[825] De acuerdo al art. 3 del DS 40/12 "Se entenderá que estos proyectos o actividades son significativos cuando se trate de:

a.1. Presas cuyo muro tenga una altura igual o superior a cinco metros (5 m) medidos desde el coronamiento hasta el nivel del terreno natural, en el plano vertical que pasa por el eje de éste y que soportará el embalse de las aguas, o que generen un embalse con una capacidad igual o superior a cincuenta mil metros cúbicos (50.000 m³).

a.2. Drenaje o desecación de:

a.2.1 Vegas y bofedales ubicados en las Regiones de Arica y Parinacota, Tarapacá y Antofagasta, cualquiera sea su superficie de terreno a recuperar y/o afectar.

a.2.2 Suelos "ñadis", cuya superficie de terreno a recuperar y/o afectar sea igual o superior a doscientas hectáreas (200 ha).

a.2.3 Turberas.

a.2.4 Cuerpos naturales de aguas superficiales tales como lagos, lagunas, pantanos, marismas, vegas, albúferas, humedales o bofedales, exceptuándose los identificados en los literales anteriores, cuya superficie de terreno a recuperar y/o afectar sea igual o superior a diez hectáreas (10 ha), tratándose de las Regiones de Arica y Parinacota a la Región de Coquimbo; o a veinte hectáreas (20 ha), tratándose de las Regiones de Valparaíso a la Región del Maule, incluida la Región Metropolitana de Santiago; o a treinta hectáreas (30 ha), tratándose de las Regiones del Bío Bío a la Región de Magallanes y Antártica Chilena.

a.3. Dragado de fango, grava, arenas u otros materiales de cuerpos de aguas continentales, en una cantidad igual o superior a veinte mil metros cúbicos (20.000 m³) de material total a extraer y/o a remover, tratándose de las Regiones de Arica y Parinacota a la Región de Atacama, o en una cantidad de cincuenta mil metros cúbicos (50.000 m³) de material total a extraer y/o a remover, tratándose de las Regiones de Coquimbo a la Región de Magallanes y Antártica Chilena, incluida la Región Metropolitana de Santiago.

Dragado de fango, grava, arenas u otros materiales de cursos o cuerpos de aguas marítimas, en una cantidad igual o superior a cincuenta mil metros cúbicos (50.000 m³) de material total a extraer y/o a remover.

Se entenderá por dragado la extracción y/o movimiento de material del lecho de cuerpos y cursos de aguas continentales o marítimas, por medio de cualquier tipo de maquinaria con el objeto de ahondar y/o limpiar.

a.4. Defensa o alteración de un cuerpo o curso de aguas continentales, tal que se movilice una cantidad igual o superior a cincuenta mil metros cúbicos de material (50.000 m³), tratándose de las Regiones de Arica y Parinacota a la Región de Coquimbo, o cien mil metros cúbicos (100.000 m³), trade la Dirección General de Aguas, decisión que se encuentra justificada a partir de la inclusión de estos ecosistemas en la reforma de 2010 a pesar de la falta de legislación a este respecto[826].

• Los caminos públicos que puedan afectar áreas protegidas (art. 10 letra e))[827].

• Proyectos de desarrollo o explotación forestales en suelos frágiles, en terrenos cubiertos de bosque nativo, de dimensiones industriales (art. 10 letra m))[828].

---

tándose de las Regiones de Valparaíso a la Región de Magallanes y Antártica Chilena, incluida la Región Metropolitana de Santiago.

Se entenderá por defensa o alteración aquellas obras de regularización o protección de las riberas de estos cuerpos o cursos, o actividades que impliquen un cambio de trazado de su cauce, o la modificación artificial de su sección transversal, todas de modo permanente.

La alteración del lecho del curso o cuerpo de agua y de su ribera dentro de la sección que haya sido declarada área preferencial para la pesca recreativa deberá someterse al Sistema de Evaluación de Impacto Ambiental, independiente de la cantidad de material movilizado.

a.5. La ejecución de obras o actividades que impliquen alteración de las características del glaciar.

[826] Vid. Análisis de situación jurídica en Chile sobre Glaciares de este autor en IZA, Alejandro y ROVERE, Marta (Editores) (2006). *Aspectos Jurídicos de la Conservación de los Glaciares.* UICN, Gland, Suiza.

[827] El DS 40/12 establece en su art. 2 letra e.8. que "Se entenderá que los caminos públicos pueden afectar áreas protegidas, cuando se localicen en las áreas definidas en el inciso quinto del artículo 8 de este Reglamento. En tanto este último artículo establece "Se entenderá por áreas protegidas cualesquiera porciones de territorio, delimitadas geográficamente y establecidas mediante un acto administrativo de autoridad competente, colocadas bajo protección oficial con la finalidad de asegurar la diversidad biológica, tutelar la preservación de la naturaleza o conservar el patrimonio ambiental".

[828] De acuerdo al art. 2 letra m) del DS 40/12 "Se entenderá por proyectos de desarrollo o explotación forestal aquellos que, a través de cosecha final en plantaciones forestales ubicadas en suelos frágiles o corta de regeneración por tala rasa en bosques nativos, pretenden la obtención de productos maderables del bosque, su extracción, transporte y depósito en los centros de acopio o de transformación, como asimismo, la transformación de tales productos en el predio.

- Proyectos de explotación intensiva y cultivo de recursos hidrobiológicos (art. 10 letra n))[829].

- Ejecución de obras, programas o actividades en áreas que formen parte del Sistema Nacional de Áreas Protegidas, humedales urbanos y en otras áreas colocadas bajo protección oficial,

---

Se entenderá que los proyectos señalados en los incisos anteriores son de dimensiones industriales cuando se trate de:

m.1. Proyectos de desarrollo o explotación forestal que abarquen una superficie única o continua de corta de cosecha final o corta de regeneración por tala rasa de más de veinte hectáreas anuales (20 ha/año), tratándose de las Regiones de Arica y Parinacota a la Región de Coquimbo, de doscientas hectáreas anuales (200 ha/año), tratándose de las Regiones de Valparaíso y la Región Metropolitana de Santiago, de quinientas hectáreas anuales (500 ha/año), tratándose de las Regiones del Libertador General Bernardo O'Higgins a la Región de Aysén, o de mil hectáreas anuales (1.000 ha/año), tratándose de la Región de Magallanes y Antártica Chilena, y que se ejecuten en:

m.1.1. Suelos frágiles, entendiéndose por tales aquellos susceptibles de sufrir erosión severa debido a factores limitantes intrínsecos, tales como pendiente, textura, estructura, profundidad, drenaje, pedregosidad u otros, según las variables y los criterios de decisión señalados en el artículo 22 del Decreto Supremo N° 193, de 1998, del Ministerio de Agricultura; o

m.1.2. Terrenos cubiertos de bosque nativo, entendiéndose por tales aquellos terrenos con presencia de bosque nativo, definidos de acuerdo a la Ley N° 20.283, sobre Recuperación del Bosque Nativo y Fomento Forestal.

Se entenderá por superficie única o continua la cantidad total de hectáreas de bosques continuos en que se ejecute el proyecto de desarrollo o explotación forestal".

[829] Se entenderá por proyectos de explotación intensiva aquellos que impliquen la utilización, para cualquier propósito, de recursos hidrobiológicos que se encuentren oficialmente declarados en alguna de las categorías de conservación de conformidad a lo señalado en el artículo 37 de la Ley y cuya extracción se realice mediante la operación de barcos fábrica o factoría.

Asimismo, se entenderá por proyectos de cultivo de recursos hidrobiológicos aquellas actividades de acuicultura, organizadas por el hombre, que tienen por objeto engendrar, procrear, alimentar, cuidar y cebar recursos hidrobiológicos a través de sistemas de producción extensivos y/o intensivos, que se desarrollen en aguas continentales, marítimas y/o estuarinas o requieran de suministro de agua.

en los casos en que la legislación respectiva lo permita" (art. 10 letra p))[830].

• Aplicación masiva de productos químicos en zonas rurales próximas a centros poblados o a cursos o masa de aguas que puedan ser afectadas (art. 10 letra q))[831].

• Proyectos de desarrollo, cultivo o explotación, en las áreas mineras, agrícolas, forestales e hidrobiológicas que utilicen organismos genéticamente modificados con fines de producción y en áreas no confinadas (art. 10 letra r))[832].

---

[830] Curiosamente el Reglamento del SEIA no se hizo cargo de interpretar o desarrollar los conceptos señalados a pesar de que como hemos visto el SNASPE no se encuentra vigente y por tanto varios de sus componentes no gozan de definiciones y regulaciones claras y precisas.

[831] De acuerdo al art. 2 letra q) del DS 40/12 "Se entenderá por aplicación masiva los planes y programas destinados a prevenir la aparición o brote de plagas o pestes, así como también aquellos planes y programas operacionales destinados a erradicar la presencia de plagas cuarentenarias ante emergencias fitosanitarias o zoosanitarias, que se efectúen por vía aérea sobre una superficie igual o superior a mil hectáreas (1.000 ha). Asimismo, se entenderá que las aplicaciones en zonas rurales son próximas cuando se realicen a una distancia inferior a cinco kilómetros (5 Km) de centros poblados o a cursos o masas de aguas".

[832] De acuerdo al art. 2 letra r.1. del DS 40/12 "se entenderá que no tienen fines de producción aquellas actividades y proyectos que utilicen organismos genéticamente modificados con fines de investigación, entendiendo por tal, aquella actividad orientada a la obtención de nuevos conocimientos, a generar cambios genéticos conducentes a la creación de nuevas variedades o híbridos no comerciales o para dar solución a problemas o interrogantes de carácter científico o tecnológico.
r.2. Se entenderá por áreas confinadas, los locales, instalaciones, estructuras físicas o predios que cuenten con límites de aislamiento reproductivo o medidas de bioseguridad, sean físicas o biológicas, destinadas a evitar la liberación de organismos genéticamente modificados al medio ambiente o limitar en forma efectiva su cruzamiento con especies sexualmente compatibles.
El Ministerio sectorial correspondiente, con acuerdo del Ministerio del Medio Ambiente, establecerá mediante resolución las medidas generales de bioseguridad que permitan la utilización de organismos genéticamente modificados en áreas confinadas, bajo los parámetros establecidos en el literal r.2. precedente.

- Ejecución de obras o actividades que puedan significar una alteración física o química a los componentes bióticos, a sus interacciones o a los flujos ecosistémicos de humedales que se encuentran total o parcialmente dentro del límite urbano, y que impliquen su relleno, drenaje, secado, extracción de caudales o de áridos, la alteración de la barra terminal, de la vegetación azonal hídrica y ripariana, la extracción de la cubierta vegetal de turberas o el deterioro, menoscabo, transformación o invasión de la flora y la fauna contenida dentro del humedal, indistintamente de su superficie (art. 10 letra s)).

- Cotos de caza, en virtud del artículo 10 de la Ley N° 19.473, que sustituye texto de la Ley N° 4.061[833], sobre Caza, y artículo 609 del Código Civil[834].

- Obras que se concesionen para construir y explotar el subsuelo de los bienes nacionales de uso público, en virtud del artículo 37 del Decreto con Fuerza de Ley N° 1, de 2006, del Ministerio del Interior, que fija el texto refundido de la Ley N° 18.695 Orgánica Constitucional de Municipalidades[835].

Dada la especial relevancia que cobra el bien impactado o afectado en los numerales anteriores, en términos de tratarse de bienes o capital natural que en ocasiones podría no ser fácilmente reponible, es que tanto el evaluador como el titular del proyecto debieran establecer medidas de reparación, mitigación y compensación especialmente apropiadas y con un estándar mayor de exigencia que

---

[833] El artículo 10 referido señala que "Son cotos de caza los predios especialmente destinados a practicar la caza mayor y menor de animales.

Para establecer un coto de caza se requerirá la previa realización de una declaración o estudio de impacto ambiental, en conformidad al procedimiento previsto en la ley N° 19.300, de cuyas conclusiones se desprenda que las actividades de caza en el coto no traerán consecuencias adversas al equilibrio de los ecosistemas existentes en el área geográfica donde se pretenda instalarlo".

[834] Introducida por el art. 2 letra s) del DS 40/12.

[835] Introducida por el art. 2 letra t) del DS 40/12. El art. 37 referido señala que "En forma previa a la iniciación de las obras el concesionario deberá someter el proyecto al sistema de evaluación de impacto ambiental, regulado en la Ley N° 19.300, sobre Bases Generales del Medio Ambiente".

si se tratara de la afección de expresiones reponibles del ambiente o bienes o territorios ya intervenidos, como lo son actividades en zonas urbanas, industriales o en lugares de escaso valor ambiental. Esta premisa responde a la moderna concepción de lo que se llama "compensaciones de biodiversidad" y que emanan de los principios del Convenio de Biodiversidad y que por su importancia analizamos aparte en el acápite siguiente[836].

Respecto de los criterios de ponderación, uno de los principales criterios orientadores para la determinación de la procedencia de un Estudio de Impacto Ambiental, es el que apunta a la especial afectación de determinados componentes del ambiente que el legislador ha estimado y ponderado como de mayor valor jurídico. En este ámbito en el sistema chileno corresponderá realizar un EIA conforme a factores de carácter cuantitativos y cualitativos respecto de los recursos naturales renovables, así como a la magnitud y características de determinados agentes contaminantes que puedan afectar significativamente los sistemas básicos.

El legislador no consagró de manera específica la alteración o afección a la diversidad biológica como causal para la elaboración de un EIA, manteniendo con ello la nomenclatura y referencia clásica y pre moderna sobre lo que hoy sabemos son expresiones de ella. Así los criterios fundamentales, a los que el legislador ambiental asocia el concepto biodiversidad exigiendo que la evaluación ambiental se realice mediante un Estudio de Impacto Ambiental serían los siguientes[837]:

1. Efectos adversos significativos sobre la cantidad y calidad de los recursos naturales renovables, incluidos el suelo, agua y aire[838].

---

[836]   Cfr.www.cbd.int. En CHILE es posible revisar los estudios y la Guía para Compensaciones de Biodiversidad de 2013 en www.mma.gob.cl. COLOMBIA cuenta asimismo con un Manual para la asignación de compensaciones por pérdida de biodiversidad de 2012.

[837]   Art. 11 Ley 19.300.

[838]   Art. 11 letra b) Ley 19.300 que agrega que para los efectos adversos señalados en la letra b), se considerará lo establecido en las normas de calidad ambiental y de emisión vigentes. A falta de tales normas, se utilizarán como referencia las vigentes en los Estados que señale el reglamento.

Especialmente relevante a objeto de evaluar si se generan o presentan los efectos adversos significativos señalados es la consideración que se hacía a la "diversidad biológica presente en el área de influencia del proyecto o actividad, y su capacidad de regeneración", única mención y consideración expresa que el antiguo Reglamento del SEIA hacía a la biodiversidad. Ahora el legislador ha reformado dicha premisa con 2 grupos de consideraciones. Primero ha definido lo que se entiende por dichos "efectos adversos" y ha listado los elementos y supuestos a considerar a efectos de evaluar dichos efectos.

Así respecto a lo primero, esto es, se producen estos efectos adversos a lo menos en los siguientes casos:

- Como consecuencia de la extracción de estos recursos;

- Como consecuencia del emplazamiento de sus partes, obras o acciones;

- Las emisiones, efluentes o residuos, afectan la permanencia del recurso, asociada a su disponibilidad, utilización y aprovechamiento racional futuro;

- Se altera la capacidad de regeneración o renovación del recurso;

- Se alteran las condiciones que hacen posible la presencia y desarrollo de las especies y ecosistemas.

El Reglamento exige poner especial énfasis en aquellos recursos propios del país que sean escasos, únicos o representativos, esto es, cobra especial valor el endemismo.

Ahora, en cuanto a los nuevos elementos a considerar relacionados a la biodiversidad se tiene[839]:

---

[839] Adicionalmente se considera:
e) La diferencia entre los niveles estimados de ruido con proyecto o actividad y el nivel de ruido de fondo representativo y característico del entorno donde se concentre fauna nativa asociada a hábitats de relevancia para su nidificación, reproducción o alimentación.
f) El impacto generado por la utilización y/o manejo de productos químicos, residuos, así como cualesquiera otras sustancias que puedan afectar los recursos naturales renovables.

a) La pérdida de suelo o de su capacidad para sustentar biodiversidad por degradación, erosión, impermeabilización, compactación o presencia de contaminantes.

b) La superficie con plantas, algas, hongos, animales silvestres y biota intervenida, explotada, alterada o manejada y el impacto generado en dicha superficie. Para la evaluación del impacto se deberá considerar la diversidad biológica, así como la presencia y abundancia de especies silvestres en estado de conservación o la existencia de un plan de recuperación, conservación y gestión de dichas especies, de conformidad a lo señalado en el artículo 37 de la Ley.

c) La magnitud y duración del impacto del proyecto o actividad sobre el suelo, agua o aire en relación con la condición de línea de base.

d) La superación de los valores de las concentraciones establecidos en las normas secundarias de calidad ambiental vigentes o el aumento o disminución significativos, según corresponda, de la concentración por sobre los límites establecidos en éstas[840].

g) El impacto generado por el volumen o caudal de recursos hídricos a intervenir o explotar, así como el generado por el transvase de una cuenca o subcuenca hidrográfica a otra, incluyendo el generado por ascenso o descenso de los niveles de aguas subterráneas y superficiales[841].

---

[840] A falta de tales normas, se utilizarán como referencia las normas vigentes en los Estados que se señalan en el artículo 11 del presente Reglamento. En caso que no sea posible evaluar el efecto adverso de acuerdo a lo anterior, se considerará la magnitud y duración del efecto generado sobre la biota por el proyecto o actividad y su relación con la condición de línea de base.

[841] La evaluación de dicho impacto deberá considerar siempre la magnitud de la alteración en:
g.1. Cuerpos de aguas subterráneas que contienen aguas fósiles.
g.2. Cuerpos o cursos de aguas en que se generen fluctuaciones de niveles.
g.3. Vegas y/o bofedales que pudieren ser afectadas por el ascenso o descenso de los niveles de aguas.

h) Los impactos que pueda generar la introducción de especies exóticas al territorio nacional o en áreas, zonas o ecosistemas determinados.

2. Localización en o próxima a poblaciones, recursos y áreas protegidas, sitios prioritarios para la conservación, humedales protegidos y glaciares y áreas con valor para la observación astronómica con fines de investigación científica, susceptibles de ser afectados, así como el valor ambiental del territorio en que se pretende emplazar[842].

El Reglamento hace una detallada definición de estos conceptos y supuestos que han dado lugar a dudas y conflictos por su falta de definición y por lo que hemos venido diciendo sobre la falta de las regulaciones en materia de conservación ambiental.

• Poblaciones protegidas: pueblos indígenas, independiente de su forma de organización[843].

• Recursos protegidos: aquellos colocados bajo protección oficial mediante un acto administrativo de autoridad competente, con la finalidad de asegurar la diversidad biológica, tutelar la preservación de la naturaleza o conservar el patrimonio ambiental[844].

---

g.4. Áreas o zonas de humedales, estuarios y turberas que pudieren ser afectadas por el ascenso o descenso de los niveles de aguas subterráneas o superficiales.

g.5. La superficie o volumen de un glaciar susceptible de modificarse.

[842] Art. 11 letra d) Ley 19.300. El propio Reglamento, primero define que "Se entenderá que el proyecto o actividad se localiza en o próxima a población, recursos y áreas protegidas, sitios prioritarios para la conservación, humedales protegidos, glaciares o a un territorio con valor ambiental, cuando éstas se encuentren en el área de influencia del proyecto o actividad".

[843] El Reglamento agrega que "A objeto de evaluar si el proyecto o actividad es susceptible de afectar poblaciones protegidas, se considerará la extensión, magnitud o duración de la intervención en áreas donde ellas habitan".

[844] El Reglamento agrega que "A objeto de evaluar si el proyecto o actividad es susceptible de afectar recursos se considerará la extensión, magnitud o duración de la intervención de sus partes, obras o acciones, así como de los impactos generados por el proyecto o actividad, teniendo en especial consideración los objetos de protección que se pretenden resguardar".

- Áreas protegidas: cualesquiera porciones de territorio, delimitadas geográficamente y establecidas mediante un acto administrativo de autoridad competente, colocadas bajo protección oficial con la finalidad de asegurar la diversidad biológica, tutelar la preservación de la naturaleza o conservar el patrimonio ambiental[845].

- Humedales protegidos[846]: aquellos ecosistemas acuáticos incluidos en la Lista a que se refiere la Convención Relativa a las Zonas Húmedas de Importancia Internacional Especialmente como Hábitat de las Aves Acuáticas, promulgada mediante Decreto Supremo N° 771, de 1981, del Ministerio de Relaciones Exteriores[847].

- Territorio con valor ambiental: territorio con nula o baja intervención antrópica y provea de servicios ecosistémicos locales relevantes para la población, o cuyos ecosistemas o formaciones naturales presentan características de unicidad, escasez o representatividad[848].

---

[845] El Reglamento agrega que "A objeto de evaluar si el proyecto o actividad es susceptible de afectar áreas protegidas se considerará la extensión, magnitud o duración de la intervención de sus partes, obras o acciones, así como de los impactos generados por el proyecto o actividad, teniendo en especial consideración los objetos de protección que se pretenden resguardar".

[846] Aquí el Reglamento efectúa una definición restrictiva, por cuanto, sabemos que son también humedales protegidos aquellos declarados sitios prioritarios de conservación, los humedales urbanos y los que hayan sido declarados por la DGA con prohibición o restricción de explotación o exploración, como salares, bofedales, vegas y demás sistemas acuáticos altoandinos.

[847] El Reglamento agrega que "A objeto de evaluar si el proyecto o actividad es susceptible de afectar humedales protegidos se considerará la extensión, magnitud o duración de la intervención de sus partes, obras o acciones, así como de los impactos generados por el proyecto o actividad, teniendo en especial consideración los objetos de protección que se pretenden resguardar".

[848] El Reglamento agrega que "A objeto de evaluar si el proyecto o actividad es susceptible de afectar territorios con valor ambiental se considerará la extensión, magnitud o duración de la intervención de sus partes, obras o acciones, así como de los impactos generados por el proyecto o actividad, teniendo en especial consideración los objetos de protección que se pretenden resguardar".

Llama la atención que el reglamento no definió lo que se entiende por "sitios prioritarios para la conservación"[849] ni por "glaciares"[850]. Sin embargo, sobre los primeros habrá que estar a la definición aportada por la ley SBAP, además de estar al listado que de estos sitios mantiene el MMA y la DGA respectivamente.

El SEIA chileno, siguiendo a ASTORGA[851], más que un modelo que permite evaluar la sustentabilidad de los proyectos, es un sistema que simplifica administrativamente los procedimientos para la obtención de los permisos necesarios para la ejecución del proyecto, y permite mejorarlos parcialmente mediante medidas de mitigación, compensación y restauración ambientales, resultando muy difícil su rechazo, en particular en función de conceptos tales como biodiversidad. De hecho, no está establecida la obligación de presentar como requisito previo y necesario, un "Diagnóstico Ambiental de Alternativas", como ocurre en modelos como el norteamericano.

En definitiva, la "labor de ponderación" en el ámbito del Sistema de Evaluación de Impacto Ambiental, deja entregada a la Administración un conjunto de facultades discrecionales destinadas a resolver de acuerdo a los efectos, características y circunstancias de la concreta situación. Para estos efectos, la autoridad ambiental está diseñada como una instancia coordinadora y transectorial, en la cual están representados todos los órganos del Estado con competencia ambiental que en el orden técnico evalúa y propone y en el orden político, dispone y aprueba los proyectos. Esto es, se trata de un mecanismo que en última instancia deja entregada la ponderación y decisión de viabilidad técnico ambiental de un proyecto a una deliberación política, lo que ha conllevado a un creciente descrédito y deslegitimidad del sistema.

---

[849] Vid. Instructivo N° 103008, del 28 de septiembre de 2010 de CONAMA.

[850] En concordancia con el art. 3 letra a) del propio Reglamento habrá que entender por tales a lo menos a aquellos glaciares que se encuentren incorporados como tales en un Inventario Público a cargo de la Dirección General de Aguas. Sin embargo, dado que aquí la norma no hace remisión a dicho inventario, cualquier glaciar reconocido científicamente como tal debiera caer bajo los supuestos de esta norma.

[851] ASTORGA JORQUERA, Eduardo. *Sistema de evaluación de impacto ambiental*, Op. cit.

Adicionalmente a ello, uno de los problemas más significativos del marco regulatorio ambiental chileno es la falta de regulación, planificación y valoración territorial de que adolece Chile, y que la ley SBAP suple por medio de los otros instrumentos previamente analizados.

Ahora bien, lo cierto es que, en el caso chileno, el elemento biodiversidad, salvo excepciones[852] no ha representado un factor determinante de la evaluación ambiental que la reforma por medio de la ley SBAP pretende remediar.

5. Compensaciones de Biodiversidad

Un sistema nuevo concebido e incorporado en la ley SBAP es el establecimiento de compensaciones por intervenciones o pérdida de biodiversidad conocido también como *"Business and Biodiversity Offset"*.

La lógica detrás de este instrumento es que la biodiversidad proporciona servicios ecosistémicos, y por tanto su afección importa dejar de prestar dichos servicios lo que se debe traducir en medidas de evitación de dicho efecto y para aquellos casos en que ello no sea posible, compensarlos adecuadamente.

Las pérdidas de biodiversidad y las transacciones o negocios por dicho efecto, que podríamos denominar en palabras de FERNANDO DE ROJAS "transacciones de deuda por Naturaleza"[853], constituyen un nuevo ámbito o expresión de las regulaciones de la biodiversidad que demandan pronta regulación a efectos de responder y valorizar las intervenciones sobre ella y de alguna manera establecer un "costo" por ello, que hoy, por regla general, no se paga.

En términos del *Business and Biodiversity Offsets Programme* "Las compensaciones por pérdida de diversidad son resultados medibles

---

[852] Ejemplos de ello han sido el proyecto de explotación de Lenga en Tierra del Fuego de forestal Trillium; el proyecto Punta Puertecillo, Topocalma, de inmobiliaria e Inversiones Piriguines Ltda., entre otros.

[853] DE ROJAS MARTÍNEZ-PARETS, Fernando. *Los Espacios Naturales Protegidos.* Editorial Aranzadi.Navarra, 2006, pág. 94.

de la conservación que provienen de las acciones diseñadas para compensar los impactos residuales adversos significativos sobre la biodiversidad que surgen del desarrollo de un proyecto después de haber tomado medidas de mitigación y prevención apropiadas. La meta de las compensaciones por pérdida de biodiversidad es alcanzar la no pérdida neta y preferiblemente una ganancia neta de biodiversidad sobre el terreno, con respecto a la composición de especies, la estructura del hábitat, la función del ecosistema, el uso por la gente y los valores culturales asociados a la biodiversidad"[854].

Bajo los términos jurídico-ambientales que conocemos, las compensaciones en biodiversidad se caracterizarían por operar primero evitando su pérdida, luego mitigándola (reduciendo su impacto), luego reparándola (remediándola) y finalmente, cuando las acciones anteriores no sean fructíferas, compensando su pérdida.

Lo novedoso a diferencia del sistema clásico de responsabilidades civiles y ambientales, que opera con similar lógica en los órdenes de la reparación/reposición e indemnización/compensación, es que aquí se actúa y se determinan las medidas y acciones *ex ante* de la generación del impacto.

Los mecanismos de compensaciones de biodiversidad son una de las seis áreas identificadas ya desde la Decisión IX/11 del CDB de 2008 para un mayor desarrollo como un medio innovador para movilizar recursos para la implementación del CDB.

Luego este concepto fue recogido por la Decisión X/21 de la Conferencia de las Partes del Convenio sobre la Diversidad Biológica de 2010 sobre Intervención del sector empresarial, en la que se pide al Secretario Ejecutivo del CDB que "Aliente el desarrollo y la aplicación de instrumentos y mecanismos que puedan facilitar aún más la intervención del sector empresarial en la integración de consideraciones de diversidad biológica en su labor (...)", incluidas las compensaciones.

---

[854] Programa de negocios y Compensaciones por Perdida de Biodiversidad (Business and Biodiversity Offsets Programme) (BBOP). Estándar sobre compensaciones por pérdida de biodiversidad. BBOP, 2012, Washington, D.C., pág. 18.

El *Business and Biodiversity Offsets Programme* trabaja en la actualidad en diversas guías, instrumentos y alianzas para hacer efectivo este concepto.

Se han establecido ciertos principios para dar lugar a compensaciones de biodiversidad como los que propone The Biodiversity Consultancy:

- "Hay límites para la compensación: algunas pérdidas son tan grandes en su clase o cantidad que ninguna compensación podría ser adecuada —como la extinción de especies. Ayudamos a evaluar, y mejorar cuando es posible, las opciones de compensación de impactos de proyectos de desarrollo.

- Las compensaciones deben ser adicionales: las ganancias en biodiversidad deben ser debidas a las acciones de compensación y no a otros factores. En otras palabras, las ganancias en biodiversidad no habrían sucedido en escenarios comerciales habituales. Esto es similar al concepto de adicionalidad en el programa de reducción de emisiones de carbono producto de la deforestación y la degradación de los bosques (REDD, por sus siglas en inglés).

- Las compensaciones deben ser comparables: el equilibrio entre pérdidas y ganancias debe representar un intercambio justo. Esto requiere intercambiar clases y cantidades similares de biodiversidad, incluyendo una medición cuantitativa de pérdidas y ganancias para la biodiversidad.

- Las compensaciones deben ser duraderas: las ganancias deben durar al menos tanto como los impactos".[855]

En Chile este mecanismo es recogido en la ley SBAP, primero, a través del llamado "Principio de Jerarquía" en virtud del cual los impactos significativos sobre la biodiversidad deberán ser evitados, mitigados, reparados y, en último término, compensados (art. 2 letra b)).

---

[855] Vid. http://www.thebiodiversityconsultancy.com/es/

El SEA, en tanto, cuenta con una "Guía para la compensación de biodiversidad en el SEIA", de 2014, actualizada en 2022, que establece ciertos criterios que los titulares de proyecto debieran seguir al intervenir biodiversidad y a propósito de definir las medidas de compensación "apropiadas" a que se refiere la ley (art. 11) y el reglamento del SEIA (art. 100).

La ley SBAP incorporó "reglas para la compensación de la biodiversidad adecuada" a los proyectos o actividades que deban adoptar medidas de compensación para hacerse cargo de los efectos, características o circunstancias establecidos en el artículo 11 de la ley N° 19.300 (art. 38), es decir, para aquellos proyectos que deben confeccionar un EIA.

Hay que tener además en consideración que están reglas deben aplicarse también para aquellos proyectos que generen "impacto crítico", es decir, alteración del medio ambiente, en especial de la salud y/o de los componentes ambientales, provocada directa o indirectamente por un proyecto o actividad, que no puede ser mitigada, reparada o compensada adecuadamente en conformidad con el decreto que declare la zona como latente o saturada (art. 2 letra k bis))[856].

Estas reglas consisten en (art. 38):

1. Las medidas de compensación de biodiversidad consistirán en acciones de restauración ecológica y excepcionalmente en acciones de preservación. Estas últimas cuando se dé cumplimiento al criterio de adicionalidad, que será determinada por reglamento, demostrando que la biodiversidad preservada se encuentra amenazada.

---

[856] De acuerdo a la ley 21.562, promulgada el 18 de mayo de 2023 y publicada en el D.O. el 29 de mayo de 2023, que reformó la Ley 19.300, los impactos críticos serán objeto de un reglamento que establecerá los criterios específicos que permitan establecer la existencia de un impacto crítico para cada componente, tales como exposición y riesgo, o permanencia, capacidad de regeneración o renovación del recurso, y las condiciones que hacen posible la presencia de desarrollo de las especies y ecosistemas, en cuanto corresponda.

Estas acciones consistirán, siguiendo el concepto de reparación ambiental y la lógica de los planes del mismo nombre que incorpora la ley SBAP, en reponer el medio ambiente o uno o más de sus componentes a una calidad similar a la que tenían con anterioridad al impacto significativo y crítico causado o, en caso de no ser ello posible, restablecer sus propiedades básicas.

Las acciones de preservación deberemos entenderlas a partir del propio concepto de "preservación" que entrega la ley SBAP como cuidado y mantención de las condiciones de no intervención de la diversidad biológica, de manera que sea posible su evolución y desarrollo natural (art. 2 N° 26) complementada con la de "preservación de la naturaleza" de la ley 19.300 como aquellas destinadas a asegurar la mantención de las condiciones que hacen posible la evolución y el desarrollo de las especies y de los ecosistemas (art. 2 letra p)).

2. Serán apropiadas aquellas medidas de compensación:

a) Cuyos impactos no puedan ser evitados, mitigados o reparados (principio de jerarquía).

b) Den cuenta de, al menos, una "pérdida neta cero"[857] y preferiblemente una "ganancia neta"[858] de biodiversidad. Ello, de acuerdo a criterios de equivalencia y adicionalidad, que aseguren resultados medibles que serán definidos por Reglamento.

---

[857] Corresponde al impacto residual a la biodiversidad en el área de influencia del ecosistema impactado, expresada en cambios negativos en los componentes de la biodiversidad, los cuales desaparecen o pierden sus características de composición, estructura o funcionamiento por la implementación de un proyecto o actividad. "Guía para la compensación de biodiversidad en el SEIA", Servicio de Evaluación Ambiental, 2ª Edición, 2022, pág. 56.

[858] Corresponde a cambios positivos verificables en las condiciones de composición, estructura y funcionamiento de la biodiversidad de un sitio después de implementada una medida de compensación. En el caso de que la ganancia resulte ser mayor que la pérdida de biodiversidad provocada por un proyecto o actividad constituiría una ganancia neta de biodiversidad. "Guía para la compensación de biodiversidad en el SEIA", Op. cit., pág. 55.

Por equivalencia la ley entiende equivalencia en los atributos de composición[859], estructura[860] y función[861] en los distintos niveles[862] de organización de la biodiversidad de los elementos impactados y compensados, asociado a la hipótesis y concepto de pérdida neta cero.

Si bien la definición puede resultar tautológica debemos recurrir a la definición de "medidas de compensación ambiental" del art. 100 del RSEIA que son aquellas que tienen por "finalidad producir o generar un efecto positivo alternativo y equivalente a un efecto adverso identificado, que no sea posible mitigar o reparar" y que "incluirán, entre otras, la sustitución de los recursos naturales o elementos del medio ambiente afectados por otros de similares características, clase, naturaleza, calidad y función".

Por adicionalidad, si bien no es definida por la ley debiéramos entenderla asociada al concepto de ganancia neta de biodiversidad. Sin embargo, la "Guía para la compensación de biodiversidad en el SEIA" la define como el "principio de la compensación apropiada de biodiversidad que da cuenta de que los resultados derivados de las ac-

---

[859]   Corresponde a la identidad, cantidad y variedad de elementos, por ejemplo, la densidad de individuos (nivel de población/especie), la riqueza de especies (nivel comunidad), o los diversos hábitats y biotopos de un ecosistema. "Guía para la compensación de biodiversidad en el SEIA", Op. cit., pág. 10.

[860]   Corresponde a la forma en que los elementos se organizan en el sistema, que puede ser espacial o de otra naturaleza, por ejemplo, la conectividad de poblaciones que viven en hábitats disjuntos (nivel ecosistema/paisaje), la fisonomía de la vegetación (nivel comunidad/ecosistema) y el ordenamiento de estructuras genéticas como alelos (nivel genético). "Guía para la compensación de biodiversidad en el SEIA", Op. cit., pág. 10.

[861]   Incluye los procesos evolutivos y ecológicos, por ejemplo, el ciclaje de nutrientes (nivel ecosistema), la inmigración (nivel población/especie) y el flujo genético (nivel genético). "Guía para la compensación de biodiversidad en el SEIA", Op. cit., pág. 10.

[862]   La biodiversidad comprende los niveles: paisaje regional, comunidad/ecosistema, población/especies y genética. "Guía para la compensación de biodiversidad en el SEIA", Op. cit., pág. 10.

ciones de la compensación (ganancias de biodiversidad) no habrían ocurrido si la compensación no se hubiera llevado a cabo".[863]

3. Las medidas de compensación sólo podrán recaer en "impactos residuales o remanentes", una vez que se han establecido medidas para evitar, minimizar o reparar los impactos. Es decir, es la pérdida significativa y permanente de componentes de biodiversidad en términos de su composición, estructura o funcionamiento, luego de verificados los impactos e implementadas las medidas de mitigación y reparación en el área de influencia del ecosistema impactado por un proyecto o actividad[864].

4. No se podrán establecer medidas de compensación cuando la afectación recaiga en componentes, estructuras o funciones de la biodiversidad con características de irreemplazabilidad[865] o vulnerabilidad[866]. A lo que habrá que agregar aquellos que de acuerdo a la ley no admiten intervención o afectación.

Por último, la ley asigna al SBAP la función de "promover" la coordinación entre diversos proyectos o actividades, que deban ejecutar medidas de compensación con el objetivo de obtener ganancias en biodiversidad eficientes, eficaces y permanentes.

El sistema de compensaciones de biodiversidad no incorporó los "Bancos de Compensación de Biodiversidad" que se creaban por medio del art. 52 del proyecto y que fueron definitivamente eliminados en la tramitación legislativa más bien por una desconfianza hacia el modelo.

Estos bancos eran proyectos de conservación en territorios determinados, registrados ante el SBAP, que generaban créditos en bio-

---

[863] "Guía para la compensación de biodiversidad en el SEIA", Op. cit., pág. 54.
[864] "Guía para la compensación de biodiversidad en el SEIA", Op. cit., pág. 56.
[865] La irreemplazabilidad se relaciona con la existencia o no de opciones de lugares donde se puede implementar la medida de compensación cumpliendo los requisitos. Guía para la compensación de biodiversidad en el SEIA", Op. cit., pág. 28.
[866] La vulnerabilidad se entiende como la probabilidad de pérdida de biodiversidad. Guía para la compensación de biodiversidad en el SEIA", Op. cit., pág. 28.

diversidad, los que podían ser utilizados por los titulares de proyectos o actividades que, en el marco de la evaluación ambiental de los mismos, deban proponer medidas para compensar los impactos en biodiversidad. Estos créditos serían cuantificados en base a los criterios de equivalencia en biodiversidad señalados, cuyos detalles serían objeto de reglamento.

Los bancos de compensación de biodiversidad podrían ser una interesante y estratégica herramienta impulsora del desarrollo de proyectos de conservación privada, complementaria a los instrumentos existentes.

6. *Instrumentos Económicos*

El establecimiento de un régimen jurídico sobre la biodiversidad y, en general, un derecho de la conservación moderno debe considerar y focalizarse en la incorporación al ordenamiento jurídico de técnicas de incentivos económicos modernos para la conservación ambiental.

Manifestación de estas técnicas son en parte los mecanismos de creación de APP cuando ellas van acompañadas de franquicias o beneficios para su establecimiento como exenciones tributarias, bonos u otros. Es lo que en el mundo anglosajón se conoce como *land trusts* asociados a las servidumbres ecológicas.

Los incentivos económicos, normalmente de orden fiscal "proveen compensación económica para la conservación de la propiedad privada"[867] y se traducen en pagos por servicios ambientales, directos (bonos) o indirectos (tributación), establecidos y concebidos bajo la comprensión de que la ganancia ambiental y social que generan dichos bienes y servicios es superior al costo económico de los pagos o erogaciones que el Estado hace por ellos, instrumento que a pesar de sus ventajas son de escasa aplicación aún en el derecho comparado, salvo casos aislados como el de COSTA RICA o MEXICO en el ámbito latinoamericano.

---

[867] PISKULICH CRESPO, Zdenka. *Incentivos para la Conservación de Tierras Privadas en América Latina*, TNC, 1995.

La ley SBAP incorpora ciertos instrumentos económicos bajo la nomenclatura de "prácticas sustentables". Sin embargo, la obligación al respecto es de promoción, incluyendo —señala la ley— aquellas de conservación de biodiversidad de comunidades locales y pueblos indígenas, en procesos y actividades productivas (art. 50), lo que resulta excesivamente pragmático y por tanto poco eficaz para los fines de conservación ambiental.

6.1. Pago por servicios ambientales o ecosistémicos

A partir del reconocimiento de que la naturaleza proporciona bienes y servicios para el hombre, esto es, que presta servicios ambientales, se ha forjado el concepto de pago por dichos servicios, como una manera de alentar económicamente a quienes detentan dichos bienes naturales manteniendo sus servicios a través de un pago o franquicia, y en contrapartida, imponiendo un pago monetario o gravamen económico a quienes se benefician de ellos sin contraprestación.

El principio detrás de esta técnica es que las personas que perciben beneficios por los servicios que prestan los recursos naturales debieran pagar por ellos y aquellos que los ofrecen ser compensados por hacerlo. De este modo, quien conserva un bosque en la cabecera de una cuenca aportadora de agua debiera ser retribuido por dicha acción como una manera de mantener dicha función, en tanto que quienes se favorezcan por esta acción pagar por ello por el beneficio que surge del servicio ambiental que reciben.

El régimen paradigmático en esta materia es COSTA RICA[868] por medio de su Ley Forestal N° 7575 de 1996 que estructura un Programa de Cobro y Pagos por servicios ambientales (CPSA) que contempla fondos públicos para compensar a los propietarios de tierras que prestan servicios ambientales con el objeto de que dichos servicios se sigan prestando o se acrecienten[869].

---

[868]   Ley forestal de Costa Rica (ley 7575); Ley de Biodiversidad (ley 7788).
[869]   Para una revisión de algunas experiencias comparadas vid. CASAS, Adriana. *Marcos legales para el pago de servicios ambientales en América Latina y el Cari-*

Otro ejemplo en la región es MEXICO que mediante su Código para la Biodiversidad considera un capítulo sobre "prestadores de servicios ambientales" entendiendo por tales a aquellas empresa o personas particulares certificadas que "realicen procesos, funciones de los ecosistemas que influyan directamente en el mejoramiento y mantenimiento de la vida o que generen beneficios y bienestar para las personas o comunidades"[870].

La ley SBAP crea los "contratos de retribución por servicios eco-sistémicos". Estos contratos son definidos como una convención en virtud de la cual una parte se obliga a preservar, restaurar o hacer uso sustentable de los ecosistemas, con el fin de mantener o recuperar los servicios ecosistémicos que dichos espacios proveen, a cambio de una contraprestación (art. 52).

El contrato se perfeccionará por escrito y contendrá los derechos y obligaciones de las partes. El SBAP llevará un registro de los contratos que cumplan con los criterios y contenidos mínimos que establecerá un reglamento.

Fuera de aquello Chile no cuenta con esquemas regulados ni aplicados de PSA. La legislación ambiental si bien no regula aún esta herramienta, ha avanzado en reconocer y definir los "servicios ambientales" en el ámbito forestal señalado que son "aquéllos que brindan los bosques nativos y las plantaciones que inciden directamente en la protección y mejoramiento del medio ambiente"[871].

Un sistema que se asemeja en parte a un sistema de pago por servicios ambientales en Chile son los bonos que se han pagado por el Estado por las plantaciones forestales en conformidad al DL 701 de 1974. Sin embargo, este sistema está pensado y focalizado al fomento productivo forestal de especies exóticas y de rápido crecimiento, en lugar de la protección, conservación y acrecentamiento de la foresta nativa y sus recursos asociados por lo que no podemos considerarlo

---

be: análisis de 8 países. Secretaría General de la Organización de los Estados Americanos. Washington. 2008.
[870] Art. 2.211. del Código para la Biodiversidad del Estado de México de 2005.
[871] Art. 2 N° 23 de la Ley de Bosque Nativo de 2008.

un mecanismo de PSA. Tal vez un equivalente a él sea el bono, aunque escaso, establecido en la Ley de Bosque Nativo.

Esquemas similares que se aproximan al sistema de PSA en Chile podemos encontrar también en el régimen de compensación de emisiones atmosféricas[872] y en Planes de Descontaminación, en el sistema de cuotas individuales de pesca, de la Ley de Pesca o incluso en el sistema de pago por no uso de derechos de aprovechamiento de aguas del C° de Aguas y en las reformas que ha sufrido la Ley General de Servicios Eléctricos por medio de leyes como la 20.571 (2012), 21.118 (2018) y 21.505 (2022) que fomentan el desarrollo de energías renovables no convencionales.

Un esquema de PSA como el que tibiamente se avizora en la ley SBAP requiere de incentivos económicos y respaldos financieros para que sea eficiente, como acontece en aquellos países en los que este sistema funciona y que en general cuentan con organismos financieros o de cooperación internacionales de apoyo como el Banco Mundial y otros que aportan recursos con este fin.

Una experiencia inicial al respecto es la desarrollada por CONAF en el marco del Programa Nacional ONU REDD en varias regiones del país en el contexto de la Estrategia Nacional de Cambio Climático y Recursos Vegetacionales[873].A nivel internacional, se han conocido interesantes experiencias como el canje de deuda externa por Naturaleza en Costa Rica[874] o en Ecuador[875].

En resumen, se trata generalmente de modelos gestionados estatalmente con apoyos de cooperación internacional en los que se efectúa un canje de servicios ambientales que se compromete mantener o proteger a cambio de un pago o la condonación de una deuda.

---

[872] Establecido en el Decreto 4 y 1583, ambos de 1992; Decreto 812 de 1995, todos del Ministerio de Salud; Decreto 4, de 2023 del MMA sobre compensación de emisiones gravadas tributariamente.
[873] Cfr. www.conaf.cl
[874] https://primercanjedeuda.org
[875] https://www.ambiente.gob.ec/ecuador-anuncia-el-canje-de-deuda-por-naturaleza-mas-grande-del-mundo-para-proteger-las-islas-galapagos/

En el caso del modelo que nos propone la ley SBAP se abre la posibilidad a la negociación privada de acuerdos por servicios ambientales en el que las partes pueden ser cualesquiera pudiendo convenirse, en virtud de la autonomía de la voluntad, los derechos y obligaciones que ellas estimen pertinentes y sean de su interés en tanto se establezcan, por un lado, obligaciones de preservar, conservar, restaurar o hacer uso sustentable de ecosistemas, con el fin de mantener o recuperar los servicios ecosistémicos que dichos espacios proveen, y por otro un pago o cualquier contraprestación.

Así, este modelo, dada su flexibilidad puede constituirse en un interesante instrumento para la conservación tanto pública como privada a la que pueden recurrir particulares, empresas o el propio Estado.

6.2. Certificación y Ecoetiquetado

La ley SBAP crea un "Sistema de Certificación de Biodiversidad y Servicios Ecosistémicos" destinado a certificar, o reconocer certificados, a actividades, prácticas o sitios, por su contribución a la conservación de la biodiversidad y a la mantención o recuperación de servicios ecosistémicos (art. 51).

El sistema de certificación será administrado por el SBAP y se regirá por lo dispuesto en un reglamento dictado por el MMA. Dicho reglamento regulará el ámbito de aplicación del sistema de certificación, el procedimiento de certificación y los requisitos para constituirse en entidad certificadora.

La certificación será de carácter voluntario y podrán solicitarla personas naturales o jurídicas, a nivel individual o colectivo.

La certificación podrá implicar obligaciones de hacer o no hacer, cuyo incumplimiento provocará la pérdida de la certificación.

El SBAP tendrá la potestad de otorgar o reconocer certificados a actividades, prácticas o sitios, por su contribución a la conservación de la biodiversidad y la provisión de servicios ecosistémicos (art. 5 letra k)).

Esta herramienta puede ser un importante motor para la sostenibilidad de la producción de bienes y servicios lo que dependerá de la manera que se defina reglamentariamente.

6.3. Criterios ambientales en subsidios y subvenciones sectoriales

La ley SBAP no definió a que se refiere con este tipo de práctica más allá de su mera enunciación. No definió a que criterios ambientales se refiere, ni tampoco indicó a que tipo de subsidios y subvenciones sectoriales se aplica. A nuestro juicio, debiera corresponder a estándares ambientales a incorporar en proyectos del Fondo de Protección Ambiental del MMA así como de otras carteras que generan financiamientos sectoriales.

En materia sectorial de recursos naturales no abundan los subsidios o subvenciones. Tal vez podría pensarse la introducción de estos criterios en el ámbito silvoagropecuario, de vivienda o energía, pero dado lo programático e incluso testimonial de la herramienta no tendrá ninguna operatividad si no se dicta un reglamento al respecto.

6.4. Acuerdos de Producción Limpia[876]

Dichas prácticas serán promovidas especialmente en sitios prioritarios, zonas de amortiguación, paisajes de conservación, áreas adscritas a derecho real de conservación, áreas importantes para la conservación de aves, y áreas claves para la biodiversidad y reservas de la biósfera.

La producción limpia es una estrategia de gestión productiva y ambiental, aplicada a las actividades productivas, con el objeto de incrementar la eficiencia, la productividad, reducir los riesgos y minimizar los impactos para el ser humano y el medio ambiente.

Los APL tienen por finalidad contribuir al desarrollo sustentable de las empresas a través de la definición de metas y acciones especí-

---

[876] Ley Nº 20.416, que fija normas especiales para las empresas de menor tamaño.

ficas, no exigidas por el ordenamiento jurídico en materias ambientales, sanitarias, de higiene y seguridad laboral, uso eficiente de la energía y de fomento productivo.

6.5. Impuestos Verdes

El mecanismo indirecto de PSA es la "tributación ambiental" o "impuestos verdes", es decir el establecimiento de impuestos, tasas, franquicias, bonos u otros instrumentos tributarios que el Estado otorga y dirige especialmente para incentivar o desincentivar conductas de incidencia ambiental. Así, quien haga un uso excesivo de agua o energía o genere emisiones contaminantes podría ser objeto de una carga tributaria por razones ambientales que oriente la conducta hacia un consumo más sustentable o hacia un comportamiento ambientalmente sustentable; a *contrario sensu*, quienes ejecuten conductas de ahorro o austeridad en el consumo de recursos naturales o que ejecuten ahorros o mejoras ambientales a través de la reducción de sus emisiones, podrían ser premiados vía exenciones o rebajas tributarias.

Esta técnica está siendo bastante desarrollada en el mundo anglosajón[877],dando sus primeros pasos en países latinoamericanos como Chile donde la tributación tiene tradicionalmente un exclusivo fin de recaudación fiscal a efectos de redistribución, sin consideraciones ambientales u orientaciones de este orden, cuestión que ha comenzado a cambiar con las últimas reformas tributarias como la que se introdujo por Ley 20.780 en 2014 para castigar las emisiones industriales de carbón que generan efecto invernadero o por la Ley 21.210 de 2020 sobre impuesto a las emisiones contaminantes.

Las AP públicas gozan en Chile de exención de pago del impuesto territorial conocido también como "contribución de bienes raíces" que beneficia al propio Estado en virtud de la legislación tributaria que exime de este pago a la propiedad fiscal. Franquicias como estas

---

[877] BOWLES, Ian y otros. *Economic incentives and legal tools for private sector conservation.* Duke environmental law & policy forum. Duke University School of Law, Volume VIII, N° 2, Spring 1998.

se han incorporado ahora en la ley SBAP y que hemos analizado, aunque creemos aun de modo insuficiente.

Otra manifestación indirecta del uso tributario con fines ambientales podrían ser las franquicias tributarias de que gozan aquellos propietarios forestales que efectúen plantaciones forestales, por aplicación de las leyes de fomento forestal[878]. Sin embargo, este régimen como ya lo hemos dicho, está más bien orientado al fomento productivo forestal y no a la conservación forestal.

La Ley 20.930 de 2016 que instituyó en Chile el derecho real de conservación no trae tampoco ningún tipo de incentivo económico para su establecimiento.

Tal vez una de las escasas manifestaciones de esta modalidad negativa de pago por servicios ambientales lo sea la promulgación de la Ley 20.675[879] que reformó la Ley 18.985 sobre Donaciones Culturales que estableció una franquicia tributaria para los propietarios de inmuebles que hayan sido declarados Monumento Nacional, en sus diversas categorías, entre las que se encuentra la figura de Santuario de la Naturaleza. Sin embargo, esta reforma fue pensada en favor de la inversión y el fomento cultural y no de la protección ambiental y sabemos además que esta categoría de AP dejará de formar parte de los monumentos nacionales con lo que perdería dicha franquicia.

La legislación tributaria, como se indicó, incorpora el establecimiento de impuestos verdes aplicable a las megafuentes emisoras de CO_2 y a la importación de vehículos motorizados en base a diésel o petróleo que tiene una mirada un poco más ambiental aunque lejos de un modelo de PAS.

Quedan pendientes regulaciones más sistemáticas sobre impuestos verdes con fines no sólo de control de la contaminación sino con fines de conservación ambiental, herramienta central y sobre la que habrá que echar mano, especialmente en un escenario mundial de cambio climático, tal como lo plantea THOMAS PIKETTY, en sus propuestas para regular el capital particularmente el destinado a la

---

[878] DL 701 de fomento forestal y sus reglamentos relacionados.
[879] Publicada en el D.O. el 5 de junio de 2013.

explotación de recursos naturales, especialmente sensibles para el clima como los hidrocarburos[880].

El diseño e implementación de un completo sistema tributario ambiental es una tarea por iniciar en nuestros países y que podría orientar adecuadamente, con incentivos positivos y negativos, las conductas tanto de contaminadores como de conservacionistas, como instrumento económico innovador y eficaz para la conservación ambiental.

V. INSTITUCIONALIDAD PÚBLICA DE LA BIODIVERSIDAD

Con la Ley SBAP se centraliza y unifica la gestión de la biodiversidad en un único servicio público: el SBAP. Sin embargo, persiste la gestión sectorial de los distintos componentes de la diversidad biológica o recursos naturales en los distintos servicios del Estado que tienen competencias sobre ellos, especialmente CONAF, el SAG, la DGA y SERNAPESCA.

1. Ministerio del Medio Ambiente

Su mandato fundamental es el "diseño y aplicación de políticas, planes y programas en materia ambiental, así como en la protección y conservación de la diversidad biológica y de los recursos naturales renovables e hídricos, promoviendo el desarrollo sustentable, la integridad de la política ambiental y su regulación normativa".

Es decir, a contar del 2010 es el MMA el órgano del Estado con competencia preferente sobre la biodiversidad, aunque a nivel directivo y no operacional.

En este contexto le corresponde específicamente:

---

[880] PIKETTY, Thomas. *El Capital en el siglo XXI*. Fondo de Cultura Económica, Chile, 2015, pág. 637.

1. Proponer políticas, planes, programas, normas y supervigilar el Sistema Nacional de Áreas Protegidas".[881].

2. Colaborar con los organismos competentes, en la formulación de las políticas ambientales para el manejo, uso y aprovechamiento sustentable de los recursos naturales renovables e hídricos[882].

3. Proponer políticas y formular planes, programas y acciones que establezcan los criterios básicos y las medidas preventivas para favorecer la recuperación y conservación de los recursos hídricos, genéticos, las plantas, algas, hongos y animales silvestres, los hábitats, los paisajes, ecosistemas y espacios naturales, en especial los frágiles y degradados, contribuyendo al cumplimiento de los convenios internacionales de conservación de la biodiversidad[883].

Este nuevo marco competencial responde al rediseño institucional efectuado en 2010 que pretende radicar todas las competencias ambientales bajo el nuevo MMA. Sin embargo, junto al MMA la reforma del 2010 puso un Consejo de Ministros[884] y un Comité de Ministros[885] —integrado mayoritariamente por Ministros sectoriales del ala económica— con quienes el MMA debe compartir, como órgano

---

[881] Art. 70 letra b).

[882] Art. 70 letra f).

[883] Art. 70 letra i).

[884] Presidido por el Ministro del Medio Ambiente e integrado por los Ministros de Agricultura; de Hacienda; de Salud; de Economía, Fomento y Reconstrucción; de Energía; de Obras Públicas; de Vivienda y Urbanismo; de Transportes y Telecomunicaciones; de Minería, y de Planificación (art. 71 de la Ley 19.300).

[885] Presidido por el Ministro del Medio Ambiente e integrado por los Ministros de Salud; de Economía, Fomento y Reconstrucción; de Agricultura; de Energía, y de Minería. En tanto en el nivel regional, se integra por el Intendente que preside la denominada Comisión de Evaluación que es integrada por los Secretarios Regionales Ministeriales del Medio Ambiente, de Salud, de Economía, Fomento y Reconstrucción, de Energía, de Obras Públicas, de Agricultura, de Vivienda y Urbanismo, de Transportes y Telecomunicaciones, de Minería, y de Planificación, y el Director Regional del Servicio, quien actuará como secretario.(arts. 20 y 86 respectivamente de la Ley 19.300).

colegiado, las decisiones de políticas públicas ambientales (Consejo) y las decisiones sobre la evaluación de proyectos (Comité). Así el peso de la variable o de la perspectiva ambiental se ve morigerada por el peso específico de las miradas economicistas.

2. Servicio de Biodiversidad y Áreas Protegidas

Con la reforma de 2010 mediante ley 20.417 se establece por primera vez una competencia específica a un servicio público en materia de biodiversidad. De hecho, a nuestro juicio, es la primera vez que podríamos decir existe un reconocimiento explícito a este componente ambiental reconociéndosele valor propio y autonomía.

Este servicio administrará y supervisará el Sistema Nacional de Áreas Silvestres Protegidas (art. 34 parte final de la Ley 19.300), en reemplazo de la CONAF que dejaría estas funciones para concentrarse en un servicio eminentemente forestal y dado que el sistema incluirá los parques y reservas marinas, absorbería las funciones que sobre ellas tiene en la actualidad el SERNAPESCA. Todo ello con el objeto de asegurar la diversidad biológica, tutelar la preservación de la naturaleza y conservar el patrimonio ambiental.

Del mismo modo el SBAP tendrá la supervisión de las áreas silvestres de propiedad privada (art. 35 inciso 2° de la Ley 19.300).

Finalmente este servicio estará llamado también a gestionar e inventariar las especies de plantas, algas, hongos y animales silvestres, sujetas a clasificación sobre la base de antecedentes científico-técnicos, y según su estado de conservación, en las categorías recomendadas para tales efectos por la Unión Mundial para la Conservación de la Naturaleza (UICN) u otro organismo internacional que dicte pautas en estas materias y de conformidad a dichas clasificaciones administrar los planes de recuperación, conservación y gestión de dichas especies que apruebe el MMA, con lo que en este ámbito absorbería las competencias actuales preferentes del SAG.

Con el propósito de centralizar las dispersas competencias existentes sobre la materia y las nuevas que surgen fruto de la modernidad asociada a la biodiversidad el SBAP reúne las siguientes competencias fundamentales (art. 5):

- Gestionar el Sistema Nacional de Áreas Silvestres Protegidas;
- Administrar las áreas protegidas del Estado;
- Supervisar la administración de las áreas protegidas privadas;
- Administrar los planes de recuperación, conservación y gestión de especies;
- Administrar los planes de prevención, control y erradicación de especies exóticas invasoras;
- Administrar los planes de manejo para la conservación;
- Administrar los planes de restauración ecológica;
- Ejecutar las políticas, planes y programas que formula el MMA en materia de biodiversidad.
- Pronunciarse sobre los impactos de los proyectos o actividades sobre la biodiversidad en el SEIA.
- Aplicar y fiscalizar las normas sobre fauna nativa.
- Apoyar técnicamente y coordinar la conservación de especies fuera de sus hábitats y genes.

Como una cuestión novedosa que no deja de llamar la atención es que se cree este servicio público, cuyo estatuto laboral es el Código del Trabajo. Sin embargo, a continuación se le adosa un sinnúmero de obligaciones y deberes del estatuto público administrativo, creándose un híbrido laboral que no parece estar exento de complicaciones. Esta situación tiene probablemente su explicación por la fuerte presión y negociación de que fue objeto el estatuto laboral de parte de los trabajadores de CONAF que en un número importante —quienes presten servicios en la administración y gestión de las áreas silvestres protegidas— pasarán a cumplir funciones al SBAP, desde un régimen de derecho privado a uno de derecho público[886].

---

[886] Llama la atención que no se haya optado por efectuar el mismo traslado de los funcionarios de SERNAPESCA y SAG que desempeñan funciones en esos servicios asociadas a áreas protegidas marinas y conservación de fauna nativa.

El SBAP contará con un "Comité Científico Asesor" como organismo asesor y de consulta en las materias científicas y técnicas necesarias para el adecuado ejercicio de las funciones y atribuciones compuesto por 9 miembros *ad honorem* de instituciones académicas, científicas y de investigación, dedicadas al conocimiento o conservación de la biodiversidad. Sin embargo, esta entidad es bastante confusa en cuando a su naturaleza jurídica administrativa, no quedando claro si es un órgano del Estado o no, lo que resulta al menos discutible dado el carácter *ad honorem* de los servicios que prestaría y más allá de la declaración de que deban cumplir con el "principio de probidad" que desde luego no agota el estatuto de la función pública.

El SBAP tiene la potestad fiscalizadora respecto de todos los instrumentos para la gestión de la biodiversidad que le encomienda la ley. Los funcionarios del SBAP a través de los cuales se ejerce su función fiscalizadora son ministros de fe respecto de los hechos constitutivos de infracciones a la ley. Dentro de las áreas protegidas esta función se ejerce por medio de "guardaparques"; fuera de ellas, se ejercerá por sus propios funcionarios o en virtud de convenios de encomendación con el SAG o SERNAPESCA en los casos de fiscalización de planes de manejo para la conservación; planes de restauración ecológica, y planes de prevención, control y erradicación de especies exóticas y especies exóticas invasoras, "cuando corresponda", es decir, debiéramos entender cuando concurran competencias (art. 109)[887].

Le corresponderá también la fiscalización programas o subprogramas de fiscalización establecidos por la SMA, por encomendación de este servicio.

El SBAP ostenta por último potestad administrativa sancionatoria amplia sobre las "infracciones a la ley" (art. 114). En este ámbito se establece un completo sistema administrativo sancionatorio a su

---

[887] Aquí también nos llama la atención que no se recurre a los convenios de encomendación con CONAF con quien también habrá competencias o instrumentos concurrentes.

cargo por infracciones cometidas dentro como fuera de áreas protegidas y respecto de los diversos instrumentos que considera la ley.

VI. RESPONSABILIDAD POR ATENTADOS A LA BIODIVERSIDAD Y A LOS RECURSOS NATURALES

No existía hasta la ley SBAP en Chile ningún régimen especial de sanciones a los atentados a la biodiversidad propiamente tal, de modo tal que la responsabilidad en esta materia nos reconducía al régimen general de responsabilidad ambiental establecido en Chile.

1. *Responsabilidad por Daño Ambiental*[888]

Chile cuenta, desde la vigencia de la Ley de Medio Ambiente, de 1994, con un régimen sancionatorio de general aplicación en materia ambiental.

En efecto, la ley ambiental marco creó bajo el título III un régimen supletorio[889] de responsabilidades por daño ambiental.

---

[888] En Chile Vid. VALENZUELA, Rafael "Responsabilidad por daño al medio ambiente", en *Congreso Internacional de Derecho del Medio Ambiente*, Fundación Facultad de Derecho, Universidad de Chile, Chile, 1997; BARROS, Enrique. "Responsabilidad por daño al medio ambiente", en *Congreso Internacional de derecho del Medio Ambiente*, Fundación Facultad de Derecho, Universidad de Chile, Chile, 1997. En el derecho comparado Vid. GONZÁLEZ MARQUEZ, José Juan. La responsabilidad por el daño ambiental en México, UAM, 2002; CHIRINOS, Carlos (Editor). Responsabilidad por el Daño Ambiental en el Perú, SPDA, 2000; GOLDENBERG, Isidoro y CAFFERATTA, Néstor. Daño Ambiental, Abeledo-Perrot, Buenos Aires, 2000; POKLEPOVIC MEERSOHN, Iván (editor). *Cumplimiento de la legislación ambiental y reparación de daños al medio ambiente*. Consejo de Defensa del Estado, Santiago, 2004, entre tantos otros.

[889] Supletorio por cuanto las normas sobre responsabilidad por daño al medio ambiente contenidas en leyes especiales prevalecerán sobre las contenidas en la Ley de Medio Ambiente. En tanto este es un régimen especial en relación al de responsabilidad civil extracontractual ya que en lo no previsto en la Ley de Medio Ambiente se aplican supletoriamente las disposiciones

Se establece por primera vez la existencia de un ilícito civil ambiental que sanciona a todo aquel que culposa o dolosamente cause daño ambiental con la obligación de responder en conformidad a la presente ley[890].

Surge la responsabilidad por daño ambiental[891] de conformidad al artículo 51 de la ley 19.300, ante un hecho ilícito, doloso o culposo, que cause daño al ambiente o a cualquiera de sus componentes. Se presume legalmente esta responsabilidad, cuando exista infracción a las normas de calidad o emisión u otras normas derivadas de esta ley o en otras disposiciones legales o reglamentarias de carácter sectorial.

El daño ambiental producido, tal como la contaminación de aguas o suelos o el deterioro de determinados recursos naturales e incluso artificiales, concede acción para obtener la reparación del medio ambiente dañado, lo que no obsta al ejercicio de la acción indemnizatoria ordinaria por el directamente afectado[892].

Ahora bien, en el ámbito de la acción ambiental, correspondiente a una acción de reponer la "reparación material", en que el acento está puesto en los aspectos cualitativos de la reparación, más que en los cuantitativos, aunque sin excluirlos, con la limitación de no generar un enriquecimiento sin causa en el caso que proceda copulativamente con la acción ordinaria (idéntico daño-idéntico hecho)[893].

---

generales sobre responsabilidad civil extracontractual establecidas en el Código Civil, según establece el art. 51.

[890] Art. 51.

[891] El daño ambiental podemos concebirlo como toda pérdida, disminución, detrimento o menoscabo significativo inferido al medio ambiente o a uno o más de sus componentes (Art. 2 letra e) de la ley 19.300).

[892] Artículo 53 de la ley 19.300.

[893] Resulta interesante lo apuntado por RAFAEL VALENZUELA, al señalar la inconsistencia de la responsabilidad solidaria por daño ambiental de la Municipalidad que no hubiese entablado la respectiva acción en el plazo y forma establecido en el artículo 54 de la ley 19.300, dado que esta responsabilidad corresponde por la indemnización de perjuicios y no por la acción de reparación propiamente tal. En "Responsabilidad por daño al medio ambiente", en Congreso Internacional de derecho del Medio Ambiente, Fundación Facultad de Derecho, Universidad de Chile, Chile, 1997.

LORENZO SOTO OYARZÚN

El cumplimiento de la norma en consecuencia no excluye la responsabilidad sino sólo la acción ambiental[894]. Como resulta evidente, no se requiere de ilegalidad para la procedencia de la indemnización, correspondiendo esta exigencia sólo como una presunción y no como una condición para la respectiva acción.

La única exigencia por tanto será la de un actuar negligente (no diligente, es decir no haber empleado el debido cuidado)[895], no aceptando graduaciones este tipo de culpa (extracontractual), siendo responsable dependiendo evidentemente del tipo, intensidad, costo, magnitud, del riesgo generado[896].

Se trata sólo de una responsabilidad civil, de tipo subjetiva, esto es, se deberá acreditar la culpa o el dolo, e integrada por los demás elementos propios y comunes a la responsabilidad civil extracontractual[897].

La innovación del legislador en esta materia fue el establecimiento de "presunciones de responsabilidad", esto es, situaciones en las que no se requerirá probar la culpa o el dolo, cuando existe infracción de norma ambientales, entre ellas, "las normas sobre protección, preservación o conservación ambientales, establecidas en la presente ley o en otras disposiciones legales o reglamentarias"[898].

---

[894] ENRIQUE BARROS "Responsabilidad por daño al medio ambiente", en *Congreso Internacional de derecho del Medio Ambiente,* Fundación Facultad de Derecho, Universidad de Chile, Chile, 1997.

[895] Artículos 2314 y siguientes del Código Civil Chileno.

[896] La otra acción que concede la legislación chilena es la olvidada (en razón de la existencia del Recurso de protección) acción popular del artículo 2333 del Código Civil, que establece que:
"Por regla general, se concede acción popular en todos los casos de daño contingente que por imprudencia o negligencia de alguien amenace a personas indeterminadas; pero si el daño amenazare solamente a personas determinadas, sólo alguna de éstas podrá intentar la acción".

[897] El legislador en esta materia no dio pie a incorporar la figura del delito ecológico ni tampoco la denominada responsabilidad civil objetiva o por el riesgo causado, a pesar del intenso debate que se produjo en ese sentido. Vid. TOLEDO, Fernando. *Ley sobre bases Generales del Medio Ambiente. Ley Nº 19.300. Historia fidedigna y concordancias internas.* CONAMA-BIRF, 1996.

[898] Art. 52.

Consecuentemente, frente a situaciones, actos o hechos constitutivos de daños a recursos naturales, cometidos con infracción a las leyes o reglamentos que las regulan se configura una presunción legal de responsabilidad del autor del daño; en caso contrario, esto es, si el daño se ha generado, pero sin incurrir en infracciones legales o reglamentarias, habrá que acreditar que se ha actuado con culpa o dolo.

Producido el daño ambiental la acción reparatoria como señala VALENZUELA[899] corresponde a una acción de "hacer" que tiene por finalidad reponer el medio ambiente o uno o más de sus componentes a una calidad similar a la que tenían con anterioridad al daño causado o, en caso de no ser ello posible, restablecer sus propiedades básicas[900]. Esta "reparación en naturaleza", no constituye un derecho especial, repitiendo conceptos del propio Código Civil (culpa infraccional), y que se resuelve mediante dos principios fundamentales, el "principio del umbral" en virtud del cual las reglas de vecindad no eliminan las molestias sino sólo las limitan en términos razonables y el "principio de equilibrio", por el cual es preciso sopesar dos bienes jurídicos diversos.

La ley SBAP vino a refrendar el sistema de responsabilidad por daño ambiental consagrándolo como principio y extendiéndolo de manera expresa a los atentados a la biodiversidad, pero además a las situaciones de riesgo ambiental (art. 2 e) y g)) y como presupuesto para calificar la gravedad y cuantía de las sanciones (art. 118).

A partir de la reforma de 2010 a través de la Ley 20.417 existen en Chile 2 regímenes para hacer efectiva la responsabilidad por daño ambiental:

- La acción judicial de reparación por daño ambiental que se deduce ante el Tribunal Ambiental[901].

- La reparación administrativa del daño ambiental en virtud de un "plan de reparación del daño ambiental" que un infractor a

---

[899] RAFAEL VALENZUELA F., "Responsabilidad Civil por Daño Ambiental", *Op. cit., págs. 131 y ss.*
[900] Letra *s)* del artículo 2° de la Ley 19.300.
[901] Arts. 53 a 63 de la Ley 19.300 en relación a la Ley 20.600.

las normas e instrumentos de gestión ambiental presenta ante la SMA una vez concluido un procedimiento sancionatorio ambiental[902].

En el ámbito de la prescripción, sin perjuicio de lo dispuesto en el artículo 63 de la Ley 19.300, esto es, cinco años contados desde la manifestación evidente del daño, en opinión de VALENZUELA, la ley omitió referirse a la regla general, y por tanto el término corresponde al plazo máximo de la prescripción extintivo de diez años[903], responsabilidad que tratándose de una persona jurídica ya disuelta deberá perseguirse de sus ex miembros, con las evidentes limitaciones respecto de la prueba de la negligencia culpable, así como del monto de los respectivos aportes.

Finalmente, y tratándose de responsabilidad imputable al Estado, la Ley Orgánica sobre Bases Generales de la Administración del Estado establece que el Estado es el responsable por los daños que causen los órganos de la Administración en el ejercicio de sus funciones, sin perjuicio de las responsabilidades que pudieren afectar al funcionario que los hubiere ocasionado. Los órganos de la Administración del Estado son responsables del daño que causen por "falta de servicio"[904] y creemos que activa y pasivamente por el daño ambiental que causen sus órganos conforme a las reglas generales de responsabilidad sin perjuicio del derecho a repetir en contra del funcionario que hubiere incurrido en falta personal.

No existe en estos casos consenso ni en la doctrina ni en la jurisprudencia, acota VALENZUELA, "en orden a si la responsabilidad extracontractual del Estado por actos de la Administración queda sujeta a las reglas del sistema clásico de responsabilidad *aquiliana*, o se encuentra regida, en cambio, por el sistema objetivo de atribución

---

[902] Art. 43 del art. 2° d ela Ley 20.417 en relación al D.S N° 30 del MMA publicado en el D.O el 11 de febrero de 2013 que aprueba el Reglamento sobre programas de cumplimiento, autodenuncia y planes de Reparación.

[903] RAFAEL VALENZUELA F., "Responsabilidad Civil por Daño Ambiental (Régimen vigente en Chile)", en *La Responsabilidad......*, Op. cit., pág. 150 y 151.

[904] Artículos 4° y 44 de la Ley 18.575 de 5 de diciembre de 1986.

de responsabilidad"[905]. De acuerdo a la ley 19.300 la responsabilidad sigue los patrones tradicionales, esto es la subjetividad; sin embargo, la tendencia de la doctrina en materia ambiental es la opuesta, esto es atribuir objetivamente responsabilidad por el "riesgo creado" lo que, debiera quedar plasmado de modo general al menos para aquellas situaciones de objetivo riesgo ambiental[906].

2. *Responsabilidad Administrativa*

En el plano sancionatorio administrativo, con la reforma de 2010 de la Ley 20.417, se instituyó por primera vez un régimen de fiscalización ambiental que incluyó un sistema de responsabilidad administrativa ambiental. Este nuevo sistema fue concebido a partir de incumplimientos normativos, básicamente de los instrumentos de gestión ambiental reglados en la Ley 19.300 por lo que su alcance y aplicación se encuentra limitada a aquellos.

Sin perjuicio de ello estableció consideraciones sustantivas a la hora de establecer y graduar las infracciones y las penas entre las cuales consideró la afección a expresiones de la biodiversidad como un factor para dicho fin.

Por regla general, la autoridad fiscalizadora será también aquella que podrá denunciar, instruir y sancionar administrativamente las infracciones que se cometan, siendo esta la opción que adoptó el legislador al crear el SBAP, instituido con facultades sancionatorias especiales en las materias de su competencia.

Con la vigencia de la Ley 20.417 de 2010 que introdujo en Chile un sistema de fiscalización ambiental a cargo de una SMA, se esta-

---

[905] RAFAEL VALENZUELA F., quien agrega que en fallos dictados sobre este tema, los tribunales de justicia se han inclinado por atribuirle al Estado responsabilidad indemnizatoria de tipo objetivo, aunque debe mencionarse que estos dictámenes no han incidido en materias ambientales. Ver "Responsabilidad Civil por Daño Ambiental (Régimen vigente en Chile)", en *La Responsabilidad.....*, Op. cit., pág. 161.

[906] Por ahora sólo se cuenta con un sistema mixto construido sobre la base de las llamadas presunciones de culpa que operan cuando hay trasgresión de normas jurídicas ambientales objetivas.

bleció un régimen de general aplicación para las contravenciones administrativas ambientales y que incluía las cuestiones relativas a biodiversidad y áreas protegidas[907].

La ley SBAP vino a modificar esta situación introduciendo un régimen especial en materia de biodiversidad pero que como veremos tiene carácter general en relación a otros regímenes sancionatorios especiales en el ámbito de los recursos naturales. Así la ley instituye un régimen de sanciones para ilícitos cometidos:

- En áreas protegidas del SBAP, permanentes o transitorias, públicas y privadas (art. 115).

- En Sitios Prioritarios para la conservación (art. 116 a)).

- A un Plan de Restauración ecológica (art. 33).

- A un Plan de prevención, control y erradicación de especies exóticas invasoras (art. 116 c)).

- A un humedal (art. 41).

- A especies declarados monumento natural (art. 44).

- Al sistema de Certificación de Biodiversidad y Servicios Ecosistémicos (art. 51).

- Al impedir una fiscalización (art. 116 g)).

La ley si bien estableció una suerte de régimen de *numerus clausus* en la tipificación infraccional que podría inducir a creer que no hay infracciones fuera de los supuestos señalados, dejó una cláusula de cierre más adelante en el art. 118 N° 3 a propósito de las infracciones leves estableciendo que se sancionarán como tales (multa de hasta 1.000 UTM) "los hechos, actos, u omisiones que contravengan cualquier precepto o medida obligatoria y que no constituyan infracción gravísima o grave".

---

[907] El artículo 3° de la Ley 20.417 establece entra las atribuciones asociadas a contravenciones administrativas ambientales: "t) Fiscalizar el cumplimiento de las demás normas e instrumentos de carácter ambiental, que no estén bajo el control y fiscalización de otros órganos del Estado".

El régimen de sanciones establecido considera:

- Multas de hasta 15.000 UTM.
- Restitución de beneficios.
- Extinción, caducidad o suspensión de la concesión o permiso.
- Prohibición de ingreso al AP.
- Prestación de servicios al AP.
- Decomiso de bienes.

La ley SBAP al igual que la ley de la SMA establece criterios o elementos de juicio para graduar las sanciones (art. 120).

En cuanto al procedimiento sancionador (arts. 129-142), este puede ser iniciado por un acto de fiscalización o bien por denuncia de cualquier persona, pudiendo el SBAP adoptar de inmediato las medidas provisionales del art. 125 a excepción de la clausura y suspensión de funcionamiento del establecimiento que requieren de la autorización judicial del Tribunal Ambiental respectivo, medidas que además son reclamables ante el mismo tribunal por el afectado. El SBAP tiene competencia para instruir proceso sancionatorio sobre todo tipo de infracciones a la ley SBAP y no sólo por incumplimiento de determinados instrumentos de gestión (art. 122).

En la adopción de las medidas provisionales se inviste al SBAP de un amplio margen de discrecionalidad para calificar las causales para ello y que corresponden a:

- Éxito de la investigación: las medidas sean absolutamente indispensables para asegurar la adecuada instrucción del procedimiento sancionador.
- Riesgo ambiental: con el objeto de evitar daño inminente al objeto de protección del área protegida.
- Peligro en la demora: Cuando una demora en su aplicación pudiese significar una pérdida, disminución o menoscabo de uno o más componentes de la biodiversidad.

Este amplio margen de discrecionalidad no puede implicar arbitrariedad por lo que la adopción de la medida deberá estar debida y suficientemente justificada o motivada sobre la base de antecedentes ciertos y comprobables.

Siguiendo la lógica del procedimiento sancionatorio ambiental de la SMA se instruye el proceso mediante una formulación de cargos que puede ser objeto de descargos, a lo que sigue un periodo de prueba. Sin embargo, no se consideró aquí por el legislador la posibilidad de presentar un "programa de cumplimiento". En cambio, sí se consideró la posibilidad de presentar un "Plan de Corrección" de la pérdida o degradación causada por el hecho infraccional en la biodiversidad que podríamos asimilar en cierto modo al programa de cumplimiento de la SMA aunque con una diferencia procesal importante. La ley SBAP no reguló la etapa procesal ni otros detalles procedimentales de este plan que deberán ser regulados en un reglamento, pudiendo, por consiguiente, a nuestro juicio, ser presentado en cualquier etapa del proceso sancionatorio, desde su instrucción y hasta antes de que el SBAP dicte la resolución con la que resuelva aplicar o absolver sobre la sanción, mientras no exista la reglamentación que lo específique. Este plan de corrección curiosamente debe ser sometido a la aprobación del MMA en circunstancias que lo lógico o esperable era que fuera resuelto por el órgano técnico que es el propio SBAP.

La ley tampoco estableció respecto de que instrumentos procede el plan de corrección. Si consideramos que aquel versa sobre la "pérdida o degradación causada por el hecho infraccional en la biodiversidad", la posibilidad de presentar un plan de corrección debiera tener un amplio espectro para todo tipo de infracciones a la ley en tanto exista o se instruya un proceso sancionatorio por parte del SBAP.

Si bien la ley SBAP estableció un régimen sancionatorio especial en relación a la ley de la SMA, ésta última, mantendría su potestad sancionatoria sobre PM de RR.NN. de la ley 19.300 (art. 35 letra k), por lo que por esta evidente incongruencia normativa podría suscitarse algún concurso infraccional. En estos casos si la infracción al plan de manejo puede ser sancionada conforme a la ley sectorial y a la ley SMA, se deberá preferir la que considere la mayor sanción, conforme a la regla de concurso infraccional del art. 117 de la ley SBAP y art. 60 Ley SMA.

La sanción que se aplique es reclamable ante el Tribunal Ambiental respectivo, la que a su vez es recurrible de casación o apelación ante la Corte Suprema siguiendo el esquema recursivo de la SMA. En esta materia la ley SBAP nominó un *numerus clausus* de supuestos reclamables judicialmente en los TA, —a diferencia de lo que hizo la Ley 19.300— por lo que cabe preguntarse si existen recursos para otras posibles infracciones a la ley. A juicio nuestro, podría reclamarse judicialmente ante el TA directamente por infracción de las normas de la Ley 19.300 relacionadas (arts. 34-39; 41-42) en virtud del art. 60 de la ley 19.300 o bien luego de un proceso de invalidación administrativa en virtud de los dispuesto en el art. 17 N° 8 de la Ley 20.600.

Por último, como regla supletoria procedimental, se aplica la ley 19.880.

3. *Responsabilidad Penal*[908]

Chile ha instituido, contemporáneamente con la ley SBAP, un régimen penal de "delitos contra el medio ambiente". Han existido, en todo caso, y se mantienen vigentes, delitos especiales que, de un modo directo o indirecto, y tal vez sin un propósito deliberado de protección ambiental, tienen por bien jurídico protegido algunos componentes del medio ambiente.

3.1. Delitos ambientales creados por la Ley 21.595[909]

De acuerdo a la nueva ley de delitos económicos y ambientales, los delitos ambientales preexistentes que nomina y los que se crean por medio de la ley pasan a denominarse "delitos económicos de se-

---

[908] Para un estudio particular de las implicancias penales de la protección ambiental Vid. CASTILLO SÁNCHEZ, Marcelo. *Régimen jurídico...,op. cit.*, en particular su Capítulo VII; MATUS ACUÑA, Jean Pierre (Editor). *Derecho Penal del Medio Ambiente. Estudios y propuesta para un nuevo derecho penal ambiental chileno.* Editorial Jurídica de Chile, 2004.

[909] Ley de delitos económicos y ambientales promulgada el 7 de agosto de 2023 y publicada en el D.O. el 17 de agosto de 2023.

gunda categoría" siempre que el hecho fuere perpetrado "en ejercicio de un cargo, función o posición en una empresa, o cuando lo fuere en beneficio económico o de otra naturaleza para una empresa" (art. 2). El efecto de esta calificación no es menor por cuanto pasan a tener los efectos jurídicos asignados por la ley para esta categoría de delitos, entre ellos, instituir la responsabilidad penal a la empresa.

La ley DEA sustituye el Párrafo 13 del Título VI del Libro Segundo, del Código Penal por uno nuevo denominado "Atentados contra el medio ambiente". Entre ellos los que tienen especial relevancia o connotación en materia de recurso naturales son los siguientes:

a) Delitos de afectación a los recursos naturales en contravención al SEIA (art. 305)[910]

Señala el tipo penal que: "Será sancionado con presidio o reclusión menor en sus grados mínimo a medio el que sin haber sometido su actividad a una evaluación de impacto ambiental a sabiendas de estar obligado a ello:

1. Vierta sustancias contaminantes en aguas marítimas o continentales.

2. Extraiga aguas continentales, sean superficiales o subterráneas, o aguas marítimas.

3. Vierta o deposite sustancias contaminantes en el suelo o subsuelo, continental o marítimo.

4. Vierta tierras u otros sólidos en humedales.

5. Extraiga componentes del suelo o subsuelo.

6. Libere sustancias contaminantes al aire.

La pena será de presidio o reclusión menor en sus grados medio a máximo si el infractor perpetra el hecho estando obligado a someter su actividad a un estudio de impacto ambiental.

---

[910]   La ley DEA crea además delitos especiales que atentan contra el SEIA en su art. 57.

b) *Delito de vertimiento, liberación o extracción ilícita de sustancias o elementos contaminantes (art. 306)*

Señala la ley DEA: "Las penas señaladas en el inciso primero del artículo anterior serán aplicables al que, contando con autorización para verter, liberar o extraer cualquiera de las sustancias o elementos mencionados en los números 1 a 6 del artículo 305, incurra en cualquiera de los hechos allí previstos, contraviniendo una norma de emisión o de calidad ambiental, incumpliendo las medidas establecidas en un plan de prevención, de descontaminación o de manejo ambiental, incumpliendo una resolución de calificación ambiental, o cualquier condición asociada al otorgamiento de la autorización, y siempre que el infractor hubiere sido sancionado administrativamente en, al menos, dos procedimientos sancionatorios distintos, por infracciones graves o gravísimas, dentro de los diez años anteriores al hecho punible y cometidas en relación con una misma unidad sometida a control de la autoridad".

c) *Delito de extracción ilícita de aguas (art. 307)*

Señala que "Las penas señaladas en el inciso primero del artículo 305 serán también aplicables al que, contando con autorización para extraer aguas continentales, superficiales o subterráneas, las extraiga infringiendo las reglas de su distribución y aprovechamiento en cualquiera de las siguientes circunstancias:

1. Habiéndose establecido por la autoridad la reducción temporal del ejercicio de esos derechos de aprovechamiento.

2. En una zona que haya sido declarada zona de prohibición para nuevas explotaciones acuíferas, haya sido decretada área de restricción del sector hidrogeológico, que se haya declarado a su respecto el agotamiento de las fuentes naturales de aguas o se la haya declarado zona de escasez hídrica".

d) *Delito de afectación a los recursos naturales (art. 308)*

Sanciona a: "El que, vertiendo, depositando o liberando sustancias contaminantes, o extrayendo aguas o componentes del suelo o subsuelo, afectare gravemente[911] las aguas marítimas o continentales, superficiales o subterráneas, el suelo o el subsuelo, fuere continental o marítimo, o el aire, o bien la salud animal o vegetal, la existencia de recursos hídricos o el abastecimiento de agua potable, o que afectare gravemente humedales vertiendo en ellos tierras u otros sólidos, será sancionado:

1. Con la pena de presidio o reclusión mayor en su grado mínimo, si la afectación grave fuere perpetrada concurriendo las circunstancias previstas en los artículos 305, 306 o 307.

2. Con la pena de presidio o reclusión menor en su grado máximo a presidio mayor en su grado mínimo en los casos no comprendidos en el número precedente, y siempre que no estuviere autorizado para ello".

Por disposición de la ley DEA este delito no se acoge a los beneficios de cumplimiento alternativo en libertad.

---

[911] El art. 310 bis señala: Para los efectos de los tres artículos precedentes se entenderá por afectación grave de uno o más componentes ambientales el cambio adverso producido en alguno de ellos, siempre que consista en alguna de las siguientes circunstancias:
1. Tener una extensión espacial de relevancia, según las características ecológicas o geográficas de la zona afectada.
2. Tener efectos prolongados en el tiempo.
3. Ser irreparable o difícilmente reparable.
4. Alcanzar a un conjunto significativo de especies, según las características de la zona afectada.
5. Incidir en especies categorizadas como extintas, extintas en grado silvestre, en peligro crítico o en peligro o vulnerables.
6. Poner en serio riesgo de grave daño la salud de una o más personas.
7. Afectar significativamente los servicios o funciones ecosistémicos del elemento o componente ambiental.
Tratándose de los hechos previstos en el número 1 del artículo 308 y en los incisos primero y segundo del artículo 310, si la afectación grave causa un daño irreversible a un ecosistema, se impondrá el máximo de las penas a ellos señaladas.

e) Delito culposo de afectación a los recursos naturales (art. 309)

Sanciona a: "El que por imprudencia temeraria o por mera imprudencia o negligencia con infracción de los reglamentos incurriere en los hechos señalados en el artículo anterior, será sancionado:

1. Con la pena de presidio o reclusión menor en su grado máximo, si la afectación grave fuere perpetrada concurriendo las circunstancias previstas en los artículos 305, 306 o 307.

2. Con la pena de presidio o reclusión menor en cualquiera de sus grados en los casos no comprendidos en el número precedente".

f) Delito de afectación de las áreas protegidas (art. 310)

Sanciona a "El que afectare gravemente uno o más de los componentes ambientales de una reserva de región virgen, un parque nacional, un monumento natural, una reserva nacional o un humedal de importancia internacional, será sancionado con presidio o reclusión mayor en su grado mínimo.

La misma pena se impondrá al que, infringiendo una resolución de calificación ambiental o sin haber sometido su actividad a una evaluación de impacto ambiental estando obligado a ello, afectare gravemente un glaciar.

La pena será de presidio o reclusión menor en su grado máximo si cualquiera de los hechos señalados en los incisos anteriores fuere perpetrado por imprudencia temeraria o por mera imprudencia o negligencia con infracción de los reglamentos".

Estos delitos además traen aparejada una pena de multa que va de las 120 a las 120.000 UT (art. 310 ter) y el comiso de todas las ganancias obtenidas por el delito (art. 24bis), y en el caso de una AP la prohibición perpetua de ingresar al área afectada (art. 311 bis).

Los delitos descritos pueden ser cometidos por personas naturales como personas jurídicas (art. 311 quinquies).

En el proceso penal por estos delitos el tribunal podría además imponer al imputado o condenado condiciones destinadas a evitar o reparar el daño ambiental causado, condiciones que no excluyen el ejercicio de la acción y eventual sanción administrativa o civil por el daño ambiental, máxime si no ha sido satisfecho el principio de indemnidad, para cuyo efecto deberá consultar a los organismos técnicos competentes que, aunque la ley no lo dice estimamos que éstos serían el SBAP, DGA, SERNAPESCA, SAG, CONAF, SEA, SMA u otros, en función de los recursos naturales que integren el tipo penal de que se trate (art. 312). Ademas y sin perjuicio de lo anterior, en estos delitos podría aplicarse como atenuante muy calificada la reparación del daño ambiental, a excepción del delito de afectación de áreas protegidas (art. 310).

3.2. Delitos ambientales preexistentes a la ley 21.595

Las siguientes figuras penales —algunas decimonónicas—, dan cuenta de la protección penal preexistente en materia de recursos naturales al momento de dictación de la ley de delitos económicos.

a) Delito de Uso y Roce a Fuego

El legislador penal chileno ha tipificado con larga data el delito de incendio, inscrito entre los delitos contra la propiedad el que ha sido remozado y ampliado en los últimos años a hipótesis de daño, imprudencia y mera actividad que afecten el patrimonio forestal y las AP motivado por el creciente fenómeno de incendios forestales que arrasan en época estival vastas extensiones de cubiertas boscosas del centro sur del país.

Sanciona el art. 18 inciso 2° de la Ley de Bosques que "El que rozare a fuego infringiendo lo dispuesto en el artículo precedente y en el reglamento que menciona dicha disposición y a consecuencia de ello destruyere bosques, mieses, pastos, montes, cierros, plantíos, ganados, construcciones u otros bienes pertenecientes a terceros, será sancionado con la pena de reclusión menor en su grado mínimo a medio"[912].

---

[912]   Artículo referido es el 17° que establece: Prohíbese la roza a fuego, como método de explotación en los terrenos forestales a que se refiere el artículo 1°. Para emplear el fuego en la destrucción de la vegetación arbórea en

Por medio de la Ley 20.653[913] que estableció un nuevo art. 22 y se sancionó 2 hipótesis:

"El empleo del fuego, en contravención a las disposiciones de la presente ley y sus reglamentos, y siempre que de ello no se haya seguido incendio, será castigado con presidio menor en sus grados mínimo a medio y multa de once a cincuenta unidades tributarias mensuales.

El que rozare a fuego infringiendo las disposiciones legales y reglamentarias y a consecuencia de ello destruyere bosques, mieses, pastos, montes, cierros, plantíos o formaciones xerofíticas de aquellas definidas en la ley N° 20.283, ganado, construcciones u otros bienes pertenecientes a terceros o afectare gravemente el patrimonio forestal del país, será castigado con presidio menor en sus grados medio a máximo y multa de cincuenta a ciento cincuenta unidades tributarias mensuales".

La Ley 20.653 introdujo también las siguientes otras hipótesis:

"Agregó un artículo 22 bis por medio del cual se prohíbe encender fuego o la utilización de fuentes de calor en las Áreas Silvestres Protegidas en todos aquellos lugares no autorizados y señalizados por la autoridad a cuyo cargo se encuentre la administración de las mismas. Y sanciona el incumplimiento de la prohibición referida con "la pena de presidio menor en su grado mínimo a medio y multa de once a cincuenta unidades tributarias mensuales" a quien utilizare el fuego o cualquier fuente de calor.

Introdujo un artículo 22 ter nuevo por medio del cual se sanciona a "el que por mera imprudencia o negligencia en el uso del fuego u otras fuentes de calor en zonas rurales o en terrenos urbanos o se-

---

suelos fiscales o particulares que se desee habilitar para la actividad agropecuaria, se requerirá de un permiso escrito otorgado por el Gobernador al propietario del predio o a un tercero con autorización del propietario, previo informe del Agrónomo respectivo del Ministerio de Agricultura. Este permiso se solicitará con seis meses de anticipación a lo menos.
El reglamento de la presente ley fijará los requisitos y la época en que el roce pueda ejecutarse.

[913] Publicada en el D.O. el 2 de febrero de 2013.

miurbanos destinados al uso público, provocare incendio que cause daño en los bienes a que alude el inciso segundo del artículo 22, sufrirá la pena de presidio menor en su grado medio a máximo y multa de cincuenta a ciento cincuenta unidades tributarias mensuales.

Si el incendio se produjera en un Área Silvestre Protegida o se propagare a alguna de ellas, el responsable del uso del fuego u otras fuentes de calor en las zonas y terrenos a que alude el inciso anterior, sufrirá la pena de presidio menor en su grado máximo y multa de cien a doscientas unidades tributarias mensuales".

Todos estos delitos han pasado a tener carácter de delito económico conforma a la ley DEA.

La ley SBAP tampoco adecuó estos tipos penales a la nueva nomenclatura que utiliza, manteniéndose por ejemplo el concepto de ASP, por lo que debiéramos entender que éstas corresponden a todas aquellas que integran el SNAP.

b) Delito de corta o destrucción de árboles

Establecido en el art. 21 de la Ley de Bosques señala que: "La corta o destrucción de árboles y arbustos, en contravención a lo establecido en el artículo 5°, será sancionada con la pena de presidio menor en su grado mínimo a medio y multa de diez a veinte sueldos vitales mensuales[914].

Se trata de un delito establecido por infracción a las prohibiciones de corta de árboles en las zonas aledañas a manantiales y manantiales.

Este delito también ha sido incorporado por la ley DEA como delito económico.

---

[914] El Código Penal establece en su art. 25 que "La expresión "unidad tributaria mensual" en cualquiera disposición de este Código, del Código de Procedimiento Penal y demás leyes penales especiales significa una unidad tributaria mensual vigente a la fecha de comisión del delito, y, tratándose de multas, ellas se deberán pagar en pesos, en el valor equivalente que tenga la unidad tributaria mensual al momento de su pago".

c) *Delito de incendio de bosques*

Establecía el originario artículo 476, N° 3 del Código Penal que: "Se castigará con presidio mayor en cualquiera de sus grados al que: "...incendiare bosques, mieses, pastos, monte, cierros o plantíos".

Este tipo penal fue modificado por Ley 20.653 que, por una parte, agregó en el tipo penal a las "formaciones xerofíticas de aquellas definidas en la ley N° 20.283", esto es, fundamentalmente cactáceas que no estarían estrictamente en el tipo penal original.

De otra parte, agregó un numeral 4° nuevo al art. 476 agregando que la misma pena de presidio mayor se aplicará: "Al que fuera de los casos señalados en los números anteriores provoque un incendio que afectare gravemente las condiciones de vida animal o vegetal de un Área Silvestre Protegida".

Estos delitos no fueron incorporados en el catálogo de delitos económicos de la Ley DEA.

d) *Caza o pesca ilícita*

La Ley de Pesca ha establecido el mayor reproche penal ambiental en el sistema chileno tipificando diversas figuras penales que sancionan las diversas conductas que se producen en la cadena de uso y aprovechamiento de los cada vez más escasos recursos pesqueros que llegan a penas de presidio mayor[915].

Estos delitos fueron incorporados en calidad de delitos económicos por la ley DEA.

El Código Penal, por su parte, sanciona los siguientes delitos-falta en esta materia[916]:

Con pena de prisión en sus grados medio a máximo o multa de uno a cinco sueldos vitales al que con violencia en las cosas entrare

---

[915] Título X sobre delitos especiales y penalidades (arts.135-140).
[916] Conforme al artículo 3 del Código Penal los delitos, atendida su gravedad, se dividen en crímenes, simples delitos y faltas y se calcan de tales según la pena que les está asignada en una escala general.

a cazar o pescar en lugar cerrado, o en lugar abierto contra expresa prohibición intimada personalmente[917].

Con pena de prisión en su grado mínimo conmutable en multa de uno a cinco sueldos vitales al que entrare sin violencia a cazar o pescar en sitio vedado o cerrado y al que infringiere los reglamentos de caza o pesca en el modo de ejecutar una u otra o de vender sus productos[918].

Estos delitos no fueron considerados en calidad de económicos.

La legislación pesquera, finalmente, no establece ninguna figura penal especial, ni figura agravada cuando se trata de AP marinas.

La legislación cinegética (Ley de Caza y Ley 20.962) , en tanto, consideró delitos especiales contra el tráfico de especies de flora y fauna, que sí son considerados delitos económicos, ya referidos en el capítulo V.

---

[917]   Art. 494 N° 21.
[918]   Art. 496.N° 34 y 36.

Capítulo VII

Conclusiones y recomendaciones para una protección efectiva de la biodiversidad

I. CUESTIONES GENERALES

Un estatuto jurídico integral y moderno de protección de la biodiversidad y los recursos naturales debe incluir los espacios naturales, la protección de la flora y la fauna silvestres, los ecosistemas y los recursos genéticos asociados a ellos, tal como lo planteaba en 2004 la ENCB[919] y como se lo exige la OCDE en la evaluación de desempeño efectuada a Chile en 2005, reiterada en 2016[920].

La ley 20.417 de 2010 que reformó la Ley ambiental 19.300 estableció la necesidad de contar con un Servicio de Biodiversidad[921], estableciéndolo como parte del rediseño institucional ambiental chileno, que además debería incluir un completo sistema de áreas

---

[919] Se fortalecerá y mejorará la coordinación del actual sistema de gestión pública sobre la biodiversidad, en particular la creación de un Sistema Nacional de Áreas Protegidas, públicas y privadas, terrestres y acuáticas, perfeccionando el marco jurídico e institucional y desarrollando nuevos instrumentos de gestión tales como los de ordenamiento territorial, áreas protegidas con diversidad de categorías de protección, normas, incentivos entre otros.

[920] Comisión Económica para América Latina y el Caribe (CEPAL)/Organización para la Cooperación y el Desarrollo Económicos (OCDE). *Evaluaciones del desempeño ambiental:* Chile 2016, Santiago, 2016.

[921] En su artículo octavo señala: "Dentro del plazo de un año desde la publicación de esta ley, el Presidente de la República deberá enviar al Congreso Nacional uno o más proyectos de ley por medio de los cuales se cree el Servicio de Biodiversidad y Áreas Protegidas, y se transforme la Corporación Nacional Forestal en un servicio público descentralizado.
El rediseño a que se refiere el inciso anterior se efectuará resguardando los derechos de los trabajadores de la referida Corporación".

protegidas que recién vio la luz en 2023 con la creación del SBAP por Ley 21.600. Así el sistema chileno sobre conservación de la naturaleza desde que fuera concebido con las leyes 18.348 y 18.362 de 1984 que nunca entraron en vigencia, habrá cumplido 40 años de postergación debiendo en el intertanto sortear altos grados de desprotección e incertidumbre.

El objetivo fundamental de la conservación de la naturaleza o de la biodiversidad entendiendo por tal objetivo la gestión sustentable de sus componentes en sus acepciones de preservar, conservar, proteger, restaurar, usar y aprovechar sustentablemente los bienes que la integran[922],se cumple en el mandato que la ley da al SBAP.

A partir de dicho objetivo fundamental se debieran cumplir además los objetivos específicos de la regulación que conforme a la doctrina y legislación comparada son[923]:

a) La preservación, recuperación y mejora de los sistemas naturales, de la biodiversidad o de sus elementos.

b) La utilidad y goce por la ciudadanía y del público en general.

c) El desarrollo del entorno humano afectado o de sus comunidades.

Estos fines pueden aun ser desagregados o más especificados, conforme lo indica la UICN[924], de la siguiente forma:

a) Investigación científica.

b) Protección de zonas silvestres.

c) Preservación de especies y de la diversidad genética.

---

[922] LAUSCHE, Bárbara. (2011). *Guidelines for Protected Areas Legislation*. IUCN, Gland, Switzerland. xxvi + 370 pp., pág. 29.

[923] Cfr. LÓPEZ RAMÓN, Fernando, *Régimen jurídico de los espacios naturales protegidos...*, op. cit., pág. 22; MARTIN MATEO, Ramón, *Tratado de Derecho Ambiental...*, op. cit. pags. 318-321; Ley española 42/2007 del Patrimonio Natural y la Biodiversidad.

[924] UICN, *Guidelines for Protected Area Management Categories*, Comission on National Parks and Protected Areas (CNPPA) with the assistance of de Wold Conservation Monitoring Centre (WCMC), Cambridge, 1994, pág. 186.

d) Mantenimiento y provisión de servicios ambientales.

e) Protección de características naturales y culturales específicas.

f) Turismo y recreación.

g) Educación.

h) Utilización sostenible de sus recursos.

i) Mantenimiento de atributos culturales y tradicionales.

La ley SBAP cubre en parte estos objeticos específicos; sin embargo, se echa de menos 2 cosas: 1) un mayor énfasis en los instrumentos para el desarrollo sustentable de emprendimientos y comunidades a partir del uso sostenible de los recursos naturales y 2) un mayor desarrollo o el establecimiento de las bases para el desarrollo posterior de la biodiversidad genética.

Hoy en día las áreas naturales protegidas y la adecuada gestión de la biodiversidad no sólo debe traducirse en la constitución de reductos de conservación de la naturaleza, sino también de uso sostenible de los mismos y de recuperación y mejora de condiciones ecológicas, ecosistémicas y ambientales deterioradas o perdidas, de una manera dinámica e integrada.

En el ámbito de las definiciones la ley SBAP se alinea con los conceptos fundamentales en boga del derecho internacional. Sin embargo, estimamos más conveniente haber utilizado la nomenclatura francesa[925] y española de *"espacios protegidos"*, en lugar de la estadounidense *"protected areas"* por cuanto este último término tiene una connotación bidimensional en castellano que podría insinuar una negación del carácter tridimensional de una AP, pero que en todo caso la ley resuelve.

Las categorías de territorios protegidos definidas en la Ley en general se corresponden con las contempladas en el derecho internacional[926] y las propuestas por organismos internacionales especializa-

---

[925] El derecho francés utiliza el término *"espaces naturels"* (ley N° 76-629 de 1976).

[926] Es interesante tener presente por ejemplo la experiencia de países pioneros en AP como Costa Rica que cuenta con legislación general sobre medio

dos en la materia, como UICN[927]. Sin embargo, subsisten tipologías establecidas en leyes rezagadas o en desuso, que se requiere abordar y armonizar.

La ley SBAP integra otras zonas complementarias a las AP como las "zonas de amortiguamiento, buffer o de transición" que "rodean los núcleos protegidos y los protegen atenuando los impactos directos de las actividades humanas adyacentes".[928]y con "corredores biológicos o redes ecológicas"[929] que tienen por función "la conexión de los procesos ecológicos y los hábitats de las especies" haciendo posible o realizable lo que hoy se denomina la "conectividad ecológica"[930],

---

ambiente y especial referida a áreas protegidas y biodiversidad. En efecto la Ley Orgánica del Ambiente N° 7554 en su Capítulo VII establece las siguientes categorías de protección: Reservas forestales; zonas protectoras; Parques nacionales; Reservas biológicas; Refugios nacionales de vida silvestre; Humedales y Monumentos naturales.

[927] Especial consideración a este respecto merecen las categorías propuestas por la UICN, a saber:
I. Reserva natural integral: espacio protegido gestionado principalmente con fines científicos o con fines de protección de la naturaleza.
II. Parque nacional: espacio protegido gestionado principalmente para la conservación de ecosistemas y el recreo.
III. Monumento natural: espacio protegido gestionado principalmente para la conservación de características naturales específicas.
IV. Área de gestión de hábitat/especies: espacio protegido principalmente para la conservación, y con intervención a nivel de gestión.
V. Paisaje protegido terrestre/marino: espacio protegido gestionado principalmente para la conservación y protección de paisajes terrestres y marinos y el recreo.
VI. Área protegida con recursos gestionados: espacio protegido gestionado principalmente para la utilización sostenible de los recursos naturales.

[928] LAUSCHE, Bárbara. (2011). *Guidelines for Protected Areas Legislation*. IUCN, Gland, Switzerland. xxvi + 370 pp., pág. 27.

[929] Un modelo de corredores biológicos se encuentra en la Ley Grenelle II de Francia d 2010. La experiencia comparada sobre establecimiento de corredores biológicos aún es escasa, siendo una modalidad de conservación regulada al interior de ASP como ocurre en BRASIL y ARGENTINA y también en la legislación ambiental relacionada como en las leyes de Biodiversidad de VENEZUELA y BULGARIA. Cfr. LAUSCHE, Bárbara. (2011). *Guidelines for Protected Areas Legislation*. op.cit. pág. 197.

[930] Ibídem.

para dar sentido y eficacia ambiental al sistema de AP, sin embargo, la regulación de estas zonas ha quedado muy disminuida en la ley y requieren de un desarrollo normativo mayor.

Las categorizaciones o tipologías de las que hemos hablado siempre están asociadas a AP. Sin embargo, debiéramos comenzar a hablar más allá de las ASP de "ecosistemas protegidos" a los que asociemos categorías de gestión o protección en función de su condición de amenaza o vulnerabilidad, haciendo el símil con el tratamiento que tienen las especies.

La protección o gestión establecida sobre especies debe ir necesariamente acompañada de la protección de sus hábitats y estos a su vez conectarse e integrarse en una protección y gestión integral de los ecosistemas.

En materia de creación de determinadas categorías de AP o de gestión de ecosistemas y especies singulares, sería interesante innovar radicando en instituciones y gobiernos locales mayores facultades al respecto ya que son aquellos que están más próximos a las necesidades de la región y que conocen mejor sus características y potencialidades[931]. Del mismo modo, se debiera entregar un mayor rol a las comunidades locales e indígenas en las propuestas de creación de AP y en su gestión, particularmente cuando ellas incidan en su desarrollo o contengan expresiones de la cultura local que sea de interés de la comunidad proteger.

Una alternativa también interesante sería someter la creación de una AP o el reconocimiento de un ecosistema vulnerable o de alto valor, dado su carácter territorial, al mecanismo de evaluación ambiental estratégica establecido en la Ley de medio ambiente[932] y que se encuentra concebido, entre otras cosas, para evaluar zonificaciones del borde costero, del territorio marítimo, manejo integrado de cuencas y en general de instrumentos de ordenamiento territorial y

---

[931]   En el derecho español la creación de ASP es de competencia de las Comunidades Autónomas y no del Estado central.
[932]   Arts. 7 bis, ter y quater.

cuya reglamentación establece garantías mínimas de participación, publicidad y evaluación ambiental que merece[933].

En cuanto a la extinción o desafectación de la calidad de una AP el mecanismo normalmente utilizado es el mismo, siguiéndose lo que los franceses han denominado el "principio del acto contrario"[934], sin perjuicio de las restricciones legales o constitucionales[935].

Pero más importante que el procedimiento, a nuestro juicio, es el establecimiento de "causales objetivas" en virtud de las cuales podría procederse a la desafectación de una AP o un ecosistema vulnerable o de alto valor. Un acto de esta naturaleza debe estar siempre fundamentado y razonado[936] en antecedentes científico-técnicos y, en lo posible, sujeto a reglas claras que morigeren al máximo los ámbitos de la discrecionalidad administrativa[937]. Aún más, las causales de desafectación deben estar en armonía y compatibilidad con el principio y deber constitucional de preservación de la naturaleza que tiene el Estado (art. 19 N° 8) pero que en la ley SBAP no fueron reguladas, lo que puede representar un problema sobre todo para las AP de protección más estricta que por principio de no regresión verían dificultada su desafectación.

---

[933] El Reglamento de la EAE fue aprobado por acuerdo 6/2013 del Consejo de Ministros para la Sustentabilidad de 14 de marzo de 2013, promulgado por DS 32 del MMA de 17 de agosto de 2015 publicado en el DO el 4 de noviembre de 2015.

[934] Cfr. LÓPEZ RAMÓN, Fernando. *La Conservación de la Naturaleza...*, op. cit., en particular pags. 188-193.

[935] La Convención de Washington exige acto legislativo para la desafectación de Parques.

[936] Cfr. Dictamen de la CGR N° 17.352 de 11/07/18 que establece que "si un acto de la Administración reduce un área protegida o modifica su categorización a una protección más débil o deja ella sin efecto, sin motivación suficiente, vulnera el principio de no regresión".

[937] Evitar por ejemplo lo que ha significado el establecimiento del art. 19 de la Ley de Bosque Nativo que luego de declarar la protección de especies amenazadas agregar que excepcionalmente podrá intervenirse su hábitat por razones de "interés nacional".

II. INSTITUCIONALIDAD

En cuanto a competencias se ha optado por separar las funciones ambientales sobre conservación de la biodiversidad de las forestales[938].

Esta situación replica en parte la experiencia internacional donde existe un abanico de modelos de organización administrativa-ambiental, desde los más tradicionales y conservadores que entregan las competencias ambientales a un departamento o servicio dependiente de un Ministerio sectorial[939] hasta los más vanguardistas que han instituido Ministerios de Medio Ambiente[940]. Las competencias sobre la protección de la naturaleza quedarían así bajo el alero de estos órganos, lo que no necesariamente nos debe lleva a pensar en la existencia de una administración centralizada de las cuestiones ambientales. De hecho, coexisten en el derecho comparado múltiples fórmulas que van desde la existencia de un ente autónomo y centralizado como el de EE.UU. a sistemas descentralizados de administración local e incluso consorcios de entes administradores locales que horizontalmente ejercen esta función, como en Nueva Zelanda o en las Comunidades Autónomas españolas[941].

---

[938] La tendencia en todo caso es separar las competencias forestales de las ambientales entre las que se inscribe las que tienen por objeto la protección de la naturaleza y los ENP. Así, por ejemplo, en Alemania, Estados Unidos, etcétera Vid. RUIZ- RICO RUIZ, Gerardo (coordinador). *Derecho comparado del medio ambiente...*, op.cit.

[939] Aquí debemos inscribir el modelo chileno vigente hasta 2010 en el que el servicio de medio ambiente —CONAMA— dependía de uno de los Ministerio encargados de los asuntos políticos, el MINSEGPRES.

[940] Clave son las experiencias originarias de Gran Bretaña y Francia a las que han seguido las de Alemania, Italia, España, entre otros Estados europeos, y en Latinoamérica, Brasil, Argentina, México, entre otros y Chile a contar de 2010.

[941] Particular postulación por las figuras de consorcios se encuentran en el sistema italiano de las que España ha recogido su experiencia Los consorcios son "entidad local, dotada por tanto de personalidad jurídico-pública y que se constituye por la asociación voluntaria de una o varias entidades locales con una o varias entidades públicas de diferente orden o naturaleza para fines de interés para las respectivas poblaciones", según señala LÓPEZ RAMÓN, Fernando, *La Conservación de la Naturaleza...*, op. cit. pág. 343-344.

En Chile existieron intentos por establecer una "institucionalidad forestal" que incluya las competencias sobre las AP y recursos naturales, a partir de diseños diversos que no contaron con el consenso de los diversos sectores (forestal productivo, forestal institucional, ONG's ambientalistas, mundo parlamentario, etcétera). Con la creación del MMA[942] el Estado reorganizó las competencias ambientales creando un Servicio de Evaluación Ambiental (SEA) encargado de la evaluación ambiental de proyectos, una Superintendencia del Medio Ambiente (SMA)[943], encargado de la fiscalización ambiental y un Servicio de Biodiversidad (SBAP) de márgenes difusos y sólo enunciado como un compromiso futuro del legislador[944], con lo que el Estado de Chile asumió la opción de crear un ente especializado en la materia bajo el alero de la cartera de asuntos ambientales.

Esta discusión no es nueva en el derecho comparado y se han dado situaciones conflictivas como por ejemplo en Estados Unidos con respecto a la competencia entre el National Park Service, dependiente del Departamento de Interior y encargado de la administración de las ASP a nivel federal y el Forest Service, dependiente del Ministerio de Agricultura, con competencia sobre el patrimonio forestal y ASP que no son de competencia del servicio de parques[945], y que de alguna manera es la que hoy se replica en Chile.

No ha habido consenso en que la actual CONAF dejara de administrar el SNASPE, el patrimonio natural o parte de él, como lo ha estado haciendo hasta ahora. Sin embargo, las dudas y discusiones afloran nuevamente cuando se comienza a discutir el nuevo estatus y atribuciones que tendría CONAF y como ellas se conjugan con las de un Servicio Nacional Forestal. Mientras hay quienes postulan que debían separarse completamente las funciones forestales respecto a las de administración y gestión de AP entregando estas a un Servicio

---

[942] Ley 20.417 publicada en el D.O. el 26 de enero de 2010.

[943] Junto a la Superintendencia del Medio Ambiente se comprometió la creación de Tribunales Ambientales los que fueron definitivamente creados por Ley 20.600 publicada en el D.O. el 28 de junio de 2012.

[944] Art. 8 transitorio de la Ley 20.417.

[945] Cfr. RUIZ- RICO RUIZ, Gerardo. Constitución y Medio Ambiente en los Estados Unidos en "Derecho comparado del medio ambiente y de los espacios naturales protegidos". Editorial Comares, Granada, 2000.

de Parques o similar[946], otros optan por fortalecer la actual condición de CONAF[947], en tanto que en una postura intermedia se sitúan quienes preferirían crear un servicio nacional forestal nuevo que reemplazaría o sucedería a la actual CONAF. Estas discrepancias han decantado hacia la opción gubernamental de proponerse la creación de un servicio especializado en áreas protegidas y biodiversidad —el SBAP— dependiente del MMA en la última reforma de 2010[948], que es la que finalmente prosperó con la dictación de la ley 21.600.

La administración de AP debiera ser, por regla general, función estatal. La excepción a ello serían distintas fórmulas de delegación de la potestad de administración en organismos semi-fiscales o público-privados, figuras de co-administración con organizaciones indígenas, por ejemplo, o recurrir a la figura de la concesión administrativa y finalmente a autorizaciones o permisos administrativos acotados. La ley SBAP recoge esto de alguna manera con las áreas de conservación de pueblos indígenas y con los paisajes de conservación, pero se echa de menos un mayor desarrollo normativo.

Otra condición es el de las APP que obviamente deben tener un estatuto distinto pero que considere, de todos modos, algún tipo de control estatal, que se justifica por el bien superior que se protege,

---

[946]   Vid. MEZA, Andrés. "Elementos para fundamentar el fortalecimiento de la institucionalidad pública en el ámbito de los bosques y las áreas protegidas", en III Congreso Chileno de Derecho Forestal-Ambiental, CONAF, 2008.

[947]   Ley N° 18.348 de 1984 que creaba la CONAF como servicio público del Estado, y que nunca se puso en vigencia ampliaba notablemente el marco de sus atribuciones extendiéndolas, de modo general, al ámbito de los recursos naturales, al señalar que "La Corporación tendrá por objeto la conservación, protección, incremento, manejo y aprovechamiento de los recursos naturales renovables del país" (art. 3)

[948]   Sobre las discusiones y posiciones existentes en esta materia se recomienda consultar *Proyecto de ley que crea la Subsecretaría de Desarrollo Forestal y el Servicio Nacional Forestal*, Jornada Temática de la Comisión de Agricultura, Silvicultura y Pesca, Cámara de Diputados y de la Intendencia Novena Región. Publicaciones de la Cámara de Diputados, 1999, o bien, consultar el sitio web del Congreso Nacional www.congreso.cl, donde se pueden encontrar algunos informes sobre la materia.

pero también por los beneficios económico asociados que en la ley SBAP son escasos.

De cualquier modo la delegación o desconcentración administrativa parcial no debiera obstar a un modelo centralizado para un mejor control y aplicación de las políticas de conservación como ha sido el caso chileno y como se ha establecido en otros ordenamientos jurídicos modernos como en el sistema jurídico de EE.UU, donde existen órganos federales con competencias exclusivas en materia de ASP entre los que destaca a nivel federal el *National Park Service*[949] o COSTA RICA[950], con un Sistema Nacional de Áreas de Conservación (SINAC)[951].

III. RÉGIMEN DE GESTIÓN

La regulación sobre la biodiversidad debiera hacerse, en un primer orden, de manera general e integrada, estableciendo la importancia ambiental de todo el territorio sobre el que se debieran establecer graduaciones de intervención según su valor. En este contexto el establecimiento de espacios protegidos debiera ser una técnica más de conservación, en la que a su vez se gradúen los niveles de intervención según categorías de AP y según sus zonas, lo que no se encuentra bien logrado en la regulación. Junto a ello el sistema debe considerar técnicas de intervención y de gestión de especies, ecosistemas y genes, dentro o fuera de las ASP, pero complementarias a ellas. A partir de esta visión dinámica, integrada y holística del territorio, en la que se integran los diversos instrumentos de gestión[952]: planes de manejo de AP, Planes de manejo de especies y ecosistemas, corre-

---

[949]   Creado en 1916 por la *National Park Service Organic Act,* bajo la dependencia del *Department of Interior,* y encargado de administrar el sistema de Parques, Monumentos y Reservas entre otras ASP.

[950]   Ley Servicio de Parques Nacionales N° 6084 de 1977 y Ley de Biodiversidad, Ley N° 7788 de 1998.

[951]   Cfr. HERMAN BENJAMÍN, Antonio (Coordinador). *Direito ambiental das áreas protegidas...,* op. cit.

[952]   Para conocer recomendaciones acerca de la gestión y las ASP y como ellas pueden servir al fin del desarrollo humano local Vid. UICN. *Parques y Pro-*

dores biológicos, manejo integrado de cuencas, etc. es posible pensar en una real y efectiva conservación de la biodiversidad que constituya un patrimonio, pero a la vez un motor de desarrollo sustentable.

La regulación ambiental tradicional ha optado por las viejas y clásicas técnicas del derecho sobre prohibición o permisión, criterio que ha tendido a permanecer en las actuales regulaciones sobre recursos naturales. Hoy hemos comprendido que no parece ser la técnica más adecuada o eficaz a la luz de una gestión dinámica, sostenible y efectiva sobre componentes de la naturaleza.

En principio no parece ni resulta apropiado listar, en una ley, prohibiciones generales, en particular cuando ello se hace con un cierto nivel de detalle o casuística respecto a las conductas prohibidas y cuando además no se hace distinción entre los diversos grados de intervención sobre territorios o bienes protegidos ambientalmente. A mayor especificidad en la ley, por lo demás, mayor probabilidad de dejar fuera conductas, aspectos y matices de una misma acción o tipo de acciones, generándose con toda probabilidad conflictos jurídicos de interpretación y de aplicación de la ley.

Al parecer lo más apropiado —con las deficiencias propias anotadas de esta técnica— sería recurrir a criterios generales de prohibición o permisión de actividades como, por ejemplo, señalando que quedarán prohibidas todas aquellas actividades que escapen o trasciendan los fines y objetivos propios de una AP definidos por la ley y la reglamentación correspondiente[953]; y en segundo término, estableciendo en un régimen de planificación general y en el plan de manejo o gestión de la categoría de AP, ecosistema o de la especie, las actividades reguladas entre las cuales podemos contemplar aquellas prohibidas, restringidas y permitidas.

Adicionalmente el legislador chileno ha tendido a establecer excepciones a las prohibiciones que igualmente adolecen de una mala técnica tanto legislativa como de gestión. Así, por ejemplo, en la Ley

---

greso. *Áreas protegidas y Desarrollo Económico en América Latina.* IV Congreso Mundial de parques y áreas protegidas, 1993.
[953] En similar sentido LÓPEZ RAMÓN, Fernando, en *La Conservación de la Naturaleza...*, Op. cit. pág. 207.

de Bosque Nativo[954] establecen excepciones a causa de obras o actividades denominadas de "interés nacional". Por medio de disposiciones de este tipo se desdibujan las prohibiciones o restricciones reguladas y aún más se deslegitima el sistema de protección que se dice amparar o establecer.

Se debe avanzar más en la regulación de criterios objetivos de lo que se puede y no se puede hacer minimizando la discrecionalidad y que luego sean especificados, en la reglamentación general y a su vez caso a caso en los instrumentos específicos de gestión o planes de manejo de cada AP o recurso natural. Ello, por cierto, acompañado de una alta tecnificación del servicio y de los funcionarios a cargo de esta materias, dotados de la debida independencia decisoria.

En cuanto a planes de manejo y a la luz de la experiencia comparada[955], creemos que es recomendable establecer a lo menos 2 niveles de planificación y gestión a través de este instrumento:

---

[954] En tanto el art. 19 de la Ley de Bosque Nativo establece: "Prohíbese la corta, eliminación, destrucción o descepado de individuos de las especies vegetales nativas clasificadas, de conformidad con el artículo 37 de la Ley Nº 19.300 y su reglamento, en las categorías de "en peligro de extinción", "vulnerables", "raras", "insuficientemente conocidas" o "fuera de peligro", que formen parte de un bosque nativo, como asimismo la alteración de su hábitat. Esta prohibición no afectará a los individuos de dichas especies plantados por el hombre, a menos que tales plantaciones se hubieren efectuado en cumplimiento de medidas de compensación, reparación o mitigación dispuestas por una resolución de calificación ambiental u otra autoridad competente.
Excepcionalmente, podrá intervenirse o alterarse el hábitat de los individuos de dichas especies, previa autorización de la Corporación, la que se otorgará por resolución fundada, siempre que tales intervenciones no amenacen la continuidad de la especie a nivel de la cuenca o, excepcionalmente, fuera de ella, que sean imprescindibles y que tengan por objeto la realización de investigaciones científicas, fines sanitarios o estén destinadas a la ejecución de obras o al desarrollo de las actividades señaladas en el inciso cuarto del artículo 7º, siempre que tales obras o actividades sean de interés nacional".
[955] Cfr. Ley 42/2007 de España sobre Patrimonio Natural y la Biodiversidad.

Derecho de la biodiversidad y los recursos naturales   493

- Un nivel que podríamos denominar Planificación General de AP's y Recursos Naturales que tenga por objeto planificar y ordenar las AP en el territorio nacional y los recursos naturales. Este instrumento debe ser de política general, generarse a nivel del órgano encargado de la política sectorial, a partir de los estudios de instituciones afines y tener fuerza jurídica vinculante para todo el territorio nacional. Podría consignarse en un instrumento intermedio —DS— entre las leyes que regulen las AP, y la reglamentación especial establecida para cada AP como los planes de manejo.

- En segundo lugar, mantener la institución de los planes de manejo para cada AP o componente ambiental (ecosistema, flora y fauna), tal vez redefiniendo sus objetivos y contenidos: planificar, gestionar y manejar de manera "integral" todo el territorio que lo comprenda, así como todos sus recursos naturales y además dotándolo de la fuerza y el valor que merece constituyéndose en un instrumento de alto valor jurídico.

La planificación, en el nivel que se haga debiera, siguiendo al jurista español FERNANDO LÓPEZ RAMÓN[956], regular las siguientes actividades:

- Actividades silvoagropecuarias.
- Actividades de pesca y caza (fauna).
- Actividades en relación con las aguas.
- Actividades extractivas.
- Actividades sobre comunicaciones.
- Circulación y permanencia de personas.
- Actividades turísticas, recreativas y deportivas.
- Actividades comerciales e industriales.

---

[956] LÓPEZ RAMÓN, Fernando. *La Conservación de la Naturaleza...*, op. cit., pág. 207.

– Urbanismo.

– Actividades científicas[957].

En cuanto a concesiones, sabemos que este mecanismo no ha logrado los resultados esperados en este ámbito, entre otras razones, por no contar con una buena concepción y estructura jurídica sumado a que la ley SBAP limitó de manera importante la aplicación de este instrumento.

La concesión debiera pode usarse de un modo amplio equilibrando los incentivos a la inversión en AP y las limitaciones que exige la protección de territorios ambientalmente relevantes. En este sentido resulta más interesante plantear un objeto amplio, es decir, que las concesiones podrán consistir en cualquier iniciativa que surja de un tercero en tanto ellas no afecten los objetivos del AP, de lo cual convendría tener o contar con una reglamentación exhaustiva sobre el tipo, forma y demás modalidades de actividades concesionables, junto con una regulación detallada de los procedimientos concesionales. Un ejemplo interesante que habría que mirar, con las debidas adecuaciones y resguardos, podría ser el de la ley de concesiones del MOP, en nuestro sistema, que abre la posibilidad de concesionar iniciativas que surjan del sector privado[958], o la manera en que se ha establecido la institución en otros países como MEXICO que la considera con una exhaustiva y detallada regulación "para la realización de obras o actividades en las áreas naturales protegidas"[959].

La concesión aparece, así como una alternativa para una gestión efectiva y adecuada de las AP. Sin embargo, ella no puede constituirse en una fórmula de "privatización" del patrimonio natural colectivo, por lo que la herramienta debe estar suficiente y debidamente diseñada tanto en la ley como en la reglamentación correspondiente a fin de cumplir y armonizar 2 principios y criterios: la gestión y usos efectivos, eficientes, adecuados y dinámicos de la AP de tal modo que

---

[957] Agregado nuestro, por tratarse de una de las actividades factibles de realizar en las ASP de acuerdo a lo establecido en la Convención de Washington.

[958] Art. 2 del DFL N° 164 de1991 fijado por Decreto N° 900 de1996 del MOP.

[959] Art. 2.115 del Código para la Biodiversidad del Estado de México de 2005.

con ello se impulse el desarrollo local en igual o mayor medida que el atractivo económico que dicha gestión genere para el privado y la debida cautela y resguardo, incluso el acrecentamiento, de los recursos naturales gestionados a través de la concesión.

En el ámbito de la gestión de especies, las técnicas tradicionales de prohibición o permisión de caza o captura de especies constituyen la técnica tradicional de protección de especies pero que tiene el defecto que sólo miraba a la especie y no a su hábitat. La protección de la biodiversidad como concepto dinámico e integrado por un conjunto de relaciones requiere innovar en esta materia de modo tal que se pase de una protección singular a una que contemple la integralidad de los elementos con los que se sostiene la vida silvestre.

Con ese propósito se debe avanzar en el establecimiento de "planes de gestión de especies" que en la ley del SBAP se nominan como "Planes de recuperación, conservación y gestión de especies", aplicable a la generalidad de especies de flora y fauna silvestres que hayan sido previamente clasificadas —instrumento con el que como sabemos ya se cuenta en el ordenamiento jurídico chileno— a excepción de las especies reguladas por la ley de pesca que como también hemos visto cuentan con sus propias técnicas de gestión e intervención.

La ley SBAP señala los siguientes elementos que contendrán:

1) El diagnóstico del estado de la especie.

2) La determinación de su hábitat.

3) La determinación de las amenazas reales o probables de que es objeto.

4) Las acciones de recuperación, conservación o gestión.

5) Un plan de metas medibles.

Como es posible apreciar la normativa es vaga y general, entregando completamente a la discrecionalidad de la autoridad las acciones concretas y los objetivos que se espera alcanzar mediante este instrumento.

En el derecho comparado al igual que la Directiva Hábitats que regula los espacios protegidos en el espacio europeo, se tiene como referente de la protección de especies a la Directiva para la Protección de las Aves Silvestres[960], que como lo venimos señalando "establece un sistema general de tutela para los hábitats de todas las especies de aves (…), y otro mucho más severo para aquellas que necesiten una particular protección,"[961].Así por ejemplo, la Directiva insta al establecimiento de zonas de protección especial en función de los territorios más adecuados en número y en superficie para la conservación de especies.

IV. EVALUACIÓN AMBIENTAL

La relación entre biodiversidad y evaluación ambiental (SEIA y EAE), como ya lo hemos visto cobra especial importancia e interés en Chile dada la prevalencia de este instrumento para la gestión ambiental.

Sin embargo, sabemos que el SEIA no ha sido un instrumento en el que el componente biodiversidad tenga la preponderancia que merece por lo que el sistema fue ajustado para relevar el rol de la evaluación ambiental sobre la biodiversidad, aunque creemos que aún de modo insuficiente.

Dado que la biodiversidad y más ampliamente la conservación ambiental importa e integra los componentes bióticos con los abióticos en conjunción e interrelación con los socioculturales, la evaluación ambiental debe pasar prontamente hacia un estadio en el que ella sea evaluación ambiental y social. Es decir, pasar de los EIA a los EIAS como así ya lo recoge la legislación internacional como la europea incluyendo la legislación española que considera la "evaluación de los efectos previsibles directos e indirectos sobre la población, la fauna, la flora, el suelo, el aire, el agua, los factores climáticos, el paisaje y los bienes materiales, incluido el patrimonio histórico-artístico y el arqueológico"[962].

---

[960] Directiva CEE 79/409 de 2 de abril de 1979
[961] HAVA GARCÍA, E. *Protección Jurídica de la Fauna y Flora en España...* Op. Cit. Pag. 95.
[962] Art. 2 Ley 6/2001 citado por PARDO BUENDÍA, Mercedes. *La evaluación del impacto social en las evaluaciones de impacto ambiental* (EIA).

La consideración de los efectos ambientales sobre la biodiversidad sigue siendo parcelada y aislada por componentes afectados, sin una visión o una mirada de la interrelación entre elementos que actúan sistémicamente. Desde esta perspectiva las EAE pueden ser un primer paso para incorporar esta mirada que conforme a los criterios internacionales de la Unión Europea debe considerar "los probables efectos significativos en el medio ambiente, incluidos aspectos como la biodiversidad, la población, la salud humana, la fauna, la flora, la tierra, el agua, el aire, los factores climáticos, los bienes materiales, el patrimonio cultural incluyendo el patrimonio arquitectónico y arqueológico, el paisaje y la interrelación entre estos factores"[963].

Independiente del desarrollo que tenga la EAE, el SEIA en Chile sigue y seguirá siendo el instrumento prevalente para mitigar los impactos concretos y efectivos que causan los megaproyectos industriales. Siendo así la evaluación ambiental debe considerar especialmente la biodiversidad en las siguientes fases:

- En la definición de los proyectos que deben ser sometidos a evaluación ambiental: donde, por medio de las reformas legales correspondientes, se debe ampliar el espectro de proyectos que ingresen al SEIA por afecciones relevantes a la biodiversidad y el espectro de proyectos que requieren ser evaluados mediante EIA incorporando específicamente como presupuesto para ello que el proyecto genere efectos significativos o relevantes sobre expresiones relevantes de biodiversidad, ya sea por afectar ecosistemas, hábitats o especies relevantes.

- En la línea base de los proyectos: donde se debe efectuar una especial consideración y ponderación, incluyendo las reformas necesarias para ello, sobre los efectos que se causen a la biodiversidad. En este plano, los proyectos que potencialmente afecten dichos bienes deben efectuar estudios de línea base completos e integrados sobre los ecosistemas y su biodiversi-

---

[963] DIRECTIVA 2001/42/CE DEL PARLAMENTO EUROPEO Y DEL CONSEJO de 27 de junio de 2001 relativa a la evaluación de los efectos de determinados planes y programas en el medio ambiente.

dad, más allá de los estudios parcelados sobre flora, fauna, suelo, etc.

- En la evaluación ambiental misma: donde dado el carácter transversal del componente biodiversidad, el conjunto de servicios públicos con competencia ambiental deben y pueden requerir y evaluar los efectos sobre la biodiversidad teniendo especial énfasis en el componente ambiental de competencia preferente del servicio. Asimismo, exigiendo la determinación precisa y previa a la evaluación del estado del medio ambiente en cuanto a su biodiversidad y no sólo vía monitoreos o seguimientos para determinarla *a posteriori* dado los riesgos y déficit fiscalizatorios que ello representa.

- En las medidas de mitigación, reparación y/o compensación: donde como ya lo hemos señalado debe existir una consideración o delta mayor de exigibilidad tratándose de afecciones a la biodiversidad lo que se traduce necesariamente en mayores medidas de mitigación, reparación y/o compensación que en otras situaciones. Aquí cobra especial interés introducir criterios que permitan compensar las pérdidas o afecciones de biodiversidad por medio de mecanismos de incentivo como los bancos de biodiversidad que no fueron incluidos en la ley SBAP. Los criterios a seguir en este ámbito suponen un conocimiento cabal y previo del estado de la biodiversidad que pueda ser afectada, a partir de lo cual, primero se deben establecer medidas de reducción al mínimo de las intervenciones, reponer o reparar las afecciones que se produzcan por medios técnicos que generen efectos equivalentes al capital natural afectado y finalmente, compensar al menos por equivalencia la pérdida provocada teniendo especialmente en cuenta que el titular de la actividad o proyecto debe generar una "ganancia ambiental" fruto de su intervención que se traduzca al mismo tiempo en una "ganancia social" como consecuencia del servicio ambiental que presta la biodiversidad[964].

---

[964]   El SEIA no incorpora ni reconoce adecuadamente la variable social involucrada en los procesos de evaluación ambiental, particularmente sensible cuando se afectan comunidades locales o indígenas, lo que representa un

V. RÉGIMEN SANCIONATORIO

El régimen sancionatorio en materia ambiental y en materia de atentados a los recursos naturales sigue siendo el tradicional de los derechos de daños al que la ley SBAP añade un régimen administrativo sancionatorio. Las sanciones pecuniarias en esta materia consideran montos mayores a los que había hasta ahora, aunque menores al del régimen general ambiental[965].

En cuanto a la jurisdicción atribuida se crea un contencioso administrativo que administra el SBAP para las conductas infraccionales y los tribunales ambientales como instancia de control judicial siguiendo el modelo ambiental lo que resulta acertado.

El régimen sancionatorio en materia de biodiversidad debiera contemplar también, a nuestro juicio, un sistema de responsabilidad funcionaria y patrimonial del Estado[966] frente a acciones u omisiones que se generen en la debida tutela del sistema que no fue recogida en la ley SBAP; junto con ello, un sistema indemnizatorio y de compensaciones para aquellos que se vean afectados o gravados por las limitaciones impuestas por una AP o por limitaciones al dominio ya sea que ello ocurra gravando directamente un predio particular o su entorno por la vía del establecimiento de zonas de amortiguamien-

---

desafío para avanzar en el futuro hacia el establecimiento de una evaluación de impacto social (EIS) o una evaluación ambiental integrada a la social (EIAS).

[965] Las multas en el sistema español de acuerdo a la ley 42/2007 son:
a) Infracciones leves, con multas de 500 a 5.000 euros.
b) Infracciones graves, con multas de 5.001 a 200.000 euros.
c) Infracciones muy graves, multas de 200.001 a 2.000.000 de euros, sin perjuicio de que las Comunidades autónomas puedan aumentar el importe máximo.

[966] Vid. la interesante jurisprudencia establecida en este sentido en fallo de Corte de Apelaciones de Santiago de 7 de agosto de 1984 recaída en recurso de casación en el fondo Rol N° 16.743, "Comunidad Galletué con Fisco (ordinario civil), publicada en Revista Fallos del Mes, año 1964, N° 309, pág. 385.

to o de transición que restringen ciertas actividades o el desarrollo local[967].

A todo lo anterior hay que agregar el nuevo régimen penal de atentados a los recursos naturales establecido en la ley DEA[968],que no se encuentra armonizado con el sistema administrativo ambiental, pero que ciertamente es un progreso normativo.

VI. COROLARIO SOBRE LA BIODIVERSIDAD

1. A 40 años de los primeros intentos regulatorios sobre conservación de la naturaleza, Chile adopta una normativa relativamente integrada y completa sobre ella en la ley SBAP. Sin embargo, los componentes materiales de la biodiversidad (agua, aire, suelo, etc.) siguen disgregados en una amplia gama de cuerpos normativos de distintas jerarquías, y dependientes de diversos órganos sectoriales del Estado con competencia ambiental, sin que se verifiquen las adecuadas acumulaciones o incardinaciones competenciales, que permitan efectivamente hacerse cargo de los procesos de interacción que tienen lugar entre los sistemas de organismos vivos y sus sistemas de ambiente.

2. La nueva institución pública con visión propia sobre la protección de la biodiversidad, con atribuciones normativas, ejecutivas, fiscalizadoras y sancionatorias es, por tanto, uno de los principales desafíos para un resguardo adecuado de los bienes y recursos que la integran y uno de los principales desafíos del presente y futuro en esta materia que ahora se someterá a prueba.

---

[967]   Cfr. LÓPEZ RAMÓN, Fernando. *Principios de Derecho Forestal...*, op.cit., pags. 142 y ss.

[968]   Un interesante estudio sobre esta materia para Chile se encuentra en MATUS ACUÑA, Juan Pierre. (Editor). *Derecho Penal del Medio Ambiente. Estudios y Propuesta para un nuevo derecho penal ambiental chileno.* Editorial Jurídica de Chile. Santiago de Chile, 2004.

3. Se requiere avanzar en inventarios actualizados de especies y ecosistemas, así como de conocimiento técnico e investigación sobre conservación de la biodiversidad, especialmente en lo relativo a biodiversidad genética, lo que normalmente va de la mano de la falta de recursos que ha sido la tónica en la realidad de muchos de los países latinoamericanos.

4. Vinculado a esto en materia de áreas protegidas existe una sobrerrepresentación (en las regiones del extremo sur del país) y una subrepresentación (en la región central del país) de ecosistemas y territorios protegidos, desequilibrio que se produce como consecuencia de definiciones y opciones con escaso respaldo técnico científico, muchas veces motivadas por razones políticas o por demandas o presiones sociales o sectoriales. Es así como se da la paradoja que la región central que presenta la mayor amenaza en términos de biodiversidad por causas antrópicas es la más desprotegida, en tanto las regiones australes con la menor intervención antrópica presenta el mayor porcentaje de territorio bajo protección oficial, lo que demandará las correcciones que correspondan desde la nueva institucionalidad.

5. A nivel sudamericano reconocida como una región megadiversa a nivel mundial, se requiere especialmente del desarrollo integrado de instrumentos jurídicos para la conservación de la biodiversidad con ayuda de la cooperación internacional. En este sentido, la conservación de un patrimonio común de la región sudamericana —su biodiversidad— debiera ser una aspiración y aliciente para una mayor integración regional.

6. El equilibrio dinámico que debe darse entre los dos intereses aparentemente contrapuestos, desarrollo económico-conservación ambiental, debe darse necesariamente sobre la base de una adecuada y previa valoración de estos dos conceptos. Hoy sin embargo en el balance tiende a prevalecer un desarrollo económico productivo mal entendido que tiende a ver en la conservación ambiental una amenaza, lo que se traduce en su subvaloración o prescindencia.

7. Con relación específicamente al tratamiento que se le otorga al concepto biodiversidad por parte de la autoridad evaluadora de proyectos, es posible señalar:

- No existen exigencias reguladas asociadas directamente a la protección de la biodiversidad que permitan constituirse en herramientas de protección efectiva.

- En términos generales el concepto de biodiversidad no se incorpora como un criterio específico en el SEIA y queda subsumido bajo los conceptos de agua, aire, suelo, flora y fauna, los cuales son tratados en forma separada dentro de los EIA.

- En la generalidad de proyectos el tema biodiversidad se restringe en forma casi exclusiva a las áreas silvestres protegidas, o áreas bajo protección oficial. Para el resto de los emplazamientos de proyectos, el tema resulta secundario.

- El concepto biodiversidad debería ser incluido en forma específica dentro de los criterios a considerar en la evaluación y calificación ambiental de los proyectos, estableciéndose un capítulo obligatorio sobre la materia que lo incluya desde el diagnóstico de alternativas, hasta la definición de la línea de base, identificación de impactos en las diversas fases de los proyectos, así como la propuesta de las correspondientes medidas de mitigación, compensación y restauración.

8. A pesar de los necesarios afinamientos que requiere el SEIA en materia de biodiversidad, este no es el instrumento más idóneo para la definición y valoración del componente biodiversidad de una determinada región o cuenca.

En efecto, la biodiversidad conjuntamente con la unicidad, escasez, representatividad, endemismo, y estado de conservación, es uno de los criterios a considerar por la autoridad competente para establecer la valoración ambiental que se le haya dado a una zona geográfica específica conforme al grado de utilidad o aptitud de un ámbito geográfico definido acorde con las características naturales del territorio, cumplimiento de las normas de calidad ambiental, presencia de especies, ecosistemas o áreas protegidas, y su valor paisajístico.

9. Desde la perspectiva de la gestión ambiental del Estado en todo caso, y considerando el significativo desarrollo de nuevos instrumentos de gestión en la experiencia comparada, un instrumento más idóneo para el resguardo de la biodiversidad se verifica a nivel de instrumentos de diseño de política ambiental, así como de planificación, ordenación y valoración ambiental del territorio[969], que será preciso desarrollar en convivencia e integración con el resto de los instrumentos existentes como el SEIA a través del que se efectúa prácticamente toda la gestión ambiental en la actualidad.

Entre las herramientas más adecuadas al efecto encontramos la Evaluación Ambiental Estratégica, en tanto instrumento para incorporar las consideraciones ambientales del desarrollo sustentable, a las políticas y planes de carácter normativo general, ya que precisamente pretende, como objetivo central, remover las limitaciones propias de la evaluación ambiental de proyectos y, de esta forma, garantizar, esencialmente, la adecuada evaluación de todas las alternativas que concurran, así como el tratamiento oportuno de los impactos acumulativos y sinérgicos asociados a los desarrollos de planes y programas.

Este instrumento tiene por finalidad superar las tradicionales evaluaciones reactivas, enfocadas a la evaluación de proyectos individuales, estableciendo las evaluaciones regionales ambientales, evaluaciones sectoriales, e incluso, instrumentos alternativos al SEIA.

Esta modalidad, en cuanto instrumento global, abarca los sectores, las políticas y programas, las zonificaciones del territorio, los ajustes estructurales, las privatizaciones, los tratados

---

[969] FRANCIA, por ejemplo, cuenta con este enfoque integrador de la ordenación territorial con sus normas de protección de la naturaleza en la Ley Voynet N° 99-533 de 1999.

internacionales de carácter ambiental y comercial, e incluso los presupuestos nacionales.

Las metodologías y los plazos para la evaluación ambiental de estas políticas y planes no corresponden a los tradicionales del SEIA y, por tanto, deben ser evaluadas fuera del sistema clásico, mediante un procedimiento propio, el cual además de incorporar altos índices de participación ciudadana, aborde estos planes y programas, desde las etapas más tempranas de su diseño, en lo que se denomina la etapa de concepto de diseño. Más que una idea se trata de un *concepto* que involucra una gama relevante de elementos y factores.

10. No podemos dejar de mencionar que junto a la EIA y a la EAE debe existir un real y efectivo "enfoque de cuenca" en las planificaciones y regulaciones territoriales, que nos permita, a través de las reformas correspondientes, incorporar una "gestión integrada de cuencas", sin la cual cualquier instrumento de gestión estará prescindiendo de la base fundamental sobre la que se regula ambiental y sosteniblemente el territorio, además de poner en movimiento otras herramientas modernas e innovadoras en materia de conservación como el pago por servicios ambientales, los instrumentos de conservación privada, los tributos ambientales, entre otros instrumentos de incentivo económico.

En definitiva creemos que la conservación de la biodiversidad requiere y exige del concurso y mirada holística de todos los instrumentos y herramientas del derecho ambiental, desde los más tradicionales como el establecimiento de áreas silvestres protegidas, protección de ecosistemas fuera de ellas, de especies singulares de flora y fauna mediante diversos regímenes y declaratorias de protección, pasando por su consideración efectiva al interior del SEIA y en otros instrumentos de gestión ambiental tales como Planes de Manejo, Programas y Estrategias de conservación, hasta llegar a medios más innovadores como las EAE, el pago por servicio ambientales, el manejo integrado de cuencas, la conservación privada y el uso de incentivos o instrumentos económicos o de mercado.

El desafío de la conservación de la biodiversidad, a través del derecho, exige ser innovadores y ello implica repensar los instrumentos tradicionales de carácter reactivo/represivo permitiendo el paso, en una mayor medida, a otros de carácter preventivo/incentivo, que actúen orientando la conducta de las personas y comunidades —en tanto herramientas y oportunidades a su disposición—, hacia niveles crecientes de protección, conservación y aprovechamiento racional y sostenible de los bienes que nos proporciona la naturaleza, entendiendo que en ello se obtiene un beneficio reciproco y colectivo, actual y futuro, de carácter individual y a la vez global.

VII. DESAFÍOS EMERGENTES

Las regulaciones y el derecho que se establezca sobre la conservación de la biodiversidad deben hacerse cargo de ciertos desafíos que enfrenta la crisis ambiental moderna.

El primero de ellos es avanzar en ordenar y planificar todo el territorio en función de sus valores, vocaciones, aptitudes, riesgos y opciones de desarrollo para que sobre la base de dicho diagnóstico se establezca un régimen dinámico e integrado de conservación de la biodiversidad que pueda adaptarse a las necesidades y demandas de los tiempos, tema especialmente deficitario en países como Chile que mantienen gran parte de su territorio desregulado o sometido a las reglas del mercado. En este sentido la técnica de establecer áreas de protección ambiental debe ser una más dentro del diseño de una estrategia de conservación de la biodiversidad, que se integre con las técnicas de protección de especies y los instrumentos de gestión de otros RR.NN., haciendo uso de múltiples herramientas tales como la EAE, el establecimiento de técnicas complementarias como corredores biológicos, zonas de amortiguamiento o buffer y la interrelación con el resto de áreas o zonas que gozan de protección oficial pero que se encuentran en las fronteras del sistema nacional de áreas protegidas como las ZOIT, las ADI, los IPT, entre otras, pero también echando mano a técnicas económicas como incentivos y desincentivos económicos y tributarios, o derechamente creando mercados para la conservación ambiental, que integren sistemas de pagos por servicios ambientales, compensaciones y bancos de biodiversidad así como acuerdos sobre acceso y participación justa en los beneficios que generan los recursos genéticos y biológicos en línea con las tendencias y tratados internacionales.

Las técnicas de conservación de la biodiversidad que se establezcan deben tener como foco las amenazas que se ciernen sobre ella en estos tiempos de cambio climático, como por ejemplo, las derivadas de la introducción de especies exóticas invasoras, o las amenazas al patrimonio genético derivadas de la pérdida o intervenciones indebidas o no autorizadas de la biodiversidad, por ejemplo, mediante el uso no regulado de organismos modificados genéticamente, su manipulación y su liberación intencional al medio ambiente[970], el uso indiscriminado de plaguicidas o la eliminación de ecosistemas por actividades antrópicas. En este sentido, la conservación y gestión del patrimonio genético, a través de las modernas técnicas de la biotecnología, puede ser clave para el futuro de la biodiversidad, lo mismo que esquemas de uso y acceso justo y compartido de los beneficios que deriven de ella.

Los desafíos que demanda la conservación de la biodiversidad no reconocen fronteras; en este sentido, las limitaciones propias de las regulaciones derivadas de los estados nacionales tenderán cada vez a ser más ineficaces y, por el contrario, las regulaciones supranacionales serán las que respondan a este desafío. Consecuente con ello, los Gobiernos debieran empujar prontamente por establecer instrumentos multilaterales tendientes a crear áreas protegidas transfronterizas que se hagan cargo de la protección y gestión integral de ecosistemas, territorios y cuencas cuyos deslindes se superponen biológicamente a los definidos política y administrativamente, lo que desde luego implicará una completa reformulación de las concepciones actuales que se tiene del Estado Nación. En este sentido, la suscripción del Acuerdo de Escazú es un avance regional sobre dere-

---

[970] Para el estudio jurídico de esta materia, con especial énfasis en el ámbito agroalimentario europeo Vid. ALMODOVAR INESTA, María. *Régimen jurídico de la biotecnología agroalimentaria*. Editorial Comares, Granada, 2002.

chos ambientales básicos, pero que debiera luego dar pie a acuerdos sobre el resto del pliego de asuntos ambientales comunes que tiene la región.

Finalmente, y en directa relación con el acápite anterior, la conservación de la biodiversidad debe hacer frente a los desafíos globales que demanda el cambio climático fruto de los aportes individuales de mayores emisiones de gases de efecto invernadero de las economías más industrializadas sobre el resto del planeta, para lo cual se requiere de medidas más audaces que los sistemas de Kioto, de París e incluso de los derivados del Marco Mundial de la Biodiversidad posterior a 2020 y que tengan por objeto, por una parte, establecer mitigaciones, reducciones de emisiones y gestiones integradas del riesgo que sean jurídicamente vinculantes, pero a la vez adaptaciones efectivas por medio de nuevas miradas hacia la Naturaleza que se traduzcan en nuevas reglas de convivencia con ella. Al respecto Chile recién cuenta con un marco jurídico vinculante por medio de la ley SBAP y la ley Marco de Cambio Climático, que serán sólo la base de la acción para hacer frente a los desafíos que irremediablemente deberemos enfrentar fruto del calentamiento global y que desde luego requerirán en el mediano plazo de un conjunto más amplio de regulaciones de todo orden que tenga esta nueva mirada para hacer frente, de modo integral, a este fenómeno global[971].

Así, la conservación del patrimonio ambiental y de la biodiversidad, está llamada a cumplir un rol fundamental y central como factor estratégico de contención del fenómeno del cambio climático, que no ha sido suficientemente considerado o valorado a nivel mundial —menos regional o local—, a través de los servicios ambientales que prestan los ecosistemas, por ejemplo, como fijadores de carbono, proveedores de agua, soporte, recursos, alimentos, amortiguadores y mitigadores de riesgos y desastres reguladores, culturales, etc. En este contexto, el patrimonio natural y particularmente el que alberga grandes fuentes de sumideros de carbono como los bosques deben ser reconocidas, valoradas, protegidas e incentivadas en función de dicha aporte o servicio ambiental, lo mismo que desde el punto de vista de su aporte hídrico donde la conservación y manejo de cuencas

---

[971] Cfr. www.mma.gob.cl

debe considerar esta situación estableciendo límites a las intervenciones de riberas o borde costero, por ejemplo, donde existan o puedan establecerse cortinas o cordones naturales de protección, razones todas por las cuales resulta crucial insertar este componente ambiental como objeto de regulación estratégico para mitigar y adaptarse al cambio climático. Surge ciertamente así, otra mirada de los objetivos trazados en la conservación de la biodiversidad, cual es la de propender a ella como parte de una estrategia mayor y global de contención del fenómeno del calentamiento global.

En este sentido, la comunidad internacional tiene vastos desafíos por ejecutar derivados del Convenio de Biodiversidad, del Marco Mundial de la Diversidad Biológica Post 2020[972] y del Acuerdo sobre Biodiversidad Marina 2023, pero que deben pasar prontamente a las regulaciones particulares regionales, supranacionales y nacionales.

La biodiversidad, finalmente, deberá tener el sitial que se merece, y del que hoy carece, en el espectro de valores jurídicos por su función y rol determinante en la mantención de los equilibrios vitales del planeta, materia de la que recién comenzamos a tomar conciencia a través del valor de la diversidad genética por ejemplo para usos medicinales o farmacéuticos. Debemos reconocer como señala LOVELOCK que el planeta —GAIA— si bien se ha encargado siempre de establecer los equilibrios que correspondan y responder incluso a las alteraciones provocadas por el hombre, ello tiene un límite que se agota[973]. De allí la urgencia de la intervención jurídica. La existencia de la multiplicidad de vida y especies en el planeta sin duda tiene un valor ecológico, y por tanto funcional —aunque a veces el planeta se encargue de crear y destruir para establecer sus propios equilibrios—, pero además comenzará a tener un valor político y jurídico del que el derecho ambiental se deberá hacer cargo definiendo sus contornos regulatorios. La biodiversidad será sin duda un valor jurídico de primer orden en un mundo de desequilibrios y de inestabilidades, por cuanto si algo ya reconocemos en ella es su aporte a la

---

[972]   www.cbd.int
[973]   LOVELOCK, James. *La venganza de la Tierra. La teoría de Gaia y el Futuro de la Humanidad.* Editorial Planeta. Chile, 2007.

estabilidad y con ello a la supervivencia de los sistemas naturales que son el soporte de nuestra propia vida.

Reflexiones finales

Nuestra **experiencia planetaria** sobre el estado del medio ambiente y las dificultades ambientales que vive el planeta, evidenciadas sobre todo a partir de Río '92, nos indican que debemos actuar ahora, por todos los medios y de una manera eficaz en la protección de la naturaleza, como única forma para garantizar la supervivencia de la especie humana en el planeta, en términos de dignidad, sostenibilidad, en definitiva, de humanidad. Bajo este objetivo se inscriben las estrategias de conservación de la diversidad biológica. Hoy, el rol de las políticas, estrategias, programas, técnicas y acciones para la protección y preservación de la naturaleza a nivel gubernamental internacional —donde la cooperación es clave—, supranacional y nacional son fundamentales, y ciertamente aquellas que tienen por objeto la protección de espacios naturales, como técnica de conservación *in situ,* su adecuada valoración y ordenación, se inscriben entre las principales.

La **situación ambiental de Chile** no escapa a la situación global de degradación de los ecosistemas y pérdida de biodiversidad lo que reafirma la necesidad del establecimiento de una política pública nacional dirigida al combate de dichos procesos. Si bien Chile es y aún conserva abundantes y variadas riquezas naturales, la mayor parte de ellas no ha contado con instrumentos de protección jurídica adecuados. Los ecosistemas nacionales están mal e insuficientemente representados y fuera de él prácticamente no han existido herramientas jurídicas de conservación efectiva, lo que realza el rol que pueda jugar el SBAP. Paralelamente los requerimientos de crecimiento económico del país, basado primordialmente en la explotación y exportación intensiva de recursos naturales, no dan tregua y presionan constantemente los activos naturales del país, tendiendo a extenderse y a imponerse en las políticas nacionales, de corte neoliberal, incluidas las ambientales. Si se quiere avanzar decididamente en medidas eficaces de protección ambiental, habrá que revisar, necesariamente, esas políticas liberales y el modelo de desarrollo en que se inscriben para su reformulación acorde a los desafíos del futuro.

El **panorama normativo general** en materia ambiental, y de protección de los recursos naturales ha sido **históricamente deficitario**. En tanto la legislación ambiental aplicable a materias sectoriales como minería, aguas u otras pese a ser profusa, presenta aún importantes déficits ambientales. Si bien la Ley N° 19.300 sobre Bases Generales del Medio Ambiente presenta una inspiración sistémica, es aún un instrumento limitado por su carácter marco, y además presenta una jibarización acotada a la evaluación de impacto ambiental, en desmedro de la conservación ambiental con sólo normas programáticas que no han tenido el desarrollo ni la ejecución que se esperaba. En ese contexto, la adopción de una ley completa e integrada sobre diversidad biológica o ley SBAP viene a llenar ese vacío normativo que ahora deberá traducirse en acciones y hechos concretos que demuestren eficiencia.

En el plano del **derecho internacional ambiental,** hay que constatar que desde Río 92 no se aprecian compromisos jurídicamente vinculantes —como, contrariamente, si se aprecian en el ámbito comercial internacional— con la audacia suficiente como para hacer frente a los desafíos que demanda un planeta amenazado seriamente por los efectos del calentamiento global, que rebasan los márgenes de lo ambiental y que inevitablemente se presentarán en el plano social, económico y político. Chile ha adoptado como política general la adopción de los compromisos contenidos en los diversos tratados que han surgido en la materia; sin embargo, ello ha estado más revestido de dar cumplimiento a compromisos diplomáticos que de convicción, lo que se ha traducido en la falta de implementación de la correspondiente legislación de desarrollo y ejecución en el plano interno. Prueba de dicha falta de convicción es la tardía legislación marco de ejecución de la Diversidad Biológica y la falta de ratificación de los Protocolos de Cartagena y Nagoya.

Sólo a partir de la **evaluación ambiental** de proyectos de inversión específicos y determinados se acusa la presencia y el valor subrepticio de la biodiversidad existente, que normalmente suele ser más bien un obstáculo al desarrollo industrial de que se trate y que por dicha razón suele ser minusvalorado y/o despreciado. Así resulta evidente que no puede ser el SEIA el instrumento a través del cual se evalúa y gestiona la biodiversidad, lo que es de esperar se resuelva con la incorporación de los nuevos instrumentos de gestión de la biodiversidad.

A partir de un completo diagnóstico del estado de nuestro patrimonio natural —tarea en parte ya realizada y que nos da cuenta de un nada auspicioso futuro ambiental—, se requiere ahora trabajar en hacer efectivas las políticas y estrategias elaboradas en el papel para su conservación, que nos lleve a la formulación decidida de las regulaciones necesarias para la conservación del patrimonio ambiental del país. Estas políticas sobre recursos naturales debieran también establecerse en armonía y coordinación con una política más general de ordenación y gestión del territorio en la que las técnicas de conservación de la biodiversidad, sin duda, juegan un papel fundamental en cuanto a protección y recuperación del suelo, del agua y en la preservación de los ecosistemas que conforman una cuenca.

Una mención separada merece la **reforma institucional a la administración estatal sobre los recursos naturales**, de la que se espera realce el rol y la importancia de la biodiversidad y se ejerza en propiedad sin ser absorbidas, subsumidas o relevadas por otras funciones estatales, como la forestal, la agraria, la pesquera, las de orden económico u otras; en tal sentido, lo relevante será que sea una institución inspirada en los principios y criterios de protección y preservación ambiental que pueda establecerse en los mismos términos y condiciones que el resto de los servicios.

Las políticas y necesarias regulaciones sobre la biodiversidad deben, desde luego, considerar el rol central de las **comunidades y territorios locales** en las que se insertan, particularmente cuando ellas responden a conceptos culturales propios y distintos, a los que muchas veces se quieren imponer como es el caso de las comunidades indígenas que en Chile revisten especial importancia. El establecimiento de zonas del territorios o medidas para la conservación, así como su intervención, no pueden ni deben ser establecidas sin el parecer de las comunidades en que se insertan, las que además deben jugar un rol protagónico en su gestión o administración, y que en la generalidad de los casos conocen mejor las vocaciones y uso sostenible de los recursos con los que han convivido por generaciones.

Un papel importante en la defensa y protección de la biodiversidad han jugado también los **Tribunales de Justicia** chilenos que han comprendido y asimilado estos nuevos conceptos en una interesante doctrina judicial sobre conservación ambiental. Los fines de tutela que al Estado le corresponde cumplir respecto a la preservación de la naturaleza, por mandato constitucional, chocan muchas veces con los intereses de los particulares y del propio Estado cuando por ejemplo éste quiere ejecutar una obra para la satisfacción de necesidades públicas lo que ha dado lugar a la proliferación de causas ambientales y la consiguiente jurisprudencia ambiental. En este contexto, Tribunales Ambientales tienen un nuevo rol gravitante en la justicia ambiental.

Los nuevos y modernos **instrumentos de gestión ambiental** cumplen una función central en la protección de la biodiversidad. Es por ello que se debe innovar en este sentido a través de la gestión tanto pública como privada de la biodiversidad, de lo cual existe suficiente experiencia internacional exitosa. Las técnicas de gestión nuevas y modernas, incorporadas en parte en la ley SBAP se vislumbran bien inspiradas en ese sentido, tales como el establecimiento de zonas intermedias de gestión, zonas de amortiguamiento o periféricas, corredores biológicos, entre otros, de modo tal de avanzar en una concepción de integración de las AP en el territorio y viceversa, que supere la visión clásica de las "AP islas" intocadas por el hombre. Los particulares deben también poder participar de la gestión de la biodiversidad, para lo cual el Estado debe poder disponer de los instrumentos jurídicos de contratación administrativa a través de los cuales los interesados puedan participar en la gestión de sus componentes, con fines educacionales, científicos, ecoturísticos, productivos u otros que impliquen un aprovechamiento sostenible de sus recursos y de paso coadyuvando al desarrollo local. De modo particular se debieran integrar ciertos criterios de gestión de zonas protegidas entre ellos el tener en cuenta el interés de las comunidades locales y las poblaciones indígenas que pueden cumplir un rol activo en su gestión. Correlacionado a ello, se debe pensar en establecer una política económica y tributaria que apunte hacia el fomento de la gestión y el desarrollo de territorios valiosos ambientalmente y de sus comunidades aledañas. Asimismo, incorporar instrumentos económicos que sean un aliciente para la gestión privada de áreas de alto valor ecológico, tales como tributos y exenciones tributarias ambientales u otros incentivos económicos para la conservación como mercados y pagos por servicios ambientales dotando a sus usuarios y beneficiarios de los correspondientes derechos y obligaciones. De igual modo, estableciendo cargas, gravámenes o medidas económicas que hagan más costosa la intervención o afección del patrimonio ambiental relevante para el país, esté este dentro o fuera de áreas de protección. Con ello no sólo se avanzaría eficazmente en mayores estándares de protección ambiental de la naturaleza, sino que al mismo tiempo se impulsaría actividades económicas en torno a los bienes y servicios naturales.

Resulta clave y necesario que cualquier aspiración regulatoria que recaiga sobre recursos naturales se lleve a cabo con el concurso de los diferentes actores e intereses en juego, esto es, con amplia **participación ciudadana,** incluyendo a todos los grupos de interés como actividades productivas, actores políticos, sociales y locales, ONG's, científicos y expertos, etc. Sus integrantes deben poder intervenir en todas las esferas de decisión relativas al "patrimonio natural" del país, de modo tal que las políticas y las regulaciones concebidas y aplicadas sean fruto de las diversas visiones y doten a la norma ambiental o al instrumento de gestión de la necesaria legitimidad que tanto se reclama y merece, lo que presupone la existencia del más amplio espectro de **información pública ambiental** de libre y fácil acceso al público. Sólo de este modo se puede cumplir con el pilar social de la sostenibilidad o, dicho de otro modo, cumplir con el principio de sostenibilidad social.

Finalmente, el aporte que el derecho ambiental haga en esta materia debe siempre tener en consideración y mirar su incidencia en el mejoramiento del sistema de vida global del planeta, atendido el insoslayable fenómeno del **cambio climático**, lo que sólo es posible mediante conductas integralmente sustentables. No habrá buen derecho ambiental si no se produce dicho efecto por cuanto una mejora en las condiciones ambientales locales por nimias que sean inciden en una mejora a nivel global a tal punto que la sumatoria de todas las pequeñas mejoras coadyuvarían en una mejora a escala global. Aún más, un derecho ambiental auténtico o que se precie de tal presupone, necesariamente, sostenibilidad en sus tres dimensiones: económica, social y ambiental. A diferencia de otros derechos, el ambiental no tiene como norte regular transacciones privadas aun cuando ellas puedan ser funcionales a sus objetivos. El derecho ambiental auténtico persigue establecer las reglas mínimas que exige la protección y nuestra convivencia con el ambiente, por sobre toda otra consideración. Contrariamente, la devastación, reducción o pérdida de condiciones ambientales se restan de las mejoras que se produzcan en otro lugar del planeta, de tal manera que la preocupación o el interés por el establecimiento de regulaciones ambientales locales sustentables que reporten un mejoramiento de las condiciones ambientales, aunque sean locales, son valiosas y deben ser de interés general de la Nación y de la comunidad internacional, lo que distingue y plantea para la norma y el derecho ambiental desafíos como tal vez no tengan parangón en la historia de la humanidad.

Bibliografía

ACHIDAM (Asociación Chilena de Derecho Ambiental), *Carta de Costa Brava*, Formulación de una Política Nacional Ambiental, Serie Documentos, Chile, 1987.

AGUILAR, Grethel. "Derechos de propiedad intelectual, acceso a recursos genéticos y conocimiento tradicional", en De Río a Johannesburgo: Perspectivas del Derecho Ambiental en Latinoamérica. PNUMA-UICN, 2002.

ALONSO GARCÍA E. *El Derecho ambiental de la Comunidad Europea*, Edit. Civitas, Madrid, 1993, Vol I.

ALLI TURRILLAS, Juan-Cruz. *La Protección de la Biodiversidad. Estudio jurídico para la salvaguarda de las especies naturales y sus ecosistemas.* Editorial Dykinson, Madrid, 2016.

ALMODOVAR IÑESTA, María. *Régimen jurídico de la biotecnología agroalimentaria.* Editorial Comares, Granada, 2002.

ÁLVAREZ CARREÑO, Santiago M. "La custodia del territorio como instrumento complementario para la protección de espacios naturales" en REVISTA CATALANA DE DRET AMBIENTAL Vol. II Núm. 1 (2011): 1-22.

ANDRADE, Filippe, "Resolução CONAMA 237, de 19.12.1997: um ato normativo inválido pela eiva de inconstitucionalidade e de ilegalidade", Revista de Direito Ambiental nº 13, 1999.

ASSIM, Ana Flávia Platiau e Marcelo Dias Varella, *Direito e Biodiversidade, O Protocolo Internacional de Biossegurança e as implicações jurídicas de sua aplicação para o mundo em desenvolvimento*, Inovações em Direito Ambiental, Fundação Boiteaux, Florianópolis, Brasil, 2000.

ASSIM, Adalberto de Souza Pasqualotto. *Responsabilidade Civil por Dano Ambiental: Considerações de Ordem Material e Processual, Dano Ambiental, Reparação.* Brasil.

ASTORGA JORQUERA, Eduardo. *Sistema de evaluación de impacto ambiental, Régimen especial aplicado a la actividad minera.* Editorial Conosur, Santiago de Chile, 2000.

———— *Derecho Ambiental Chileno*, Parte General. Lexis Nexis, Santiago de Chile, 2006.

———— y COSTA, Ezio (Directores). *Derecho Ambiental Chileno.* Parte Especial. Thomson Reuters, Santiago de Chile, 2021.

ASTORGA, Eduardo, SOTO, Lorenzo e IZA, Alejandro (Editores) *Evaluación de Impacto Ambiental y Diversidad Biológica.* UICN, Gland, Suiza, 2007.

ATMETLLA CRUZ, Agustín. Manual de instrumentos jurídicos privados para la protección de los recursos naturales. Conservación y Manejo de Bosques Tropicales, COMBOS, 1995.

AYLWIN, José y CUADRA, Ximena. Los Desafíos de la Conservación en los territorios indígenas en Chile, IDRC, Temuco, Chile, 2011.

AZQUETA OYARZUN, Diego, *Valoración Económica de la Calidad Ambiental,* Edit. MacGraw-Hill, Madrid, España, 1995.

BARROS, Enrique. "Responsabilidad por daño al medio ambiente", en *Congreso Internacional de derecho del Medio Ambiente,* Fundación Facultad de Derecho, Universidad de Chile, Chile, 1997.

BAUER, Carl J. *Canto de Sirenas, El derecho de aguas chileno como modelo para reformas internacionales.* Bakeaz, 2004.

BENADAVA SANTIAGO, *Derecho Internacional Público.* Editorial Jurídica de Chile, segunda edición, Chile, 1982.

BENAYAS DEL ÁLAMO JAVIER, *Paisaje y Educación Ambiental, Evaluación de cambios de actitudes hacia el entorno,* Monografías de la Secretaría de Estado para las Políticas del Agua y el Medio Ambiente, MOPT, Ministerio de Obras Públicas y Transportes, Madrid, España, 1992.

BENJAMIN, Antonio Herman V. e Édis Milaré, "Estudo Prévio de Impacto Ambiental", São Paulo, Revista dos Tribunais, 1993.

_____ "O Regime Brasileiro de Unidades de Conservação", Revista de Direito Ambiental, 21, janeiro-março de 2001, São Paulo, Ed. RT.

_____ Engenharia Genética: Implicações Ambientais e na Proteção do Consumidor, livro de teses do 13º Congresso Nacional do Ministério Público, Curitiba, 2000, volume 3, publicação interna.

_____ , coord. Responsabilidade Civil, Meio-Ambiente e Ação Coletiva Ambiental, Direito Ambiental, Repressão, Reparação e Repressão, 1993, São Paulo, Ed. RT.

BELLVER CAPELLA, Vicente. *Ecología: De las razones a los Derechos.* Editorial Comares, Granada, 1994.

BERMÚDEZ SOTO, Jorge. *Fundamentos de Derecho Ambiental.* 2ª Edición, Ediciones Universitarias de Valparaíso, Valparaíso, Chile, 2015.

BIDART, Germán J. *Teoría General de los derechos humanos.* Astrea de Alfredo y Ricardo Depalma, Buenos Aires, 1991.

BLANC ALTEMIR, Antonio. *El Patrimonio Común de la Humanidad. Hacia un régimen jurídico internacional para su gestión.* Bosch, Barcelona, 1992.

BOWLES, Ian y otros. Economic incentives and legal tools for private sector conservation. Duke environmental law & policy forum. Duke University School of Law, Volume VIII, N° 2, Spring 1998.

BRAÑES, Raúl. *Manual de Derecho Ambiental Mexicano.* Fondo de Cultura Económica, México,1994.

BROOKE, C. (1998). Biodiversity and impact assessment. Presentado a la conferencia: Impact Assessment in a Developing World, Manchester, Inglaterra, Octubre de 1998.

Business and Biodiversity Offsets Programme (BBOP). *Estándar sobre compensaciones por pérdida de biodiversidad.* BBOP, 2012, Washington, D.C.

CÁMARA DE DIPUTADOS – INTENDENCIA NOVENA REGIÓN. *Proyecto de ley que crea la Subsecretaría de Desarrollo Forestal y el Servicio Nacional Forestal.* Jornada Temática de la Comisión de Agricultura, Silvicultura y Pesca. Publicaciones de la Cámara de Diputados, 1999.

CAMPING i ERITJA, Mar y PONT i CASTEJON, Isabel (Coordinació). *Perspectives de Pret Comunitari Ambiental. Institut Universitari d' Estudis Europeus.* Publicaciones de la Universitat Autónoma de Barcelona, 1997.

CAMUS, Pablo y HAJEK, Ernst R. *Historia Ambiental de Chile,* 1998.

CANCADO TRINDADE, Antonio Augusto (Editor). *Derechos Humanos, Desarrollo Sustentable y Medio Ambiente,* IIDH/BID, Brasilia, 1992.

CANO GUILLERMO J., *Derecho, Política y Administración Ambientales,* Edit. Depalma, Buenos Aires, 1978.

CANOSA USERA, Raúl. Constitución y Medio Ambiente. Jurista Editores, Perú, 2004.

CAPPELLI, Sílvia, intervenção como debatedora no Seminário Internacional sobre Direito da Biodiversidade, Revista CEJ n° 8, agosto 99.

_____ , O Estudo de Impacto Ambiental na Realidade Brasileira, *in* Dano Ambiental, Prevenção, Reparação e Repressão, coord. Antonio Hermann Benjamin, Sao Paulo, Ed. RT, 1993.

CASAS, Adriana. *Marcos legales para el pago de servicios ambientales en América Latina y el Caribe: análisis de 8 países.* Secretaría General de la Organización de los Estados Americanos. Washington. 2008.

CASTELLI, Luis. *Conservación de la naturaleza en tierras de propiedad privada.* Fundación Ambiente y Recursos naturales, 2001.

CASTIGLIONE GONZÁLEZ, Paola. *Responsabilidad Civil por daños en contaminación de hidrocarburos y otras sustancias nocivas.* Editorial Jurídica Cono-Sur, Santiago de Chile, 2001.

CASTILLO SÁNCHEZ, Marcelo. *Régimen jurídico de protección del medio ambiente. Aspectos Generales y Penales*, Edit. Bloc, Santiago, Chile, 1994.

_____ *Análisis Crítico del Sistema de Evaluación de Impacto Ambiental. Ley Nº 19.300.* Editado por la Red Nacional de Acción Ecológica (RENACE), 1998.

CEA EGAÑA, José Luis. *Manual de Derecho Constitucional*. Edición especial de la Facultad de Derecho de la Universidad de Chile para apuntes de clases, 1995.

_____ *Tratado de la Constitución de 1980.* Editorial Jurídica de Chile, Santiago, 1988.

CEDAREMA, Conservación de tierras privadas en América Central. Centro de Derecho Ambiental y de los Recursos Naturales, Costa Rica, 1998.

CODEFF, Guía de instrumentos jurídicos que favorecen la participación privada en la conservación de áreas silvestres en Chile, Chile, 1999.

_____ *Las áreas silvestres protegidas privadas en Chile. Una herramienta para la conservación*, 1999.

CONAMA, *Repertorio de la Legislación de Relevancia Ambiental Vigente en Chile*, 1992.

_____ *Gestión Ambiental del Gobierno de Chile*, "Marco de Legislación y Regulaciones Ambientales", Capítulo II, Santiago, Chile, 1997.

_____ *Una política para el desarrollo sustentable*, Santiago de Chile, 9 de enero de 1998.

_____ *Agenda Ambiental País. Por un desarrollo limpio y sustentable, 2002-2006*, Santiago de Chile, 2002.

CONAMA-UNIVERSIDAD DE CHILE. *Programa de Armonización y Sistematización de la Normativa Ambiental Chilena.* 1ª Edición, Santiago de Chile, 2001.

CORTÉS ALBERTO N., "Protección Jurídica del Suelo Frente a la Actividad Minera". Universidad Católica de Valparaíso, 1992, Chile (Memoria de Licenciatura dirigida por Rafael Valenzuela F.).

COMISIÓN ECONÓMICA PARA AMÉRICA LATINA Y EL CARIBE (CEPAL)/ORGANIZACIÓN PARA LA COOPERACIÓN Y EL DESARROLLO ECONÓMICOS (OCDE). *Evaluaciones del desempeño ambiental: Chile 2016*, Santiago, 2016.

DONOSO, Claudio y LARA, Antonio (Editores). *Silvicultura de los Bosques Nativos de Chile*. Editorial Universitaria, Santiago de Chile, 1999.

CEPAL. Comisión Económica para América Latina y el Caribe, Naciones Unidas, "Planificación y Gestión del Desarrollo en Áreas de Expansión de la Frontera Agropecuaria en América Latina". Cepal, Santiago de Chile, 1989.

CEPAL. Comisión Económica para América Latina y el Caribe, Panorama de los recursos naturales en América Latina y el Caribe. Resumen ejecutivo (LC/PUB.2023/7), Santiago, 2023.

COMISIÓN EUROPEA, *Legislación Comunitaria relativa al medio ambiente,* Dirección General XI, Medio Ambiente, Seguridad Nuclear y Protección Civil. Volumen IV-Naturaleza.

CONAF-CONAMA-BIRF. *Catastro y Evaluación. Recursos vegetacionales nativos de Chile.* Santiago de Chile, 1997.

CHACÓN, Carlos Manuel. *Servidumbres Ecológicas. El propietario privado contribuyendo al desarrollo sostenible.* Centro de Derecho Ambiental y de los Recursos Naturales, CEDARENA, Costa Rica. 1998.

CHIRINOS, Carlos y otro. *Concesiones sobre Recursos Naturales: una oportunidad para la gestión privada.* Sociedad Peruana de Derecho Ambiental, Perú, 2012.

_____ (Editor). Responsabilidad por el Daño Ambiental en el Perú, SPDA, 2000.

CHOMENKO, Luíza, Termo de Referência para Atividades Envolvendo OGMS, Secretaria de Estado do Meio Ambiente do Rio Grande do Sul, inédito.

_____ , Conferência apresentada no 3º Encontro Nacional de Biólogos e 12º Encontro de Biólogos do CRBio-1, em Campo Grande/MS, abril de 2001.

DAY J., DUDLEY N., HOCKINGS M., HOLMES G., LAFFOLEY D., STOLTON S. & S. Wells, 2012. *Directrices para la Aplicación de las Categorías de Gestión de Áreas Protegidas de la UICN en Áreas Marinas Protegidas,* Gland, Suiza: UICN. 36pp.

DELGADO, Verónica. (2022) *Tendencias jurisprudenciales para una mayor protección de los humedales, sean o no urbanos.* Litigación Ambiental y Climática, II (5).

DE ROJAS MARTÍNEZ-PARETS, Fernando. *Los Espacios Naturales Protegidos.* Editorial Aranzadi. Navarra, 2006.

DE ROJAS MARTÍNEZ-PARETS, Fernando. *Fórmulas Alternativas de Protección y Gestión de los Espacios Naturales.* Monografía, Revista Aranzadi de Derecho Ambiental Nº 8, Editorial Aranzadi, Navarra, 2006.

DESMOULIN, Gil. *La communauté européenne et la protection des espaces naturels. Des financements européens au service de l' action locale.* Université de Limoges, Presses Universitaires de Limoges.

DERANI, Cristiane, "A Estrutura do Sistema Nacional de Unidades de Conservação – Lei Nº 9.985/00", Revista Direitos Difusos, Ano I, volume 5, Editora Esplanada ADCOAS/IBAP.

DOUGNAC, Antonio, "El resguardo jurisprudencial del derecho a vivir en un medio ambiente libre de contaminación. Comentario y Análisis de algunos fallos recientes", en Revista Justicia Ambiental, FIMA, Chile, 2012.

DUDLEY, N. (Editor) (2008). Directrices para la aplicación de las categorías de gestión de áreas protegidas. Gland, Suiza: UICN. x + 96pp

ESCOBAR ROCA, Guillermo, *La Ordenación Constitucional del Medioambiente*, Edit. Dykinson, Madrid, 1995.

ESPINOZA, Guillermo, *Evaluación Ambiental Estratégica de apoyo al diseño del Sistema Nacional de áreas protegidas*. Creación de un Sistema Nacional Integral de Áreas Protegidas para Chile. Proyecto GEF-MMA-PNUD. Santiago de Chile, Diciembre, 2010.

FARIAS, Paulo José Leite, *Competência Federativa e Proteção Ambiental*, Sergio Fabris Editor, Porto Alegre, 1999.

FERNÁNDEZ Bitterlich, Pedro. *Manual de Derecho Ambiental Chileno*. Editorial Jurídica de Chile, 2004.

FIGUEROA. Eugenio, *Valoración Económica detallada de las áreas protegidas de Chile*. Creación de un Sistema Nacional Integral de Áreas Protegidas para Chile. Proyecto GEF-MMA-PNUD. Santiago de Chile, Diciembre, 2010.

FIGUEROA, Eugenio y SIMONETTI, Javier (Editores). Globalización y Biodiversidad: Oportunidades y desafíos para la sociedad chilena. Editorial Universitaria. Santiago de Chile, 2003.

FINK, Daniel Roberto e outros – *Aspectos Jurídicos do Licenciamento Ambiental*, Rio de Janeiro, Forense Universitária, 2000.

FIORILLO, Celso Antonio Pacheco – *Curso de Direito Ambiental Brasileiro*, São Paulo, Saraiva, 2000.

FUENZALIDA – PUELMA, Hernan y Otros, *El Derecho a la Salud en Las Américas, Estudio Constitucional Comparado*, Edit. Organización Panamericana de la Salud, Washington, 1989.

FUNDACIÓN TERRAM, *Éxitos y Fracasos en la Defensa Jurídica del Medio Ambiente*. Terram Publicaciones, Santiago de Chile, 2001.

_____ *Áreas Protegidas Privadas en Chile*. Terram Publicaciones, Chile, 2005.

GALINDO, Mario. *El sistema de evaluación de impacto ambiental ante la jurisprudencia: 1996.2000*, CONAMA-Universidad de Chile, Santiago de Chile, 2001.

GALLARDO G., Enrique. *Manual de Derecho Forestal*, CONAF, Chile, 2013.

GARCÍA DE ENTERRÍA, Eduardo y FERNÁNDEZ, Tomás-Ramón. *Curso de Derecho Administrativo.* Tomo I, Décima Edición, Civitas Ediciones, 2000.

GARCÍA FERNÁNDEZ, J. (1997). Fundamentos y objetivos de la categorización de especies según su riesgo de extinción. En: *Libro Rojo: mamíferos y aves amenazadas de la Argentina,* FUCEMA – SAREM – AOP – APN.

GARCÍA URETA, Agustín. "Cuestiones sobre el régimen jurídico de la red Natura 2000", en/in Esteve Pardo, J., (coord.), Derecho del Medio Ambiente y Administración Local (Fundación Democracia y Gobierno Local, Barcelona, 2006), 713-726.

_____ *Derecho Europeo de la Biodiversidad.* Editorial Iustel, 1ª Edición, 2010.

_____ (Coordinador) *La Directiva de Hábitats de la Unión Europea: Balance de 20 años.* Editorial Aranzadi, Navarra, 2012.

GIRAUDEL, Catherine (Direction Scientifique) *La protection conventionnelle des espaces naturels.* Université de Limoges, PULIM; Comisión Europea, Dirección General XI, Medio Ambiente, Seguridad Nuclear y Protección Civil. Legislación Comunitaria relativa al medio ambiente, Volumen IV-Naturaleza.

GOLDENBERG, Isidoro y CAFFERATTA, Néstor. *Daño Ambiental,* Abeledo-Perrot, Buenos Aires, 2000.

GONZÁLEZ MARQUEZ, José Juan. *La responsabilidad por el daño ambiental en México,* UAM, 2002.

GONZÁLEZ VIDELA, L.(1999). Evaluación de Impacto Ambiental. Auditorías Ambientales. Autocontrol, *Programa de Desarrollo Institucional Ambiental, Componente Sistema de Control Ambiental.*

GORDON ARBUCKLE J., y otros, en *Environmental Law Handbook,* Goberment Institutes, Inc, Rockville, MD, Estados Unidos de Norteamérica, 12º Edición, 1993.

GASTO, Juan y otros. PROYECTO PUMALIN. Informe Técnico Santuario de la Naturaleza. Pontificia Universidad Católica de Chile. Facultad de Agronomía e Ingeniería Forestal. Programa de Ecología y Medio Ambiente. Santiago de Chile, 2000.

GOBIERNO DE CHILE. Antecedentes de los acuerdos de colaboración Gobierno–Douglas Tompkins–The Conservation Land Trust relativos al Parque Pumalín. Documento sin publicar, Diciembre de 2003.

Thomas GREIBER, Sonia PEÑA MORENO, Mattias ÅHRÉN, Jimena NIETO CARRASCO, Evanson CHEGEKAMAU, Jorge CABRERA MEDAGLIA, María Julia OLIVA y Frederic PERRON-WELCH en cooperación con Natasha ALI y China WILLIAMS (2013). Guía Explicativa del Protocolo de

Nagoya sobre Acceso y Participación en los Beneficios. UICN, Gland, Suiza. xviii + 402 pp.

GROSSMAN, Claudio. *Problemas Contemporáneos del Derecho Internacional*. Curso profundizado, Facultad de Derecho, Universidad de Chile, 2ª Parte, 1990.

GUZMÁN, Rodrigo. *La regulación constitucional del ambiente en Chile. Aspectos sustantivos y adjetivos*. LEXISNEXIS, Chile, 2005.

HALFFTER, Gonzalo. "Áreas Naturales protegidas y Conservación de la Biodiversidad: Una Perspectiva Latinoamericana" en Revista Universidad de Guadalupe, marzo-abril, 1995.

HAVA GARCÍA, E. *Protección Jurídica de la Fauna y Flora en España*. Editorial Trotta, Madrid, España, 2000.

HERMAN BENJAMÍN, Antonio (Coordinador). *Direito ambiental das áreas protegidas o regime jurídico das unidades de conservacao*. Editora Forense Universitaria, Brasil, 2001.

_____ (Organizador/Editor). *Fauna, Políticas Públicas e Instrumentos Legais*. Instituto o Direito por um planeta verde. Sao Paulo, Brazil, 2004.

HUGHES DAVID, *Environmental Law,* Edit. Butterworths, 2da. ed. London, 1992.

IRIBARREN, F (1997). *Evaluación de impacto ambiental. Su enfoque jurídico*. Ediciones Universo, Buenos Aires.

IZA, Alejandro O y ROVERE, Marta B. (Editores) (2006). *Gobernanza del agua en América del Sur: dimensión ambiental*. UICN, Gland, Suiza y Cambridge, Reino Unido.

_____ (Editores) (2006) *Aspectos Jurídicos de la Conservación de los Glaciares*. UICN, Gland, Suiza.

JIMÉNEZ JAÉN, Adolfo. *El régimen jurídico de los Espacios Naturales Protegidos*. Mc Graw Hill, Madrid, 2000.

JORDANO FRAGA, Jesús. *La protección del derecho a un medio ambiente adecuado*. Barcelona, Bosh, 1995.

JUSTE RUIZ, José. *Derecho internacional del medio ambiente*. McGraw-Hill, Madrid, 1999.

KISS, A. *Droit international de l'environnement*, Paris, 1992.

KLEIN, Naomi. *Esto lo Cambia Todo. El Capitalismo contra el Clima*. Editorial Paidos, Buenos Aires Argentina, 2015.

KLOEPFER M., cfr. *Umweltrecht*, Edit. C.H. Beck, Munich, 1989.

LARA, Antonio. "Importancia científica, protección legal y uso destructivo de los bosques de alerce (Fitzroya cupressiodes): Una contradicción que debe resolverse.", en revista Bosque Nativo, N° 27, octubre de 2000.

LAUSCHE, Bárbara. (2011). *Guidelines for Protected Areas Legislation.* IUCN, Gland, Switzerland. xxvi + 370 pp.

LEE, N. Y R. DANCEY (1993). The quality of environmental statements in Ireland and the United Kingdom: a comparative analysis, *Project Appraisal.*

LOPERENA ROTA, Demetrio. "La protección de la salud y el medio ambiente adecuado para el desarrollo de la persona en la Constitución", en *Estudios sobre la Constitución Española,* Tomo II, Edit. Civitas, Madrid, 1992.

_____ "Desarrollo Sostenible y Globalización", Colección Divulgación Jurídica, Thomson Aranzadi, Madrid, año 2003, 173 págs.

LÓPEZ RAMÓN, Fernando. *La conservación de la naturaleza: los espacios naturales protegidos.* Publicaciones del Real Colegio de España, Bolonia, 1980.

_____ *Régimen jurídico de los espacios naturales protegidos.* Editorial Kronos, 1995.

_____ Evaluación de impacto ambiental de proyectos del Estado" en *Revista de Administración Pública,* N° 160. Enero-abril de 2003, Madrid, 2003.

_____ *Principios de Derecho Forestal.* Editorial Aranzadi, SA, Navarra, 2002.

_____ *Política Ecológica y Pluralismo Territorial,* Marcial Pons, 2009.

LÓPEZ, Hernán. "La Regulación del Desarrollo Sustentable en el Derecho Internacional y Derecho Comparado", en *Ambiente, Derecho y Sustentabilidad.*

LOVELOCK, James. *La venganza de la Tierra. La teoría de Gaia y el Futuro de la Humanidad.* Editorial Planeta, Chile, 2007.

LYSTER, Simon. *Internacional Wildlife Law,* Grotius Publications Limited, Cambridge, 1985.

Mc CORMICK, John. *Environmental Policy in the European Union.* Palgrave, London, 2001.

MACHADO, Paulo Affonso Leme – *Direito Ambiental Brasileiro,* São Paulo, Malheiros, 8ª edição, 2000.

MANZUR, María Isabel. *Situación de la Biodiversidad en Chile: desafíos para La sustentabilidad.* Programa Chile Sustentable, LOM Ediciones, 2005.

MARGULIS, Lynn y SAGAN, Dorian. *Microcosmos.* Editorial Fábula TusQuets. Buenos Aires Argentina, 2013.

MARTÍN MATEO, Ramón, *Tratado de Derecho Ambiental,* Tomo I y III, Edit. Trivium, Madrid España, 1999.

_____ *Tratado de Derecho Ambiental*, Volumen III, Recursos Naturales. Editorial Trivium, 1997.

_____ *Manual de Derecho Administrativo*. TRIVIUM, 21°Edición, 2002.

MARTÍN-RETORTILLO L., "La defensa frente al ruido ante el Tribunal Constitucional", RAP, N° 115, 1988.

MARTINS, Ana Lúcia Bernardes, "A Convenção das Nações Unidas sobre Diversidade Biológica: um exame de seu desenvolvimento", Revista de Direito da Associação dos Procuradores do Município do Rio de Janeiro, vol. 1, 1999.

MATUS ACUÑA, Juan Pierre. (Editor). *Derecho Penal del Medio Ambiente. Estudios y Propuesta para un nuevo derecho penal ambiental chileno*. Editorial Jurídica de Chile. Santiago de Chile, 2004.

MEZA, Andrés. "Elementos para fundamentar el fortalecimiento de la institucionalidad pública en el ámbito de los bosques y las áreas protegidas", en III Congreso Chileno de Derecho Forestal-Ambiental, CONAF, 2008.

MIRRA, Álvaro Luiz Valery – *Impacto Ambiental*, São Paulo, Ed. Oliveira Mendes, 1998.

MUKAI, Toshio, *Direito Ambiental Sistematizado*, Rio de Janeiro, 1992, Ed. Forense Universitária.

MUÑOZ, Soledad y ARTIÑANO, Pablo. *La Conservación de los Espacios Naturales*. Estrategias Urbanísticas de Protección. La LEY, España, 2002.

MEDINA, Cecilia. *Sistema Jurídico y Derechos Humanos*. Cuadernos de análisis jurídicos. Escuela de Derecho de la Universidad Diego Portales. 1996.

MINISTERIO DEL MEDIO AMBIENTE. *Quinto Informe de Biodiversidad de Chile*. Elaborado en el marco del Convenio sobre la Diversidad Biológica y la aplicación del Plan Estratégico para la Diversidad Biológica 2011 – 2020, Chile, 2014.

MONTT OYARZUN, Santiago. *El Dominio Público*, Edit. Cono Sur.

MONTENEGRO, Sergio. *Los Tratados Ambientales: Principios y Aplicación en Chile*, CONAMA-Universidad de Chile, 1ª Edición, Santiago de Chile, 2001.

NELSON, Michael y GEISSE, Guillermo. Las lecciones del caso Tompkins para la política ambiental y la inversión extranjera en Chile. CIPMA, Ambiente y Desarrollo, Septiembre de 2001,VOL XVII, N° 3, pp. 14-26.

NERY JR., Nelson e Rosa Maria Andrade Nery, Responsabilidade Civil, Meio-Ambiente e Ação Coletiva Ambiental, *in* Dano Ambiental: Prevenção, Reparação e Repressão, coordenação de Antonio Hermann Benjamin, 1993, São Paulo, ed. RT.

NOAH Harari, Yuval. *Homo Deus.* Penguin Random House Grupo Editorial, 11° Edición, Chile. 2019.

NOGUEIRA Alcalá, Humberto. *Dogmática Constitucional.* Editorial Universidad de Talca, 1997.

OCDE/CEPAL. Evaluación del desempeño ambiental-Chile, Naciones Unidas, 2005.

O'DONNELL, Daniel. *Protección Internacional de los Derechos Humanos,* Comisión Andina de Juristas, Lima, 1988.

ORTIZ GARCÍA, Mercedes. *La Conservación de la biodiversidad marina: las áreas marinas protegidas.* Editorial Comares, 2002.

_____ "La Protección del Medio Marino", en *Noticias de la Unión Europea,* N° 307, Monográfico. Patrimonio Natural y Biodiversidad. Año XXVI, agosto 2010.

PASQUALOTTO, Adalberto de Souza, Responsabilidade Civil por Dano Ambiental: Considerações de Ordem Material e Processual, *in* Dano Ambiental: Prevenção, Reparação e Repressão, coordenação de Antonio Hermann Benjamin, 1993, São Paulo, Ed. RT.

PLATIAU, Ana Flávia e Varella, Marcelo Dias, Direito e Biodiversidade, O protocolo internacional de biossegurança e as implicações jurídicas de sua aplicação para o mundo em desenvolvimento, Inovações em Direito Ambiental, Fundação Boiteaux, Florianópolis, 2000.

PEÑAILILLO AREVALO, Daniel. Los Bienes. La propiedad y otros derechos reales. Editorial Jurídica de Chile. 3ª Edición, Santiago de Chile, 2004.

PEREZ LUÑO, Antonio E. *Derechos Humanos, Estado de Derecho y Constitución.* Editorial Tecnos, Madrid, 1984.

PICON RISQUEZ, Juan (Coordinador). *Derecho medioambiental de la Unión Europea,* McGraw-Hill, Madrid, 1996.

PIKETTY, Thomas. *El Capital en el siglo XXI.* Fondo de Cultura Económica, Chile, 2015.

PIZARRO, Rodrigo y VALENZUELA, Rafael. Evaluación social del Parque Pumalín, Terram publicaciones Santiago, Chile, diciembre 2002.

PISKULICH CRESPO, Zdenka. Incentivos para la Conservación de Tierras Privadas en América Latina, TNC, 1995.

PNUMA. *Situación actual del derecho internacional ambiental en América Latina y el Caribe,* 1ª Edición, México, 1993.

PODER JUDICIAL DE LA REPÚBLICA DE CHILE. *Principios Jurídicos Ambientales.* Santiago de Chile, 2018.

POKLEPOVIC MEERSOHN, Iván (editor). Cumplimiento de la legislación ambiental y reparación de daños al medio ambiente. Consejo de Defensa del Estado, Santiago de Chile, 2004.

POSTIGLIONE Amadeo "Ambiente: suo significato giuridico unitario", en Rivista Trimestrale di Diritto Pubblico, N° 1, 1985.

PRAUS, Sergio. "Análisis Jurídico-Institucional para Insertar la Protección de la Biodiversidad en el Manejo de los Recursos Hídricos del MOP" (sin publicar), Santiago de Chile, 2000.

PRAUS, Sergio y otros. *La Situación Jurídica de las Actuales Áreas Protegidas de Chile*. Creación de un Sistema Nacional Integral de Áreas Protegidas para Chile PROYECTO GEF-PNUD-MMA, Diciembre de 2011.

PRIEUR, Michael. "La protection de l' environnement" en *Droit International. Bilan et perspectives*, T. II, Pedone, Paris, 1991.

KNOX, John. *Principios Marco sobre los Derechos Humanos y el Medio Ambiente*, Naciones Unidas, Derechos Humanos, Procedimientos Especiales, Nairobi, 2018.

RAMÍREZ, Fernando Y FOLCHI, Mauricio. El caso del parque Pumalín de Douglas Tompkins. La factibilidad histórico-ecológica de proteger la naturaleza. U.de Chile, Area de Historia Ecológica, 6° encuentro científico sobre el Medio Ambiente, enero de 1999.

RAMÍREZ SIERRA, Agustín. *La protección jurídica del ecosistema forestal en Chile*. Tesis Doctoral, Universidad Complutense, Facultad de Derecho. Madrid, 2003.

RAMÍREZ, Guillermo. *Legislación Ambiental en los Países del Convenio Andrés Bello*, Edit. SECAB, Bogotá, Colombia, 1990.

R.K. JAIN, *Environmental Impact Analysis*, apud Antonio Hermann Benjamin, anais do 7° Congresso do Ministério Público, Belo Horizonte, 1987, publicação interna.

REAL FERRER, Gabriel. "La Construcción del Derecho Ambiental", en *Revista Aranzadi de Derecho Ambiental*, N° 1, 2002.

_____ "Sostenibilidad, Transnacionalidad y Transformaciones del Derecho" en *Revista de Derecho Ambiental*, AbeledoPerrot, N° 32, Octubre/Diciembre 2012.

REVISTA DE DERECHO Y JURISPRUDENCIA. Tomo LXXXII, N° 3, 1985.

REYES, René Y LOBOS, Héctor. "Estado de conservación del tipo forestal alerce (Fitzroya cupressiodes (Mol.) Johnston): amenazas y oportunidades.", en revista Bosque Nativo, N° 27, octubre de 2000.

ROSA, Juan. *Régimen Jurídico del Sistema de Evaluación de Impacto Ambiental*, Edit. Trivium, Madrid, España, 1992.

RUIZ-RICO RUIZ, Gerardo (coordinador). *Derecho comparado del medio ambiente y de los espacios naturales protegidos.* Editorial Comares, Granada, 2000.

SAELZER. Federico. *La Evolución de la Legislación Forestal Chilena,* Valdivia, Universidad Austral de Chile, 1973.

SAUNDERS, R. (1999). Protecting and enhancing biodiversity through EIA public consultation and participation, en: *htpp://economics.iucn.org* (issues 27-01).

SHELTON, Dinah. *Derechos ambientales y obligaciones en el sistema interamericano de derechos humanos,* en: www.anuariocdh.uchile.cl

SINGER, Peter. *Ética Práctica,* 2° Edición, Cambridge University Press, 1995.

SOARES, Guido Fernando Silva, *Direito Internacional do Meio Ambiente, Emergência, Obrigações e Responsabilidades,* São Paulo, Ed. Atlas, 2001.

SOLANO, Pedro (compilador) UICN-Sur. Legislación ambiental sudamericana aplicable a los Humedales, SPDA, Wetlands International, Quito, Ecuador, 1997

SOTO KLOSS, Eduardo. "El Recurso de Protección y el Derecho a Vivir en un Ambiente Libre de Contaminación", en *Revista de Derecho y Jurisprudencia,* Tomo LXXVIII, N° 1, Chile, 1981.

_____, *El Recurso de Protección, Orígenes, Doctrina y Jurisprudencia,* Editorial Jurídica de Chile, 1982.

SOTO OYARZÚN, Lorenzo. "Hacia un régimen jurídico nuevo y sustentable para la protección de los espacios naturales en Chile" en La contribución del Derecho Forestal –Ambiental al Desarrollo Sustentable en América Latina, IUFRO World Series Volume 16, Viena, 2005.

SRN y DS (1999). Bases de la Política Ambiental para la República Argentina, Programa Desarrollo Institucional Ambiental, Componente Política Ambiental, Buenos Aires.

TEROL BECERRA, Manuel José. *Espacios Naturales Protegidos y medio ambiente.* Centro de Estudios Políticos y Constitucionales, España, 2002.

TOMASELLO HART, Leslie. *Régimen Jurídico de la contaminación marina.* Editorial Librotecnia, 2004.

TOLEDO, Fernando. *Ley sobre Bases Generales del Medio Ambiente. Ley N° 19.300. Historia fidedigna y concordancias internas.* CONAMA-BIRF, 1996.

THOMPSON, S., J. TREWEEK Y D. THURLING, (1997). The ecological component of environmental impact assessment: a critical review of British Environmental Statements, *Journal of Environmental Planning and Management.*

TOSHIO MUKAI, *Direito Ambiental Sistematizado*, 1992, Rio de Janeiro, Forense Universitária.

UBILLA, Jaime. "La Conservación Privada de la Biodiversidad y el Derecho" en Revista de Derecho Ambiental, Nº 1, Facultad de Derecho, Universidad de Chile, 2002.

UICN, *Guidelines for Protected Area Management Categories*, Comission on National Parks and Protected Areas (CNPPA) with the assistance of de Wold Conservation Monitoring Centre (WCMC), Cambridge, 1994.

_____ *Parques y Progreso. Áreas Protegidas y Desarrollo Económico en América Latina*. IV Congreso Mundial de parques y áreas protegidas, 1993.

_____ *Directrices para las categorías de manejo de Áreas Protegidas*, 1992.

UICN-SUR. *Legislación ambiental sudamericana aplicable a los Humedales*, Compilador: Pedro Solano. SPDA, Wetlands International, Quito, Ecuador, 1997.

UNIVERSIDAD DE CHILE. *Informe País. Estado del Medio Ambiente en Chile*. 2018. Centro de Análisis de Políticas Públicas. Chile. Noviembre 2019.

URBINA, Ximena. *Análisis histórico-cultural del alerce en la Patagonia septentrional occidental, Chiloé, siglos XVI al XIX*. Magallania vol.39 No.2 Punta Arenas, 2011.

URIBE, Eduardo. *El cambio climático y sus efectos en la biodiversidad en América Latina*. CEPAL, Santiago, 2015.

URZUA VALENZUELA, Germán. *Manual de Derecho Constitucional*, Editorial Jurídica de Chile, 1ª edición, 1991.

VALENCIA MARTÍN, Germán. "El régimen jurídico del control integrado de la contaminación" en *Noticias de la Unión Europea*, Nº 153, CISS, España, 1997.

_____ "Conservación de la Biodiversidad" en *Noticias de la Unión Europea*, Nº 307, Monográfico. Patrimonio Natural y Biodiversidad. Año XXVI, agosto 2010.

VALENZUELA FUENZALIDA, Rafael, "El Recurso Constitucional de Protección sobre Materia Ambiental en Chile", en *Revista de la Facultad de Derecho de la Universidad Católica de Valparaíso*, Nº 13, 1989-1990.

_____ "Responsabilidad por daño al medio ambiente", en *Congreso Internacional de Derecho del Medio Ambiente*, Fundación Facultad de Derecho, Universidad de Chile, Santiago de Chile, 1997.

VASAK, Karel. Las Dimensiones Internacionales de los Derechos Humanos. Volumen I. Serbal y UNESCO, 1984.

_____ *El Derecho Ambiental. Presente y Pasado.* Editorial Jurídica de Chile, 2010.

VAN ACKER, Francisco, Breves Considerações sobre a Resolução 237, de 19.12.1997, do CONAMA, que estabelece critérios para o licenciamento ambiental, Revista de Direito Ambiental, 8, 1997.

VERDUGO JOHNSTON PAMELA, *El Recurso de Protección en la Jurisprudencia,* Edit. Conosur, Santiago, Chile, 1988.

VERDUM, Roberto e Medeiros, Rosa Maria – RIMA – Relatório de Impacto Ambiental.

VERGARA BLANCO, Alejandro. Derecho de Aguas. Editorial Jurídica de Chile. Tomo I. Primera Edición, 1998.

VV.AA. Conservación Privada en Latinoamérica: herramientas legales y modelos para el éxito. Environmental Law Institute, 2003.

_____. Parque Pumalín. Obstáculo u Oportunidad para el Desarrollo. Programa Chile Sustentable. 2002.

ZUCCHINI, H., N. IRIGOIN, M. DONATELLI Y S. SEXTON (2000). El manejo de la biodiversidad en la actual política forestal, (mimeo). Trabajo final presentado para el Curso *"Gerenciamiento de la diversidad biológica: un desafío transectorial para la Administración Pública"*, Instituto Nacional de la Administración Pública y Comité Argentino UICN, Buenos Aires.